朝鲜－韩国研究丛书 10
教育部人文社会科学重点研究基地
延边大学朝鲜韩国研究中心

崔哲浩 著

大图们江区域旅游发展转型与旅游合作模式研究

A Study of Tourism Development Transformation and Tourism Cooperation Model in Tumen River Area

延边大学朝鲜韩国研究论集
（第 X 辑）

社会科学文献出版社
SOCIAL SCIENCES ACADEMIC PRESS (CHINA)

摘　要

———— 🙦⟨❦⟩🙖 ————

　　自 20 世纪 80 年代末以来，区域经济合作在全球范围内飞速发展，逐渐成为国际经济关系发展的主要内容。从地区经济资源和区域内经济发展的结构来看，在所有潜在和现实的区域经济合作中，东北亚地区开展经济合作的潜力是非常巨大的。尽管 20 世纪 90 年代初以来，东北亚区域经济合作取得了一些重要进展，如区域内各国间的经贸关系快速发展，相互间的经济依存度不断提高；在东亚区域合作框架下，中、日、韩三个东北亚主要经济大国确立了初步性的磋商机制；图们江地区国际合作开发已取得一定的成效，区域开发与发展的基础条件得到明显改善；东北亚国家地方政府间建立起了多层次的沟通与合作机制等。但是，到目前为止，东北亚区域经济合作在绝大多数领域仍处于徘徊不前的起步阶段，尚未取得根本性的突破。主要原因是地区内部各国仍然没有建立起有效的互信机制；UNDP 设想的开发目标定位不准确，UNDP 过多地从经济角度强调区域合作的必要和可能；该地区各国开发目标和内容不一致，各有自己的打算，不能形成合力；东北亚各国社会制度、经济发展梯度、意识形态等差异很大，国际政治关系复杂等。

　　在今后很长的一段时期，在东北亚地区即使不能建立起以贸易自由化为核心内容的区域合作组织，但次区域合作开发有望实现开发形式的重大转变。次区域合作开发是东北亚区域经济合作的重要组成部分，并且在东北亚地区作为一个整体，开展区域合作一时难以取得重大进展的情况下，应更加重视次区域合作开发。到目前为止，真正有所进展的只有图们江地区国际合作开发项目。图们江地区已成为举世瞩目的重要研究与实践领域，图们江地区多国合作联合开发已成为跨世纪的伟大工程。2005 年 9 月，在联合国开发计划署（UNDP）图们江区域开发项目第八次政府间协商会议上，中、俄、朝、蒙、韩五国一致同意将 1995 年签署的项目咨询委员会协议再延长 10 年，并将"图们江区域开发"更名为"大图们江区域合作"。

同时将合作区域扩大到整个大图们江，包括中国的东北三省和内蒙古、朝鲜罗津经济贸易区、蒙古的东部、韩国的东部沿海城市和俄罗斯滨海边疆区的部分地区，掀开了大图们江区域开发的新篇章。2009 年国务院批准把以长吉图为开发开放先导区的中国图们江区域合作开发上升为国家战略，成为迄今唯一一个国家批准实施的沿边开发开放区域。随着中国图们江区域合作开发规划的推进和吉林省长吉图开发开放先导区建设的实施，图们江区域国际合作开发将进入一个新的发展阶段。新的发展形势对推进大图们江区域合作开发而言，既是机遇又是挑战。

同时，在今后的东北亚区域经济合作中，以具体领域的合作促进全面的经济合作。在东北亚地区一时还难以确立区域内各领域合作框架的情况下，各方应该逐步推进在旅游、能源、环境保护、人力资源开发等具体领域的合作，并以此来带动东北亚地区全面的经济合作。在选择具体合作领域问题上，应该优先选择一些各方都比较关注的区域性问题作为突破口。旅游合作是目前最有活力、发展较快的合作领域之一，中俄、中朝、中韩等双边旅游合作及边境旅游已发展了较长时间，各国联合开发环日本海邮轮旅游产品、多国边境旅游产品，联合促销旅游产品，目前大图们江地区在东亚及世界各地已经形成了良好的旅游形象，旅游目的地营销和基础设施建设方面也取得了巨大的成就。因此，如果大图们江区域旅游合作能够成功推进，将会为图们江地区跨国经济合作奠定良好的基础。

本研究中大图们江区域的范围是中国的东北三省，俄罗斯的滨海边疆区、哈巴罗夫斯克边疆区、阿穆尔州，朝鲜和韩国等四个国家及地区。主要内容分三个部分，第一部分分析区域旅游合作相关理论及国内外区域旅游合作成功案例，第二部分阐述及分析大图们江区域各国及地区的旅游资源、旅游业、旅游客源市场，第三部分结合以上分析的内容，提出大图们江区域的旅游发展转型路径和合适的旅游合作模式。本研究具体由 9 章构成。

本研究提出了如下主要观点。

第一，图们江区域合作，旅游先行先试：旅游合作是图们江区域唯一的多边合作领域，而且进展最快，合作成果最多的领域。因此，如果大图们江区域旅游合作能够成功推进，将会为图们江地区跨国经济合作奠定良好的合作基础。

第二，大图们江区域旅游资源丰富，互补性强，具有极大的合作开发价值。自然旅游资源得天独厚，如中国的长白山，朝鲜的金刚山，韩国的汉拿山等；人文旅游资源丰富多彩，中国东北的朝鲜族、满族等少数民族民俗风情，俄罗斯、韩国和朝鲜的异国风情等。大图们江区域的旅游合作不仅可以创造一个生物多样性突出的生态旅游目的地，而且还可以打造一个以"社会主义政治体制"为主题的公园。

第三，图们江区域的旅游市场潜力大、前景广阔，大图们江区域各国互为市场、互为目的地的趋势越来越明显，韩国和俄罗斯是中国最大的两个入境客源国，中国和俄罗斯又是韩国的主要客源国，中国、俄罗斯是朝鲜的主要客源国。虽然双边的旅游合作已经取得一定程度的进展，但区域内各国的整体旅游合作却没有展开。所以，大图们江区域的旅游合作能够增强区域各国的旅游竞争力，使各国获得更大的旅游经济效益，并能促进区域内各国的经济开发和社会经济的可持续发展。

第四，大图们江区域旅游发展转型的主要障碍因素有以下几点：区域内边境口岸出入境手续烦琐，通关时间过长；区域内国家政治不稳定，影响跨国边境旅游；图们江区域内缺乏协调机构，阻碍合作发展；图们江区域整体旅游宣传不到位；合作主体旅游业发展不平衡；合作主体政治利益差异化；区域机制缺失与要素掣肘；各国经济发展阶段和发展水平差距悬殊，敏感性产业问题异常突出；区域内一体化水平低，协作能力尚待提高。

第五，大图们江区域旅游发展转型的路径如下：建立东北旅游一体化机制；构建大图们江区域旅游共同体，推动大图们江区域旅游一体化；成立跨国旅游公司，推进图们江区域旅游管理一体化；制定统一的旅游服务标准，促进区域旅游标准一体化；打造图们江区域国际品牌旅游目的地；创新理念，联合规划，共同培育图们江区域旅游整体形象；图们江区域旅游合作信息共享；图们江区域应建立以政府为主导，构建企业参与、行业自律的机制；以图们江区域旅游一体化为突破口，带动图们江区域经济一体化；调整现有旅游市场结构，积极开拓欧美旅游市场。

第六，合适的大图们江区域旅游合作模式有：大图们江区域逐步选择空间极核辐射模式、政府与企业互助模式、区域"无障碍"旅游模式、图们江区域跨境旅游合作区模式、旅游业要素协同模式、旅游合作结构的空间演化模式等旅游合作模式。

总之，大图们江区域以旅游为载体，旅游合作先行先试，将会推动各国之间的相互投资、贸易、文化交流，促进大图们江区域的经贸合作，从而最终达到促进整个东北亚经济合作的目的。

本书的完成，笔者要感谢课题组成员及笔者的研究生孙美玉同学等在文献收集、整理、核对等方面给予的多方面的帮助，在此表示诚挚的谢意。

目录
CONTENTS

第一章

绪　论

1.1　研究意义及目的

自 20 世纪 80 年代末以来，区域经济合作在全球范围内飞速发展，逐渐成为国际经济关系发展的主要内容。从地区经济资源和区域内经济发展的结构来看，在所有潜在和现实的区域经济合作中，东北亚地区开展经济合作的潜力是非常巨大的。20 世纪 80 年代，东北亚地区的政治经济形势发生了明显变化，国际冷战格局开始改变，地缘政治逐渐让位于地缘经济，国家间的关系开始改善，地区经济合作问题提到了议事日程。我国的改革开放重大战略决策，推动了东北亚政治经济形势的良性互动。目前，以我国大图们江地区开发为先导的东北亚区域合作已经取得很大进展，但与人们最初设想的开发目标相差很远，开发的阻力一直很大，形成这一局面的原因是多方面的。首先表现为 UNDP 设想的开发目标定位不准确，UDNP 过多地从经济联系角度强调区域合作的必要和可能，侧重于从资源配置的合理性、经济结构的互补性等生产力角度分析问题，对该地区经济关系政治化的特点估计不足，忽略了生产关系、国际政治在该地区所起的作用。其次，该地区各国开发目标和内容不一致，各有自己的打算，不能形成合力。中国希望借此打开图们江入海通道，并进一步带动东北各地的发展；朝鲜希望通过该地区的开发开放缓解国内的危机；韩国的积极参与，在很大程度上是希望借此更多地与朝鲜接触，从而推动朝鲜半岛统一进程；俄罗斯打算充分发挥远东资源优势，拉动边疆地区经济增长。目标的不一致，必然导致开发开放行为的差异，进而影响该地区合作开发的进程。最后，东北亚各国社会制度、经济发展梯度、意识形态等差异很大，国际政治关系复杂,尤其是朝鲜半岛局势的变化,逐渐演变成为影响东北亚区域合作的重要因素,而朝鲜半岛问题的解决不是南北两方所能完全驾驭的,还涉及中、美、日、俄多方利益与安全,仅仅从经济联系角度来推动该地区合作开发进程的想法就显得力不从心。因此,我们有必要换个视角,在尊重传统理论和现实发展的前提下,寻找新的理论支撑点和研究路径来分析和研究大图们江区域合作开发问题。①

尽管 20 世纪 90 年代初以来,东北亚区域经济合作取得了一些重要进展,如区域内各国间的经贸关系快速发展,相互间的经济依存度不断提高;在东亚区域合作框架下,中、日、韩 3 个东北亚主要经济大国确立了初步的磋商机制;图们江地区国际合作开发已取得一定的成效,区域开发与发展的基础条件得到明显改善;东北亚国家地方政府间建立起了多层次的沟通与合作机制等。但是,到目前为止,东北亚区域经济合作在绝大多数领域仍处于徘徊不前的起步阶段,尚未取得根本性的突破。主要原因是地区内部各国仍然没有建立起有效的互信机制;地区各国经济发展阶段和发展水平差距很大,敏感性产业问题异常突出;部分大国对推动东北亚区域合作缺乏足够的兴趣等。

在今后的很长一段时期,即使在东北亚地区不能建立起以贸易自由化为核心内容的区域合作组织,但次区域开发合作有望实现开发形式的重大转变。次区域开发合作是东北亚区域经济合作的重要组成部分,并且在东北亚地区作为一个整体开展区域合作一时难以取得重大进展的情况下,应更加重视次区域开发合作。近年来,学术界提出了许多次区域开发合作构想,例如"图们江流域增长三角""环黄渤海经济圈""东亚地中海经济圈"。到目前为止,真正有所进展的只有图们江地区国际合作开发项目。图们江地区已成为举世瞩目的重要研究与实践领域,图们江地区多国合作联合开发已成为跨世纪的伟大工程。2005 年 9 月,在联合国开发计划署(UN-DP)图们江区域开发项目第八次政府间协商会议上,中、俄、朝、蒙、韩五国一致同意将 1995 年签署的项目咨询委员会协议再延长 10 年,并将"图们江区域开发"更名为"大图们江区域合作"。同时将合作区域扩大到整个大图们江,包括中国的东北三省和内蒙古、朝鲜罗津经济贸易区、蒙古的东部、韩国的东部沿海城市和俄罗斯滨海边疆区的部分地区,翻开了大图们江区域开发的新篇章。中国政府提出的加强大图们江区域开发和东北亚

---

① 张杰.次区域经济合作研究——以大图们江区域经济合作为中心 [D].吉林大学博士学位论文,2009 年 5 月,2.

合作的倡议已得到东北亚各国和国际社会的普遍认同和积极响应。2009 年 8 月 30 日国务院批准把以长吉图为开发开放先导区的中国图们江区域合作开发上升为国家战略，成为迄今唯一一个国家批准实施的沿边开发开放区域。"长吉图开发开放先导区"中的长吉图是指吉林省长春市、吉林市部分区域和整个延边朝鲜族自治州所含区域的简称，区域面积和人口均占吉林省的约 1/3，经济总量占约 1/2，是中国参与图们江区域合作开发的核心地区和重要支撑。随着中国图们江区域合作开发规划的推进和吉林省长吉图开发开放先导区建设的实施，东北亚区域合作和图们江区域国际合作开发将进入一个新的发展阶段。新的发展形势对推进大图们江区域合作开发而言，既是机遇又是挑战。①

同时，在今后的东北亚区域经济合作中，以具体领域的合作促进全面的经济合作。在东北亚地区一时还难以确立区域内各领域合作框架的情况下，各方应该逐步推进在旅游、能源、环境保护、人力资源开发等具体领域的合作，并以此来带动东北亚地区全面的经济合作。在选择具体合作领域问题上，应该优先选择一些各方都比较关注的区域性问题作为突破口。旅游合作是目前最有活力、发展较快的合作领域之一，中俄、中朝、中韩等单边旅游合作及边境旅游已发展了较长时间，各国联合开发环日本海邮轮旅游产品、多国边境旅游产品，联合促销旅游产品，目前大图们江地区在东亚及世界各地已经形成了良好的旅游形象，旅游目的地营销和基础设施建设方面也取得了巨大的成就。因此，如果大图们江区域旅游合作能够成功推进，将会为图们江地区跨国经济合作奠定良好的基础。

中国的区域旅游合作，早在 20 世纪 80 年代就有学者将其作为一个学术话题提及；作为一种实践活动，在进入 21 世纪以来得到普遍重视。区域旅游合作，既包括相邻行政区之间的合作，也包括非邻行政区之间的合作；之所以兴盛，既受到区域经济一体化发展趋势的外在推动，也受到了中国部分先行地区旅游业需要转型发展的内在驱动。中国地域辽阔，社会经济发展水平的地区差异性很大，主要的旅游城市和地区的区域旅游合作已进入成熟发展阶段，如以上海、杭州为主体的长三角地区，以广州、深圳、香港、澳门为中心的大珠三角地区等已进入区域旅游合作的成长期，环北部湾国际旅游合作、大湄公河次区域旅游合作等跨国区域旅游合作也进入了初创期。

---

① 张玉山，谭红梅. 新形势下中国图们江区域开发的机遇与挑战 [J]. 东北亚论坛，2010，19 (3)：11 – 12.

区域旅游合作，无论是国内的，还是国际的，内容复杂，规律自具，如果缺乏深入研究，实践活动就会流入空泛。区域旅游合作研究的很多基本问题如概念、范围、理论体系、研究方法等方面都没有形成共识，这种情况制约着研究的进一步发展。针对这一现象，近年来学术界对区域旅游合作开展了理论研究，区域旅游合作动力机制的理论基础可概括为4个方面：政治经济学的全球化和区域一体化理论；地理学的核心—边缘理论、点—轴或点—轴—圈理论、成长三角理论以及双核结构理论；区域经济学的比较优势理论和产业集聚理论；生物学、生态学、系统学角度提出的共生理论、生态位理论和系统学组织理论等。

大图们江区域旅游资源丰富，互补性强，具有极大的合作开发价值。自然旅游资源得天独厚，如中国的长白山，朝鲜的金刚山，韩国的汉拿山等；人文旅游资源丰富多彩，中国东北三省的朝鲜族、满族等少数民族民俗风情，俄罗斯、韩国和朝鲜的异国风情等。大图们江区域的旅游合作不仅可以创造一个生物多样性突出的生态旅游目的地，而且可以打造一个以"社会主义政治体制"为主题的公园。同时，图们江区域的旅游市场潜力大、前景广阔，大图们江区域各国互为市场、互为目的地的趋势越来越明显，韩国和俄罗斯是中国最大的两个入境客源国，中国和俄罗斯又是韩国的主要客源国，中国、韩国、俄罗斯是朝鲜的主要客源国。虽然双边的旅游合作已经取得一定程度的进展，但区域内各国的整体旅游合作却没有展开。所以，大图们江区域的旅游合作能够增强区域各国的旅游竞争力，使各国获得更大的旅游经济效益，并能促进区域内各国的经济开发和社会经济的可持续发展。

总之，大图们江区域以旅游为载体，将会推动各国之间的相互投资、贸易、文化交流，促进大图们江区域的经贸合作，从而达到促进整个东北亚经济合作的最终目的。

1.2 研究方法

1. 文献综合研究方法

搜集和分析有关文献资料，利用收集的第二手资料初步分析大图们江区域各国和地区的旅游资源、旅游业发展现状、旅游合作过程等内容。

2. 实地调查法

在详细分析相关文献资料的基础上，实地调查分析大图们江区域各国旅游合作现状、问题等内容，如访问俄海参崴调查中国游客的分布情况、访问朝鲜罗先特别市调查旅游线路及旅游资源分布情况等。

3. 实证分析法

为了了解大图们江区域国际客源市场结构与游客行为，设计了相关问卷调查，针对边境国际游客（中国、俄罗斯、韩国）进行问卷调查，利用统计软件分析问卷调查中所获得的数据，以此分析大图们江区域国际客源市场的结构与游客行为。

4. 跨学科综合研究方法

用区域经济学的比较优势理论和产业集聚理论，分析大图们江区域各国旅游企业、旅游经济发展现状及合作的可行性、合作模式等；用系统学的共生理论、博弈理论，探讨大图们江区域旅游合作演化过程、动力机制、合作主体和合作模式等。

5. 比较分析法

根据以上分析，结合国内外国际旅游合作的经验，提出大图们江区域跨国旅游合作的开发模式。

1.3　研究路径

本研究的路径主要包括相关理论、区域旅游合作案例（欧洲、大湄公河区域、珠三角、长三角）、微观层面（旅游资源、旅游客源市场、旅游业）、宏观层面（合作发展沿革、双边及多边旅游合作）、结论（发展转型、合作模式）等。

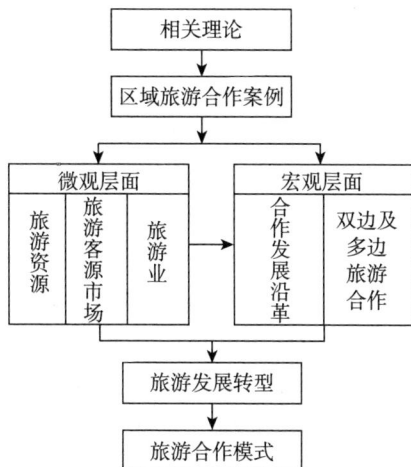

图 1－1　研究路径

1.4　研究内容

本研究的大图们江区域的范围是中国的东北三省、俄罗斯的滨海边疆区、哈巴罗夫斯克边疆区、阿穆尔州、朝鲜和韩国等 4 个国家及地区（见附录 1）。内容主要分三个部分，第一部分分析研究目的、意义、研究方法、区域旅游合作相关理论及国内外区域旅游合作的成功案例，第二部分阐述及分析大图们江区域各国及地区的旅游资源、旅游业、旅游客源市场，第三部分结合以上分析的内容，提出大图们江区域的旅游发展转型路径和合适的旅游合作模式。

具体如下：

第一章，分析本成果的研究意义及目的、研究方法、研究内容及框架。

第二章，分析区域旅游合作相关理论。主要内容为区域旅游合作的概念、区域旅游合作的基础理论、区域旅游合作的行为主体、区域旅游合作的动力机制和区域旅游合作的基本模式。

第三章，梳理了国内外区域旅游合作的成功案例。主要内容为欧盟旅游合作、大湄公河次区域旅游合作、珠三角旅游合作、长三角旅游合作。

第四章，梳理了大图们江区域主要旅游资源。旅游资源分为自然旅游资源和人文旅游资源，主要内容有中国东北三省的主要旅游资源（吉林省、黑龙江省、辽宁省）、朝鲜的主要旅游资源、韩国的主要旅游资源、俄罗斯远东地区的主要旅游资源（滨海边疆区、哈巴罗夫斯克边疆区和阿穆尔州）。

第五章，分析了大图们江区域各国及地区的旅游业发展概况。从旅游客源市场、旅游企业、旅游产品开发、旅游业发展对策及趋势等方面，详细分析了大图们江区域各国及地区的旅游业，主要内容有中国东北三省旅游业发展概况（吉林省、黑龙江省、辽宁省）、朝鲜旅游业发展概况、俄罗斯远东地区旅游业发展概况（滨海边疆区、哈巴罗夫斯克边疆区、阿穆尔州）、韩国旅游业发展概况等。

第六章，分析了图们江区域国际旅游客源市场结构与游客行为模式。图们江区域主要的边境国际游客为韩国、俄罗斯及中国赴朝鲜、俄罗斯的游客，针对这些游客，进行实地访谈和问卷调查，调查的主要内容有人口学特征、游客行为特征、旅游效果等，通过以上分析，提出边境国际旅游市场开发的对策及建议。

第七章，回顾大图们江区域合作开发过程。主要内容有大图们江区域的地理环境、图们江区域合作开发历程、大图们江区域国际合作的总体评价等。

第八章，分析大图们江区域旅游发展转型。主要内容有大图们江区域旅游发展转型的背景、大图们江区域旅游转型的优势及机遇、大图们江区域旅游发展转型的障碍因素、大图们江区域旅游发展转型的路径等。大图们江区域主要采用如下方式来发展转型：实现东北旅游一体化；构建大图们江区域旅游共同体，推动大图们江区域旅游一体化；成立跨国旅游公司，推进图们江区域旅游管理一体化；制定统一的旅游服务标准，促进区域旅游标准一体化；打造图们江区域品牌国际旅游目的地；创新理念，联合规划，共同培育图们江区域旅游整体形象；图们江区域旅游合作信息共享；图们江区域应建立以政府为主导，构建企业参与、行业自律的机制；以图们江区域旅游一体化为突破口，带动图们江区域经济一体化；图们江区域应调整旅游市场结构，积极开拓欧美市场等。

第九章，分析大图们江区域旅游合作模式。主要内容有大图们江区域旅游合作的传统模式及其演化、大图们江区域旅游合作的机制、大图们江区域旅游合作的关联效应、大图们江区域旅游合作模式的选择等。大图们江区域选择的主要模式有建立图们江区域跨境旅游合作区、空间极核辐射模式、政府与企业互助模式、区域"无障碍"旅游模式、旅游业要素协同模式、图们江区域旅游合作结构的空间演化模式等。

第二章

―――――――❦❦❦❦❦――――――――

区域旅游合作相关理论

2.1　区域旅游合作的概念

2.1.1　区域的概念

区域，是一个客观上存在的、抽象的、人们观念上的空间概念，它往往没有严格的范畴和边界以及确切的方位，地球表面上的任何部分，一个地区、一个国家乃至几个国家均可称为区域。但不同的学科对区域的含义有不同的理解，地理学把区域定义为地球表面的某种地域单元，这种地域单元按内部组成物的连续性特征和均质性特征来划分，其边界是组成物质连续性和均质性遭到破坏的过渡带；政治学把区域看成是国家管理的行政单元，这种行政单元是按行政权力覆盖面而划分的，其边界与国界或一国内的不同省、市、区、县界重合；社会学把区域看成是相同语言、相同信仰和民族特征的人类社会聚落，因此区域可以超过国界和行政边界，也可以包括不同的自然地理单元，如语系的划分、民族的分布等。①

经济学对区域的概念也没有统一的界定。我国学者安虎森提出如下观点②。

第一，区域包括在某一主权国家的疆域内，中央政府对它拥有政治、经济方面的控制权，或中央政府的代表（地方政府）代理行使这种控制权。政府为该区域的经济发展提供各种公共产品，通过各种经济政策引导该区域的经济活动。

――――――――――――――

① 安虎森等. 新区域经济学 ［M］. 大连：东北财经大学出版社，2008.
② 安虎森等. 新区域经济学 ［M］. 大连：东北财经大学出版社，2008.

　　第二，从内部经济活动同质性或功能同一性角度来理解，某一区域在经济功能上具有同一性特征，区内经济活动强度以及各行业的发展水平上的差距相对较小，在体制和经济政策上具有连续性和一致性特征。一国疆域内不同区域之间可能在对外经济功能、经济发展水平或收入水平以及经济活动强度上存在差异，甚至这种差异很大，但就某一区域内部而言，不管产业部门众多还是产业部门较少，对外功能上都具有相对同一的特征，在其内部的发展差异较为均匀，在经济体制和各种政策上都具有连续性和一致性的特点。正因为某一区域在内部的均质性、政策上的一致性和连续性特征，任何区域在全国或更高一级的区域系统中行使某种专业化职能，协调区内各种经济活动或解决经济纠纷较为容易，区内各种资源要素的流动也较少受到限制，区内各种交易活动也可以支付较少的交易成本，对外部显示出某种同一性或专业化分工的特征。

　　第三，从胡佛的聚集体、管理和规划以及制定政策等角度来考虑，一国内不同区域都是相对独立的经济地域单元，它可以有效地组织区内的经济活动和区外的经济联系。独立地组织区内的经济活动和区外的经济联系，意味着这些区域在经济上是比较完整的，也就是说具有比较完整的经济结构，具有能够独立地组织和协调区内经济活动和区际经济联系的能力，而这些构成了区域的自组织能力。

　　第四，从区域是相对独立的经济地域单元，其可以有效地组织区内的经济活动和区外的经济联系的角度来考虑，任何区域都应包含核心城市或城市体系。这比较容易理解，因为区域作为相对独立的经济地域单元，必须具有较强的自组织能力，这种较强的自组织能力主要表现为金融银行业、贸易和批发业、信息产业、现代化的工业、现代化的服务业等所组成的"高级循环系统"，而这些高级循环系统主要集中在中心城市，这些中心城市充当区域经济的组织者和协调者的角色，正如胡佛所指出的那样，区域必须"包含至少有一个'中心城市'组成的核心"。[①]

　　安虎森认为区域的本质是具有空间维度的经济组织，并指出，如果把区域看成是一种经济组织，则这些变量都是在区域经济发展过程中内生的变量，这样才能把区域的软环境、地方政府、公共基础设施以及地方财政等重要的经济变量纳入区域经济分析的框架中。[②]

---

① 樊莹. 国际区域一体化的经济效应 [M]. 北京：中国经济出版社，2005.
② 安虎森等. 新区域经济学 [M]. 大连：东北财经大学出版社，2008.

2.1.2 区域旅游合作的概念

区域旅游合作是近年来旅游研究的热点之一，也是旅游业最为突出的发展趋势。在区域旅游合作方面，国内学术界也有不同的表述。

薛莹认为区域旅游合作是指区域范围内不同地区之间的旅游经济主体，依据一定的协议章程或合同，将资源在地区之间重新配置、组合，以便获取最大的经济效益、社会效益和生态效益的旅游经济活动。①

伍鹏从合作内容的角度定义区域旅游合作：区域旅游合作是以区域相邻与接近性、旅游资源与社会经济相对一致性和差异互补性、线路贯穿与畅通性等原则为基础，合作各方共同编制旅游规划，共同建设旅游基础设施，共同进行旅游产品的开发与客源市场的开拓，共同进行旅游产品的宣传与促销，共同营造旅游形象和旅游环境，以及实行旅游企业的联合经营管理等，以实现区域旅游业的健康可持续发展。②

梁艺桦、杨新军、马晓龙指出区域旅游合作是由不同行为主体和不同类型旅游产业要素（资源景观、交通廊道、旅游商品、信息）区域性相互关系构成的有机体系。从系统学的角度定义区域旅游合作：区域旅游合作是具有区域性相互联系、相互作用、相互依赖的各个旅游主体单元与在它们之间流动的各种旅游资源要素形成有机运行系统，并不断促使系统"整合功能"日趋增强和发展的演化过程。区域旅游合作的环境是多维的，不仅有与旅游相关的要素，还包括政治、文化、社会乃至自然生态格局等要素。③

王雷亭认为区域旅游合作是旅游业发展到一定阶段的必然产物，是贯彻"着眼大区域，营造大环境，塑造新形象，发展大旅游"工作方针的必然选择。区域旅游合作是指区域范围内不同地区之间的旅游经济主体，依据一定的章程、协议或合同，将资源在地区之间重新配置、组合，以获取最大的经济效益、社会效益和生态效益的旅游经济活动。④

---

① 薛莹. 对区域旅游合作研究中几个基本问题的认识 [J]. 桂林旅游高等专科学校学报，2001，(2)：26 – 29.

② 伍鹏. 湘鄂黔边地区区域旅游合作开发战略 [EB]. 万方数据库，2002.

③ 梁艺桦，杨新军，马晓龙. 区域旅游合作演化与动因的系统学分析——兼论"西安咸阳旅游合作"[J]. 地理与地理信息科学，2004，(3)：105 – 108.

④ 王雷亭. 国内外区域旅游合作研究进展综述 [J]. 泰山学院学报，2003，(5)：92.

2.2 区域旅游合作的基础理论[①]

2.2.1 行政区经济理论

行政区经济的概念最早由刘君德教授于 20 世纪 90 年代初提出，它实质上是指由于行政区划对区域经济的刚性约束而产出的一种特殊区域经济现象，是我国在从计划经济体制向社会主义市场经济体制转轨过程中，区域经济由纵向运行系统向横向运行系统转变时期出现的具有过渡性质的一种区域经济类型。行政区经济最突出的特点是：社会经济活动渗透着强烈的地方政府行为，具有强烈的地方利益倾向；受行政区划的刚性约束，生产要素跨区域（行政区域）流动受到人为的限制与阻隔，经济运行秩序比较紊乱。

中国区域经济发展之所以呈现行政区经济的割据态势，是经济区运行主体、市场分割、宏观调控体系相互联系、相互作用、相互制约的结果。行政区经济的主体不仅包括企业，而且包括地方政府。地方政府作为国家经济管理的一个层次和组织经济活动的主体有两个职能：一是维护宏观经济的整体利益；二是有自己的经济利益，并会以自己的利益为出发点做出种种经济决策。企业虽然也是区域经济运行的主体之一，但缺乏自主经营的运行机制。而地方政府不仅影响企业行为，而且直接干预发育程度不高的市场。宏观调控体系又为行政区经济的运行提供了一定的发育环境。

行政区经济理论作为区域经济学、人文地理学中的一种创新理论，产生于 20 世纪 90 年代。21 世纪以来，我国区域经济格局已经发生了显著的变化；区域经济之间的合作与交流更为频繁；市场经济机制越来越成熟；政府职能朝着"责任、效益、服务"的政府角色转型，使得"行政区经济"在新时期所表现的特征有了质变，其理论发展逐步与政府经济学、制度经济学、公共管理学相结合，酝酿着新的突破和创新。

我国旅游业萌芽于计划经济时代，发展于计划经济向社会主义市场经济的转型期，伴随着市场经济体制日益完善而逐步走向成熟。作为地方经济重要组成部分的旅游经济，本质上也是政府主导型的产业经济，列入了一些地方的重要或支柱产业。所谓"行政区旅游经济"现象[②]，表现出一些新的特点。

---

① 何小东. 中国区域旅游合作研究——以中部地区为例 ［D］. 华东师范大学，2008，37 - 39.
② "行政区旅游经济"是由华东师范大学汪宇明教授在为硕博研究生讲授"政区地理学"课程时结合"行政区经济理论"而提出的一个可供进一步探讨的学术概念。

第一，以行政区为地域范围，组织建设区域性旅游目的地。地方政府负有组织和发展地方经济的责任；为公民提供休闲、游憩和度假产品，是体验经济时代政府公共产品供给的重要领域，也是扩大社会消费需求的重要方面。政府充分配置辖区内的自然与文化遗产资源，编制区域性旅游规划，制定刺激和促进旅游业发展的优惠政策，吸引外来投资者，建设旅游景区，增加社会就业，发展与旅游相关的基础产业，形成新的经济增长点，旅游业成为1998年以来地方政府主导推进经济发展的重要行政领域。

第二，政府主导品牌竞争，旅游成为地方营销的重要窗口。旅游业发展需要品牌支撑。世界遗产、国家品牌都是地方政府提升地方市场知名度的重要竞争性资源。地方政府努力将辖区内重要品牌资源，通过中央政府的支持，争取获得列入世界自然或文化遗产名录的资格；或者获得国际级品牌资格，以作为地方营销的重要卖点，既吸引国内外旅游市场的关注，又提升了地方知名度，使旅游成为营销地方、发展地方的重要形象窗口型产业。其至在一些地方，为凸显旅游资源在地方发展的重要性，将品牌旅游资源作为地方政区的专用名称，例如黄山市、香格里拉县等，改变了中国特有的政区专用结构。

第三，行政区之间产生新型的旅游竞争与合作关系。行政区之间存在着旅游项目的激烈竞争，这种围于行政区地方利益的旅游项目竞争与盲目攀比、模仿创新带来了旅游产品同构、项目雷同、市场无序等诸多负面效应；而毗邻或相关区域"互为旅游目的地、互为旅游市场"的合作，则可带来旅游效益的空间共赢。

总之，"行政区旅游经济"是旅游经济在行政区产业领域独特地位的一种表现形式，旅游地位越突出，行政区旅游经济的特色越浓厚，其所引起的区域经济空间关系就越值得关注。因此，行政区经济理论的意义在于从行政区划的视角探讨行政区域内部以及行政区域之间的旅游合作与发展问题的分析方法，并为消除行政区经济格局负面影响提供理论支撑。

2.2.2 空间相互作用理论

空间相互作用是指区域之间所发生的商品、人口、劳动力、资金、技术、信息等要素的相互传递过程。一方面，空间相互作用能够使相关区域加强联系，互通有无，拓展发展的空间，获得更多的发展机会；另一方面，空间相互作用又会引起区域之间对资源、要素、发展机会等的竞争，形成区域之间发展的不平衡。

区域之间能够发生相互作用，需要满足三个方面的基本条件。

一是区域之间的互补性，即相关区域之间必须存在对某种商品、技术、资金、信息或劳动力等方面的供求关系。区域之间只有存在互补性，才有建立经济联系的客观基础。

二是区域之间的可达性，即区域之间进行商品、人口与劳动力、资金、技术、信息等要素传输的可抵达性。可达性受两个因素影响：其一，空间距离和运输时间，空间距离和运输时间越长，区域之间的经济联系空间成本越大，反之则小；其二，被传输客体的可传递性，由于受经济支付能力、时间、心理、网络技术、运输方式等方面的限制，各种商品、人口、技术、信息、资金等要素的经济运距是不相同的，存在较大差异。可传递性越大，要素在区域之间的相互作用越强。

三是区域之间相互作用的宏观环境是和平、友好的。若区域之间存在政治歧视、民族文化冲突，或军事冲突，则会影响相互作用发生的可能性。

旅游业作为一种新的经济产业，其产业构成要素包括旅游资源、旅游设施（基础设施和上层设施）、旅游服务等，存在着显著的空间差异性。旅游资源的特色和差异是旅游发生的原动力之一，也是区域之间互相成为旅游目的地和客源地的基本依据，亦是引起区域之间旅游流空间作用的物质基础。从本质上看，旅游流是区域之间空间相互作用的重要表现。因此，空间相互作用原理为区域之间的旅游互动与合作的发展，提供了具体的、客观的、内在机制的理论阐释基础。

2.2.3 区域合作理论

合作与分工是相伴而生的。在区域分工深化的过程中，随着区域之间竞争的加剧，区域之间相互依赖程度也日益加深。出于各自发展利益的需要，区域之间在分工的基础上必然要开始寻求合作。区域合作有两种形式：一是区域之间存在产品、技术、服务等方面的关联而形成互补关系和相互依赖，因而需要通过相互合作才能满足各自的多方面需求，使经济发展获得稳定性；二是迫于市场竞争的压力，相关区域通过合作，实现优势互补或扩大同种优势，形成竞争的合力，追求各自经济更稳定、规模更大的发展。

区域合作是现代区域经济发展的普遍现象。合作是竞争的高级艺术形态。它的积极意义在于，区域之间通过优势互补、优势共享与优势叠加，把分散的经济活动有机地组织起来，把潜在的经济活力激发出来，形成一种合作生产力。通过合作所获得的经济综合优势所产生的经济效益是分散条件下所难以企及的。通过合作可以冲破要素区域流动的种种限制，促进要素向最优区位流动，加强区际经济联系，形成区内和区际复杂的经济网络，提高区域经济的整体性和协调能力。

区域之间的旅游合作是区域合作的重要形式。揭示旅游合作发生发展的机理，必须借鉴和运用区域合作相关基础理论。

2.2.4 增长极理论

增长极（growth pole）概念最早是由法国经济学家朗索瓦·佩鲁（F. Perroux）提出的。20世纪50年代初，他针对古典经济学家的均衡发展观点，指出现实世界中经济要素的作用完全是在一种非均衡的条件下发生的。他通过对世界经济活动的观察，认为"增长并非同时出现在所有的地方，它以不同的强度首先出现于一些增长点或增长极上，然后通过不同的渠道向外扩散，并对整个经济产生不同的最终影响"。他进一步指出那些具有创新能力的增长公司或厂商构成了推进型（或称为推动型）产业发展的核心。一般来说，推动效应的大小与产业的关联性相关。凡是前向、后向、侧向联系的产业，都有较大的推动效应。

法国地理学家 J. 布德维尔在1957年将增长极概念引入地理空间，并提出了"增长中心"这一概念。布德维尔把增长极同极化空间和城镇联系起来，使增长极有了确定的地理位置，即增长极的"极"，位于城镇或其附近的中心区域。这样，增长极包含了两个明确的内涵：一是作为经济空间上的某种推动型产业；二是作为地理空间上产生集聚的城镇，即增长中心。他提出了投资应该集中于增长中心，并且增长会从这个中心向周围地区传播的观点。

旅游业具有关联性强、带动性强的特点，是典型的"引爆产业"。在中国区域旅游发展与竞争的格局中，不少地方政府将旅游业作为地方第三产业中的增长极加以培育和发展，有些地方甚至列为主导产业（或先导产业）或支柱产业。在旅游资源相对富集的区位点，兴起了一批新的旅游城镇、旅游城市。区域旅游合作，通常需要关注这些新兴的旅游城镇、旅游城市，以它们为极核，构筑区域性的旅游合作环、圈、带。因此，增长极理论对于梳理区域之间旅游合作的空间关系，具有重要的指导价值。

2.2.5 核心 - 边缘理论

核心 - 边缘理论也称中心外围理论或依附理论，是由美国经济学家弗里德曼（J. R. Friedmann）首先提出的。1966年弗里德曼根据对委内瑞拉区域发展演变特征的研究，以及根据缪尔达尔（K. G. Myrdal）和赫希曼（A. O. Hirschrrtan）等人有关区域间经济增长和相互传递的理论，出版了他的学术著作《区域发展政策》一书，系统提出了核心－边缘的理论模式。

弗里德曼认为，任何一个国家都是由核心区域和边缘区域组成。核心区域是由一个城市或城市集群及其周围地区所组成。边缘的界限由核心与外围的关系来确定。核心区域指城市集聚区，工业发达，技术水平较高，资本集中，人口密集，经济增长速度快，包括：①国内都会区；②区域的中心城市；③亚区的中心；④地方服务中心。边缘区域是那些相对于核心区域来说，经济较为落后的区域。根据核心－边缘理论，在区域经济增长过程中，核心与边缘之间存在着不平等的发展关系。总体上，核心居于统治地位，边缘在发展上依赖于核心。但核心与边缘区的空间结构地位并不是一成不变的。核心区与边缘区的边界会发生变化，区域的空间关系会不断调整，经济的区域空间结构不断变化，最终达到区域空间一体化。

核心－边缘理论对旅游资源的跨区域整合、旅游企业的跨国和跨地区经营、旅游业区域协调发展等领域具有较高的解释意义和指导价值①。核心－边缘理论在试图解释一个区域如何由互不关联、孤立发展，变成彼此联系、发展不平衡，又由极不平衡发展变为相互关联的平衡发展的区域系统时具有重要的指导意义。一般来说，旅游资源的区域差异是客观存在的；旅游资源存在的客观差异导致区域中出现了旅游核心区与边缘区的分异；有时在区域中还可能存在两个或两个以上的核心。要促进核心－边缘区域关系的变动和转型，达到促进区域旅游增长的目标，就必须贯彻邻近联动原则，突出核心－边缘结构中的资源优势互补而不是空间替代竞争，以交通线路为廊道，进行区域旅游合作，带动边缘区成为新的旅游增长点。在社会主义市场经济条件下，旅游核心与边缘区应该是一种平等竞争、优势互补，合作、共赢的空间关系。区域旅游合作要借鉴核心－边缘理论，理顺旅游发展的空间关系，构建起合理的区域旅游空间结构秩序。

2.2.6 点－轴渐进扩散理论

点－轴模式是我国著名经济地理学家陆大道先生在借鉴国外点－轴开发理论的基础上，根据生产力地域组织的演变过程、事物的相互吸引和扩散方式提出来的空间布局理论。根据点轴理论，地域集聚在集聚效应的作用下，应该在点上聚集，使区位优势最大的点成为区域增长中心，当各种生产要素通过向心运动在点上的集中达到一定的规模后，中心将逐步产生扩散效应带动周边地区发展。该理论的核心是，社会经济客体大都在点上

---

① 汪宇明.核心－边缘理论在区域旅游规划中的运用［J］.经济地理，2002，22（3）：372－375.

集聚，通过交通网络等线状基础设施而连成一个有机的空间结构体系。

区域旅游的空间关系是典型的"点—轴"空间关系。旅游流在点上的集聚，在轴上的流动，形成区域间的"点—轴"系统。早期，中国旅游资源单纯地依靠据点式开发，主要缺陷是局限于局部景区建设，在外界影响力低，旅游经济不具规模效应，对当地区域发展和产业扩张的带动作用不大。① 随着区域性旅游目的地的发展和建设，交通轴线越来越青睐旅游风景区、风景点，促进了点-轴系统的结合，以点带线、以线带面，逐步形成区域性旅游目的地。

区域性旅游目的地有时在空间上表现为复合的区域系统。例如，长三角就是一个以上海为极核的区域性旅游目的地系统，包含着上海、浙江、江苏三个省级行政区，更多地又表现在不同城市之间的旅游相互作用与联系。上海—南京的旅游合作系统，在空间上就是一个重要的点—轴系统，其间贯通苏州、无锡、常州、镇江。长三角的区域旅游合作，主要表现为城市之间的旅游合作。因此，深化区域旅游合作，要准确运用好"点—轴"理论，因地制宜，构建不同的区域旅游合作模式，通过点—轴系统的扩散、辐射，影响和带动相关地区的旅游发展，最终形成旅游板块。②

2.2.7 圈层结构理论

最早的圈层结构理论当属德国农业经济学家冯·杜能的"杜能环"。1925 年，美国芝加哥大学社会学教授 E. W. 伯吉斯对城市用地功能区的布局研究后指出，城市五大功能区是按同心圆法则，自城市中心向外缘有序配置的，并认为这是城市土地利用结构理想模式。

圈层结构的内涵就在于：城市与区域是一个相互依存、互补互利的有机整体。在这个有机整体中，城市起着经济中心的作用，对区域有吸引功能和辐射功能，但其吸引和辐射功能受空间相互作用的"距离递减规律"制约，必然导致区域形成以城市建成区为核心的集聚和扩散的圈层状的空间分布结构。

"圈层结构理论"与"点—轴理论"、"核心—边缘理论"具有有机的联系，已经被广泛地应用于指导不同类型、不同性质、不同层次的空间规

---

① 肖光明. 度假旅游及其产品的区域适应性调整——以广东肇庆市为例 [J]. 人文地理，2004，6.

② 汪德根，陆林，陈田，刘昌雪. 基于点——轴理论的旅游地系统空间结构演变研究——以呼伦贝尔—阿尔山旅游系统为例 [J]. 经济地理，2005，25（6）：904 – 909.

划实践。圈层结构理论对于建构区域合作的"旅游圈"有一定的指导意义。旅游圈内旅游资源结构、旅游产品结构和市场结构的互补性，是旅游圈构建的基础①。现实中的"旅游圈"是地方政府为了获得最佳经济、社会和环境效益，以旅游中心城市为核心组成的具有一定地理范围的旅游协作区域，是区域合作的一种理想的空间范式，虽然对旅游者不具备约束或指导意义，但对于建构旅游相关利益合作共同体是有价值的。

2.2.8　旅游地理学相关理论

1. 旅游地生命周期理论

旅游地理学是最早形成的旅游学科分支学科之一，它以地理学的理论为指导分析旅游活动和旅游现象的空间规律，并形成了自己特殊的研究领域和基本理论。旅游地理学的基本理论除了地理学的区位、地域分异理论、空间理论外，还有旅游地生命周期理论和旅游空间区域划分理论（区划理论）。

旅游地生命周期理论对于研究旅游地的时空演变过程与规律具有重要价值，这一理论经由德国学者克里斯泰勒（W. Christaller，1963）、美国学者斯坦斯菲尔德（C. Stansfield，1978）提出、完善，最后由加拿大学者巴特勒（Batler，1980）系统提出②。根据旅游地生命周期理论，旅游地的发展演化一般经过 6 个阶段：探查阶段（Exploration stage）、参与阶段（Involvement stage）、发展阶段（Development stage）、巩固阶段（Consolidation stage）、停滞阶段（Stagnation stage）、衰落阶段或复苏阶段（Decline or Rejuvenation stage）。旅游地生命周期过程不仅是时间的推进和延续过程，更是旅游地空间的结构调整和旅游产业演进过程，尽管这个理论有些不完善之处，还在发展、完善之中，但它仍然成为分析旅游地及旅游业的许多现象、有效预测并指导旅游地开发建设及旅游业发展的重要理论。当一个地区的旅游地或旅游业进入停滞阶段、衰落阶段时，必须采取有效的措施促使其走向复苏和重振。传统的途径有两个，一是增加或提升旅游地的景观吸引力，二是发挥未开发自然旅游资源的优势，重新启动市场。

一个旅游地的旅游资源数量总是有限的，增加和提升旅游地的景观吸引力不仅难度大，而且有可能与周围旅游地的景观产品雷同和产生竞争。传统的措施局限于单个旅游地的潜力挖掘，已越来越显得乏力。旅游地之

---

① 阎友兵，李辉恒. 关于旅游圈的理论探讨 [J].湘潭大学社会科学学报，1999，（6）.
② 保继刚. 旅游地理学 [M].北京：高等教育出版社，1999.

所以衰落，根本原因是旅游地的产品供给与市场需求脱节，旅游地受到其他旅游地激烈竞争的影响，失去了原有的市场份额。旅游者的旅游需求是多样和变化的，旅游者活动的空间范围正在扩大，旅游预期效应在增加。不同旅游地进行联合，重新在一个更大的区域内整合旅游资源、调整产品类型和结构，形成优势互补、市场共享的合作格局，无疑是防止旅游地衰落并走向复苏的新途径。近年来，旅游地（旅游景区、旅游城市）的企业重组、兼并、改制，旅游地之间的资产重组、品牌渗透、股权转让，旅游区域的相互学习、共同开发与协调管理等，是区域旅游合作与旅游目的地质量提升的重要内容和战略举措。

区域旅游合作本身是一个动态过程，由初级走向高级，由合作走向一体化。借鉴旅游地生命周期理论，还可以将区域旅游合作视作一个系统，判断其发展所处的阶段，由此展开旅游合作态势的诊断分析。

2. 可持续发展理论

可持续性概念第一次提出是在 1980 年 3 月一篇题为《世界保护战略》的文章中①。1990 年温哥华全球持续发展大会旅游组行动策划委员会会议上形成了《旅游持续发展行动战略》，提出了可持续旅游应符合以下五个目标：一是增进人们对旅游所产生的环境效应与经济效应的理解，强化其生态意识；二是促进旅游的公平发展；三是改善旅游接待地区的生活质量；四是向旅游者提供高质量的旅游经历；五是保护未来旅游开发赖以存在的环境质量②。可持续旅游发展从此在全球范围内引起了广泛的关注和响应。1997 年 12 月在中国北京召开的首届"全国可持续旅游业发展研讨会"标志着中国政府对可持续旅游的关注和介入。2005 年 WTO 组织在中国桂林阳朔举办研讨会，在发展中国家和地区旅游目的地推行旅游可持续指标行动计划，标志着旅游可持续行动在全球的深入和在中国的推进。

区域旅游合作的核心目标是追求区域旅游发展的可持续性。实现旅游发展机会的区域公平，旅游发展利益的区域共享，旅游发展风险的区域共担，旅游突发事件的区域共同应对，是需要区域旅游可持续理论支撑的。

2.3　区域旅游合作的行为主体

区域旅游合作文献的研究表明，对合作行为主体研究的忽视是一种倾

---

① 邹统钎. 旅游景区开发规划与管理［M］. 北京：中国旅游出版社，2006.
② 吴必虎. 区域旅游规划原理［M］. 北京：中国旅游出版社，2001.

向。区域旅游合作是不同行政区之间的合作，其主体包括地方政府、旅游企业、行业协会组织以及目的地社区居民。其中，政府、旅游企业以及旅游企业行业协会是最主要的三大行为主体，民间和个人是重要的参与力量。区域旅游合作主体行为相互交织，共同营造着区域旅游合作的平台。

2.3.1　政府

世界经合组织（OECD）旅游委员会认为，政府参与旅游业发展一般可以划分为三个阶段：一是启动阶段，各国政府为启动旅游业发展几乎参与了旅游活动的各个领域；二是发展阶段，随着旅游业的发展，其他利益主体也开始投资旅游经营领域，政府通过制定法律措施、规范市场竞争秩序推动旅游业的良性发展；三是成熟阶段，旅游业成为国民经济的支柱产业，政府在旅游业发展中扮演协调者的角色，主要进行调控和协调工作，提高旅游业的综合效益。中国是世界旅游大国，政府主导旅游经济的发展是中国旅游产业能够迅速发展的重要原因。

1. 政府促进旅游业发展的基本职能

促进旅游业发展是地方政府的一项基本经济职能。政府组织机构中设置旅游局；一些旅游资源比较富集的地区，在旅游局基础上还成立了旅游产业协调或发展委员会（领导小组），甚至由旅游局局长担任委员会（领导小组）的第一负责人。因此，有人把旅游业看作是"一把手工程"，用以考察政府职能。地方政府旅游职能主要表现为以下五个方面。

第一，勘查、保护与配置旅游资源。政府享有对辖区内旅游资源的勘查、保护与配置的权益。原则上，旅游资源属国家所有，地方政府代表国家依法对辖区内旅游资源进行普查、清理、保护、开发权配置等，行使行政职能。集体或个人所有的旅游资源实体尽管产权关系明确，但是地方政府也有监督其依法保护和开发的职能。

第二，编制旅游业发展规划，制定旅游发展政策，促进旅游业可持续发展。旅游是现代人新的生活方式。政府有责任协调社会力量，提供公共游憩产品，以满足人民日益丰富的旅游需求。为此，政府依法编制辖区旅游发展规划，通过旅游发展规划，制定旅游发展的战略目标，确定旅游资源开发的目标对象，科学论证与选定旅游开发项目，优化和规范旅游开发的空间秩序，确定旅游资源保护和环境治理的重点，制定促进旅游业发展的相关政策和措施，例如旅游投融资政策、旅游收益激励政策、旅游项目招商引资政策等，促进旅游业可持续发展。

第三，营销地方旅游形象，建设旅游体验环境，应对旅游突发事件，规范旅游市场秩序，保护旅游消费者权益，是政府旅游部门的重要职能。

旅游产品的公共物品属性，对其消费具有不可分性和非排他性，滥用公共物品导致了拥挤、污染等外部不经济性的产生。因此，旅游基础设施建设、旅游环境保护、旅游产品营销需要政府来推动。基础设施、社会治安、环境卫生、购物环境、公共信息，大都属于公共产品或公益事务，单靠市场力量无法完善，单纯依赖旅游部门、旅游企业也难以完成，这就需要政府出面组织安排。通过清洁能源、道路、网络、通信、供水、环境卫生等基础设施的建设，营造舒适的旅游体验和环境，使辖区成为安全、诚信、友好、和谐的旅游目的地，是政府最近几年来重要的工作任务与目标。

主办世界性、区域性的重大事件活动，或运用网络媒体、新闻发布会，或采取影视文艺，或主办旅游产品展销会等多种方式营销地方旅游形象，是 21 世纪以来政府职能的重要内容。旅游形象的宣传与营销，即使是发达国家，也没有完全脱离政府的支持，因而可以说是政府的一项重要职能。为了促进旅游业的发展，美国总统克林顿曾召开了 1500 人出席的白宫旅游会议；亚洲金融危机以后，中国香港特别行政区政府拿出上亿元港币成立了盛世基金，举办大型促销活动加快复苏旅游业；中国加入世界贸易组织谈判时，在双边政府间的谈判中，旅游服务贸易被列为重要议题，双边国家都在为旅游发展营造良好的国际空间。

旅游市场的无序竞争，旅游经济运行的地方壁垒以及旅游服务的不规范是政府需要关注的焦点。旅游产品具有明显的区域性、综合性特点，旅游者消费的满意度不仅涉及"食、住、行、游、购、娱"六大旅游要素，且具有地域上的关联性，市场手段只能解决旅游发展的部分问题，不能完全解决上述各方面的问题。因此，政府需要对旅游市场秩序进行监督，打击非法经营活动，规范旅游服务质量，处理旅游投诉事件，保护旅游消费者权益；当辖区发生重大安全突发事件，如重大自然灾害、流行性传染疾病、重大安全事故、社会骚乱等突发事件，政府要立即实行应急预案，这是发挥政府职能的主要着力点。

第四，申报、管理旅游质量品牌，推行旅游企业、品牌的资格认证。这部分职能属于交叉职能。由于地方政府职能强大、行业组织发育不均衡，许多地方和行业领域仍旧是政府主导，实施对旅游资源和服务产品的品牌资源的管理，如等级旅游景区、星级旅游酒店的品牌管理，甚至风景名胜区、国家地质公园、国家森林公园、国家水利风景旅游区、国家文物与非物质文化遗产等品牌的管理，成为彰显部门利益的焦点。

第五，加强旅游人才素质教育和培训，提高旅游机构能力。这涉及政府自身能力建设问题。许多地方政府旅游管理部门成为机关富余人员安置单位，职位被非旅游专业人才占据，导致高等院校旅游人才求职困难。这几乎是地方政府旅游职能部门普遍存在的现象。

2. 政府是推动区域旅游合作的主导角色

推动区域旅游合作是政府对外职能的重要内容。改革开放以来，中国旅游业经历了由事业型向主导产业型的战略转型。旅游的开放性是扩大对外开放、增进中外交流的风向标；开展地区间旅游交流、促进区域间经济与社会统筹发展是地方政府间的重要交流活动。

从中国区域旅游合作的实践态势来看，政府是推进区域旅游合作的倡导者、推动者与利益协调者。自发的区域旅游合作组织若能得到政府的支持，往往能加快发展的规模和速度、提升合作的层次。例如，四川省政府通过推动、参与西南六省区市七方经济协调会、泛珠三角区域合作发展论坛、川滇藏"中国香格里拉生态旅游区"协调会、中国西部国际旅游发展论坛等活动，展现了四川旅游资源的独特魅力，使四川成为中国旅游市场关注的重要目的地、成为中国旅游强省。

市场不是万能的。在市场经济机制发育不尽完备的情况下，政府成为区域旅游合作的主导，导演了一幕幕区域旅游合作的话剧。地方政府在区域旅游合作中的主体地位主要体现在以下方面。

第一，政府是地方整体利益的代表和相对独立的行为主体，政府对区域旅游合作的推动是实现区域共同利益最大化的基础和保障。特别是在现行"垂直控制、财政分权、地方问责"的制度框架中，在复杂的竞争形势和强大的外部压力下，各级政府通过推动区域旅游合作进程来共享区域旅游发展的收益，已成为一种理性的选择。

第二，政府是区域旅游经济发展中最有效的调控主体，政府的决策和调控不仅对本地旅游业的发展具有重大影响，还直接关系到跨行政区、跨行政层级的利益协调。这种协调，是实现全面、有效的区域旅游合作的重要保障。

第三，政府是规范旅游市场和竞争秩序的主体。区域性制度障碍的清除、区域内旅游竞争行为的监管、区域内旅游发展环境的改善等区域旅游合作的行动，都有赖于各级地方政府的联动合作。区域旅游互动发展过程中，总会有扰乱正常竞争秩序的地方保护主义、不计成本的招商引资等恶性经济行为，造成行政区经济"壁垒"或市场分割，阻碍旅游要素的流动，降低旅游资源配置的效率，影响区域旅游的空间效益。这些只有通过政府间协调和努力，才能加以纠正和规范。

实际上，地方政府具有开展区域旅游合作的内在需求。旅游的本质是旅游者跨区域的体验性消费活动，具有巨大的经济效益。相互吸引区域间旅游者的互动，是区域间共同获取旅游收益的重要举措。所谓"互为旅游目的地、互为旅游市场"，实际上是通过营造统一的区域旅游大环境，促进区域旅游合作，从而实现区域间各方旅游业共赢。从旅游流集聚的空间态势看，旅游流具有在毗邻的一定尺度空间内集聚的规律，这就是"区域旅游的内聚性"①。地方政府热衷于区域旅游合作，也是为进一步做大做强自身旅游产业规模的一种区域战略。

3. 政府主导型旅游发展战略

在讨论政府的旅游职能及其在区域旅游合作中的主体地位时，不能不关注推动区域旅游发展的"政府主导型旅游发展战略"。这种战略，"就是按照旅游产业自身的特点，在以市场为主配置资源的基础上，充分发挥政府的主导作用，争取旅游产业更大的发展"。这就在政府与市场的关系中，确定了一段时期内政府的地位。

政府主导型战略是发展中国家在旅游业发展的初级与成长阶段的必然选择。

首先，从旅游自身的特点来看，旅游产品是有形物质产品和无形服务产品的综合，是"食、住、行、游、购、娱、营销、环境"等要素的综合，涉及多个部门职能业务管理，需要有关部门支持与配合。旅游产品的独特性是其与旅游者体验历程的不可分割性，一段旅游体验经历涉及多个服务环节，这些服务环节的价值收益既可以独立结算，也可以由承包商统一结算，产品营销只有通过旅游信息传递和中间商促销宣传才能完成。旅游吸引物具有公共物品的性质，在一定的旅游体验环境里，同一旅游资源和设施，可以同时供多个消费主体利用和享受，具有共享性和非排他性，难以避免抄袭、模仿、搭便车等现象。因此，具有综合性、信息性和公共性特征的旅游产品需要政府主导，组织相关社会力量进行开发与生产。

其次，旅游产品营销也是地方营销的重要方面，包括形象宣传和产品宣传。形象宣传就是区域旅游形象宣传；产品宣传包括对旅游线路、景区景点、旅游饭店、旅行社和旅游交通公司等旅游企业形象的宣传。品牌是营销战略的龙头，需要政府牵头、企业参与，形成政府主导的市场营销格局。

最后，旅游产品无论是基于营销服务还是旅游者体验的视角，都是一

---

① 汪宇明. 围城效应与区域互动 [J]. 人文地理，2005，(1)：177–183.

种跨地域的活动，必然要求一体化的市场，需要政府加强协调，积极培育市场。尤其针对跨越行政界限的旅游吸引物，其旅游利益协调更需要政府间的合作。实践证明，圈地为营、各自为政的旅游开发是没有发展前途的，"大旅游"战略和"一盘棋"思想才至关重要。

政府主导型旅游发展战略是世界各国发展旅游业的一条共同经验。中国国家旅游局于 1997 年提出政府主导型旅游发展战略，由此形成了具有中国特色的"政府主导，企业主体，市场化运作"的地方旅游产业发展的主流趋势。

随着 WTO 规则的运用，政府行政管理体制的改革，中国地方政府职能也在逐步转变，更加注重提升旅游服务质量和营造旅游体验环境，越来越关注跨行政区的合作，联手建设基础设施、提供公共服务、维护竞争秩序、治理生态环境等，从而提高区域整体的服务效率，改善区域整体的旅游发展环境。

2.3.2　旅游企业

旅游者的体验活动涉及诸多服务行业，凡是为旅游者完成旅游体验经历而提供食、住、行、游、购、娱等方面的直接服务的企业，都是旅游企业，一般包括旅游景区、旅游饭店、旅行社以及相关旅游交通企业等。

旅游企业是旅游市场经济活动的行为主体。在市场经济条件下，旅游企业是旅游业市场最活跃的要素，是地方旅游产业的直接载体，是区域旅游产业发展目标与地区利益的主要实现者，也是展示地方旅游经济活力的窗口。

企业在区域旅游合作中扮演着重要角色。旅游企业间的合作是区域旅游经济保持活力、健康发展的关键。一般情况下，区域旅游合作一般是"政府主导，企业唱戏"，企业担当重要的行动执行角色，诸如企业跨地区、跨部门所有制的产权型合作，不仅给合作方带来了资金、劳动力，而且也解决了当地居民的就业问题，实现了合作伙伴间经济增长的互赢。因此，企业参与区域旅游合作的能动性是决定区域旅游合作成败的关键因子。

旅游企业具有规模扩张与范围扩张的本质属性。面对不断变化的外部环境，为了在不确定的环境中求得生存和发展，旅游企业发展的一个重要战略取向就是减少和消除与其他相关产业组织的边界，顺应区域旅游合作带来的旅游一体化趋势，通过资本扩张，跳出行政区域及行业准入的限制，实现其横向、纵向一体化经营战略，从而获得生存与发展。因此，旅游企业乐于跨区域联合，有着企业自身的战略价值倾向。

第一，实现规模扩张。受"规模经济"规律支配，企业具有规模扩张的行为倾向。旅游企业不同于一般有形产品的生产型企业，作为服务型企业，旅游企业的规模主要受旅游流量的支配影响。一般都是选择旅游流比较集中的节点上布局旅游企业。当其发现临近区域旅游流量增长而服务一时不能适应需求时，旅游企业就会抓住机会，实现跨区域扩张，采用直接投资或寻找合作伙伴，通过兼并、合资合营、收购、重组、特许经营、连锁经营等方式壮大企业规模，占领机会市场空间，获得企业的规模效益，扩大资源利用范围，拓宽市场发展空间，增强企业的综合竞争优势。

第二，提高现代企业素质。随着市场日益规范，旅游企业之间争夺客源，竞相压价、亏损经营、资不抵债、给巨额回扣等恶性竞争，越来越受到约束。深化现代企业内部的纵向分工与区域之间的横向合作，形成旅游企业相对集群发展的格局，实现旅游服务附加值的提升，是现代企业追求的重要目标。因此，发达或先进地区的企业有时通过管理文化输出、品牌内涵拓展或区域覆盖外延，以扩大同类服务产品的市场份额，壮大经济实力，提升企业竞争力；欠发达或发展中地区的旅游企业也会借鉴世界先进品牌企业的管理经验、先进经营思想，进行嫁接式资产重组，与品牌企业联合，实现优势互补，学习、探索、创新，一跃成为地方品牌企业，这已经成为企业内外联合协作的最大动力和主要形式。

第三，实现企业可持续发展。企业无论是规模扩张，还是提升现代企业素质，其核心是实现可持续发展。一方面，企业需要制度创新、管理创新、服务产品创新，实现其品牌价值，增强其国际竞争力；另一方面，企业还要不断适应现代生态社会、和谐社会发展的要求，增强企业社会责任感，降低开发成本、环境治理与保护成本，实现生态品牌资格认证，积极采取联合行动，共同治理环境，实现企业可持续发展。

当前，中国旅游企业"小、散、弱"的局面正在逐步改善，区域旅游合作所呈现的政府积极、企业缺位的尴尬局面也在发生变化，企业从自身价值目标出发所寻求的区域合作，还会突破政府所圈定的合作范围。此外，在市场经济条件下，作为投资主体、运营主体、利益主体和风险主体的旅游宾馆、景区、旅行社为核心的旅游企业通过相互渗透与联合、跨区域连锁发展与经营协作，正在深化中国区域旅游合作的内容，建构纵横交错的分工、交换与协作的区域合作网络，使中国区域旅游合作格局充满生机和活力。

2.3.3　旅游行业协会组织

旅游行业协会组织包括旅游景区联盟、旅游酒店业协会、旅行社协会、航空运输业协会等，其本身应该是跨行政区域的旅游行业合作组织。在发达国家，作为非政府组织的行业协会组织，是推进区域旅游合作进程中的重要组织力量和利益矛盾的协调与仲裁机构。

目前，中国旅游行业协会组织的非政府性不强，市场独立行为能力弱，通常对政府依赖程度高，一般情况下充当政府的辅助角色，是政府职能的延伸。另一个特点是行业协会之间联系比较松散，缺乏有效的沟通机制，例如旅行社协会、旅游酒店连锁、金钥匙协会、旅游运输协会、航空协会等，它们独自专业服务的能力强，但相互沟通机制没能有效建立。

在现代市场经济体系中，旅游行业协会组织在协调相关市场主体的合法利益、提高市场配置资源效率以及维护市场经济运行秩序方面，具有不可或缺的作用。区域间的旅游合作，首先是尊重市场规律，尊重市场对资源配置起基础性作用这一前提下进行的。虽然，区域旅游合作的主导角色是政府，但政府主导不等于政府主宰、政府主干，行业协会作为企业的联合体，应该回归其非政府组织性质，以服务企业、监督行业自律、协调企业利益为主旨，发挥其在区域旅游合作中应有的重要作用。

随着政府职能转型和企业市场主体角色的确认，旅游行业协会组织具有巨大的发展空间。旅游行业协会组织可以承接政府转型中归还社会的部分职能，如质量、品牌认证、行业自律、企业维权、企业责任与社会道德建设等，为企业提供服务。行业协会组织的非营利性、非政府组织特点能有效降低运作成本和管理成本。但行业协会组织必须摆脱行政区归属建制，发展成区域性旅游行业协会组织，通过引导企业社会责任与道德文化建设，在监督企业自律，引导企业品牌建设和质量认证、维护企业权益等服务的过程中，成为联系政府与旅游企业的桥梁和纽带，发挥行业服务、行业自律、行业代表和行业协调的职能，成为区域旅游合作的重要媒介和企业共同体平台。

2.3.4　区域旅游合作主体间关系的架构

政府、企业、行业协会组织是区域旅游合作中的主要行为主体，各自扮演不同的角色，有着不同的利益价值诉求，承担不同的任务。因而会在区域旅游合作过程中出现越位、缺位、错位、失位，形成复杂的关系架构。

1. 区域合作主体的缺位

我国区域旅游合作的发展进程中，合作主体的模糊和缺失一直是影响区域合作广度与深度的一个重要原因。长期以来，我国区域旅游合作进程中，政府始终是最重要的推动力量。旅游资源开发、交通设施建设、旅游市场促销、旅游信息服务、旅游人才培育等，基本上是通过政府的安排进行的。区域间旅游企业的合作意愿不如政府积极，多采取观望态度。一些旅游企业迫于压力参与区域合作活动，却缺乏积极性、主动性和创造性，导致合作只有政府的积极性而没有企业的积极性，形成企业缺位现象。

2. 区域旅游合作主体的错位

传统的区域旅游合作多停留在政府间协作层面，旅游企业和行业协会处于从属地位。地方政府作为地方利益代表，拥有营销地方与管理经济的双重身份，在经济职能方面扮演了决策人的角色，对辖区内有竞争力的企业加以控制，参与国有旅游企业经营，直接对企业人事、分配等重大决策实行行政控制，抑制了企业的竞争活力，使企业很难成为区域旅游合作中真正的主体，政府替代企业的行为时有发生，造成区域旅游合作主导与主体间角色的错位。

3. 区域旅游合作中行为角色的定位

区域旅游经济发展在不同的阶段，推进区域旅游合作的主导力量也不尽相同。一般而言，当潜在的区域旅游合作的收益无法在现有的制度安排内实现时，政府层面的推动最为关键；反之，企业层面的推动则更具意义。因此，区域旅游合作中行为主体间关系的架构是动态的：早期，为降低制度风险和交易成本，确保区域间旅游共同发展，政府在区域旅游合作主体关系架构中居于顶端位置，保持积极干预，改善区域旅游合作的政策和制度环境，推进区域旅游合作政府协调机制的建立，促进区域旅游合作协调发展；随着市场配置资源的机制逐步完善，政府职能转型，企业成为推进区域旅游合作的主导力量，政府则在规划、调控和规范层面上发挥引导作用，通过行业协会组织等市场媒介组织"协调、服务、监督、管理"，为区域旅游合作发展营造良好的成长环境。

实践表明，区域旅游合作或一体化进程中的各类行为主体间的关系比较复杂，包括政府与政府之间、企业与企业之间、行业协会组织与行业协会组织之间的关系，以及政府、旅游行业协会组织与企业之间的互动关系。这些关系还受行政区级别和企业类型差异的影响，进而构成更为复杂的网络关系。在推进区域旅游合作深度发展的进程中，不同主体活动的有效领域往往有所差异。政府有效活动主要集中在旅游基础设施、生态环境以及制度、政策、法规等领域；旅游企业有效活动主要体现在旅游资源、客源市场的开发和旅游产品供给方面；而旅游行业协会组织有效活动则主要在于协调利益关系和规范行业行为。它们相互交织，构成了主体多元化、行业综合性、区域联动式的区域性旅游合作大格局。

2.4 区域旅游合作的动力机制

2.4.1 资源与产品的区域差异性与互补性

区域之间旅游合作的基础动力是旅游资源禀赋与产品构成的区域差异。正是这种区域差异的存在，才导致旅游者在区域间的流动。景观的区域差异性是吸引不同需求的旅游者的重要条件。旅游资源区域差异性受多种要素影响，其中以地理的影响最为直接，地理位置的差异是旅游资源差异的首要因素。地理位置的不同，会引起各地自然地理环境的差异，从而导致在不同地理环境条件下形成的自然旅游资源千差万别，各具特色。同时，地域文化也是某一地域特有的。

旅游资源或产品的互补性是指旅游资源之间由于种类、规模、内涵、区位等要素的差异形成的相互补充和依存的关系。通过分析旅游资源的共生互补，合理开发与规划旅游资源能够帮助获得资源共享和创造多赢。

2.4.2 发展与创新的区域间竞争

区域旅游竞争是社会经济发展过程中的常态，旅游地之间的相互竞争自旅游业诞生之时就已经存在。旅游资源的区域禀赋和品质，使旅游区域的形成和发展在空间上总会出现一个相对的旅游目的地以及由围绕目的地而形成的客源吸引腹地。"当多个旅游地出现时，他们各自的辐射区域边界往往会出现此消彼长或同步增长的动态变化和区域旅游市场组织结构的再组织过程。这种空间的变化，实质上就是竞争的过程。"[①]

保继刚也指出："旅游地的空间竞争是由于多个旅游地在同一地域内出现引起的，他们的各自吸引力往往会出现此长彼缩或同步增长的动态变化和地域旅游市场结构的再组织。"显然，空间竞争是旅游地发展面临的一种普遍现象，其实质就是在区域旅游禀赋要素的共同作用下，由于旅游流区

---

① 张凌云. 旅游地空间竞争的交叉弹性分析［J］. 地理学与国土研究，1989，1.

际、区内空间结构差异变动所引起旅游区域的综合响应。①

2.4.3 一体化进程中的利益共赢导向

区域利益是经济利益和政治利益的统一,经济利益是基础,政治利益是目的。就区域旅游合作的范畴来说,有的是以经济利益为主要目的,有的则是以政治利益为目的。区域旅游一体化行为,则是消除区域间存在的若干旅游障碍或制度性壁垒,在一体化的框架机制里实现参与主体的利益共赢。因此,一体化进程中的利益共赢驱动的价值取向集中在以下三个方面。

1. 资源互补、市场共享

原生性旅游资源具有空间上的不可移动性和显著的地方特色。区域与区域之间旅游吸引物的数量、结构、质量、分布不可能完全一样,主导竞争型旅游资源有显著差异。因此,区域之间的旅游资源具有互补性。区域间展开的旅游合作,实际上是合作方共同在更大范围内实现资源优化配置和品牌旅游资源优势的共享,消除区域间恶性竞争,寻求在主导竞争性品牌旅游资源的旗帜下的旅游资源空间整合,因此,资源互补是区域旅游合作的原发性动力基础。

凝聚在品牌旅游资源旗帜下的旅游资源区域性整合,有利于构建更为清晰的旅游线路产品和差异性体验活动产品,扩大旅游者体验活动空间,同时也带来市场的范围效应。长三角地区的旅游一体化,一个显著的目标就是:互为旅游目的地,互为旅游市场。"两个互为",充分揭示了区域旅游合作价值目标的深刻内涵。旅游流的区域内集聚性规律表明,区域一体化程度越高,区域之间的摩擦越小,旅游流在一体化区域内集聚的份额也越高。而针对那些具有跨区域(特别是行政区域)的某些独立旅游资源实体,合作开发、共同管理、品牌共享、利益互赢则是重要的内在动力机制。

2. 深化旅游地域分工,实现旅游经济效益共赢

区域间旅游要素资源的地方差异是旅游地域分工的地理基础。区域类型多样,有高品质的旅游资源富集区,但经济发展水平滞后;人口稠密的大都市,经济发达,但游憩休闲空间资源稀缺。不同地区服务产业功能不同,承担的角色分工不同。因此,区域旅游一体化的目标就在于进一步拓展空间范围,在原有分工格局的基础上,促进旅游流、信息流、资金流、技术流在区域间流动,进一步深化地域旅游分工。一体化拓展了企业营销

---

① 保继刚,彭华.名山旅游地的空间竞争研究——以皖南三大名山为例 [J].人文地理,1994,2.

网络与客源市场的服务半径，使不同区域的旅游产业要素相互融合，实现最佳配置效率。同样，大都市地区因节日活动、时尚、购物环境优雅、都市生活氛围浪漫、文化及科技水平发达，成为区域旅游者集聚的重要目的地；区域环境生态自然，山水风光秀丽，村落民风淳朴，也是都市旅游者的重要目的地——都市与区域的一体化，带来旅游流的互动，可以实现双方旅游宏观效益的提升。

3. 改善区际关系，维系区际和谐

基于行政区划格局的地方单元，有着各自发展目标和发展模式，追求着区域利益的最大化。地方利益最大化的行为倾向也会带来区域间的利益冲突或矛盾。一体化则可以提供对话机制和协调矛盾的平台，改善地方之间的关系，维系区际之间的和谐共处、共同发展的局面。

即使将这种价值取向放大到国家间层面，其政治、经济、文化的共生共存与和平共处，也是区域一体化的共同价值目标。例如：欧洲的联盟一体化，旨在形成国家联盟体，以合力参与世界政治、经济角逐，从而与北美和亚洲的竞争抗衡；中、日、韩三国与东盟的对话机制平台"10＋3"，也是旅游区域合作或一体化的最重要的机制平台；反过来，旅游区域合作或一体化是促进"10＋3"和平共处、共谋发展的主要手段和重要途径。

推动区域旅游合作的空间动力机理是复杂的，既有地理动力基础，又有发展与创新的竞争推动，还有一体化的目标诉求。但从本质上看，区域旅游合作发展的过程就是旅游合作主体利益的博弈过程。地方政府之间博弈—均衡（game-equilibrium）的结果，是一种建立区域旅游合作框架，达成区域共同利益最大化的制度安排；而旅游企业之间的博弈形成竞争—合作（competing-cooperation）的内在机制，促使企业在更大的空间范围内构建产业链，实现国际化，推动旅游发展竞争—合作的深度发展。一体化为这种博弈提供了更多的平等、互利、合作的机会，因此，基于一体化的价值取向是区域旅游合作走向更高级形态的基本内在动力。

2.5 区域旅游合作的基本模式

区域旅游合作模式指区域旅游系统各要素和旅游活动在合作区域空间内的相互关系和组合形式，它是区域旅游空间相互作用而产生的共生效应、互补效应、整体效应的产物，是基于旅游资源条件、旅游经济空间联系、区域经济活力等条件下的空间自组织过程。区域旅游合作在不同的区域条件和合作机制作用下会呈现不同的结构形态，并处于时空演化之中。

2.5.1　区域旅游合作模式的分类

目前，区域旅游合作模式仍然是有某些定性的概念模式。具有严密数学逻辑的模型虽然有，但缺乏实证分析支撑。人们常说的"长三角模式""粤港澳模式""京津唐模式"，也只是就其合作范式、政策尺度、目标指向于水平深度的一种定性描述。基于概念性的区域旅游合作理论模式有以下几种分类。

一是根据区域经济学的"核心－边缘理论"所提出的区域旅游合作的三种空间理论模式：核心－腹地型、等级－序列型、多核－共生型①。

二是结合国内外旅游业区域合作的态势，从旅游业区域合作的时间维度和空间维度（区域对象、主体分布、内容形式、合作机制等综合）两方面出发形成的四种理论模式：①内容单一化合作模式，以旅游业某个领域为内容、特定目标驱动下的单一化旅游业区域合作，例如景区共同体；②行业综合型合作模式，以旅游行业为主要内容、企业为主体、市场推动下的全行业合作，如区域性行业协会或商会；③多元化全方位合作模式，众多产业参与、主体多元化、综合机制协调下的全方位旅游业区域合作，如无障碍旅游区行动；④关联性区域合作模式，非以旅游业发展为目的，但对旅游业有促进作用的区域合作②，如粤港澳 CEPA 模式。四种区域旅游合作模式之间的关系是渐进式并逐步深化的。

四是以"哈格特空间结构模式"和"冈恩的目的地地带模型"为基础，将区域旅游发展模式分为凝聚模式、放射模式和扩展模式三种模式理论③。

还有其他的一些分类类型。实际上，区域旅游合作、无障碍旅游区、区域旅游一体化，概念本身反映了合作的深度、广度和水平等级的差异，一定程度上凸现了区域旅游合作的内涵差异和阶段性特征，也可视为一种概念性模式。

2.5.2　区域旅游合作的空间结构模式

区域旅游合作发展有着显著的时空组合的阶段性特征，不同的阶段，

---

① 涂人猛 . 区域旅游理论研究 ［J］. 社会科学家，1994，（5）：83 – 88.

② 秦学 . 旅游业区域合作的一般模式与原理探讨 ［J］. 商业经济文萃，2004，（5）：98 – 102.

③ 黄金火，吴必虎 . 区域旅游系统空间结构的模式与优化——以西安地区为例 ［J］. 地理科学进展，2005，24（1）：116 – 126.

区域旅游合作的空间结构模式不同，表现为不同的空间形态结构①。

1. 点—轴模式

区域经济水平落后，旅游业发展缺乏区域经济的有力支撑，区域旅游合作以旅游资源（点）的整合为基础，沿交通干线（发展轴）延伸并向两侧辐射，形成中长线的特色旅游产品，构成点—轴发展模式，目的是赢得更多的输入性旅游客流。如贯穿中西的古丝绸之路，自西安向西串联陕、甘、宁、青、新疆，几乎和陇海—兰新铁路（新欧亚大陆桥中国西段）完全重合。沿线经过旅游资源（特别是人文旅游资源）集中分布区，包括世界文化遗产3处、国家重点风景名胜区8处、国家历史文化名城7座、国家自然保护区9个，在空间上呈串珠状分布。而且沿线的西安、兰州、敦煌、乌鲁木齐成为重要的旅游中心城市。

图 2 - 1 点—轴模式

2. 单核辐射模式

区域旅游资源、市场分布不均衡，单项优势突出，以城市（市场）区域资源或资源市场空间关系为特征，以出游人数多、承载力大的单个大城市或某个具有大尺度吸引向性的旅游景区为核心，以旅游经济联系（包括旅游交通）为纽带形成的区域旅游合作模式。该模式在区域旅游合作开始阶段较为普遍，如闽西南旅游圈以厦门为中心，周围涉及三明、龙岩、漳州、泉州和金门等城市和岛屿的一级旅游资源区（约占全省一级旅游资源的30%），包括著名的武夷山、永定土楼和金门岛，合作开拓黄金线路，形成由厦门向周边景区的客流辐射。其他如大武汉旅游圈、大沈阳旅游圈等区域旅游合作组织的构建。

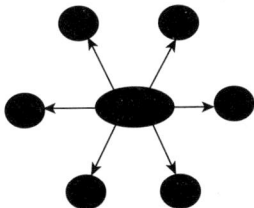

图 2 - 2 单核辐射模式

---

① 杨荣斌，郑建瑜. 区域旅游合作的结构模式研究 [J]. 地理与地理信息科学，2005，（5）：95 - 98.

3. 双核联动模式

该类型为双核心，以城市 – 城市或资源 – 资源空间关系为特征，不管是城市还是资源，双核在区域中的地位和等级相当，形成市场共轭或资源互补或两者兼而有之的合作关系。如苏北旅游区的徐州 – 连云港旅游合作，既有市场共轭，又有资源互补，形成共生性双核联动发展模式；而湖北宜昌（三峡）– 神农架的合作则完全基于资源的整合，提升区域旅游吸引力。再如沈 – 大旅游合作圈，2004 年 3 月签订合作协议，除沈阳外，包括鞍山、抚顺、本溪、丹东、营口、阜新、辽阳、铁岭 8 城市组成沈阳旅游圈，随即与大连旅游圈互动，构成以沈阳和大连为核心的双核联动模式，两城市在旅游资源、旅游业发展水平和经济联系等方面的高相关性和互补性大大提高了辽宁省旅游业的整体竞争力和发展水平。

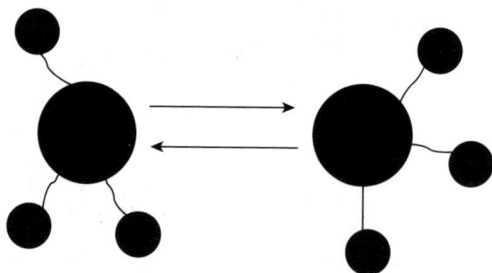

图 2 – 3 双核联动模式

4. 核心 – 边缘模式

该类型形成于区域旅游合作水平比较高的时期，是单核辐射模式与双核联动模式的后续发展阶段，呈现多级圈层结构，不同圈层的旅游功能有差异，旅游业发展水平呈现由核心向边缘的渐降次序，而区域整体水平高，竞争力强。珠江三角洲区域旅游合作的发展与演变是该模式最好的实证。以香港、深圳、广州、珠海和澳门为核心的粤港澳大珠江三角洲区域旅游合作已进入协同发展的制度创新阶段；粤港澳之间双向、互动的旅游产业运作开始形成。为进一步拓展合作区域的空间腹地，提升区域竞争力，"9 + 2"泛珠三角区域旅游合作已经启动，空间结构以大珠江流域为其核心协作圈，通过协议加入合作的其他省为其边缘拓展圈，区域旅游合作在更高的平台上进行整合，这是一个机制和模式不断创新的过程。

5. 网络型模式

该模式是区域旅游合作的理想形态，区域经济发达，旅游业一开始就受到区域经济活力的强有力支撑。区域基础设施完备，旅游资源丰富，旅

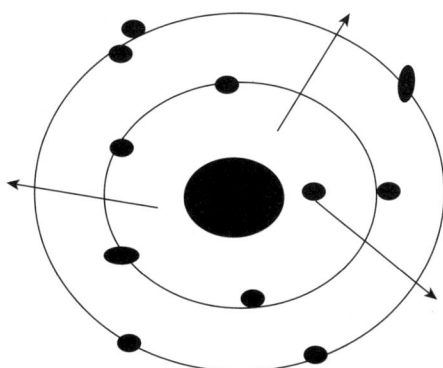

图 2 - 4　核心 - 边缘模式

游市场发育完善，城市间往往互为市场、互为资源，并且度假、商务、节庆等专业层次旅游活动所占比重较大。如长三角 "15 + 1" 城市旅游合作组织。2003 年，长江三角洲 15 个城市（上海、苏州、无锡、常州、镇江、南京、扬州、南通、杭州、宁波、温州、湖州、嘉兴、绍兴、舟山）和安徽的黄山市签署了长江三角洲 15 个旅游城市合作宣言，在品牌塑造、资源整合、信息交流等方面展开紧密合作。合作区内城市规模大、经济发展水平较高，消费能力强以及旅游业都比较发达，而且区域内部发展相对均衡；区域旅游资源丰富且等级较高，4A 级景区有 74 个，均匀分布在 16 个城市内，组合上各有侧重，又互为补充；区域内交通联系十分便利，高速公路、铁路、航空、水运等已形成交叉立体的网络。长三角地区旅游资源和市场的融合使该区域合作呈现网络结构，它以上海为旅游中心城市，杭州、南京、苏州为次中心，其他城市为重要节点的梯级网状区域旅游网络。

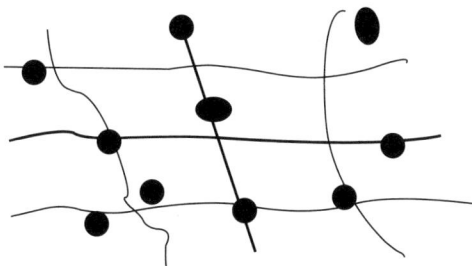

图 2 - 5　网络型模式

2.5.3　区域旅游合作伙伴的空间关系模式

区域旅游合作模式还可以从合作伙伴空间距离关系的角度进行分析，

可以总结出三种模式，一是伙伴空间毗邻关系模式，二是伙伴空间间隔关系模式，三是跨国关系模式。

1. 伙伴空间毗邻关系模式

区域旅游一体化或无障碍旅游区一般是区域地理上的连续体。"区域旅游一体化"或构建"无障碍旅游区"，是区域旅游合作格局中的一种具有框架协议约束性的政府间联合行动。这种行动一般约束在行政区彼此相毗邻的区域，通过政府间主导的合作与联合行动而形成的空间连续的地理实体："旅游一体化区域"或"无障碍旅游区"。

2. 伙伴空间不连续（间隔）关系模式

与"旅游一体化区域"或"无障碍旅游区"显著不同的是，基于行政区为单元的中国地方政府间的区域旅游合作行为，还可以跨越若干行政区，形成空间上不连续的区域旅游合作共同体。其中，还有两种具体类型。

一是远程距离的省级地方政府间旅游合作。中国沿海地区旅游经济发达的省级地方政府与内陆中西部地区的省级政府之间，建立了一些"结对子"形式的旅游合作伙伴关系，如广东与新疆之间的粤新旅游合作；辽宁与新疆之间辽新旅游合作；上海与云南之间的长期经济与旅游合作关系等。这些合作关系的建立，既有东部省区援助西部省区旅游发展的内涵，也有相互间建立稳定的客源地与目的地之间互动关系的战略意识。

二是城市政府之间的旅游合作。诸如珠海－沈阳，大连－汕头，长春－济南，宁波－武汉，宁波－乌鲁木齐，北京－上海－桂林－西安等城市之间的旅游互动合作关系。建立这些合作关系的目标，首先是加强两地之间旅游客源市场互动，促进"互为客源地、互为目的地"的战略伙伴关系的形成；其次是促进旅游业发展的经验交流与相互学习；此外，有助于实现旅游资源与市场营销信息的共享。

3. 跨国关系模式

随着中国对外关系的发展，中国地方政区单元（政府）与一些建交国家内部的地方（政府）或城市建立了"友好"关系，例如"友好城市"。这些"友好对接"结成的伙伴关系，其合作内容框架主要是经贸往来和文化交流，其中旅游合作是非常重要的内容。

给出区域旅游合作的基本模式只能是概念性的理论模式。学术界对此已有些成果，主要集中在空间结构模式上。

第三章

国内外区域旅游合作概况

　　国外对区域旅游合作的研究要远远滞后于区域旅游合作的实践，国外学者对理论方面的探讨，大多集中在对旅游区组织行为模式的研究[1]，而对旅游区域协作的论述虽然很多，但侧重点各不相同：如 Mccann[2]、Alberto Sessa[3]、Tazim B. Jamal、Donald Getz[4]、Steven Selin、Kim Beason[5] 分别从合作理论以及协调等方面对区域旅游合作进行探讨；James Elliott[6]、Marc R. Freedman[7] 分别从旅游管理角度对区域旅游合作进行阐述；Bill Bramwell、Angela Sharman[8]、Richard Teare[9] 等人分别从旅游系统的角度对区域旅游合

① 王雷亭，王学峰，潘华丽等．国内外区域旅游合作研究进展综述 ［J］．泰山学院学报，2003，25（5）：92 – 96.

② Mccann J. Design guidelines for social problem-solving intervertions ［J］. *Journal of Applied Behavioral Science*，1983，19（6）：177 – 189.

③ Alberto Sessa. The Science of systems for tourism development ［J］. *Annals of tourism research*，1988，115（3）：219 – 235.

④ Tazim B. Jamal，Donald Getz. Collaboration theory and community tourism planning ［J］. *Annals of tourism research*，1995，22（1）：186 – 204.

⑤ Steven Selin，Kim Beason. Interorganizatioal relations in tourism ［J］. *Annals of tourism research*，1991，118（3）：639 – 652.

⑥ James Elliott. *Tourism*：*politics and public sector management* ［M］. New York：New York University Press，1997：45 – 86.

⑦ Marc R. Freedman. *The Elusive Promise of Management Cooperation in the Performing Arts*：*studies in mission and constraint* ［M］. Oxford University Press，1986：43 – 114.

⑧ Bill Bramwell，Angela Sharman. Collaboration in local tourism policymaking ［J］. *Annals of Tourism Research*，2001，26（2）：392 – 415.

⑨ Richard Teare，Lesley Munnre，Malcolm Munro Faure，etc. Modelling teamstructures：a grounded approach international ［J］. *Journal of service Industry Management*，1999，10（4）：380 – 392.

作进行研究；而 Kari Aanonsen[①] 等人则从信息系统角度对区域旅游合作进行探讨。

3.1 欧盟旅游合作[②]

3.1.1 旅游一体化进程

欧盟的前身是 1951 年成立的"欧洲煤钢共同体"和"欧洲经济共同体"，1993 年正式成立"欧洲联盟"。欧盟旅游的一体化进程是伴随着欧洲一体化进程逐步发展起来的。欧盟旅游一体化进程大致可划分为四个主要的发展阶段[③]：国别发展阶段、发展规范阶段、紧密行动阶段、新面貌阶段。

1. 国别发展阶段

欧共体正式成立于 20 世纪 60 年代中期。1965 年 4 月，共同体 6 国（法、德、意、荷、比、卢）签署了《布鲁塞尔条约》，将"欧洲煤钢共同体""欧洲经济共同体""欧洲原子能共同体"合并为"欧洲共同体"，简称"欧共体"。并于 1967 年 7 月 1 日起，三个欧洲共同体的执行机构合并，开始了欧共体的正式运转；1974 年正式成立首脑理事会，连同部长理事会、委员会、欧洲议会、欧洲法院、其他相关委员会，最终形成了共同体的基本组织机构框架。自此，欧盟一体化有了"机构性动力"。限于当时欧共体运行的实践，旅游业在欧共体经济发展决策中没有一席之地。即便是 1957 年 3 月 25 日签订、1958 年 1 月 1 日生效的以自由市场原则为取向的《罗马条约》，其内容没有授权理事会对旅游业进行超国家干预。当时的旅游业被看作是欧共体成员国的内部事务，与欧盟总体发展没有直接关系，因此欧盟成员国的旅游发展处在国别发展阶段。1984 年欧洲法院裁定欧盟居民出国旅游属于服务接受者，随之旅游业的服务业性质得以确定。这是欧盟旅游业一体化进程的重要标志性事件。自此，欧盟旅游业开始其一体化发展的新阶段。

---

① Kari Aanonsen. National cooperation and strategic alliances: the tourism business in Norway enters the net [J]. *Informatiaonal communication technologies in tourism*, 1997, 23 (5): 101 – 109.

② 何小东. 中国区域旅游合作——以中部地区为例 [D]. 华东师范大学, 2008.

③ 冯学钢. 欧盟一体化及其对中国"长三角"地区旅游业联动发展的气势 [J]. 世界经济研究, 2004 (4): 83 – 86.

2. 规范发展阶段

从 20 世纪 80 年代中期起，旅游业在欧盟决策中的地位迅速上升。随着世界旅游大国希腊（1981）、西班牙、葡萄牙（1986）加入欧共体，旅游业直接或间接提供大量就业机会，在经济中显示出日益重要的地位，客观趋势要求欧盟将旅游业列入最高决策的议事日程。这一阶段，欧盟开展了加速旅游业发展的系列行动。

1984 年欧共体第一届委员会的相关决议确定了旅游业的服务性质以及它在欧洲一体化过程中的重要作用。1985 年欧洲区域委员会颁布了与旅游业相关的欧盟区域政策框架[①]（见表 3-1），提出了关于旅游业若干领域考虑范畴的政策。在欧盟相关旅游业的区域政策框架中，虽然没有专门为旅游业设立政策条款，但制定了区域政策，其中的一些条款直接或间接地影响了旅游产业发展，具有非常重要的区域协调性。

表 3-1 与旅游业相关的欧盟区域政策框架

相关领域	相关区域政策
旅游可自由流动的区域环境	便利的海关检查
	旅游者社会安全保障
	旅游者权益保护
旅游业发展的相关环境	（当地居民）旅游服务的自由提供
	职业培训和相互的资格认证
	欧洲社会基金的援助
	错开假期
	关税协调
	提高能源利用效率
一般交通政策和旅游	——
欧洲遗产保护和旅游	环境保护及艺术遗产保护
区域发展和旅游	欧洲区域发展基金、欧洲农业保障基金及指导基金的支持

资料来源：冯学钢. 欧盟一体化及其对中国"长三角"地区旅游业联动发展的启示 [J]. 世界经济研究，2004（4）：83-86.

1985 年，欧盟以实现单一市场为目标的"白皮书报告"出台，成为启

---

① 孙洁，冯学钢. 欧盟旅游业一体化发展的框架与策略 [J]. 北京第二外国语学院学报，2004（3）：53-57.

动大市场建设计划的重要标志；1987 年，《单一欧洲文件》生效，进一步发展和充实了《罗马条约》，该文件提出欧共体的首要目标是建立更加扩大和深化的欧共体，加强联合与合作，建立欧洲范围内的无国界的统一大市场。《单一欧洲文件》明确指出，到 1992 年实现在欧共体范围内的人员、商品、劳务以及资本市场的自由。统一大市场在经济领域的两项基本原则——一是"禁止国别歧视"，二是"互相认可"——从而为欧盟旅游一体化扫清了政府与市场两方面的障碍，推动欧盟旅游一体化实现了实质性进展。

1986 年欧洲旅游咨询委员会成立，自此，旅游业的发展拥有了"超国界"的统一协调机构，为各国在旅游业领域的信息交流、咨询与合作提供了一个便利的交流平台。旅游咨询委员会建议将旅游业从财政预算中单列出来，以便欧盟委员会加强对各成员国的旅游服务贸易和旅游政策调研；颁布了第一个旅游业专门文件《关于共同体旅游政策的主要原则》；通过了关于建立旅游地区分布及在旅游业中建立咨询和合作程序的决议；1988 年起，欧共体负责旅游业的官员开始举行定期会议，就成员国共同关心的旅游业发展政策进行磋商；1989 年，旅游业管理机构从交通理事会中分离出来，欧盟旅游一体化开始走向规范，并从 20 世纪 90 年代开始有了长足的发展。

3. 紧密行动计划阶段

20 世纪 90 年代是欧盟"紧密行动计划"阶段。1990 年"欧洲旅游年"提出了"使欧洲人相互更紧密"的行动口号；随后，第一个"欧洲区域旅游行动计划"诞生（1991 年），该计划的具体内容包括：①目标：旅游产业的发展，尤其强调中小企业的发展；服务质量的改进；增强旅游业在世界范围内的竞争力；保护自然环境、文化遗产和当地居民的风俗习惯；②行动纲要主要包括完善旅游产业知识的系统性，确保与区域政策协调一致；错开假期；交通措施；将游客作为消费者；文化旅游；旅游和环境；乡村旅游；社会旅游；青年旅游；相关培训。这个行动计划在改进欧洲旅游产品质量，提升欧洲旅游业在世界范围内的竞争力方面发挥了巨大的指导作用。此后，欧盟每年都有一个旅游业行动计划出台。

1995 年，《申根协定》在 7 个欧盟成员国首先生效，随后又有 13 个国家加入该协定。《申根协定》规定取消人员边界检查，欧盟内部的所有合法公民可以在任何一个成员国迁徙、居住或就业。这一法律文件的生效，极大地促进了欧洲国家间旅游者的往来便利，国际游客只要取得《申根协定》任何一个成员国的入境签证，就可以在其他成员国旅游。

欧盟结构基金对旅游业予以大力援助。随着旅游业对欧盟区域发展做出的贡献越来越多，旅游业从各种基金中得到的援助也逐渐增多。ERDF（欧洲区域发展基金）、EAGGF（欧洲农业保障基金和指导基金）两个基金在 1989～1993 年分别向欧共体提供了 23 亿美元财政支持用以发展旅游业。欧盟旅游发展的年度行动计划，刺激了旅游业产品质量的提升，增强了竞争力，拉动了社会就业。

4. 新面貌阶段

2000 年以来，进入 21 世纪的欧盟旅游业，跨入了以"注重特色与质量"为重点的新面貌发展阶段。恰逢 2000～2006 年新一轮的结构基金开始执行和运作，欧盟投入 70 亿欧元用于发展旅游，这在当时占到了一体化政策所有投资的 3%，旅游投入得以进一步加大。由于旅游业成为欧盟最主要的增长型产业，创造了可观的产出和就业机会，以至于欧盟大多数区域，包括乡村和城市，都纳入了"经济资产"的范畴。同时，欧盟旅游业进一步将特色、质量和区域内部平衡发展作为更高目标，其举措包括组织成员国发展推广欧盟的特色旅游，包括乡村旅游、海上旅游、社会旅游等特色项目，明确提出了旅游目的地的"全面质量管理"，并促进和引导实施；发布了都市、乡村和海滨旅游的专项调查报告，提出了欧盟特色、市场多元化等策略，开展乡村旅游、海上旅游、社会旅游，以进一步分散客流，缓解热点地区的压力，实现可持续发展。

3.1.2 旅游业在一体化框架中的互动

欧盟旅游一体化是在欧盟机制上展开运作的。因此，既有机构动力，也有法律约束，还有成熟的运作机制。欧盟成员有着相似的历史和文化背景，经济结构和发展水平相近，追求的利益目标和所选取的方式相似，能够按照共同通过的法律契约让渡自己的主权、加强经济融合。[①] 拥有紧密的制度性联合和较强的组织机构，是典型的政策导向和封闭式的一体化区域经济组织，具有成熟的应对各种利益挑战的协调机制。建立在欧盟成熟运作机制上的欧盟旅游一体化发展，是欧盟一体化的重要成果。

欧盟旅游的一体化发展，有着坚实的历史、社会、经济、文化基础。战后欧洲居民稳定、安逸的社会生活，一些北欧国家实行国家福利政策，以及井然的社会秩序等均为开展旅游活动提供了社会保障，也持续不断地催生旅游需求；发达的交通、经济要素在欧盟内的自由流动、货币的统一

① 孙洁，冯学钢. 欧盟旅游业一体化发展的框架与策略 [J]. 北京第二外国语学院学报，2004（3）：53-57.

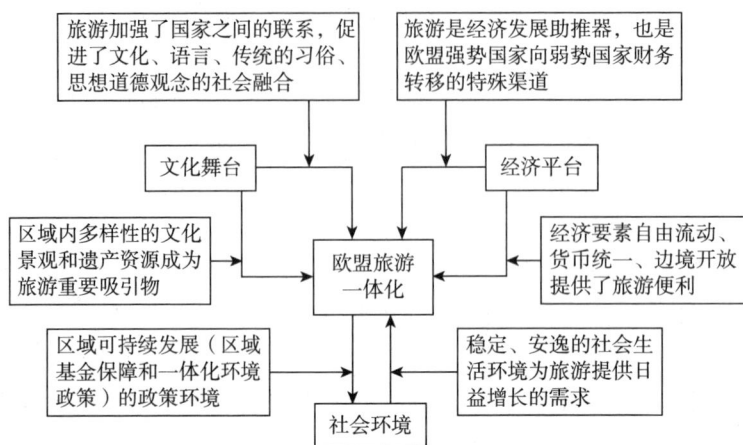

图 3-1 欧盟旅游在一体化框架中的互动

以及边境的开放等一系列区域经济政策为旅游一体化创造了便利的条件；欧盟复杂的民族、历史、文化体系造就的丰富多彩的理论、思想、建筑、艺术风格等文化象征，不论是无形的文化思想或是有形的文化遗产，都是欧洲区别于其他国家的最大特色，也是最重要、最有吸引力的旅游吸引物。根植于欧洲区域社会、经济和文化大背景的旅游一体化发展，是欧洲一体化使然。

欧盟旅游一体化发展是进一步推进欧盟一体化进程的重要力量。旅游者在欧盟成员国之间的流动和消费，对欧盟社会、经济、文化产生了重要影响。旅游拉动就业、增加 GDP，成为经济发展的助推器，也是欧盟强势国家向弱势国家财富转移的特殊渠道。经济一体化的内在动力是区域文化的整合，欧盟成员国公民的旅游互动和发展对于加强各成员国和地区之间的联系起到了不可忽视的作用，尤其是在整合不同的文化、语言、传统习俗、思想道德观等方面，取得了巨大的融合推进效果。建立在欧盟一体化运作机制基础之上的旅游发展，在完善欧盟区域社会环境、促进区域社会公平与均衡、实现可持续发展等方面发挥了重要的作用。2007 年，欧盟地区产生旅游总需求约 24869 亿美元，约占全世界旅游总需求的 35%；实现的旅游经济 GDP 为 17677 亿美元，约占全世界的 33%，占欧盟地区 GDP 的 10.9%；实现旅游就业 2572 万人，约占全世界旅游就业总人数的 11%，占欧盟地区总就业人数的 11.8%，是欧盟地区最重要的支柱产业。世界十大旅游国约有一半集中在欧盟区域，如德国、法国、英国、西班牙、意大利。

表 3 - 2 欧盟在世界旅游格局中的旅游竞争地位

（单位：百万人次,%）

地区	2004 年	2005 年	2006 年	2007 年	2008 年	2009 年
全世界	763.0 (100)	803.0 (100)	846.0 (100)	901.0 (100)	919.0 (100)	880 (100)
欧洲	416.4 (54.6)	438.7 (54.6)	460.8 (54.5)	485.4 (53.9)	487.2 (53.0)	459.7 (52.2)
美洲	125.8 (16.5)	133.2 (16.6)	135.9 (16.1)	143.9 (20.2)	147.8 (16.1)	140.7 (15.9)
亚太	152.5 (20.0)	155.3 (19.3)	167.2 (19.8)	182.0 (20.2)	184.0 (20.0)	181.2 (20.6)
非洲	33.2 (4.4)	37.3 (4.6)	40.7 (4.8)	43.1 (4.8)	44.3 (4.8)	45.6 (5.2)
中东	35.4 (4.6)	38.3 (4.8)	41.8 (4.9)	46.7 (5.2)	55.6 (6.1)	52.9 (6.0)

资料来源：李天元．旅游学（第三版）[M].高等教育出版社，2011 年 8 月，224-233.

3.1.3 欧盟旅游一体化模式的基本特点

欧盟一体化是经济全球化、区域化进程中的特殊案例，既具有特殊性，也有其普遍性。作为以国家为基本成员单位的区域性国家集团，要维系其发展的活力，必须具有机构的推动力、法律的约束、监督与裁决机制，更需要有发现问题、面对问题、解决问题的协调机制，为共同体输入源源不断的发展活力。

1. 强大的机构动力

欧盟是一个超国家的组织，既有国际组织的属性，又有联邦国家的特征。欧盟有会议、法院、委员会、理事会；有宪法、货币（欧元）；有三大权力支柱（经济与货币联盟、共同外交及安全政策、刑事案件的警务及司法合作）。这种强大的机构能力，聚成员国让渡的部分国家主权于一体，对成员有强大的行动约束、协调和推动能力，其能量超越任何国际组织的行动能力。当然，欧盟强大的机构行动能力也有其脆弱性。这种脆弱性在于欧盟机构的行动能力根植于欧盟成员国自愿将部分国家主权移交欧盟，由欧盟组织机构整体执行这些权益。但成员国的部分主权让渡是以维护和实现国家利益为前提的，一旦成员国的国家利益受到损害，欧盟机构的行动能力就有可能受到制约。

在欧盟强大的机构行动能力中，隶属于欧盟委员会指导的有关旅游的机构，有些是常设性机构，如欧盟旅游咨询委员会、欧盟旅游产业研究中心；有些是专项技术和行业小组，如旅游可持续发展小组（TSG）。在欧盟的行政管理序列中，旅游是由企业总署旅游处负责的。而欧盟旅游咨询委员会负责旅游一体化事务，直接为协调区域内国家质检的旅游合作提供服务，指导成员国在旅游领域实现信息交流、旅游合作和提供相关咨询。咨询委员会由 18 个国家的代表组成，每年有定期或不定期会晤机制，彼此交流国家间旅游信息，提供专题研究咨询报告，制定长期目标和年度行动计划，举办"欧洲旅游论坛"等活动，其职能在不断扩大。正是由于欧盟咨询委员会常务性的强力推进，欧盟旅游一体化所显示的实际成效非常显著，也为世界旅游组织所关注。

2. 成熟的运作机制

欧盟旅游的一体化是建立在欧盟一体化的运作机制之上的。欧盟委员会有关企业与产业管理的机制就是"减少繁文缛节的行政干预；简化规则；实施并改善影响评估"。

首先，欧盟旅游一体化成熟的运作机制是置于一系列的制度规范化下实施的机制。完善的法律体系为欧盟旅游企业提供了一个相对公正和平等的竞争环境，由此减少了行政管理的难度。据不完全统计，从 20 世纪 80 年代至今，欧盟先后制定了 31 个指令、22 个规章、12 个决议来规范旅游业的发展，此外还有很多方面的建议与推荐的先进做法。

其次，有明确的行动计划和发展目标。1990 年为"欧洲旅游年"活动；1992 年，制定了 3 年的《支持旅游发展行动计划》；自 2002 年起，每年召开一次欧盟旅游论坛；2006 年建立了一个网站——"欧洲旅游目的地入口"（the European Tourist Destination Portal），提供诸如旅行计划（交通、天气、日程等）等实用信息，推荐旅游活动和旅游目的地，实现与各个国家官方旅游网站的链接等；针对老年旅游将更加普遍的现象，欧盟推行社会旅游，打出了"为了所有人的旅游"（Tourism for All）口号；与此同时，欧洲很多城市和地区主办各种文化活动（如欧洲文化之都等）和体育活动，作为旅游促销的重要手段；欧盟委员会与成员国合作，通过"欧洲最佳旅游目的地奖"奖励那些在促进旅游可持续发展方面取得成功的国家，并推广其经验。这些活动不仅彰显了欧盟旅游一体化的活力，也进一步增强了积极参与旅游一体化进程的各成员国的凝聚力。

最后，纳入相关部门的政策领域进行协调。旅游是一个关联性很强的产业，欧盟委员会的大部分协调工作是通过相关领域的政策来实施的。例如，恐怖主义成为旅游业的一大威胁，欧盟的安全政策就会发挥其协调作用；而电子商务、健康和消费者保护、信息、公正、贸易、内部市场、环境保护、发展、对外关系、就业、教育和培训、农业、竞争、文化、税收、能源、交通等方面的政策，都会影响到旅游业，欧盟委员会把旅游业纳入这些政策之中，这样涉及旅游业的各项政策就能对旅游业的发展起到很好的协调作用，为旅游业发展提供政策支撑。欧共体环境政策包括提升环境稳定发展与环境品质的 Life-Environment 和自然栖息地保护的 Life-Nature 领域。欧盟曾在"21 项议程"中明确了实现旅游业可持续发展的建议，后又利用有效的社会基金确保将可持续发展的原则融入旅游发展的战略和规划中，同时完成某些对环境进行评估的专项项目。欧盟委员会每年还对可能影响旅游的方案，包括欧盟委员会的工作安排一一进行确认，将其过程和结果及时告知其旅游顾问委员会，并要求从国家到地区所有层面的公共行政部门定期将与旅游有关的方案告知利益相关者，从而保证相关领域对旅游发展的支撑。

3. 巨额的财政支撑

欧盟对一体化进程投入了大量资金。其目的是缩小地区之间的发展差异，帮助其内部所有国家和地区应对经济全球化带来的挑战，促进欧盟内的合作，以可持续的方式提高欧盟的整体竞争力。巨额资金支持主要是通过不同渠道实现的。欧盟注重发挥各种基金的作用，如欧盟地区发展基金（ERDF）、欧洲社会基金（ESF）等，并注入大量资金。例如 2000 ~ 2006 年，为提高欧盟各成员国的国际竞争力，其资金投入占欧盟预算的 1/3，共计花费 2350 亿欧元，占欧盟 GDP 的 0.45%。在欧盟一体化进程中，旅游业是一个不容忽视的领域，也从中获得了资金、政策等各方面的支持。例如，2000 年至 2006 年间，欧盟投入 70 亿欧元用于旅游发展（占一体化政策所有投资的 3%）。欧盟对旅游相关事务在资金上的支持分为五种形式：资助、贷款、担保、债券、其他支持（如鼓励风险投资、出资建立信息网络等）。欧盟目前共有六十多个资金或项目与旅游有关，用以支持以下十几个方面的工作：企业和企业间合作；市场营销和海外促销；结构基金；地区间合作；研究、开发和信息技术；改善能源和环境管理；就业和培训；大学或教育机构间的合作；文化领域；投资；欧盟以外的事务。正是巨额的财政支撑，保障了欧盟旅游一体化进程的推进和长久活力。

此外，采用非财政的、技术性的手段，如质量指示器、基准指标、可持续指标等，用以掌握旅游目的地和旅游服务的质量水平；鼓励和提倡成员国居民旅游活动，尤其是老年社会旅游、青少年旅游活动，用以增进相互之间的了解和信任；错开假期、鼓励淡季旅游；着重在旅游环境保护、旅游资源合理开发、整体旅游形象宣传等方面实现政策协调、行动统一。这些也是促进区域旅游一体化合作向更深层次、更广领域发展的重要举措。

3.2　大湄公河次区域旅游合作

3.2.1　大湄公河次区域旅游合作沿革

1. 大湄公河次区域旅游合作的进展

澜沧江－湄公河次区域经济合作，自20世纪90年代初由亚行与澜沧江－湄公河沿岸的柬埔寨、中国、老挝、缅甸、泰国、越南6国共同发起"大湄公河次区域部长级会议"，建立大湄公河次区域经济合作机制以来，在国际上一般称为"大湄公河次区域合作"，即把"大湄公河"作为澜沧江（中国境内云南段）和湄公河（流经中南半岛段）的统称。"大湄公河次区域"的范围则涵盖中国云南和中南半岛的缅甸、老挝、泰国、柬埔寨、越南。

大湄公河次区域合作区属于经济不发达地区，如何选择优先发展产业，加快这一地区的社会经济发展，提高当地人民的生活水平，是合作开发过程中必须认真考虑的问题。大湄公河区域以旅游合作为载体，推动各国之间的相互投资、贸易、文化交流，促进大湄公河次区域的经贸合作，最终目的是促进整个东南亚的经济合作。

大湄公河次区域（GMS）旅游合作是在次区域经济合作的总体合作机制基础上，由联合国亚太经社会（ESCAP）、亚洲开发银行（ADB）等国际组织主导和推动的，旨在将次区域作为一个完整的旅游目的地进行合作开发、打造整体形象、统一推向世界旅游市场而建立起来的又一新的合作机制。[①]

1994年4月在越南河内召开的第三届大湄公河次区域经济合作会议的基础上，经次区域越南、老挝、柬埔寨、缅甸、泰国和中国六国协商，确定成立由六国国家旅游组织高级代表参加的"大湄公河次区域旅游工作组"作为次区域旅游合作的总体决策、协商机构，在泰国国家旅游局设立"大湄公河次区域旅游协调机构"负责日常工作。

此后，在联合国亚太经社会、亚洲开发银行的指导和大力支持下，次

---

① 刘小龙，刘杰豪，李庆雷. 大湄公河次区域旅游合作的进展、困难与前景［J］. 当代亚太，2007，6.

区域六国围绕着多个方面开展合作，取得了显著成果。

一是举办了工作组会议和论坛。由大湄公河次区域旅游工作组和亚太旅行协会分别组织，先后在六国之间轮流举行了 23 次工作组会议和 11 届湄公河旅游论坛。通过工作组会议，研究决定和协调解决次区域旅游合作与发展中的重大问题；通过旅游论坛，采取政府间推动和企业间推动两头并进、区域内与区域外相互结合、次区域各国与有关国际组织共同协作的方式，推动了次区域旅游合作的开展。目前，次区域各国均已成为中国公民出国旅游目的地，中国与泰国、越南和缅甸等国分别签署了政府合作协定或旅游合作谅解备忘录。2000 年以来，泰国接待的中国内地游客每年都逾 100 万人次，占泰国国际旅游人数的 10%，而越南接待的国际游客有近 1/3 是中国内地游客。与此同时，近十年来，泰国一直是中国最主要的国际旅游客源地之一，1995 年来华游客为 17.33 万人次，2000 年为 24.11 万人次，2005 年达到 58.63 万人次。

二是开展了次区域旅游人员培训工作。自 1995 年成功举办第一次旅游师资培训后，分别于 1998 年、1999 年、2000 年、2001 年和 2002 年进行了旅游从业者基本技能培训、旅游管理高级培训、旅游人力/资源保护经理培训、文化旅游开发与管理培训和旅游行政管理培训等培训项目，为次区域六国培养了一批旅游业高级人才。

三是开展了次区域旅游目的地宣传。围绕将次区域作为统一的旅游目的地进行开发和推行的目标，由亚洲开发银行、亚太旅游协会与次区域旅游工作组组织各国做了不少工作。例如，发行大湄公河次区域旅游指南；选定"湄公河明珠"景点，制作了有关画册；设立了次区域旅游网站"visit-me-kong.com"；组织主要旅游市场代理商和媒体到次区域考察；参加重大的交易会和研讨会等。通过开展次区域旅游宣传促销工作，逐步提高了次区域在国际上的知名度，对吸引区域外旅游者进入次区域旅游起到了积极的作用。

四是开展了次区域旅游规划研究。由亚洲开发银行和有关国际组织牵头、资助，完成了大湄公河六个河段的旅游规划，提出了南北经济走廊和东西经济走廊的构想，还完成了东西经济走廊的研究和若干试点项目的可行性研究，并积极促成和推进实施。次区域旅游专项研究也进入了第三个阶段，将"乡村旅游""简化手续"等作为专题进行了讨论和研究。

五是实施了旅游开发建设项目。在亚洲开发银行的资助下，在做好前期工作的基础上，于 2002 年起开始实施"旅游基础设施技术援助项目"，第一批由亚洲开发银行贷款 5040 万美元，实施越、老、柬三国的六个旅游基础设施建设项目。

六是搭建了新的旅游合作框架。在次区域旅游合作框架的基础上，2001年越、老、缅、泰、柬与印度达成了"湄公河－恒河合作框架"，将旅游合作作为其中一个重点着力推进，为东南亚、南亚旅游市场的共同开发与融合打下了良好的基础。同时，2001年在昆明召开的第13次旅游工作组会议期间建立了大湄公河次区域旅游投资工作组合作机制，进一步促进了区域内各国间旅游业相互投资并吸引了区域外的投资。

次区域国家和地区多年的旅游合作将各国原有自发、封闭、发展速度缓慢的边境、跨国旅游提升了一个档次，并为进一步拓展其发展规模奠定了基础。

2. 大湄公河次区域优先发展旅游合作的原因[①]

湄公河沿岸的大多数地区属于经济不发达地区，有些地方的人民甚至至今都还没有解决温饱问题。湄公河流域的旅游合作开发将有助于推动这一地区社会经济的发展和提高人民素质。首先，旅游开发可以扩大就业。旅游服务业是创造就业机会最多的行业，与旅游有关的就业主要包括餐饮服务、导游服务、住宿服务、商业零售、交通服务、信息服务等方面，大部分服务岗位对个人的文化素质要求不高，有利于当地人就业。第二，旅游开发可以带动当地相关产业的发展。湄公河两岸分布着众多的少数民族，大部分少数民族都有自己独特的民族饮食、地方特产和艺术品，如刺绣、针织、雕刻艺术等，都对游客有较大的吸引力，只要抓住机会，合理开发，就可以形成地方的特色产业。第三，旅游开发将推动当地社会的发展。通过旅游开发，旅游者进入这些地区，不仅能增加地方的财政收入，扩大就业，提高当地人民的收入水平，同时也能扩大当地与外界的物资交流和信息交流，使当地人了解外面的世界，增长知识，从而吸收其他地区的先进文化，推动富裕、文明、和谐社会的构建。

3.2.2　大湄公河次区域旅游合作开发的资源条件[②]

大湄公河次区域旅游资源丰富，互补性强，具有极大的合作开发价值。

1. 自然旅游资源得天独厚

湄公河流域垂直落差达到5000多米，流域内地形呈阶梯状分布。上游在我国境内，流经我国的青藏高原和云贵高原，中游流经缅甸、老挝山地

---

① 潘顺安，刘继生.大湄公河次区域旅游合作开发研究［J］.旅游科学，2005，19（4）.
② 潘顺安，刘继生.大湄公河次区域旅游合作开发研究［J］.旅游科学，2005，19（4）.

及泰国、越南、柬埔寨北部山地，下游为河流三角洲地区，最后注入太平洋。由于河流垂直落差大，沿岸呈现出由寒带到热带的所有气候类型，植物垂直带性发育良好，有保存完好的热带雨林、美丽清新的高原草地以及洁白晶莹的雪山冰峰。

次区域内生物种类特别丰富，植物有 1 万多种，动物中兽类有 1000 多种，昆虫几千种，还有大量的真菌类。生物景观随海拔和地理纬度的降低而逐渐发生变化。在次区域上游的中国云南省和缅甸北部，主要呈现寒带和温带型生物景观，植物景观为高山灌丛、高山草甸和针叶林，动物也以耐寒的种群为主。中下游地区的植物景观以热带雨林为主，在山区分布有亚热带阔叶林和针阔叶混交林，动物属于适应热带气候的种群。次区域内的动植物中有许多的珍稀种类，如植物中的雪茶、冷杉、铁杉、云杉、石梓、藏柏、檀木、番龙眼等乔木，冬虫夏草、雪莲、防风、独活、紫菀等珍贵药材；动物中的滇金丝猴、金雕、雪豹、孟加拉虎、长臂猿、野牛、亚洲象、巨蜥、马来熊、孔雀等。

次区域内地形起伏大，地貌类型丰富多样，主要的地貌类型有：分布于中国云南省和缅甸北部的冰川地貌，以角峰和 U 形谷最为典型；火山地貌，以云南腾冲的火山和温泉最为驰名；喀斯特地貌，以云南路南石林、越南下龙湾和老挝的北乌最具特色；峡谷地貌主要分布于上游的中国云南省、中游的老挝和缅甸，山高谷深，气候和植被具有十分明显的垂直带状分布的特点；平原三角洲地貌则分布于下游的沿海地区。

次区域内也有美丽的水域风光：上游中国云南省的三江并流属于世界奇观；许多支流景色优美、水流湍急，适宜开发漂流探险旅游；云南的洱海、泸沽湖和柬埔寨的洞里萨湖等湖泊风光也非常美丽；在中游地区的老挝和缅甸一带，有许多壮观的瀑布，如老挝境内的琅勃拉邦瀑布群，老挝和柬埔寨交界处的孔埠瀑布等；下游三角洲地区有水乡风光；除此之外，次区域中除了中国云南省和老挝以外，其他各国都是沿海国家，有热带海滨风光。

2. 人文旅游资源丰富多彩

大湄公河次区域分布着 50 多个民族，各民族在长期生产生活中形成了自己独特的民俗文化和民族风情，创造了灿烂的文明，留下了众多的名胜古迹。

中国的藏族信仰藏传佛教喇嘛教，每到重大宗教节日，都要举行盛大的宗教活动；中国白族的三月街是少数民族的物资交易会，届时还会举办富有民族特色的赛马、民族歌舞和文娱体育活动；中国傣族的新年泼水节隆重热烈，极具民族特色；老挝老族的"塔銮节"，既庄严神圣又宏伟盛大；柬埔寨高棉族则以释迦牟尼佛的诞辰为纪元，每年公历4月（佛历五月）14~16日是其固定的新年。其他重要的民族节日还有缅甸缅族的泼水节、结夏节与解夏节，泰国泰族的宋干节、万佛节，越南越族的唱哈节等。这些不同的民族节日各具特色、精彩纷呈，对游客有巨大的吸引力。

次区域内名胜古迹众多。中国云南的丽江古城属于世界文化遗产；大理是中国历史文化名城，大理三塔闻名于世。老挝首都万象有"月亮之城"的美称；占巴塞瓦普庙曾经与吴哥齐名；千年古都琅勃拉邦是著名的世界文化遗产。缅甸属于佛教国家，有"万塔之邦"之称，其中，以仰光大金塔最为著名。泰国也是佛教国家，著名的宗教建筑有首都曼谷的玉佛寺、卧佛寺、亚仑寺等，此外还有神秘的"金三角"和人妖。柬埔寨的吴哥是古代吴哥王朝和高棉王国的都城遗址，为世界八大奇迹之一；金边是柬埔寨的首都，名胜古迹众多，以金碧辉煌的王宫和塔山最为著名。越南的胡志明市则是东西方文化交汇、融合的地方，有许多著名的法式建筑。

3. 旅游资源互补性强

大湄公河次区域的旅游资源互补性强，有寒带到热带的各种气候类型，不同的气候带动植物特征不同，人们的生活习惯、民族风情和建筑风貌各异，因而有很强的互补性。游客在不同的国家或地区会得到不同的体验，感受到不同的惊喜和快乐。

3.2.3 次区域的旅游市场广阔，潜力大

大湄公河次区域因为其独具特色的旅游资源和优越的地理区位，旅游客源市场非常广阔，旅游合作开发潜力巨大。首先，自20世纪80年代以来，次区域国家逐步进入了和平发展的时期，各国相继调整了国内政策，把发展经济作为国家的主要目标，特别是20世纪90年代以来，各国的经济都有了较快的发展，次区域内部的旅游人员往来逐年增多。到2005年4月为止，中国政府已经批准了64个国家和地区（不含中国香港和澳门）为中国公民自费出境游目的地，大湄公河次区域五国均在其中。2000年，泰国接待的中国内地游客达到100万人次，占泰国国际旅游人数的10%；同年有50万中国内地游客到越南观光，占越南国际旅游人数的27.8%；近十年来，泰国一直是中国最主要的国际旅游客源地之一，越南、老挝、缅甸、柬埔寨到中国旅游的游客人数同样逐年递增。第二，东盟及南亚、东亚的其他国家也是次区域的重要客源地，特别是东盟地区，由于密切的地缘关系和东盟经济一体化，这里成为东盟其他国家游客的首选旅游目的地。第

三，次区域对欧美国家的游客有着较大的吸引力：一方面，这些国家有着很深的中南半岛情结，第二次世界大战前，美、英、法等国曾经在这一地区进行了较长时间的殖民经营，到二战结束后都没有停止，加重了这块土地在西方游客心目中的神秘感，因而成为欧美等西方国家游客向往的地方；另一方面，这里有独特的自然地理条件，高深莫测的佛教文化，丰富多彩的民俗风情以及众多的历史古迹，这些都对西方游客构成了强大的吸引力。

正是由于有着广阔的客源市场，次区域的旅游业自 20 世纪 90 年代中期以来取得了快速发展，这里也逐渐成为亚太地区最有吸引力的旅游目的地之一。2000 年，次区域中除中国云南外的其他五国，接待外国游客人数已经超过 1200 万人。

3.2.4　大湄公河次区域旅游合作的前景①

尽管次区域的旅游合作还存在一些困难和问题，但由于中国 – 东盟自由贸易区建设和大湄公河次区域合作正在顺利推进，因此总体来看，次区域旅游合作的进程是稳步向前的，合作的势头也可以说是方兴未艾。展望未来的 5～10 年，次区域旅游合作的领域和范围会得到进一步拓宽，合作的深度会得到进一步的加强。

一是旅游基础设施建设将会继续得到优先考虑。旅游合作是大湄公河次区域合作的一个重要领域和先行领域，因此近年来次区域与旅游、贸易相关的基础设施建设项目得到了较为迅速的发展。中国昆明至泰国曼谷的高等级公路在 2008 年 3 月全线贯通；昆明经保山、瑞丽通往缅甸曼德勒公路，云南境内全长 731 公里，截至 2010 年已有 577 公里建成高速公路，待龙陵至瑞丽公路改造完工后，全线将提升为高速公路；云南腾冲至缅甸密支那的滕密二级公路已于 2007 年 4 月通车；泛亚铁路东线方案（昆明—河内—金边—曼谷）云南境内的玉溪至蒙自铁路已于 2012 年 8 月全线铺通，蒙河铁路预计 2014 年年底全面竣工；中线方案（昆明—景洪—万象—曼谷）和西线方案（昆明—瑞丽—仰光—曼谷）都已开工进行建设；下湄公河航道将得到进一步的规划、疏浚和整治，船运基础设施和水文监测系统将得到逐步完善；昆明长水国际机场已于 2012 年 6 月正式运营。一个由云南向次区域的建设（工程）已经启动，由云南通向次区域的以航空为先导、以陆路为主干、以水运为补充的立体国际通道格局正在形成。

---

① 刘小龙，刘杰豪，李庆雷. 大湄公河次区域旅游合作的进展、困难与前景 [J]. 当代亚太，2007，6.

二是旅游产品开发力度将得到加强。目前,次区域的主要旅游产品为热带自然风光、特色民族风情和历史遗迹观光。而要继续推进大湄公河次区域的旅游合作,就必须深度挖掘次区域内多种特色文化的内涵,在继续开发传统旅游产品的同时加大力度打造多种专项或特种旅游产品,形成以传统的自然、人文观光旅游产品为主体,多种专项旅游产品为补充的产品体系;常规旅游产品和专项旅游产品互为推动、共同发展,促进产品结构的优化。

三是精品旅游线路将趋于成熟。据预计,次区域各国将在已有的合作基础上,分阶段打造辐射区域范围的精品旅游线路,形成具有向心性和层次性的旅游圈层区域,逐步形成全方位、开放型的大旅游网络结构。

四是"大湄公河旅游圈"将逐步形成。尽管次区域各国政界、学界和商界对包括越南、老挝、柬埔寨、泰国和中国五国的"大湄公河旅游圈"的构建有一些不尽相同的看法,但基本思想还是一致的,即认为要按照积极参与、平等协商、互利互惠、坚持创新和可持续发展等原则,充分利用当前的有利时机,进一步加强次区域各国、次区域旅游合作协调机构及有关国际组织的联系与协调,以深化和拓展次区域旅游合作的主要内容为重点,以澜沧江-湄公河黄金水道旅游开发为突破口,发挥各国有关方面的积极性,通过开展多边和多层次的合作,促进和推动大湄公河旅游圈的建设。

3.3　珠三角区域旅游合作[①]

珠三角区域旅游发展存在着明显的竞争力差异。这种差异性既决定了大珠三角不同于长三角在空间上网络式的合作结构模式,也在很大程度上决定了各地参与合作利益分配的讨价还价能力。大珠三角区域旅游合作的特殊之处就在于其区域旅游合作是在"一国两制"的框架下开展,涉及两种不同的政治和社会制度。此外,珠三角的旅游资源比长三角贫乏得多,其人文景观和自然景观不具有广域吸引力,旅游的最大吸引力主要是一些经济类的活动,如现代商务文化及开放气息等。[②] 这意味着,大珠三角区域旅游合作与长三角及中国其他区域的旅游合作存在着明显的差异。

---

① 何小东. 中国区域旅游合作研究——以中部地区为例 [D]. 华东师范大学, 2008, 119-128.

② 戴学军, 丁登山, 林辰. 长江三角洲与珠江三角洲城市旅游比较研究 [J]. 世界地理研究, 2002, 11 (2).

3.3.1　合作区域的地理构成及区域特点

大珠江三角洲（以下简称大珠三角）由"珠三角"概念发展而来，是我国唯一一个跨越不同制度和文化的合作区域，是全国旅游业最发达的地区之一。[①] 在中国旅游经济版图上，广东旅游有着"三分天下有其一"的地位，而珠三角的旅游收入占广东全省的80%以上。

1. 合作区域的组成与发展差异

1994年10月8日广东省省委在第七届第三次全会上提出建设珠江三角洲经济区。自此，"珠三角"概念便越来越引起媒体与学术界的关注。"珠三角"最初由广州、深圳、佛山、珠海、东莞、中山、惠州7个城市及惠州、清远、肇庆三市的一部分组成；随后"珠三角"范围调整扩大为由珠江沿岸的广州、深圳、佛山、珠海、东莞、中山、惠州、肇庆、清远9个城市组成，这就是通常所指的广东"珠三角"或"小珠三角"。大珠江三角洲则由"小珠三角"概念发展而来，范围拓展至香港和澳门特别行政区，是在一个中国范围内存在两种不同社会制度的三个省级以上行政单位（粤、港、澳）的大经济区域，总面积超过18万平方千米，总人口8000多万。

2. 旅游资源具有显著的互补性

尽管粤港澳合作区的自然环境具有比较大的相似性，如南亚热带、热带气候条件，但由山地、丘陵、平原、河网水系、海滨、海岛所构成的地貌格局却展现了自然景观的多样性。在以岭南文化为鲜明地域特色的背景下，粤港澳旅游资源组合具有显著的个性特征。香港以其自由港和亚太地区国际旅游中心、购物天堂的地位成为该旅游区的前沿阵地，中英文化交融的特色浓郁；澳门以其荟萃400年中葡文化以及在国际上颇负盛名的博彩旅游特色，成为该旅游区的前沿一翼；深圳、珠海为沿海经济特区改革开放的风向标，是新型现代化都市；广州则为中国南方政治经济文化重心，是一座国际化大都市。广东省境内拥有国家5A级旅游景区2个，国家4A级旅游风景名胜区38处，森林公园14处，历史文化名城6个，1个国家级和29个省级旅游度假区，是港澳广阔的腹地，其多样化的旅游资源、丰富的客源市场和巨大的发展潜力，构成了大珠三角的基础后座。叠加上广东与港澳地区在人缘、地缘、文化缘方面的优势，粤港澳大珠三角旅游资源组合的互补性非常突出。

总体上，南粤与香港、澳门天然的山水相连、同体连枝，广州、东莞、

[①]　薛莹. 20世纪80年代以来我国区域旅游合作研究综述［J］. 人文地理，2003，18（1）.

深圳、香港以及中山、珠海、澳门等地，同属于岭南文化圈，有着"同脉、同根、同源"的属性特征。但 16 世纪中叶葡萄牙占据澳门，18 世纪英国占领香港，漫长的殖民地发展历史使二者深刻地刻下资本主义制度的烙印。香港、澳门的治辖主权分别于 1997 年、1999 年回归中国，成为祖国大家庭中的重要成员，但一国两制，"港人治港""澳人治澳"，相当长的时期内保持其资本主义制度不变，并在货币、基本经济制度、语言、文化习俗方面等依然保持着与祖国内地不同的差异化发展趋势，形成不同制度的"关境"。合作区这种毗邻的不同制度文化空间的差异性，是区域旅游互动的重要内生动力机制。

总之，大珠三角区域"一国、二制、三地（粤港澳）、四种文化（岭南文化、西方文化、都市文化、历史文化）交融、五大都市（香港、澳门、广州、深圳、珠海）荟萃"[1]，有着内生资源互补、制度差异、巨大旅游需求而形成持续动力的旅游合作基础。

3.3.2 不断深化的旅游合作进程

大珠三角区域旅游合作经历了逐步深化，并跨入一体化发展的新阶段，其区域旅游合作的空间形态模式也由"点式结构""环式结构"发展到"核心 - 边缘结构"的一体化阶段。[2]

1. 合作战略形成与起步阶段

这一阶段基本处在香港回归之前。20 世纪 70 年代末至 80 年代初，粤港澳之间的"三来一补""前厂后店""三资企业"等合作方式，促进了三地间频繁的商贸往来，带动了三地间巨大的客流互动。

1984 年澳门旅游司司长马树道先生提出了澳门旅游业是以广东为后盾的观点；1987 年广东省旅游局提出了"粤港澳大三角国际旅游区"的战略构思；1988 年 7 月广东省旅游局在中山市召开的，由粤港澳三地旅游界有关人士共同参加的粤港澳大三角旅游发展研讨会上形成了粤港澳区域旅游合作的理论雏形，得到了粤港澳三地及国际旅游界的普遍重视和支持；1993 年 12 月，广东省旅游局、香港旅游协会、澳门旅游司在香港联合成立了"粤港澳珠江三角洲旅游推广机构"，这是三地旅游合作从理论构想进入实

---

① 刘书安，黄耀丽，李凡，李飞. 大珠三角区域旅游合作的演化探讨 [J].桂林旅游高等专科学校学报，2008，19（2）.

② 刘书安，黄耀丽，李凡，李飞. 大珠三角区域旅游合作的演化探讨 [J].桂林旅游高等专科学校学报，2008，19（2）.

质运作阶段的标志性事件。1997年2月，粤港澳三地旅游部门首次在广州联合召开"粤港澳旅游发展研讨会"，提出三方应在联合推广旅游形象、旅游线路基础上，更深入地在资源开发、景区和酒店规划建设、人才培训、交通共建、信息交流等方面开展全面合作，进一步推进合作进程的深入发展。

此间，粤港澳区域旅游合作很大程度上源于民间经贸的推动，以旅行社团队互访（包括旅游线路的设计）、港澳广东投资兴建星级旅游酒店（如白天鹅酒店、石景山旅游度假中心等一批外资或合资酒店）、合资建设旅游景点（如由香港中国旅行社与深圳华侨城经济发展总公司共同投资建造的深圳市首座主题公园——锦绣中华等）为主要合作方式。深圳－香港、珠海－澳门形成出入境旅游的点轴结构；广州成为内地游客特区游、港澳游的集散中心，共同构成广州－深圳－香港、广州－珠海－澳门两大旅游合作互动的点轴系统。

2. 区域合作的中兴阶段

20世纪90年代末，恰逢亚洲金融危机、香港回归、澳门回归等重大历史事件。香港、澳门回归，推动了内地港澳游热；而深受亚洲金融危机影响的港澳经济急需内地支持，以把金融危机的影响降低到最低限度。在这一特定的历史阶段，粤港澳区域旅游合作既有共同应对外部金融危机挑战的合作意愿，又有共同应对港澳游升温的合作需求。因而，区域旅游合作进入空前活跃的阶段。

1998年年底粤港澳召开了第二次粤港合作联席会议，推动粤港澳区域旅游合作由部门行业协作上升到政府主导的整体旅游业合作层面；随即，1999年6月第二次粤港澳旅游发展研讨会在澳门举行，会议总结了"珠江三角洲旅游推广机构"成立6年来所取得的成果，进一步就"合理协调和配置三地旅游资源，三地旅游产品的互补，区内旅游的良性循环和区内、国内、国外全方位的市场开拓，区域旅游交通（特别是三地国际机场的协调和开通旅欧穿梭巴士），区域旅游形象和宣传，生态旅游"等问题展开了深层次研讨，将三地旅游业联合推向更新、更高、更深的层次。

2000年10月，三地旅游部门合作开发建设的全球首个介绍大珠江三角洲旅游资源的网站（www.pearlriverdelta.org）开通，粤港澳区域旅游合作的网络信息平台搭建工作开始启动，开始了三地旅游共同营销的合作进程，也是三地区域旅游一体化进程的重要标志性事件。

2000年11月，珠江三角洲9个城市加上汕头的6天的便利签证，使得粤港澳区域互为客源市场与目的地发展进入实质性阶段。2001年7月，广东中旅股份有限公司成立，这是中国首家粤港澳旅游企业。

2002 年 9 月 "粤港澳旅游信息平台" 正式启动（www. visitgd. com），提供了跨区域的粤港澳旅游形象宣传和信息化公众网络服务，促进了旅游行业沟通交流和以粤港澳为基础延伸至全国乃至国外的全方位宣传营销体系的形成；9 月 17 日 "粤港澳旅游工作会议" 达成多项共识，包括：三地旅游合作列入三地政府高层会晤的主要议题，成立粤港澳旅游协作机构，政府高层决策，旅游部门具体操作，三地将积极实施与完善 "珠三角六天便利措施"；同时，实施了入境港澳的外国人 144 小时便利签证政策，国家还取消了内地居民赴港澳旅游的配额限制，放开了经营内地居民港澳游的旅行社数量。

同年，面对粤港澳进一步开放与合作的态势，广深珠三地旅游局长共同签署《广州、深圳、珠海旅游合作备忘录》，联手推出 "活力广东，精彩广深珠" 的区域旅游品牌营销，以对接港澳游热的历史性机遇。由此，深圳 – 香港；珠海 – 澳门的点轴结构形态，演变为 "广州 – 深圳 – 香港 – 澳门 – 珠海 – 广州" 的环状结构形态，旅游合作进入空间多极化、产业一体化、形式多元化、操作规范化与制度化的中兴阶段。

3. 区域旅游一体化阶段

2003 年 6 月 29 日和 10 月 17 日《内地与香港关于建立更紧密经贸关系的安排》和《内地与澳门关于建立更紧密经贸关系的安排》的 CEPA 文件签署，标志着粤港澳经济合作步入更新、更高的阶段。

2003 年 3 月建设部和广东省政府联合组织《珠江三角洲城市群规划》编制工作，对珠三角各城市的环境、交通、水资源、行政区划调整、产业创新整合、城镇发展等方面进行详细调研、讨论、规划，为珠江三角洲的旅游业合作与一体化发展指明了方向和构建了框架。珠三角城际轨道交通建设方案正在实施，完成后将形成全国第一个城际快速交通网络，将珠三角的 9 个城市 "一网打尽"，形成真正意义上的 "1 小时生活圈"，给商务、旅游、通勤、购物等出行带来质的飞跃，大大缩短了粤港澳三地的时空距离，加快了粤港澳和珠江三角洲的一体化进程。

2004 年 1 月 1 日《内地与香港关于建立更紧密经贸关系的安排》正式实施，香港服务业进入内地的门槛降低，粤港澳之间各种旅游流更加自由畅达。2004 年 5 月 1 日以后广东全省居民都可以开展个人赴港澳旅游活动，随即拓展到内地一些重要的客源城市和省区。此举是粤港澳旅游一体化进入成熟运作的重要标志。

"广深珠港澳" 为核心的粤港澳旅游一体化产生了极大的区域影响。粤东地区率先响应，梅州与粤东潮州、汕头、揭阳、汕尾等地合作，成立了

"粤东旅游协作圈",围绕旅游线路组织、客源互送及旅游发展经验交流开展合作;粤北地区跟进,韶关各县(市)共同打造"粤北生态旅游区域";粤西也不甘落后,于 2004 年 8 月与桂东两地八市(即广东省的茂名市、湛江市、云浮市、阳江市,广西的北海市、玉林市、贵港市、防城港市,简称"4+4")开展合作,就"互为区域市场、旅游精品线路整合、联合促销、创立区域旅游品牌"等项目,启动了两地八市区域旅游合作机制。并辐射到湘、桂、滇、黔、渝、川、藏等省区,得到了这些省区的积极响应,签署了《泛珠三角区域合作框架协议》,全面推动更大范围的区域旅游合作。

3.3.3 日益成熟的旅游一体化合作机制

大珠三角区域旅游一体化还在发展过程中,其一体化进程的合作机制在粤港澳地区不同社会经济制度空间特点的基础上逐步成熟起来,具有以下特点。

1. 政府主导推进

在政策层面上,政府政策创新是推进区域旅游合作深化的持续动力和保障。由于粤港澳不同制度"关境"的客观存在,粤港澳旅游互动的首要障碍是"关境"阻隔。克服障碍的政策措施是在探索中逐步完善的。1995 年国务院批准对外国人在香港组团进入深圳旅游实行 72 小时便利签证政策;2003 年 CEPA 签署,中央批准个人港澳游在珠三角部分城市试行并扩展;2006 年 6 月《内地与香港关于建立更紧密经贸关系的安排》及《补充协议三》提出"允许在广东的香港独资或合资旅行社,申请试点经营广东省居民(具有广东省正式户籍的居民)前往香港、澳门的团队旅游业务;粤港澳三地旅游主管部门建立专门小组,在质量监督、投诉处理、游客出入境安排展开合作"。

显然,中央政府主导的 CEPA 政策,尤其是"自由行"政策实施,极大地推动了大珠三角区域旅游的发展。从配额制的港澳探亲游,到"72 小时"便利签证,再到"114 小时"便利签证,以及大珠江三角洲旅游资源网站的(www.pearlriverdelta.org)开通和"粤港澳旅游信息平台"(www.visitgd.com)正式启动,基本实行了不同制度"关境"的旅游自由行,为粤港澳三地旅游一体化奠定了制度基础。制度与政策方面的创新促进了粤港澳区域旅游合作的深化发展。

在基础设施和重大项目建设上,政府是重大旅游基础设施、重大旅游建设项目实施推进的主导力量。许多早期发展的旅游景区、酒店、交通,如锦绣中华、世界之窗、白天鹅酒店、石景山旅游度假中心、珠三角城际轨道交通、深港西部通道口岸等，都是由政府牵头或担保引资进行建设的。

在区域旅游形象塑造与区域旅游联合营销方面，各级地方政府尤其是旅游职能部门发挥了重要作用。1993 年，广东省旅游局、香港旅游协会与澳门旅游司在香港联合成立了"粤港澳珠江三角洲旅游推广机构"；2003 年，广珠深三地旅游局联合打造"活力广东，精彩广深珠"区域旅游品牌；2003 年签署《泛珠三角区域合作框架协议》，都是政府旅游职能部门积极响应和推进的结果。

2. 成熟的"合作联席会议"机制

区域旅游合作组织及其立法地位与机构行动能力是区域旅游合作成功的最重要因素。例如，东南亚区域旅游合作的成功归功于东南亚国家联盟（东盟）及其区域旅游行业组织的重大作用。[①] 欧盟旅游一体化的成功也归结于其强大的机构行动能力。大珠三角区域旅游一体化进程的推进，则是归功于其成熟运作的"合作联席会议"机制（见表 3-3）。虽然这种常设性的会议机制所要解决的问题不单局限于旅游领域，而是涉及经济社会的方方面面。但是，旅游合作的问题只有被放置于联席会议机制中予以政策性协调，才能确保旅游合作沿着正确的轨道向前发展。

表 3-3　粤港合作联席会议

时间	会议	内容
1998.3.30	第一次	粤港双方就合作的长远机制进行了战略部署，双方决定联席会议一般每年召开一次，每次解决双方共同关心的重大问题
1999.9.24	第二次	双方就建立连接两地政府的咨询网络、延长罗湖口岸开放时间、跨界环境保护合作等六项议题达成共识
2000.9.25	第三次	重点讨论了环境保护问题，会后成立了可持续发展合作小组
2001.7.25	第四次	双方就口岸合作、东江水质等六项合作议题达成协议，为落实有关协议，香港特区政府专门成立了一个粤港合作统筹小组
2002.3.15	第五次	双方就公共安全、共同打击跨境犯罪等五项内容达成协议
2003.8.5	第六次	粤港双方按照"前瞻、全局、务实、互利"的指导原则，确立了粤港合作的新架构新机制，明确了粤港今后合作发展的总体思路，确定了近期重点加强合作的 12 个方面内容。会议将原来的"双首长制"升级为双方行政首脑出面主持的粤港合作联席会议制度。双方增设"粤港发展策略协调小组"

---

① 张广瑞. 区域旅游合作：东南亚给东北亚的启示 [J]. 当代韩国，2005，4.

时间	会议	内容
2004.8.4	第七次	讨论"三个加强""三个推进",以进一步全面提升粤港合作。提出了 14 个方面的合作内容,其中,有一些是第六次联席会议上提出来的长期合作项目,新增合作项目 7 个
2005.9.28	第八次	经过认真讨论,会议双方同意下一阶段粤港重点加强 14 个方面的合作。双方将继续积极推进在金融、知识产权、文化、卫生、体育、警务等其他领域的合作。双方还同意在原有的专责小组的基础上,成立粤港信息化合作专责小组
2006.8.2	第九次	粤港双方全面总结了 2003 年粤港联席会议第六次会议以来的合作成果和合作经验,并就"十一五"粤港合作思路、措施和合作重点交换了意见,达成了共识
2007.8.3	第十次	未来一年重点推动 30 个合作项目,涉及经贸、环保、跨界基础设施与口岸、泛珠、科教文化、加工贸易企业转型升级等方面;成立粤港社会福利合作专责小组和"加工贸易转型升级"专题专责小组;本月起广东供港蔬菜将全面严格实施标识、铅封和备案等,提高安全保障水平
2008.8.5	第十一次	深化服务业合作、港资加工贸易企业转型升级合作、民生合作、重大基础设施建设合作、金融合作、民间合作,全面推进粤港紧密合作。会后双方签署了《加快实施 CEPA 及其补充协议的合作协议》等 11 个合作协议
2009.8.19	第十二次	研究确定了下一阶段推进粤港更紧密合作的思路和重点,具体包括推进实施《规划纲要》、深化金融合作、推进服务业合作、推动在粤港资企业转型升级、推进基础设施和环保合作
2010.9.16	第十三次	回顾了粤港过去一年在有关领域包括《粤港合作框架协议》、"共建优质生活圈"及"基础设施建设"区域合作规划、金融、经贸、跨界基础设施、教育、医疗、环保和旅游等方面所都取得的实质进展,并就下一阶段的合作达成多项共识
2011.8.23	第十四次	提出更加积极务实全面构建粤港紧密合作、融合发展的新格局。明确下一步粤港将重点推进 7 个方面的合作:深圳前海、广州南沙等重点合作区;服务业;先进制造业;港珠澳大桥、广深港高速铁路、深圳西部快速轨道等跨境基础设施的建设和口岸通关的便利化;医疗卫生、教育、文化产业、食品安全、应急和养老等;大珠三角优质生活圈;完善粤港合作机制
2012.9.14	第十五次	会议确定下一阶段重点加强 4 个方面的合作:共同争取更多服务业先行先试政策,力求全面放宽准入政策;着力在金融服务贸易、商贸服务业、专业服务业、科技文化服务、社会公共服务等合作重点领域率先取得突破;抓紧推进深圳前海、广州南沙、珠海横琴等重点合作平台建设;健全推进粤港服务贸易自由化工作机制

时间	会议	内容
2013.9.16	第十六次	双方要扎实推进 CEPA 实施和服务业对港澳开放、先行先试、深化金融服务合作、拓展社会民生领域合作等 5 个领域进行深入合作。同时，加快港珠澳大桥、港深西部快速轨道灯规划建设，深入推进通关便利化，为促进粤港服务的自由化创造良好条件
2014.11.7	第十七次	双方将从落实国家战略部署、加快转型升级、提升合作水平的高度，重点推进 6 个方面的合作。还签署了《粤港文化交流合作发展规划（2014～2018）》《粤港清洁生产合作协议》《粤港共建新型研发机构项目合作框架协议书》等 5 份合作协议，大力加强文化、节能、科研等领域的合作
2015.9.9	第十八次	双方就推进广东自由贸易试验区建设、进一步落实粤港服务贸易自由化及携手把握"一带一路"机遇等议题进行了深入交流。还签署了食品安全及教育等领域的五项协议

资料来源：何小东. 中国区域旅游合作研究——以中部地区为例 [D]. 华东师范大学，2008，127，笔者补充部分内容.

由于粤港澳跨越不同社会制度空间，中央及三地政府互动机制集中在政府层面。三地政府旅游职能部门之间建构了合作共同体——"粤港澳珠江三角洲旅游推广机构"，形成了"粤港澳旅游发展研讨会"会议机制，探讨三地旅游合作面临的共同命题。从更高政府层面考虑，粤港合作的联席会议机制对推进区域旅游合作发挥着更加明显的实质性协调作用。

3. 旅游企业扩张推动

2001 年 7 月由粤港澳中旅共同发起联合三地 6 家知名企业投资成立了中国首家粤港澳旅游企业——广东中旅股份有限公司；2002 年，香港、澳门、广州、深圳、珠海 5 个机场共同组织了"A5"机场组织，首次向国际推介珠三角五大机场融合的概念，寻求与世界各大航空公司的合作；自1985 年"广之旅"成立以来，迅速在珠三角区域实现品牌扩张；等等。这些旅游企业是区域旅游合作进程中的更为活跃的经济主体，依靠区域合作组织搭建的平台以及城市政府所布局的新市场环境，通过联合、扩张、资源整合以及品牌创新等来获取新的竞争力，吸引更多的区域内外游客，从企业层面进一步推进了区域旅游一体化进程。

此外，发达的商贸交流是大珠三角区域旅游合作展开的基础。大珠三角外向型的产业经济发展模式及其规律，对促进区域旅游，尤其是粤港澳三地的客流互访发挥了重要的作用，面向商务客源市场的商务会展旅游以及休闲度假旅游产品正在大珠三角内迅速扩散，一批高星级饭店正在积极

筹建之中，发达的商贸业是促进大珠三角旅游合作的重要动因，旅游教育
机构、媒体、文化团体也是推进区域旅游合作的重要力量。

3.4　长三角区域旅游合作[①]

长三角地跨江、浙、沪，是我国区域旅游一体化发展程度比较高的经
济区域。长三角空间范畴的概念不断发展。自然地理学的长三角北起新通
扬运河，南达杭州湾，西抵宁镇丘陵，地势以太湖为中心呈碗状分布，面
积约 5 万平方米，素有"水乡泽国"之称；而"长江三角洲旅游城市合作组
织"早期是由长三角的 15 个城市组成。2003 年，"长江三角洲旅游城市 15 +
1 高峰论坛"在杭州举行，安徽的黄山作为"15 + 1"中的"1"加入长三
角旅游经济圈，2004 年和 2005 年两次高峰论坛中共有 8 个城市（上饶、池
州、金华、景德镇、宣城、滁州、泰州和台州）加入这一组织，从而扩展
到 24 座城市。2007 年 5 月 31 日长三角地区旅游高层联席会议在上海召开。
会上审议通过了《关于全面推进长三角地区旅游合作的若干意见》。长三角
区域旅游合作范围扩大到江、浙、沪两省一市，并辐射安徽、江西等省。
长三角旅游一体化发展是近几年来学术界密切关注的热点命题。2006 年 11
月 10 日至 12 日在浙江金华市举行的长三角旅游城市合作大会确认，长三角
旅游城市合作组织正式接纳芜湖为第 25 个成员。

3.4.1　旅游合作的区域基础

江浙沪地处我国东部沿海地区，为长江出海口，是我国沿海发展轴和
长江发展轴的战略节点区域，区位优势明显，历来是国家经济发展的战略
重心区；悠久的吴越文化，成为联系江浙沪地区的历史文化纽带；发达的
交通网络极大地便利了游客的互动；旅游资源品质高，相互吸引力与互补
性强；商务环境比较规范；区域经济总体水平高，居民出游能力强，具有
旅游一体化发展的良好区域基础。

1. 战略区位突出，现代交通发达便利

在中国区域经济宏观战略格局中，江浙沪地处我国东部沿海地区，为
长江出海口，是我国沿海发展轴和长江发展轴的战略节点区域，区位优势
十分明显。

长江三角洲地区高等级公路（包括国道）有沪杭甬高速、沪宁高速、

---

① 何小东. 中国区域旅游合作研究——以中部地区为例 [D]. 华东师范大学, 2008, 128 - 140.

宁杭高速等多条高速公路和国道;有 12 座城市建有独立的旅游集散中心。其中,上海、南京、杭州、苏州、宁波、无锡六市的旅游集散中心,尝试打造"旅游无障碍"的长江三角洲区域旅游新型合作模式,形成区域性"旅游超市",游客在任一旅游集散中心可以购买区域内任一景点门票,也可从任一旅游集散中心的各客运站直抵区内景区,实现"一票到底"。2008年"五一"前后,杭州湾大桥、苏通大桥竣工通车,进一步使以上海为极核的长三角城际之间的公路交通更加便捷。

长江三角洲地区拥有 4E 级机场 4 个、4D 级机场 3 个、4C 级机场 2 个,是中国机场密度最高的地区之一。上海为国际航运中心,南京、杭州都配置了国际机场,而宁波也在争取机场的落地签证功能,整个地区形成了以国际航空枢纽与国际机场组合,覆盖国内外主要旅游目的地城市的旅游航空网络。

区域旅游依托的就是现代舒适、便捷的旅游交通条件。长江三角洲濒临东海,扼守长江入海口,集"黄金海岸"与"黄金水道"于一身,"水陆并举,四通发达",以上海为中心,以网络状为特征的公路、铁路、水路立体交通体系实现了沪宁杭甬中心城市间 3 小时互通;规划建设的城际快速轨道交通线,有效地实现了长江三角洲交通网络一体化,日益完善的长三角地区旅游交通条件,是区域旅游一体化最重要的保障。

2. 旅游资源品质高,空间组合好,有极强的互补性

"上有天堂,下有苏杭",长三角地区优越的地理环境和悠久的历史文化孕育了丰富的自然和人文旅游资源,种类齐全,主要包括山水园林、名人故居、水乡古镇、宗教建筑、文博会展、民俗风情、文化艺术、都市风光、民间工艺特产等类型,呈现出"自然山水典雅秀丽、吴越文化博大精深、现代都市景观绚丽多彩"的特征。

在上述资源类型中,上海以都市旅游资源占据区域竞争高地,会展商务、节事活动频繁,是长三角重要的出入境旅游集散枢纽,集中了一批都市型、品质高、吸引力强的旅游精品。"山水浙江,诗画江南",浙江以杭州西湖、雁荡山、天目山、天台山、普陀山、四明山等自然人文山水,以及杭州、绍兴、宁波等历史文化名城为依托,成为上海南翼重要的旅游目的地;而江苏则以江南水乡古镇、南京古都、苏州古园林、无锡太湖、镇江、扬州风情等高等级旅游资源,构成"梦幻江苏"的胜景。江浙沪这种大尺度区域性的旅游资源组合,形成了中国江南特有的旅游体验环境。

3.4.2　从区域旅游合作到无障碍旅游区

依托厚实的区域基础条件，长三角区域旅游合作起步早，发展具有一定的持续性。

1. 区域经济合作平台上的旅游合作

早在 1982 年，国务院就在原来华东区的架构基础上，组建成立"上海经济区"；1992 年江浙沪借"江南六镇"申报世界文化遗产的轰动效应，推出"江浙沪游"的旅游合作概念，这是长三角地区由政府职能部门组织的一次成功的区域合作营销。1997 年在上海经济区的平台上，第一次明确提出了"长三角经济圈"的概念，成立了"长江三角洲城市经济协调会"。自此，长三角在区域经济合作的平台上，开始了其区域旅游合作的历史进程。

2. 政府旅游部门间的主动合作行动

2000 年 11 月杭州市旅游局组织召开了江浙沪相关旅游部门参加的区域旅游合作研讨会，力图寻找旅游合作的有效运行方式，表明了政府主动寻求合作的强烈意向。2001 年 5 月，"长江三角洲 15 城市旅游经济合作会议"在绍兴召开。这是长三角在区域经济合作平台上召开的首次以旅游为专题的协调会议，再次集中表明了政府间旅游合作的强烈意愿。2003 年 2 月江浙沪三地继续举办"苏浙沪旅游年"活动，并拟定以大型旅游节庆活动为载体，共同宣传，联合促销，将长三角区域旅游合作推入实质性发展阶段，也为"长三角无障碍旅游区"概念的出炉做了实践上的准备。2003 年 7 月 5～6 日，由上海、浙江、江苏旅游局支持，杭州市旅游委员会承办的"长江三角洲旅游城市 15 + 1 高峰论坛"在杭州市隆重举行，来自长三角的上海、南京、苏州等 16 个城市的领导、旅游主管部门负责人、旅游企业代表和新闻媒体记者共约 350 人参加会议。与会的 16 个城市经过广泛深入的研究和探讨，共同签署了《长江三角洲旅游城市合作（杭州）宣言》。《杭州宣言》具有重要的历史意义，它是长三角旅游合作史上的里程碑，首次提出了建立中国第一个"无障碍旅游区"的战略行动，并确定了论坛的制度化。是年 10 月起，上海、无锡两地的公交公司，在全国率先实行"一卡两地刷"，紧接着，沪杭公交"一卡通"也随之上线。"杭州宣言"所确立的"年度论坛式"会商机制，是长三角区域旅游合作机制的最大创新。

3. 无障碍旅游区行动

《杭州宣言》开创了长三角区域合作进程的新纪元。自此，长三角区域旅游合作由政府层面的旅游职能部门直接推进。推进机制是"年度论坛会议"，对区域旅游一体化进程进行评估，寻求合作领域，采取统一行动，消除区域旅游障碍。

2004 年 10 月长三角旅游城市高峰论坛在安徽省黄山市举办，论坛通过了《黄山共识》。黄山旅游城市高峰论坛主要针对长三角一年来"无障碍旅游区"建设上的被动、迟缓与观望局面，围绕"交通一体化""产业一体化""市场一体化""信息一体化""制度一体化""环境一体化"六个方面进行研讨，达成了《黄山共识》，为落实无障碍旅游区行动提供动力，推进了区域旅游一体化。

2005 年 9 月长三角旅游城市再度在无锡召开了第三次高峰论坛，进一步推进"无障碍旅游区"行动、打造"中国长三角区域旅游"品牌，倡议建设"旅游强市"和"旅游强区"，并开始关注区域旅游的合作平台和机制问题。无锡论坛，进一步拓展了长三角无障碍旅游区的范围，参与无障碍旅游区行动的旅游城市成员达到 24 个。

2006 年长三角旅游城市高峰论坛在浙江省金华市召开，论坛通过了《长三角旅游城市"十一五"合作与发展（金华）纲要》，同时举办了长三角旅游交易会。论坛围绕以"诚信·合作·发展"为主旨的"世博经济与长三角旅游"进行了深入探讨，系统回顾总结了长三角旅游城市高峰论坛三年来取得的成就和存在的问题，达成了在未来五年要从完善长三角旅游城市合作组织的工作平台和工作机制、建立旅游产品开发的联动机制、建立旅游宣传促销的联动机制、建立旅游信息发布的联动机制、建立长三角区域旅游目的地环境营销联动机制五个方面加强合作，并将合作目标锁定为打造"长三角国际旅游圈"。至此，长三角旅游城市联盟扩大到 25 个。

2007 年 5 月 31 日长三角地区旅游高层联席会议在上海召开。会上审议并通过了《关于全面推进长三角地区旅游合作的若干意见》。自此，长三角区域旅游合作范围已经扩大到沪、浙、江两省一市，辐射影响安徽、江西两省，区域旅游一体化进入一个全新的局面。同年 9 月，长三角旅游城市的代表，再度云集江苏南京，召开了第四次长三角旅游城市高峰论坛，就推进无障碍旅游区展开了进一步的研讨，发表了《南京宣言》。

2009 年 9 月 25 日，来自 25 个长三角旅游城市合作成员城市的代表在古城扬州，共赏长三角的合作发展之路，就"抓住世博契机，构建和传播长三角旅游城市新形象"主题展开对话，并达成五点共识：第一，建立具有可操作性的旅游合作机制，推进长三角区域合作的深入发展；第二，搭建统一的区域旅游信息平台是当前长三角的重要合作项目；第三，进一步整合区域旅游资源，推进长三角旅游产品体系的转型；第四，长三角要树立面向世博整体营销理念，全面创新区域旅游营销模式；第五，从政策上推动无障碍旅游区建设，迎接同城时代的到来。

2012 年 11 月 9 日，沪、苏、浙、皖三省一市代表团在无锡召开 2012 长三角旅游合作联席会议，以"休闲度假旅游、高铁和国民休闲时代长三角旅游深度合作"为主题，探讨区域旅游发展合作。本次会议旨在推动长三角区域旅游合作，激发新思路，提出新做法。会上发布了《长三角房车旅游发展大纲》，并签署了《共同推进长三角休闲度假旅游发展合作协议》。长三角"游邮联合"活动也正式启动，首发"惠游长三角"优惠旅游联票明信片，该套明信片精选了沪、苏、浙、皖四省市 40 多家优质旅游景区景点题材并印制成册，还附有旅游门票优惠券。[①]

2014 年 7 月 24 日，长三角旅游合作会议在上海召开，会议表示，推进长三角地区旅游一体化合作，是国家加快区域发展的战略部署，也是苏浙皖沪旅游业发展的现实需要和共同选择。今后着力在长三角智慧旅游建设、旅游资源合作开发、区域性大型旅游集团培育、旅游市场监管、旅游业发展环境、旅游产品和线路打造等方面，认真履行职责，努力抓好落实，为长三角地区旅游经济的快速发展做出应有的贡献。[②]

3.4.3 区域旅游一体化的驱动机制

长三角区域旅游一体化起步于区域经济合作平台，由区域旅游合作发展到相互毗邻的城市联合行动打造无障碍旅游区，建设长三角国际旅游圈，借以实现旅游线路重组和共享、旅游产品更新和提升、区域旅游功能分工、客源市场共同开拓与互换、联合促销、旅游企业之间优化组合以及区域旅游整体形象的构建，使参与行动的旅游城市在一体化进程中均能获得经济效益、社会效益和生态效益。[③] 其区域核心创新是在国内首次提出"无障碍旅游区"的概念，并力促"互为旅游目的地、互为旅游市场"的基本格局的形成。回顾长三角区域旅游一体化的进程，具有四个突出特点。

1. 具有政府主导的合作常设机构

政府推动是长三角区域旅游一体化得以深化的原动力。与其他国内旅游合作区不同的是，长三角区域旅游一体化首先是在区域经济合作共同体的平台上运作成功的。长三角区域旅游合作协调机构主要有长三角城市经

① 高飞.2012 长三角旅游合作联席会议在无锡召开［N］，无锡日报，2012－11－10.
② 斯实.长三角旅游合作会议在沪召开［N］.安徽日报，2014－07－26.
③ 张殿发，杨晓平，童亿勤.长江三角洲旅游经济一体化浅析［J］.地理科学进展，2006，3，70－76.

济协调会、江浙沪经济合作与发展座谈会、江浙沪旅游联席会议、旅游高峰论坛机制等。

从实际运作的层面看，健全旅游合作协调机制越来越受到参与一体化进程的成员单位重视。2007 年 5 月召开的两省一市旅游高层联席会议确定，江浙沪政府领导每年定期举行推进长三角区域旅游合作高层联席会议，三地旅游主管部门主要负责人每年举行联席会议，及时交流区域旅游发展中的政府公共服务和管理等方面的情况，共同制定并协调部署区域旅游发展的相关政策，研究落实合作措施。随着区域旅游一体化协调机制的进一步完善，长三角区域旅游合作与一体化进程将进一步加快。

2. 有共同关注的具体行动目标引导

长三角区域旅游合作的深化与一体化程度的提升，是长三角区域旅游合作共同体所设定的具体行动目标引导的结果。这些行动的具体目标有三个共同特点：一是事关区域共同体的切身利益，紧密围绕"互为旅游目的地、互为旅游市场"的利益格局而展开，对各方有利；二是共同关注，是区域面对的现实困境或突出障碍；三是由易到难，从容易取得成果、看得见成果的领域入手。因此，这些目标能够凝聚各方意识和力量，促使各方付诸行动。从实践看，长三角区域旅游一体化及无障碍旅游区的行动主要集中在以下两个方面：建立长三角旅游人才流动平台、完善长三角区域旅游标准化。

3. 旅游企业在扩张驱动

尽管旅游企业的扩张行动并不受政府搭建的合作平台所约束，但企业配合行动的积极性是肯定的。在政府主导的长三角区域旅游合作与一体化的平台机制层面，旅游企业积极开展市场化条件下的企业间联动合作，对打造长三角旅游强势品牌，推进长三角区域旅游合作的深化和一体化进展，发挥了重要的推动作用。

例如，锦江国际集团是一家综合性旅游企业集团，以酒店、餐饮服务、旅游客运业为核心产业，设有酒店、客运、旅游、地产、食品、金融、商贸、教育 8 个事业部，注册资金 20 亿元，总资产 150 亿元，是长三角旅游区域一体化进程中崛起的品牌企业。春秋集团也是一家在区域旅游合作中崛起的品牌企业，春秋国旅成立于 1981 年，目前拥有 2000 多名员工，营业收入达 30 多亿元，业务涉及旅游、航空、酒店预订、机票、会议、展览、商务、因私出入境、体育赛事等，是唯一被授予上海市旅行社著名商标的企业。

当然，在长三角区域旅游合作格局中，还有其他品牌企业，如浙江的三元集团、宋城集团；江苏的金陵饭店集团等。企业一方面有自己的区域市场追求，不断拓展自身的活动空间；另一方面，企业对于政府搭建的区域合作平台也表现出明显的兴趣，因为政府会在这个平台上提供给企业更好的营运条件，以降低企业营运的成本。因此，在区域旅游合作条件较好的区域，企业会充分利用合作机制和平台，构筑其网络状的空间营运结构。锦江集团是这样发展的，春秋集团也是这样成长壮大的。长三角地区的旅游企业通过集团化纵向型网络结构建立起了跨区域旅游集团，然后围绕旅游集团，通过市场化横向型的网络结构扩大的旅游集团的经营网络规模。因此，长三角旅游企业规模扩张的冲动是长三角区域旅游合作微观主体层面的基本动力。

4. 利益的共赢驱动

追求效益最大化和成本最低化，是各地推动旅游合作的内在动力。通过区域各方合作，集中建设高品级的旅游目的地，扩大共同的客源市场，促进旅游流的互动，降低促销成本，共享品牌服务，提高基础设施利用率，提升共同品牌的市场竞争力，共同应对突发事件和风险，实现一体化进程中的互惠互利，这是合作共同体中的地方政府的基本价值取向。

基于旅游强国战略的国家利益，长三角在建设"国际性旅游圈"过程中，也面对着来自泛珠三角、环渤海湾区域的竞争压力，面临着来自国际市场的竞争压力，共同体成员日益认识到：长三角旅游经济只有整体运作，通过共享资源设施，实现一体化的开发，形成"规模经济"来减少资源浪费，降低单位成本；通过开发技术和方法的交流，提高效率而降低开发成本；通过共享品牌形象，共享销售队伍、营销渠道降低广告成本；通过共享市场，实现旅游客源交汇来使成本内化，从而达到降低交易成本的目的；利用合作伙伴的各自优势共同开发产品，变小的船队为大型的"航空母舰"，提高在竞争威胁和经济、环境等冲击下的稳定性；市场互换可保证稳定的客流量，合作区域内部的目的地和客源地之间的互补与结合，使区内联系更加密切，旅游环境进一步改善，促进区内旅游发展的良性循环。唯有这样，才能形成合力，才能互利共赢。

区域旅游的实践经验表明，旅游流具有显著的区域内聚性。一定空间尺度区域内的"互为旅游目的地、互为旅游市场"的利益共赢格局一旦形成，将进一步推进区域旅游一体化的深度发展，产生巨大的旅游空间效益。这种旅游空间效益是长江三角洲地区区域一体化发展的最重要的成果，也是合作共同体维系和发展的最基本动力。

第四章

大图们江区域主要旅游资源概况

4.1　中国东北三省主要旅游资源概况

4.1.1　吉林省主要旅游资源

一　自然旅游资源

1. 长白山自然保护区①

吉林长白山国家级自然保护区位于吉林省东南部，东南部与朝鲜民主主义人民共和国毗邻。地理坐标为东经127°42′55″至128°16′48″，北纬41°41′49″至42°25′18″。全区南北最大长度为80km，东西最宽达42km，总面积196465hm²。长白山自然保护区始建于1960年，是我国建立较早、地位十分重要的自然保护区之一，是以保护生物多样性为主的森林生态系统类自然保护区。1980年1月，经国务院申请，长白山自然保护区被联合国教科文组织纳入"人与生物圈计划"，成为世界生物圈自然保护区网络成员，被列为世界自然保留地之一。1986年7月，被国务院批准为"国家级森林和野生动物类型自然保护区"。

长白山是一座巨型复合式盾状休眠火山，由于其独特的地理位置和地质构造，形成了神奇壮观的火山地貌，具有典型的植被垂直分布带谱、丰富完整的生物资源、深远厚重的历史文化、美丽奇特的自然风光。长白山以其雄奇壮美、原始荒古跻身于"中华十大名山""中国十大最美森林"之列，是国家首批"AAAAA"级旅游区。

长白山自然保护区森林生态系统十分完整，在同纬度带上，其动植物

---

①　崔哲浩．延边旅游经济研究［M］．延边大学出版社，2011．

资源十分丰富，是欧亚大陆北半部最具有代表性的典型自然综合体，是世界少有的"物种基因库"，是森林生态系统研究和教学的天然实验室，是进行环境保护和绿色宣传教育的自然博物馆。据统计，长白山自然保护区有野生植物2806种，野生动物1558种。长白山自然保护区生物多样性的年总价值为78.16亿元。其中，年生态效益总值为63.42亿元，年社会效益可估算总值为10.54亿元，年经济效益总值为4.20亿元。1992年8月，被世界自然保护联盟评审确认为具有国际意义的A级自然保护区。2003年，被国际人与生物圈、人与地理圈、山地研究发起组织等十个国际组织评为全球28个环境监测点之一。

典型的火山地貌景观

长白山是典型的休眠火山，其最近一次喷发形成的火山地貌十分典型，集中反映了世界上最突出的四种地貌类型，即火山熔岩地貌、流水地貌、喀斯特（岩溶）地貌和冰川冰缘地貌。这些地貌的形成，揭示了地质演化的进程，是地球演化史中重要阶段的突出见证，具有重要的科学价值和审美价值。

珍贵的红松阔叶林带

保护区内红松阔叶林带是长白山寒温带典型的地带性植被，主要生长在气候较温和、降雨量较大、暗棕色森林土、海拔720~1100m的范围内，是长白山区动植物种类最多、植物生长最繁茂的典型林带，珍贵濒危药用植物野山参就生长在其中。该植被带中的红松、水曲柳、黄波罗、紫椴等均为珍贵树种，是国家Ⅱ级保护植物。

独特的植被自然垂直分布景观

长白山随海拔的升高依次分布着针阔混交林、暗针叶林、岳桦林和高山苔原4个植被垂直分布带，具有巨大的科学价值和突出的美学价值。

丰富的生物物种资源

长白山生存着种类繁多的野生生物，种质基因资源十分丰富。目前，已知的野生动物有1558种，分属于45目163科，其中属国家重点保护的有58种；已知的野生植物有2806种，分属于73目256科，其中属国家重点保护的有23种。保护好这些野生动植物的优良遗传基因，对于人类社会的生存与发展具有不可估量的重大意义。

重要的"三江"源区

长白山是松花江、图们江、鸭绿江的发源地，其中图们江、鸭绿江均为中朝两国的界河。因此，保护好这一重要的水源地，不仅对吉林省"三江"中下游地区社会经济的发展有重要的支撑作用，而且对整个中国乃至世界都有着非常重大的生态意义。

长白山的主要旅游景点有天池、长白瀑布、锦江瀑布、聚龙温泉、高山花园、锦江大峡谷、长白十六峰、四个垂直景观带、长白山 U 形谷、地下森林、美人松、小天池、绿渊潭、峡谷浮石林、梯子河、王池、长白山国际天然滑雪公园、鸭绿江大峡谷等。

2. 防川风景区①

防川国家级风景名胜区位于吉林省珲春市南部的敬信镇，总面积 139 平方公里，地处我国唯一的中、俄、朝三国交界地带，是吉林省唯一的"一眼望三国"景区，也是国家 3A 级景区。东南与俄罗斯哈桑镇、包得哥尔那亚小镇接壤，西南与朝鲜的豆满江里隔江相望。风景区由防川景区、龙山湖景区、圈河景区以及综合服务管理区四大功能区，20 余个大小景点组成。2009 年 7 月，防川国家级风景名胜区被吉林省政府评为"吉林八景"之一。

（1）一眼望三国

风景区位于防川国家级风景名胜区内，是中、俄、朝三国交界地带，距市区 62 公里。站在观景台南望，俄、朝边境风光尽收眼底，远处日本海与地平线相接，宛如一条银丝带飘于天际。这里山清水秀，素以"鸡鸣闻三国，犬吠惊三疆，稻花香三邻，笑语传三邦"而著称于世。

（2）"土"字牌

位于防川中俄边界，1886 年中俄重勘珲春东部边界时重立。珲春本是日本海沿岸地区，1860 年《中俄北京条约》，沙俄割占了乌苏里江以东中国大片领土，珲春从此失去了沿海地区，成为"望海之地"。作为界碑的"土"字牌本应立于距图们江江口 20 华里的地方，却被贪得无厌的沙俄立于距图们江江口 46 华里处。1886 年清钦差大臣吴大澂重勘边界，与沙俄据理力争，将"土"字牌移至现址，并争回中国从图们江的出海权。现在，"土"字牌已不再作为界牌，是国家一级文物，界碑处现在是省级爱国主义教育基地和国防教育基地。

（3）张鼓峰

张鼓峰（又名刀山）是二战时期的日苏激烈交战之地，位于敬信镇防川村 1.5 公里处中俄界线上，图们江上溯 20 公里的东岸，海拔 152 米。山的东面和北面是俄罗斯的哈桑湖和波谢特草原，西北与沙草峰相连，西南与 141.2 高地相望，南面是防川村驻地，东南约 2.5 公里处是中、朝、俄三国边界的交接点。张鼓峰因日苏之间的"张鼓峰战役"而闻名。

---

① 崔哲浩. 延边旅游经济研究 [M]. 延边大学出版社，2011，11.

（4）张鼓湖沙丘

位于防川景区张鼓峰山南坡，总面积 61 公顷。与张鼓湖及周边地区共同组成沙丘公园。沙丘沙质细腻，高度适宜。沙丘的下面即为张鼓湖。沙丘与一片青山绿水相互呼应，有"绿洲中的沙漠"之意。

张鼓湖位于张鼓峰西 1 公里，长 800 米，宽 700 米，深 17 米，湖水清澈，碧蓝如镜，多游鱼，被誉为"塞外仙人湖"。结合四面的青山与紧邻的沙丘，别有一番情趣。

（5）图们江下游

图们江源于长白山东麓，闻名遐迩、举世瞩目的图们江，长度只有 516 公里，在中国众多的河流中，图们江算不上长河大川，然而却是中国从陆路直接进入日本海的唯一水上通道。图们江是一条流经中、朝、俄三国边界的国际河流。

图们江下游的江面宽达 300～600 米，水深为 2～3 米，因而流速缓慢，流量达 214 立方米每秒，雨季的时候最高能达到 11300 立方米每秒。防川村西南图们江边的码头上停靠着游船。游客们乘坐游船沿图们江左岸顺流而下，能够欣赏到中国和俄罗斯的风景，到了俄罗斯—朝鲜界桥附近，横向穿行图们江，然后沿着图们江右岸朝鲜一侧逆流而上，能够就近观赏朝鲜风光。水上游览的时间虽短，但能以最近的距离游览三国风景。

（6）望海阁

望海阁建成于 1993 年，三层高 14 米，建筑面积 650 平方米，矗立于防川哨所东侧。站在望海阁上可眺望朝鲜的都满江里、俄罗斯的包得哥尔那亚镇及正前方一片湖泊沼泽的滨海平原，以及俄朝唯一相连的图们江铁路大桥。望海阁"一眼望三国"是吸引游客们前来观光的主要原因，也是边境游中最具吸引力的地方。

（7）沙丘公园

位于防川国家级风景名胜区内张鼓峰南坡。一块面积超过 120 万平方米的金色沙丘掩映在一片青山绿水之中，堪称"绿洲中的沙漠"。这里的沙质细腻柔滑，滑沙、沙浴别有一番情趣，且对皮肤病、儿童厌食及多动症有神奇疗效。在沙丘的下面，是一泓湖水，被人们誉为"塞外仙人湖"。湖长 800 米，宽 700 米，最深处 17 米，湖水清澈，多游鱼。沙丘与湖水以一狭长半岛有机结合，游人可以在沙丘上沙浴，在湖中游泳，在半岛上垂钓，水光山色，令人流连忘返。

（8）吴大澂雕像

位于防川国家级风景名胜区内，沙丘公园北侧，距市区 55.8 公里。吴大澂（1835~1902），江苏吴县人，历任散馆编修、河南河北道、左副都御使、河道总督、北洋会办、湖南巡抚等职，曾受命督办吉林军务。善诗文、作画、作篆，是著名古文字学家和金石学家。1886 年，中俄重勘珲春东部边界时，他据理力争，将沙俄偷立于现洋馆坪大堤处的界牌"土"字牌，移至"土"字牌现址，使我国边界线前移了 8 公里，并为我国争得了图们江出海权。吴大澂雕像用花岗岩雕成，高约 9 米、宽 11 米、厚 6 米，下方刻有吴大澂生平事迹。

（9）莲花湖公园

位于防川国家级风景名胜区内沙草峰东南麓，水域面积 50 多万平方米。每年 7~9 月，湖面上的图们江红莲竞相开放，该物种有 1.35 亿年历史，花色美不胜收。清末诗人韩文泉有佳句"幽谷如临君子国，深山得睹美人仙"盛赞此景。还相传这里的荷花仙子极为灵验，每年观赏一次可保家人四季平安。

（10）中朝圈河国境桥

圈河口岸往西 100 米处的桥是圈河国境桥，该桥建于 1936 年 11 月，在中朝界江图们江上，因位于圈河村境内而得名。桥总长 500 米，中朝两国各 250 米，桥宽 6.6 米，载重量 60 吨，为 14 孔板桥。中朝人民以此桥过客、过货，也被两国人民称为"友谊之桥"。

（11）龙山湖

位于珲春市敬信镇，龙山湖水面面积达 80 万平方米，水深 5~8 米，从珲春市内乘车只需 30 分钟即可到达。龙山湖景区旅游基础设施良好，极具田园风味的精品农家院干净整洁，装修豪华的农家宾馆舒适宜人，是集接待、餐饮、会议、住宿、观光、娱乐功能为一体的理想场所。

（12）水流峰

水流峰是珲春敬信镇境内的第一高峰，海拔 462 米，战略位置十分重要，观测辐射范围可达 460 平方公里，能观测日本海和三国五座城市。1963年罗瑞卿大将来此视察时指示在这里设立哨所，哨所设立后，来访者络绎不绝。水流峰东约 6 华里有渤海国时期的古城——水流峰城遗址，白马传书的故事就发生在这里。

（13）敬信湿地

位于珲春市敬信镇东南部，是防川国家级风景名胜区的景点之一，主体连片湿地总面积 5844 公顷。敬信湿地是丹顶鹤、白尾海雕、白额雁等世界濒危水禽及珍稀野生动物的繁殖和迁徙地；是吉林省珍稀鲑科的三种麻哈鱼的唯一产地；是林蛙、鳖、草虾等生物以及芦苇、菱角、莲藕等水生经济作物的产地之一；也是国家科技自然基金项目支持的科学考察研究基地。这里景美、鱼肥、花艳，每年候鸟迁徙之时和图们江红莲盛开时节，都有大批游人到此观景、赏花、采风、品鱼。

（14）荷花湖

荷花湖位于防川风景区内沙草峰北侧，水域面积 48 公顷，东西宽 480 米，南北最长处可达 1000 米，每年 8 月天然盛开荷花，据悉这是有一亿三千五百一万年历史的图们江红莲。

（15）防川朝鲜族民俗村

防川村位于珲春市防川国家级风景名胜区南部，中、俄、朝三国交界地带，距市区 59.3 公里，被誉为"东方第一村"。胡锦涛、江泽民、李鹏、朱镕基、邹家华、刘华清等曾先后到过防川村视察慰问。该村总面积 14 平方公里，海拔高度仅 5 米，是吉林省海拔最低的地方。全村现有村民 43 户，总人口 100 余人，村内所有居民都是朝鲜族，其民族文化内涵浓郁，现仍保留着原有的文化气息和民族特色，是吉林省为数不多的纯正朝鲜族村落，也是研究和发展朝鲜族民俗文化的现存宝典。

3. 吉林市松花湖景区及雾凇

位于吉林市松花江沿岸地区。起因是严寒的大气和温暖的江水互相作用。吉林市区冬季气候严寒，清晨气温一般都低至零下 20℃ 至零下 25℃，尽管松花湖面上结了 1 米厚的坚冰，而从松花湖大坝底部丰满水电站水闸放出来的湖水却在零上 5℃。这 25℃ ~30℃ 的温差使得湖水刚一出闸，就如开锅般地腾起浓雾，数十里云雾长龙随江水弥漫形成松雾凇。

雾凇是一种附着于地面物体（如树枝、电线）迎风面上的白色或乳白色不透明冰层。它也是由过冷水滴凝结而成。不过，这些过冷水滴不是从天上掉下来的，而是浮在气流中由风携带来的水汽凝结而成的。这种水滴要比形成雨凇的雨滴小许多，称为雾滴，实际上，也就是组成云的云滴。当它们撞击地物表面后，会迅速冻结。由于雾凇中雾滴与雾滴间的空隙很多，因此雾凇呈完全不透明的白色。雾凇轻盈洁白，它的密度小，重量轻，附着力强，附着在树木物体上，宛如琼树银花，清秀雅致，这就是树挂，又称雪挂。

在中国四大自然奇观中，桂林山水、路南石林和长江三峡都是大自然的鬼斧神工，而独吉林雾凇是人工仙境。

4. 长春市净月潭风景区

净月潭位于长春市东南，距市中心 12 公里，是山峦环绕草木茂密的水库型游览区，其形状如弯月，含沙净水，被称为净月潭，拥有着独特风光。净月潭风景区面积 150 多平方公里，其中，森林面积 100 多平方公里，海拔

200~385米，是长白山系的余脉，低山丘陵错落有致。净月潭风景区具有冬雪夏爽的特征和集湖、林、山、田为一身的独特风貌。潭水面积有4.3平方公里，水面宽阔浩渺，水底是沙性土壤，故潭水清澈明亮。

长春净月潭始建于1934年，以雄厚的旅游资源和优越的生态环境而闻名国内外，1988年被国务院批准为国家重点风景名胜区，1989年被林业部批准为国家级森林公园。2000年被评为国家4A级旅游景区。净月潭风景区的主要景点有净月潭、北普陀寺、沙滩浴场、圣诞乐园、森林浴场、管轨滑道、高尔夫球练习场、净月荷塘、碧松净月塔楼、石羊石虎山、鹿苑、参园等。

5. 松原市查干湖冬捕景区

查干湖又名查干淖尔、查干泡、圣水湖；"查干"是蒙语，意为纯净圣洁，于是人们约定俗成地叫它"圣水湖"。查干湖位于吉林省松原市前郭县的西北部，总面积60万亩，蓄水量7亿立方米，平均水深2.5米，最深达6米，是吉林省最大的内陆湖泊。年产鲜鱼300吨，鱼苗350吨，芦苇3万吨，渔业产值1200万元，利税135万元。整个湖泊南北长37公里，东西宽17公里，湖岸线蜿蜒曲折，长达128公里，四周环境优美，景色秀丽，风光迷人，是野生动物的天堂、鸟类的乐园，是吉林省著名的渔业生产基地、芦苇生产基地和天然旅游胜地。

6. 向海国家级自然保护区

位于松辽平原边缘，科尔沁草原东部边陲，白城市通榆县境内，是国家4A级景区、国家级自然保护区。总面积为10.67万公顷，为典型的草原地貌。南北最长45公里，东西最宽42公里，西与内蒙古科右中旗接壤，北与洮南市相邻。保护区内自然资源丰富，有20多种林木和200余种草本植物。三条大河（霍林河、额木太河、洮儿河）横贯区内，22个大型和上百个小型自然泡沼星罗棋布，产鱼20多种；鸟类173种，隶属16目、40科、98属，其中有鹤类6种，占全世界现有15种鹤类的40%。珍稀禽类有：丹顶鹤、白枕鹤、白头鹤、灰鹤、白鹤、天鹅、金雕等，成为远近闻名的"鹤乡"。1981年建立自然保护区，1992年被世界野生生物基金会评定为具有国际意义的A级自然保护区，1993年被中国人与生物圈委员会批准纳入"生物圈保护区网络"，2009年"向海鹤舞"被评为"吉林八景"之一。保护区内主要的景点有鹤岛、博物馆、百鸟园、沙滩浴场、游船渡口、千鸟巢、香海寺、郁洋淀、蒙古黄榆、风车、杏树林等30多个。

二 人文旅游资源

1. 高句丽古代贵族陵墓和王城

公元前37年，高句丽在鸭绿江中游和浑江流域建立政权，公元3年，

高句丽迁都国内城，即今天的集安市，高句丽都城统治长达 425 年。公元
668 年高句丽灭亡后，又经历了渤海、辽、金、元、明各朝，在此期间，高
句丽接受了中原的文化和道德理念，并根据自己民族的特点，整理形成了
自己的特色文化，保留了丰富的文化遗产。2004 年 7 月，世界遗产大会将
集安高句丽王城、王陵及贵族墓葬列入世界遗产名录，形成了具有边疆少
数民族独具特色的历史和人文景观——高句丽风情。

高句丽古迹在集安市周围的平原上，分布了一万多座高句丽时代的古墓，
这就是闻名海内外的"洞沟古墓群"。代表性的将军坟被誉为东方的金字塔，
坐落在集安市区东北 5 公里的龙山脚下，似埃及金字塔。主要历史遗迹有将军
坟、好太王碑、高句丽古墓壁画、好太王陵、丸都山城、国内城等。

2. 长春市伪满皇宫博物馆

位于长春市东北角的光复路上，是伪满洲国傀儡皇帝爱新觉罗·溥仪
居住的宫殿。1932 年到 1945 年间，溥仪在日本当局的指使下，建立了满洲
帝国，在这里从事政治活动并进行日常起居。

伪满皇宫的主体建筑是一组黄色玻璃瓦覆顶的二层小楼，包括勤民楼、
缉熙楼和同德殿，这三座小楼风格独特，是中西式相结合的格局。伪皇宫
可分为进行政治活动的外廷和日常生活的内廷两部分，现分别辟为伪满皇
宫陈列馆和伪满帝宫陈列馆。外廷（皇宫）是溥仪处理政务的场所，主要
建筑有勤民楼、怀远楼、嘉乐殿，勤民楼是溥仪办公的地方。内廷（帝宫）
是溥仪及其家属日常生活的区域，其中缉熙楼是溥仪和皇后婉容的居所，
是日常起居之处。如今，帝宫的一部分已辟为吉林省博物馆，用以展览高
句丽、渤海、辽、金等东北建立的封建王朝的史料。

伪满皇宫博物院成立于 1962 年，后与吉林省博物馆合署办公，1982 年
恢复建制，1984 年正式对外开放接待观众，原馆名为吉林省伪满宫陈列馆，
2001 年 2 月 18 日更名为伪满皇宫博物馆。现保护范围为 13.7 万平方米，其
中展览面积 4.7 万平方米，院藏文物近 2 万件。被评为国家 4A 级旅游景区
和全国优秀爱国主义教育基地。

4.1.2　黑龙江省主要旅游资源

一　自然旅游资源

1. 哈尔滨太阳岛公园

太阳岛风景区位于哈尔滨市区松花江北岸，与斯大林公园隔江相望，
是闻名中外的旅游区，总面积为 88 平方公里，其中规划面积为 38 平方公
里，外围保护区面积为 50 平方公里，具有质朴、粗犷的北方原野风光特色，

是城市居民进行野游、野浴、野餐的极好乐园。20 世纪 80 年代初，著名歌唱家郑绪岚一首《美丽的太阳岛上》唱出了太阳岛的品位，唱出了太阳岛的名气。太阳岛与附近诸岛和沙洲组成了太阳岛风景区，是游览和避暑的疗养胜地。岛上有水阁云天、仙鹤群、母子鹿、长堤垂柳等 20 余个风景点，游览区内建有太阳山、太阳湖、荷花湖、姊妹桥、亭桥、白玉桥、上坞桥、水阁云天、儿童乐园、丁香园、花卉园、太阳岛志石、锦江长廊、沿江风景线等数十处特色景观，构成了山湖相映、清泉飞瀑、亭桥映柳、荷香鱼跃的美丽景色，给人们增添了无限遐思。哈尔滨雪雕艺术博览会每年都在太阳岛举办。2009 年，太阳岛冰雪艺术馆以占地 5000 平方米、馆内净高 7 米的规模入选中国世界纪录协会世界最大的室内冰雪艺术馆，创造了太阳岛世界之最。2007 年 5 月，太阳岛风景区被中国国家旅游局评定为中国国家 5A 级旅游景区。

2. 镜泊湖风景名胜区

中国最大的高山堰塞湖——镜泊湖位于黑龙江省牡丹江市的西南面。镜泊湖是 5000 年前经多次火山喷发，熔岩阻塞牡丹江古河床而成的火山熔岩堰塞湖。湖水南浅北深，湖面海拔 350 米，最深处超过 60 米，最浅处则只有 1 米；湖形狭长，南北长 45 公里，东西最宽处 6 公里，面积约 91.5 平方公里。

景区总面积 1214 平方公里，容水量约 16 亿立方米。镜泊湖以天然无饰的自然之美而著称，以气势雄浑的吊水楼瀑布、奇丽壮观的地下森林、盛衰疑迷的渤海古国遗址为主要景区。还有珍珠门、道士山、老鹳山、大孤山、小孤山、白石砬子、城墙砬子等景点。2011 年被评为 5A 级旅游景区。

镜泊湖花红水碧、鱼跃鸟飞、岚影沉浮、霞光闪耀，一派北国大自然的美景令游人赞叹不已，这便是镜泊湖之夏。这里空气清新，环境优雅，每年夏季游人如织，来自海内外的游人，尽情享受大自然赐予的天光水色，同时这里还是我国北方著名的避暑胜地，被誉为北方的西湖。

3. 五大连池风景区

五大连池风景名胜区荣获"世界地质公园""世界生物圈保护区"两项世界级桂冠和九项国家级称号，14 座新老时期火山喷发年代跨越 200 多万年，被誉为"天然火山博物馆"和"打开的火山教科书"。

五大连池风景名胜区位于黑龙江省北部，距哈尔滨 380 公里，距黑河 230 公里。风景区总面积为 1060 平方公里，有耕地 35.8 万亩、林地 32.1 万亩、草原 5.73 万亩，湿地 15 万亩。五大连池火山群是由远古、中期和近期火山喷发形成的，火山地质地貌保存完好，是世界上少见的类型齐全的火山地质地貌景观，具有科学性、系统性、完整性、典型性和美学性，是中国首屈一指、世界著名的火山。五大连池矿泉是世界三大冷泉之一，享有

"药泉""圣水"之誉。五大连池风景名胜区融山、水、岩、泉为一体，是中国火山地貌中景观最丰富、最精彩、历史记载最详尽、被研究程度最高的最新火山区，堪称火山博物馆。

五大连池不仅火山与矿泉资源珍稀独特，更具有丰富的生物多样性。从史前 200 多万年到近代 280 年，复杂多样的火山熔岩地貌和特殊的环境条件孕育发展了五大连池独特、丰富而又完整的火山自然生态系统。五大连池保护区内有植物 143 科 428 属 1044 种，其中有珍稀濒危植物 47 种，如石竹、钝叶瓦松、红皮云杉、野生大豆等。野生动物有 55 科 121 种，其中珍稀动物有麋鹿、黑熊、丹顶鹤、水獭等国家二级保护动物。蝶类有 7 科 80 种，其中阿波罗蝶是世界珍贵的蝶类。

4. 亚布力滑雪场

位于尚志市东南部亚布力镇大锅盔山北麓，属张广才岭支脉，西距哈尔滨市 200 公里，东离牡丹江市 120 公里。始建于 1980 年，是目前我国最大的综合性滑雪训练和比赛基地及南极训练基地。亚布力滑雪场大部分处于原始森林之中，大锅盔山顶长有全国稀有的伏地松，分布着 1 亿年前地壳运动形成的高山石海。

亚布力滑雪场由符合国际标准的高山竞技滑雪区和旅游滑雪区两大部分组成，占地面积 22.55 平方公里。在大锅盔（海拔 1374 米）、二锅盔（海拔 1262 米）和二锅盔与三锅盔之间的海拔 988 米高地处修建了具有国际标准的高山竞技滑雪场，有 9 条高山滑雪道，7 条越野滑雪道，6 条滑雪缆车道和花样跳台，90 米级高山跳台，冬季两项靶场及室内体育馆、运动员村等设施。

5. 扎龙自然保护区

扎龙自然保护区是中国著名的珍贵水禽自然保护区，位于乌裕尔河下游，西北距黑龙江省齐齐哈尔市东南 30 公里处，总面积 21 万公顷。保护区由乌裕尔河下游流域一大片永久性淡水沼泽地和无数小型浅水湖泊组成，湿地的周围是草地、农田和人工鱼塘，主要保护对象为丹顶鹤等珍禽及湿地生态系统，是中国北方同纬度地区中保留最完整、最原始、最开阔的湿地生态系统。保护区内地势低洼，河流漫溢，苇草丛生，湖泡星罗棋布，是适于水禽鸟类栖息繁衍的天然乐园。据统计，扎龙自然保护区有各种禽鸟 296 种。其中尤以鹤类居多而闻名于世，全世界有 15 种鹤，我国有 9 种，而扎龙可见 5 种（丹顶鹤、白枕鹤、蓑羽鹤、灰鹤、白头鹤），因此，齐齐哈尔有"鹤乡"之美称。扎龙自然保护区地域辽阔、生态原始、鸟类众多、交通方便，既是旅游胜地，又是科研中心。观鸟的最佳季节是 5～7 月。冬季也可以在冰湖雪地上观赏驯鹤。

6. 哈尔滨冰雪大世界

中国哈尔滨冰雪大世界始创于 1999 年,是由哈尔滨市政府为迎接千年庆典神州世纪游活动,充分发挥哈尔滨的冰雪时空优势,进一步运用大手笔,架构大格局,隆重推出规模空前的超大型冰雪艺术精品工程,向世人展示了北方名城哈尔滨冰雪文化和冰雪旅游的独特魅力。

二 人文旅游资源

1. 中央大街步行街

中央大街步行街是目前亚洲最大最长的步行街,始建于 1898 年,初称"中国大街"。1925 年改称为沿袭至今的"中央大街",现在发展成为哈尔滨市最繁华的商业街。大街北起松花江防洪纪念塔,南至经纬街,全长1450 米,宽 21. 34 米,其中车行方石路 10: 8 米宽。被誉称"哈尔滨第一街"的中央大街,以其独特的欧式建筑,鳞次栉比的精品商厦,花团锦簇的休闲小区以及异彩纷呈的文化生活,成为哈尔滨市一道亮丽的风景线。步行街自开通以来日接待游人 20 余万人次。步行街的夜晚流光溢彩,游人如织,更有一番特色,充分体现出旅游、购物、娱乐、休闲的功能。风格各异的西六道街、西七道街、中央商城、车辆厂住宅楼前 4 处休闲区,构成了中央大街集休闲、娱乐、旅游、购物为一体的城市新风景。

中央大街虽非哈尔滨市最长的一条街,却是涵括了西方建筑史上最有影响的四大建筑流派,有常见的起源于十五六世纪的文艺复兴式,17 世纪初的巴洛克式、折中主义式,以及 19 世纪末 20 世纪初的新艺术运动建筑。全街汇集欧式风情建筑,建有欧式及仿欧式建筑 71 栋,汇集了文艺复兴、巴洛克、折中主义及现代多种风格等欧式风格市级保护建筑 13 栋。这些建筑体现了西方建筑艺术的精华,使中央大街成为一条建筑的艺术长廊。欧洲风格满布中央大街的欧式建筑,五步一典,十步一观。在西方建筑史上几百年才形成的建筑风格样式,使得中央大街成为远东最著名的街道。

2. 圣索菲亚教堂

圣索菲亚教堂位于哈尔滨市内,是远东地区最大的东正教堂,通高53. 35 米,占地面积 721 平方米,是拜占庭式建筑的典型代表。1996 年 11月,被列为全国重点文物保护单位;1997 年 6 月,圣索菲亚教堂被修复并更名为哈尔滨市建筑艺术馆。公元 1903 年,随着中东铁路的建成通车,沙俄东西伯利亚第四步兵师也侵入了哈尔滨。沙俄为了稳定远离家乡士兵的军心,于 1907 年破土动工建造圣索菲亚教堂,当年一座全木结构的教堂落成,用作该步兵师的随军教堂。1923 年 9 月 27 日,圣索菲亚教堂举行了第二次重建奠基典礼，经过长达 9 年的精心施工，一座富丽堂皇、典雅脱俗的建筑精品竣工落成。圣索菲亚教堂气势恢宏，精美绝伦。教堂的墙体全部采用清水红砖，上冠巨大饱满的洋葱头穹顶，统率着四翼大小不同的帐蓬顶，形成主从式的布局，四个楼层之间有楼梯相连，前后左右有四个门出入。正门顶部为钟楼，7 座铜铸制的乐钟恰好是 7 个音符，由训练有素的敲钟人手脚并用，敲打出抑扬顿挫的钟声。巍峨壮美的圣索菲亚教堂，构成了哈尔滨独具异国情调的人文景观和城市风情。

3. 哈尔滨极地馆

哈尔滨极地馆是世界首座极地演艺游乐园，哈尔滨国际冰雪节四大景区之一，国家 4A 级旅游景区，中国首家以极地动物娱乐表演为主题的极地馆。在哈尔滨极地馆不仅可以观赏极地动物，还能真正走进极地世界，置身冰雪世界，与北极熊、白鲸、企鹅等极地动物真正生活在一起，是国内首家情景式极地主题乐园。游客可以乘坐破冰船，在呼啸的寒风中，来到"南极企鹅岛"，这里有首批登陆中国的最纯正的南极企鹅家族。哈尔滨极地馆地处北纬 45 度 45 分，这里冰川林立，是离极地最近的极地体验馆，特殊的地域优势使得这里的极地动物能够保持自然本色。"北极动物家园"里有北极熊，在北极熊展区的对面住的是国内首次引进的加拿大纯种北极狼。它的引进使极地馆聚齐了南北极的所有动物。

4.1.3　辽宁省主要旅游资源

一　自然旅游资源

1. 大连金石滩旅游度假区

金石滩位于大连东北端的黄海之滨，距大连市中心 50 公里，陆地面积 62 平方公里，海域面积 58 平方公里，海岸线长 30 公里。三面环海，由东部半岛、西部半岛及两个半岛之间的开阔腹地和海水浴场组成。1986 年被确定为国家风景名胜区，1992 年国务院批准为国家级旅游度假区，2005 年被评为中国国家地质公园，2011 年被评为国家 5A 级旅游景区。

金石滩三面环海，冬暖夏凉，气候宜人，延绵 30 多公里的海岸线，凝聚了 3 亿～9 亿年地质奇观，诞生于 6 亿年前的震旦纪岩石形成壮丽的奇石景观，被称为"凝固的动物世界""天然地质博物馆""神力雕塑公园"。金石滩景区由两个半岛和中央腹地组成，有世界名人蜡像馆、金石滩地质博物馆、毛泽东像章陈列馆、金石园、万福鼎、大连滨海国家地质公园、金石滩国际汽车露营地、金石狩猎俱乐部、金湾高尔夫球场等项目和各具风格的建筑群与优美的海滨观光路、黄金海岸、自然地理环境融合为一体，使这里既充满着异国情调，又散发着大自然神秘的诱惑，是理想的旅游度假休闲胜地。

2. 大连老虎滩海洋公园

大连老虎滩海洋公园坐落在国家级风景名胜区——大连南部海滨的中部。占地面积为 118 万平方米，有着 4000 多米的曲折海岸线。公园内蓝天碧海、青山奇石、山水融融，构成了绮丽的海滨风光。老虎滩海洋公园是展示海洋文化，突出滨城特色，集观光、娱乐、科普、购物、文化于一体的现代化海洋主题公园。2007 年，老虎滩极地馆经国家旅游局正式批准为国家 5A 级旅游景区。

主要的旅游景点：亚洲最大以展示珊瑚礁生物群为主的大型海洋生物馆——珊瑚馆；世界最大、中国唯一的展示极地海洋动物及极地体验的场馆——极地馆；全国最大的半自然状态的人工鸟笼——鸟语林；全国最大的花岗岩动物石雕——群虎雕塑，以及化腐朽为神奇的马驷骥根雕艺术馆，全国最长的大型跨海空中索道；特种电影播放场所——四维影院以及惊险刺激的侏罗纪激流探险、海盗船、蹦极等游乐设施。

3. 沈阳世博园

沈阳世博园位于风景秀丽的沈阳棋盘山国际风景旅游开发区，占地 246 公顷，园内建有 53 个国内展园，23 个国际展园和 24 个专类展园，是迄今世界历届园艺博览会中占地面积最大的。世界园艺博览会 2006 年在沈阳举办。在沈阳世博园的建设中，许多设计方案、建设手法都是首次被使用。如三层夹胶玻璃建桥面、风之翼建筑的斜塔，而百合塔则为中国最大的雕塑体建筑。

4. 沈阳植物园

沈阳植物园位于沈阳市东陵区高坎镇中马村，被授予"辽宁省五十大佳景""沈阳市十五大旅游景观"和"沈阳市十大科普教育基地"等光荣称号的沈阳植物园，是一座以植物科研、植物科普和植物景观为主，自然景观与人文景观相结合，观赏性与知识性、娱乐性为一体的科研、科普基地和旅游观光胜地。

沈阳植物园占地面积 211 公顷。其中，绿地面积 196 公顷，水面面积 6.5 公顷，道路及建筑面积 6.9 公顷。园址境内山冈起伏、湖水荡漾、松杉苍翠、花团锦簇、叶舞藤飞、草坪如铺、亭台洁雅、飞瀑如练、五光十色、香飘满园、步移景异、美不胜收。园区汇集和展示东北、西北、华北和内蒙古等地各类植物 1700 余种，有些属于珍稀植物和濒危植物，是东北地区收集植物种类最多的植物园。

二 人文旅游资源

1. 沈阳故宫

原名盛京宫阙，后称奉天行宫。位于沈阳市沈河区明清旧城中心。占地面积约 6 万平方米，有建筑 90 余所，房间 300 余间。始建于后金天命十年（明天启五年，1625 年），初成于清崇德元年（明崇祯九年，1637 年）。清顺治元年（1644 年），清朝移都北京后，成为"陪都宫殿"。从康熙九年（1671 年）到道光九年（1829 年）间，清朝皇帝 11 次东巡祭祖谒陵曾驻跸于此，并有所扩建。

沈阳故宫是中国现存仅次于北京故宫的最完整的皇宫建筑，在建筑艺术上承袭了中国古代建筑的传统，以汉族传统建筑风格和布局为主，兼备了蒙、满等民族风格和布局，具有很高的历史和艺术价值。1926 年以后，其建筑群陆续辟作博物馆（现称沈阳故宫博物院）。1961 年被中华人民共和国国务院确定为首批全国重点文物保护单位，2004 年 7 月列入《世界遗产名录》"北京及沈阳的明清皇家宫殿"项目。

与北京故宫相比，沈阳故宫建筑风格上更添有满、蒙、藏的特色。在布局上，东路大政殿、十王亭建筑群布局仿照八旗行军帐殿的布局。中路的特点则是"宫高殿低"，居住部分位于高台之上，俯瞰理政的正殿区域，这是源于满族人喜居于台岗之上的生活习惯。

2. 五女山景区

五女山位于桓仁满族自治县桓仁镇北侧 8 公里处，系高句丽民族开国都城。相传有五女屯兵其上，以此为名。1996 年，五女山山城被评为国家级重点文物保护单位；1999 年被评为全国十大考古发现之一。2002 年五女山景区被评为 AAAA 级景区。2004 年，作为高句丽王城之一，桓仁五女山山城与吉林省集安市的高句丽遗迹一起被列入《世界遗产名录》。五女山已经成为辽宁省东部著名的旅游景观。

五女山山体呈长方形，主峰海拔 824 米，南北长 1500 米，东西宽 300 米，峭壁垂直高度 200 多米，这里是高句丽民族文明的发祥地。公元前 37 年，北夫余王子朱蒙因败于宫廷之争流亡至此，在山上建立高句丽第一王城，史称纥升骨城。明永乐二十二年（公元 1424 年）建州女真族第三代首领李满柱率军挺进辽宁，便驻扎于此山。因此，五女山也是满族文明的发祥和启运之地。近年来，考古专家在山上发现了大量的古代遗迹和遗物。年代最早的遗物是新石器时代晚期的陶器，距今已有 4500 多年的历史。这说明，早在 4500 多年前，就有人类在山上生活。发现的遗物还有战国晚期的石剑、石凿、陶壶以及一些辽金时期的生活、生产工具和兵器。五女山山峰酷似玲珑翠屏，四周悬崖峭壁，巍峨险峻。山顶地势平坦，土地肥沃，草木茂盛。南面有一隘口，乘缆车可达山顶。站在东端峰巅，遥望辽宁省最大的水库——桓龙湖，烟波浩渺，云天山水，浑然一体，桓仁镇如一幅画卷尽收眼底。风光绮丽的五女山，蜚声中外，素有塞北名山的盛誉。一年四季，五女山景色如画（见附录2）。

表4-1 中国东北三省主要旅游资源类型系统

景系	景观景类	景型	主要旅游资源名称
自然景系	地文	山地景型	长白山自然保护区、水流峰
		火山熔岩景型	长白山天池
		峡谷洞穴景型	长白山锦江大峡谷、峡谷浮石林
	水文	湖泊景型	张敔湖沙丘、莲花湖公园、龙山湖、荷花湖、吉林市松花湖景、镜泊湖风景名胜区、五大连池风景区、长春市净月潭风景区、哈尔滨太阳岛
		风景河段景型	图们江、鸭绿江、松花江
		矿泉景型	五大连池、靖宇矿泉
	气候生物	植物群落景型	长白山原始森林、沈阳植物园
		野生动物栖息地景型	向海国家级自然保护区、敬信湿地、扎龙自然保护区
		冰雪景型	吉林雾凇、亚布力滑雪场、长白山万达滑雪场、吉林北大湖滑雪场、哈尔滨冰雪大世界
人文景系	历史遗产	历史文化遗址景型	"土"字牌、吴大澂雕像、高句丽古代贵族陵墓和王城、长春市伪满皇宫博物馆、沈阳故宫、五女山景区、圣索菲亚教堂
		军事防御与革命纪念地景型	张敔峰
	民俗风情	特色聚落民居景型	防川朝鲜族民俗村
		节庆活动景型	松原市查干湖冬捕景区、延边图们江文化旅游节
	现代人文	城市景观景型	哈尔滨中央大街步行街，长春、沈阳、大连等城市景观
		边境口岸类型	一眼望三国、洋馆坪大堤、中朝圈河国境桥
	休闲娱乐	休闲疗养度假地景型	大连金石滩旅游度假区、大连老虎滩海洋公园、哈尔滨极地馆
		游憩性渔猎地景型	沙丘公园
		特种体育活动	亚布力、长白山万达及吉林北大湖滑雪场的滑雪运动，查干湖"冬捕"活动

4.2　朝鲜主要旅游资源概况

4.2.1　自然旅游资源

1. 金刚山

金刚山是朝鲜的著名风景区，位于朝鲜和韩国交界处。大部分山峰位于朝鲜境内。朝鲜半岛东部太白山脉的北段，在江原道（北）东部。金刚山东西 40 公里，南北 60 公里。主峰为毗卢峰，高 1639 米，全山一万二千峰成为世人向往之地。金刚山的主要景点有内金刚、外金刚、新金刚、海金刚、九龙渊、万物相、水晶峰、三日浦等，以万物相最为壮观。众瀑飞泻，最大的九龙渊高达 90 米。金刚山的山水非常奇特，岩石经受了数万年的风蚀雨削，层峦叠嶂的顶峰，显露出险峻姿态。

金刚山按季节享有各种美称，春天的奇景像纯净透明的金刚石，名为金刚山，夏季因它与蓬莱相媲美，名为蓬莱山，秋日漫山红叶如丹，名为枫岳山，冬天奇岩怪石，瘦骨伶仃，名为皆骨山。金刚山保存有寺庙、石塔等众多历史文物遗迹。

2. 妙香山

妙香山位于朝鲜西北部，横亘于平安南道、慈江道和平安北道交界处，是朝鲜著名的旅游胜地，四大名山之一，因山势奇妙、神秘，山上侧柏散发着清香而被称为妙香山。向有"三千里锦绣江山皆名胜，未见妙香山莫谈景"之说，自古被誉为朝鲜八景之一。妙香山山势奇妙秀丽，漫山馨香飘溢，妙香山因此而得名。妙香山东西、南北距离各为 28 公里，方圆 128 公里，面积 375 平方公里，群山之首毗卢峰海拔 1909 米，是朝鲜半岛西海岸的最高峰。著名山峰有卓旗峰、圆满峰、千台峰、千塔峰、香炉峰、五仙峰、法王峰、元万峰等。

妙香山生长着 1170 多种植物、33 种兽类、133 种鸟类和 20 多种鱼类。

妙香山瀑布颇多，天神瀑布气势壮丽动人，170 米高的散珠瀑布俨如白雪纷飞，还有龙渊瀑布、万瀑洞瀑布、金刚瀑布、序由瀑布、游仙瀑布、武陵瀑布等。

主要的文物古迹有普贤寺、上元庵、国际友谊展览馆、龙门大窟等。普贤寺建于公元 1014 年，寺内主要建筑物有大雄殿、万岁殿、解脱门、天王门、观音殿、灵山殿、《八万大藏经》保存库、解藏院以及一座四角的 9 层塔、一座八角的 13 层塔。万岁楼上保存有李朝时期 500 多年的政府日志

《李朝实录》，是朝鲜的宝贵史料。上元庵建于高丽时期（公元 918～1392 年），后遭毁坏，现在的是 1580 年重建的。国际友谊展览馆展示了世界许多国家、组织及个人向金日成和金正日赠送的 21.3 万余件礼物中的一部分，其中属中国的赠品数量最多。龙门大窟总长 6 公里，有 2 个主窟和 30 多个支窟。窟内最高处达 40 米，最宽处达 60 米。洞窟里钟乳石和石门姿态百出，被誉为地下名胜。

3. 七宝山

七宝山位于朝鲜的咸镜北道中部海岸，方圆约 250 平方公里，因其风光绝佳，素称"咸北金刚"。相传，此地藏有七种宝物，故名"七宝山"，一年四季风景优美，尤其冬季的"七宝山"之雪景更被誉为"天下第一景"。七宝山有黄津温泉、明川温泉、曼湖温泉、沙里温泉、宝村温泉等。

七宝山可分为内七宝、外七宝、海七宝。内七宝的主要景点有钢琴岩、瓦房岩、回想台、开心台、升仙台、金刚台、海望台等，还有大大小小的洞窟、瀑布。外七宝位于内七宝和海七宝中间。外七宝的针叶林和阔叶林郁郁葱葱，遮着青天，下边是瀑布和清澈透底的绿潭，左右两侧都是悬崖峭壁，山水奇特，别有景致。海七宝的主要景点有烛台岩、虹岩、松岛、月门、降仙门等。

4. 九月山

九月山横跨黄海南道北部的"殷栗郡""三泉郡""安岳郡""银泉郡"。九月山最高峰为思皇峰（Sahwang Peak），海拔 954 米，同朝鲜东部和北部的山相比，不算高，但它矗立在朝鲜半岛西海岸的平原地带，特显它的突出，就算远在南浦市也可望见。九月山面积为 110 平方公里。九月山主要山峰有五峰（859 米）、仁凰峰、朱加峰、引士峰（688 米）等。九月山的年平均气温为 9℃，年平均降水量为 1000 毫米。自古，朝鲜的民众把金刚山之美称为女性美，把九月山之雄壮称为男性美。在 2003 年 10 月，九月山自然保护区被注册为联合国教科文组织的"国际生物圈保护区"。

峡谷：九月山因断层运动和风化作用的影响，形成险峰深谷，山势复杂。许多形状各异的山峰耸立，中间形成万丈深壑和许多瀑布。峡谷大都深而险。

瀑布：从无数岩缝涌出大量的水，汇成许多瀑布。瀑布的形状多样，有的从 30 米高的悬崖上倾泻而下，有的像串了无数银珠般倾泻形成 3 段瀑布，有的沿着绝壁下滑。

池塘：九月山山腰有大旱也不干涸的"石潭""釜沼""瓢沼""碗沼"等池塘，水晶般透亮的清水在荡漾。

古代建筑：拥有朝鲜民族始祖檀君传说的"檀君窟"等许多洞窟。

5. 大同江

穿过平壤市中心的大同江长达 450.3 公里，流域面积达 20247 平方公里，是朝鲜第五大河。大同江的水资源丰富，为国民经济各部门所有效地利用。大同江上有渔夫山水库、圣文水库和林源水库等好几个水库。

4.2.2　人文旅游资源

1. 首都平壤

平壤是朝鲜民主主义人民共和国首都，地处大同江下游平壤平原和丘陵的交接处，东、西、北三面是起伏的丘陵。平壤因有部分土地在平原上，故有平壤，即"平坦土壤"之意。大同江及其支流普通江流经市区，江中有绫罗岛、羊角岛、狸岩岛等岛屿，风景优美。市区建筑面积占 20%，其余 80% 为公园等绿化用地，是世界上绿化面积比例最高的城市之一。绿化面积人均约 50 平方米，市内处处是苍松翠柏、花坛草坪，加上山清水秀的天然景致，使平壤市成为一座花园城市。

平壤市是一座历史古城，有 1500 多年的历史，早在檀君时代就被定为都城；现朝鲜的政治、经济、文化中心，是朝鲜人民心目中革命的心脏。平壤市是旅游胜地，在平壤周围的山区多名胜，在城区东北部的大城山上保留着高句丽古城和安鹤宫遗址，在城区北部的牡丹峰上也有不少名胜古迹，其中，山北侧由花岗岩砌成的朝中友谊塔，是中国游客经常来访的地方，在友谊塔内保存了在抗美援朝战争中牺牲的中国人民志愿军烈士的名册。

平壤的主要景点：

（1）金日成广场

金日成广场是朝鲜首都的中央广场，1954 年 8 月竣工，面积 75000 平方米，地面由花岗岩铺设。金日成广场是朝鲜举行重要政治文化活动、庆祝大会、公众集会、阅兵式的场所。金日成广场的南北分别是主体思想塔和人民大学习堂。

（2）万景台故居

万景台故居是朝鲜人民的领袖金日成诞生的地方，金日成的童年也是在此度过的。万景台故居位于平壤市西部大同江畔，距离市中心 12 公里。万景台故居是一座很简单的草房，很具有朝鲜特色，曾是过去普通百姓居住的房舍。

（3）主体思想塔

主体思想塔位于市中心大同江东岸，建于 1982 年 4 月。主体思想塔是金日成创立的"主体思想"的象征，由主塔、三人群像、六幅副主题群像、两座亭阁和两个大型喷泉组成。塔高 170 米，其中，塔身高 150 米，火炬高 20 米。火炬台和火炬的重量达 45 吨。世界上 80 多个国家的政界、社会各界、主体思想研究组织和友好团体为纪念主体思想塔的建立，赠送了许多纪念性的大理石和玉石，都被镶嵌在主体思想塔的背面。塔的正面，建有高 30 米、重 33 吨的象征工人、农民、知识分子的三人群像，左右是以"主体工业""丰年""学习之国""无病长寿""主体艺术""铜墙铁壁"为主题的花岗岩群像。主体思想塔正面是大同江，江水中有两个大型喷泉，水柱达 150 米。乘坐高速电梯上至主体思想塔的 150 米处，可以俯瞰平壤市全景。

（4）凯旋门

凯旋门是为纪念在日本殖民统治下胜利光复朝鲜的金日成凯旋而设立的，建于 1982 年 4 月金日成诞辰 70 周年之时，由 15000 多块高级花岗岩构成，比巴黎的凯旋门还高出 10 米。

（5）千里马铜像

建于 1961 年 4 月的千里马铜像，坐落在高 32 米，由 2500 块、360 多种花岗岩组成的塔身上，铜像为一匹伸展双翅的骑有工人、农民的"千里马"。千里马铜像象征着为尽快恢复朝鲜战争后的国家经济而斗争的朝鲜人民的英雄气概。

（6）崇灵殿和崇仁殿

崇灵殿和崇仁殿位于金日成广场西北面万寿台喷泉公园旁，是为祭祀古朝鲜的建国始祖檀君而建立的祠堂。最初叫檀君祠、檀君殿。后在 1725 年，为同时祭祀檀君和东明王而改称崇灵殿。崇仁殿建成于 1325 年，是平壤最早的建筑之一。

（7）普通门

普通门位于普通江江畔千里马大街的入口处，是平壤城之中城的城门，是在原来朝鲜战争时期遭到破坏的城门的基础上，从原地向东南方向移动 55 米后重建而成，移动的目的是为了同千里马大街的总体形象相融合。6 世纪中叶高句丽建都平壤，为其西门而初建，后经多次变迁。

2. 主要节日

太阳节，4 月 15 日，金日成诞生日；光明星节，2 月 16 日，金正日诞生日；国庆日，9 月 9 日（1948 年）；朝鲜劳动党成立日，10 月 10 日（1945

年）；朝鲜人民军建军节，4 月 25 日（1953 年）；朝鲜光复节，8 月 15 日（1945 年）等。

3. 金日成综合大学

金日成综合大学是一个培养民族干部的中心基地、主体教育的最高学府，于 1946 年 10 月建校。金日成综合大学设有法律大学、财政大学、文化大学等十几个院系和几十个研究所，是目前朝鲜的最高学府。

4. 金策工业综合大学

大学成立于 1948 年 9 月，是著名的科学技术人才培养高等学府。大学有机械科学技术大学、信息科学技术大学、地质勘探系等院系，朝鲜最高学府之一。

5. 阿里郎表演

每年 8 月初到 10 月初进行的平壤 10 万人大型团体操。《阿里郎》不仅创造了巨型演出的世界纪录，演出地点——朝鲜五一体育场也是世界上最大的体育场，可以容纳 15 万人。《阿里郎》表演已经成为朝鲜吸引游客的主要项目。

6. 大成山城

为使平壤大成山各个山峰连接在一起，3 世纪中叶开始兴建了大成山城。高句丽 427 年移都平壤后，大成山城具有了重要的政治、军事意义，并成为高句丽时期最大的山城。山城周长为 7076 米，城墙总长度为 9284 米，高 4~5 米。大成山城共有 20 个城门。大成山城南门位于大成山游戏场正中间的城门，是于 1978 年 9 月按原样重建的。与大成山城一样，南门也是 427 年高句丽移都平壤之前建成的，由此可充分领会到高句丽悠久的建筑艺术风格，门正面长 17.15 米，侧面宽 6.3 米。

7. 安鹤宫遗址

安鹤宫遗址与高句丽古都大成山城一样是重要的历史遗迹之一。公元 427 年，高句丽的长寿王在国内城（现中国吉林省集安市）移都过程中建成此宫。近 160 年间，国王们一直居住在此宫殿，直到公元 586 年，王宫才搬进了平壤城。宫殿的一面长 622 米，高 12 米。宫殿遗址占地约 38 万平方米，以外殿、内殿、寝殿等三个基本建筑为中心，形成南宫、中宫、北宫。整个王宫共由 5 个建筑群构成。

8. 光法寺

光法寺位于中央动物园东北方向 4 公里的地方。高句丽时期所建寺院在朝鲜战争年代遭受破坏，1990 年复建。光法寺的大雄殿是两层建筑，从建筑风格上看是佛教寺院中稀有的。以大雄殿为中心，天王门、海夺门、东圣堂、西圣堂共 5 个建筑物构成了整个光法寺。寺院的第一个门"海夺门"右边竖立着"堂间支柱"（插佛教旗子的地方），海夺门上雕刻着文秀菩萨和普贤菩萨的画像，海夺门左面有光法寺史记记录碑。天王门处供奉着护佛的天王像，穿过天王门便可以看到东圣堂和西圣堂，那里是和尚们居住并研习佛教和做法事的地方。大雄殿 2 层合角屋顶漆上了金光闪闪的油彩，内有释迦牟尼、药师如来、弥勒佛。

9. 东明王陵

东明王陵是高句丽始祖王之墓，位于平壤市中心以东 25 公里的地方，1993 年 5 月 14 日重建。王陵区内有王陵区、定陵寺区、臣下坟墓区。王陵区有东明王陵改建碑、陵门、国王坟墓、文武群臣雕像和祭堂。国王坟墓的地基是四角形，先用大石块砌好祭坛，后又堆土封坟。祭坛的一边长 32 米，坟墓总高 11.5 米。

坟墓左右是象征朝鲜之英勇气概的石像。坟前有石头祭桌、石凳、石柱和文武百官的雕像。雕像的前面是石碑，有高句丽始祖东明盛王碑，高句丽始祖东明盛王史记碑。

祭堂是祭奠东明王的地方，由展室、走廊、祭室构成。祭堂里面画着壁画，29 面墙上是 22 个主题壁画。展室的 9 幅壁画反映了东明王的一生。走廊里的 8 幅壁画反映了高句丽人民的生产活动和文化发展水平，祭室壁画以高周孟画像为中心，展示了高句丽军队的威武雄姿。

定陵寺区以位于回廊围起的庭院正中间的 7 层八角石塔为中心，由中门、普光殿、龙和殿、极乐殿组成。中门是定陵寺的正门。臣下坟墓区由 15 座大臣的坟墓组成，这些都是忠诚于高周孟的大臣和将军的坟墓。王陵西 400 米的地方有一片珍珠莲池，是建造东明王陵时兴建的人工湖。

10. 檀君陵

檀君陵是建立第一个国家古朝鲜的始祖王的坟墓，位于平壤东北 38 公里的江东郡文兴里。占地 45 町步的檀君陵是朝鲜的重要历史遗迹。檀君陵的入口道路的左右两侧是停车场，沿着修建的道路可以登上改建碑场和陵顶。改建碑场有陵门和檀君陵改建纪念碑及史记碑。陵门是将古代纪念构造物样式的石块打磨处理后做成的门样的建筑物。从纪念碑场沿着 40 米宽的大台阶向上走，可以看到按当时的官位高低安放的亲近大臣 8 人和檀君之子 4 人的雕像。陵的周围有两个宽大的祭坛。王陵是金字塔形，由白色花岗岩砌成。陵底宽 50 米，长 50 米，高 22 米。陵的顶部庞大。陵的入口在陵的后面，陵内可容 10 人参观，一面的长为 5.7 米，高为 4.8 米，其中安放着檀君和其妻的两副棺材（见附录3）。

表 4 - 2 朝鲜旅游资源类型系统

景系	景观景类	景型	主要旅游资源名称
自然景系	地文	山地景型	金刚山、妙香山、七宝山、九月山
	水文	风景河段景型	大同江
人文景系	历史遗产	历史文化遗址景型	崇灵殿和崇仁殿、普通门、大成山城、安鹤宫遗址、光法寺、东明王陵、檀君陵
		军事防御与革命纪念地景型	金日成广场、万景台故居、板门店、主体思想塔、凯旋门、千里马铜像
	民俗风情	节庆活动景型	2月16日（金正日诞生日）、4月15日（金日成诞生日）、8月15日（光复节）、9月9日（国庆节）
	现代人文	城市景观景型	平壤市容、金日成综合大学、金策工业综合大学
	休闲娱乐	娱乐表演活动	阿里郎

4.3 俄罗斯远东地区主要旅游资源概况

远东旅游区地域分布为滨海边疆区、哈巴罗夫斯克边疆区、阿穆尔州、萨哈林州和犹太自治州。特色旅游资源是生态资源，民族历史与文化。茂密的森林、肥沃的草原、高耸的山地中生存着种类繁多的动植物，自然生态旅游资源遍及全国各地，尤其是东部地区拥有丰富的生态资源和独具特色的景观。俄罗斯悠久的历史和多姿多彩的传统文化也是其发展旅游业的有利条件。[①]

远东旅游区的资源大体上分为5类。第一类是季节疗养区，主要指滨海边疆区南部海滨浴场、阿穆尔州、哈巴罗夫斯克边疆区和萨哈林州南部及滨海边疆区的河流和湖泊附近的夏季疗养度假区。第二类是渔猎采集旅游区，主要旅游活动包括到森林狩猎、采集野果和蘑菇及钓鱼等。第三类是冬季旅游区，主要旅游项目是滑雪、滑冰、滑雪橇。第四类是康复疗养区，利用现有的疗养院、堪察加的矿泉、滨海边疆区的矿泉开展矿泉浴、泥浴等康复疗养活动。最后一类是旅游观光区。

滨海边疆区、哈巴罗夫斯克边疆区和阿穆尔州是远东旅游区的主要旅游胜地。远东河流纵横，其中有长度名列全俄第一和第二的阿穆尔河（中国称"黑龙江"）和勒拿河。阿穆尔河是中俄两国界河。阿穆尔河沿岸分布

---

① 孙晓谦. 俄罗斯旅游市场开发现状及发展趋势 [J]. 西伯利亚研究，2012，39（3）.

着俄方的布拉戈维申斯克、哈巴罗夫斯克、共青城、尼古拉耶夫斯克（庙街）以及中国的漠河和黑河。在哈巴罗夫斯克边疆区，阿穆尔河是一条最重要、最优美和最有吸引力的旅游线路，因为沿河流域集中了大量的自然、文化及历史名胜古迹。沿阿穆尔河游览，不仅能欣赏美丽的自然风光，而且还能了解居住在阿穆尔河沿岸的少数民族的历史、文化和风土人情。[①]

4.3.1　自然旅游资源

1. 大赫赫齐尔自然保护区

远东是东部地区动植物种群十分丰富的地方。哈巴罗夫斯克边疆区的"大赫赫齐尔自然保护区"是俄东部地区最大生态旅游区。它位于哈巴罗夫斯克市南部，濒临阿穆尔河，是一个面积达 4.6 万公顷的原始森林。这里树高林密、枝繁叶茂，生长着许多奇花异草，生活着许多珍禽异兽，是研究乌苏里地区生物的最好场所。[②]

2. 乌苏里斯克自然保护区

乌苏里斯克是一个丰富的动植物世界。大量的稀有植物生长在市区边缘，人参、刺五加、五味子等植物在地球其他角落的野生自然界里很难遇到。乌苏里斯克自然保护区是俄远东 13 个自然保护区中的一个，它靠近原始森林。自然保护区里有很多"红皮书"中记载的濒临灭绝的植物和动物。

3. 阿穆尔河（中国称黑龙江）

阿穆尔河是东亚大河。形成东南西伯利亚与中国之间的部分边界。发源于中国东北、内蒙古北部与西伯利亚之间的边界，并大体沿这条边界向东和东南方向流往西伯利亚城市哈巴罗夫斯克，然后再从那里掉头朝东北方向流去，注入鞑靼海峡，将西伯利亚与库页岛分开；为北亚最长的河流。总长度约 4478 公里（以海拉尔河为源头计算），发源于蒙古肯特山东麓，在石喀勒河与额尔古纳河交汇处形成。经过中国黑龙江省北界与俄罗斯哈巴罗夫斯克区东南界，流到鄂霍次克海的鞑靼海峡。其上游流经茂密的落叶松林覆盖的大兴安岭余脉与阿马札尔岭松树遮蔽的山坡之间的山谷。在西伯利亚阿尔巴济诺附近，山岭分开，河流进入开阔的高原地区。中游流入结雅河－布列亚河盆地。河谷左坡与平原融为一体，令人难以觉察，而

① 孙晓谦. 浅析俄罗斯东部地区的旅游资源 [J]. 俄罗斯中亚东欧市场，2005，5.
② 孙晓谦. 浅析俄罗斯东部地区的旅游资源 [J]. 俄罗斯中亚东欧市场，2005，5.

右坡与小兴安岭毗连。它进而沿着一条峡谷似的狭窄通道穿越小兴安岭，深度和速度剧增。其下游在低矮的、河水漫溢的两岸间奔流，进入一片浩茫的沼泽，水道将地面切割开来，上面点缀着湖泊和水塘；河床多分支，水道变得很宽。该流域的许多地方在泰加林植被带。特别是在泥炭区，落叶松是主要树种，在较干的地方有一些松、云杉和枞。在南面的大、小兴安岭，可见阔叶林与阔叶针叶混交林，林中以蒙古栎树、松和落叶松为主。该流域鱼类丰富。下游约有 100 种鱼，上游约 60 种，甚至超过了窝瓦河和多瑙河一类的欧洲大河，约 25～30 种具有商业价值。阿穆尔河的一个特点是，大量鱼类在海中发育，以避免遭受夏季河中出现的水位急剧变化的损害。

4. 矿泉和泥浴资源

丰富的矿泉和泥浴等自然资源对俄东部地区发展休闲保健旅游业具有重要的意义。滨海边疆区在矿泉和泥浴用泥产地的数量上占主导地位（有矿泉和泥浴用泥产地 100 多处，泥浴用泥种类齐全）。[①] 滨海边疆区有众多海滨浴场和季节性疗养度假区以及提供泥疗、气候疗和矿泉疗等服务项目的康复疗养区。滨海边疆区在建立医疗保健旅游上拥有自己独一无二的优势。在区内及符拉迪沃斯托克的近郊建有疗养机构。地区拥有十分丰富的自然疗养保健资源。矿泉水和泥浴用泥的产地对发展旅游业具有重大的意义。在矿泉水和泥浴用泥产地的数量上，滨海边疆区在俄罗斯占有主导地位，这里有俄罗斯及独联体国家主要泥浴用泥的所有种类。

5. 滨海滩岛风光

海参崴是一座美丽的滨海山城，地势分明，参差不齐，城市掩映在山峦和丛林之中，错落有致。它濒临日本海，坐落在穆拉维约夫－阿穆尔斯基半岛南端的金角湾北坡，海岸线绵延 30 余千米，由几个大海湾构成，动感无限。美丽的阿穆尔湾、金角湾和乌苏里湾环抱城市，碧波万顷的海面上还散布有 20 余个岛屿、灿若繁星、闪烁多姿。风光旖旎的滨海滩岛是这里最亮丽的自然风景，其中首推金角湾，它像一个楔子切入半岛，形成一片美丽的海景。受局部地理位置、微地形和海底暖水等因素的影响，它虽地处高纬却终年不冻，是闻名世界的深水不冻港；阿穆尔湾是中国绥芬河的入海口，沿海湾一带分布着大量海滨疗养院，全俄少儿夏令营活动中心也设在这里；宽阔的乌苏里湾岸边有许多天然浴场。

① 孙晓谦. 俄罗斯东部地区旅游业与中俄旅游合作［J］.西伯利亚研究，2008，35（2）.

4.3.2 人文旅游资源

1. 狩猎旅游资源①

俄罗斯是一个有着狩猎传统的国家，狩猎被视作一种文化和生活方式。在俄罗斯的每个城市，不论大小，都会有装备齐全、枪支种类丰富的猎具店。远东狩猎资源极为丰富，森林覆盖率高达 70%，占全俄的 38.7%，动植物种类繁多，而且畜牧业分布比较均匀，具有发展狩猎项目的基础条件。因此，最近几年狩猎旅游项目正在远东悄然兴起。目前，滨海边疆区、哈巴罗夫斯克边疆区等地均建有狩猎场，并开通了赴滨海边疆区原始森林狩猎区、布拉戈维申斯克—乌里尔原始森林狩猎区与布列契狩猎基地和哈巴罗夫斯克狩猎区等多条国内外旅游线路。滨海边疆区是远东具有发展狩猎旅游项目的地区之一，有 39 种毛皮食肉动物（貂、松鼠、黄鼬、狐狸、北美水貂、水獭、麝鼠、驼鹿、马鹿、野猪、麝、北部斑点鹿等）可猎取。

2. 商务旅游资源②

远东地区的符拉迪沃斯托克是经济实力雄厚的大城市，它拥有十分完备的商务旅游基础设施，因而是远东地区发展商务旅游的不二选择。俄罗斯商务旅行业诞生于 20 世纪 90 年代，外国公司纷纷在俄罗斯开设办事处，合资企业应运而生。商务旅游需要大资金投入，利润丰厚。它有别于一般旅游，它的特点是：商务旅游日消费 1200 美元，比普通旅游者的支出高 2～3 倍；组织商务旅游需要提供一条龙的旅游服务：从订购机票、办理签证，一直到组织同商务伙伴谈判和休假。越来越多的旅行社可提供全程服务，包括布置展台、搜索潜在伙伴信息，提供公关帮助和各种语言的广告等。一些旅游公司还可提供资讯服务、经济状况报告和商务中介服务等。目前专门的商务旅行社在俄罗斯还不多见，通常，商务旅游只是旅行社众多业务中的一项。俄罗斯紧跟国外流行风尚，开始提供在游船上的商务游，将商务活动与娱乐结合起来。

3. 历史遗迹③

在大赫赫齐尔山国家自然保护区内，彼得巴甫洛夫湖与阿穆尔河交汇口有一个西卡奇阿梁村，村旁河岸的岩石上至今仍保留着古代人所刻画的兽、鱼和人面等图像，神秘而诱人。在哈巴罗夫斯克还可以沿阿穆尔河到

---

① 周洪涛. 俄罗斯远东狩猎旅游资源开发潜力初探 [J].西伯利亚研究，2012，39（3）.
② 王鸿雁. 俄罗斯旅游发展历史、现状及未来展望 [J].学术交流，2008，12.
③ 孙晓谦. 浅析俄罗斯东部地区的旅游资源 [J].俄罗斯中亚东欧市场，2005，5.

尼古拉耶夫斯克乘客轮观光游览,在风景如画的"绿色停车场"沐日光浴、洗澡、捕鱼和参加体育比赛。阿穆尔河流域集中了大量的自然、文化、历史名胜古迹。因此,哈巴罗夫斯克边疆区开辟了阿穆尔河游览线路,该线路集科学知识、民族历史、自然生态、历史古迹于一体,包括参观野生动物驯化中心,大赫赫齐尔山国家自然保护区和哈巴罗夫斯克市容。在这里还可以进行漂流探险及其他旅游活动,如捕鱼、爬洞穴等。

4. 传统文化①

俄罗斯东部地区民族众多,尤其是生活在远东联邦区的各土著民族拥有丰富的传统文化。不同的民族在不同的历史阶段和不同的生活环境下形成了各具风格的生活和生产方式。阿穆尔河流域生活着那乃人。为保护阿穆尔河流域土著居民的文化遗产,哈巴罗夫斯克边疆区在博隆自然保护区内重建那乃人民族村。

5. 东正教教堂艺术②

哈巴罗夫斯克的救世主大教堂是俄罗斯东部地区著名的教堂。教堂是俄罗斯东正教进行宗教活动的主要场所,在漫长的历史发展中,它们一直是建筑艺术、绘画艺术、雕塑艺术、合唱音乐艺术的汇集地,可以将其统称为教堂艺术。俄罗斯东正教堂具有自己独特的教堂艺术。这些教堂几乎都有其独特的历史背景、时代的意义与建筑美学。俄罗斯东正教建筑的其他与宗教有关的艺术也具有很高的欣赏价值。在俄东正教里都有以基督教圣经、教义、历史和传说中的人物、事迹为题材而创作的绘画、壁画、雕塑等造型艺术作品,也有与基督教圣事及王室人物、宫廷事件为题材的艺术品。这些造型、绘画艺术既能吸引游客、教化信徒的心灵,又能给人们带来美的享受。俄罗斯东部的教堂及修道院和俄罗斯西部的教堂和修道院一样,都具有深厚的人文历史内涵和很高的欣赏价值。

6. 军事旅游资源③

俄罗斯幅员辽阔,地跨欧亚两洲。在俄罗斯亚洲部分的海参崴自然条件最好,它属于温带季风性海洋气候,位于太平洋沿岸,濒临日本海、控制鄂霍次克海,是俄罗斯远东地区的海上门户。俄罗斯虽然有漫长的海岸线,但主要位于北冰洋沿岸,具有良好条件的港口很少,位于巴伦支海的摩尔曼斯克和太平洋岸的海参崴是罕见的、俄罗斯高纬度地区闻名世界的

---

① 孙晓谦. 俄罗斯东部地区旅游业与中俄旅游合作 [J]. 西伯利亚研究,2008,35 (2).
② 张梅. 浅论俄罗斯东正教文化与俄东部地区的旅游资源 [J]. 西伯利亚研究,2008,35 (2).
③ 李锐. 漫谈海参崴旅游资源 [J]. 地理教育,2005,6.

深水不冻港，具有极其重要的军事意义。海参崴突出的战略地位，赋予这座城市浓重的军事色彩，丰富的军事旅游资源以其庄严、肃穆、神秘的特点吸引着众多的游人，成为海参崴旅游资源中一道十分亮丽的风景。

俄罗斯太平洋舰队大楼的红旗舰队战斗光荣纪念广场上有庄重、肃穆的长明火炬和无名烈士纪念墙，这里是海参崴学生接受爱国主义教育的课堂和新婚夫妇献花的必到之处。在广场上最具历史意义的纪念物当属 C-56 号近卫军潜艇。这是一艘功勋卓著的英雄潜艇，在第二次世界大战时期曾远涉波罗的海，参加过著名的莫斯科保卫战，并击沉过数艘敌舰。这艘屡立战功的潜艇就停放在这里供人们纪念参观。从某种意义上说海参崴的历史就是一部战争史。虽然逝去的岁月带走了曾经的硝烟，今天的海参崴，景色如画，令人惬意。但是，每天中午 12 时海参崴要塞上响起的震天炮声（自彼得大帝时期起，俄罗斯海上军事要塞正午时都要放炮，这个传统一直保留至今）时刻提醒着人们这座城市与战争的关系。

论及海参崴的军事旅游资源，不能不提到闻名世界的俄罗斯太平洋舰队，在 2005 年 8 月 18 日这支部队曾代表俄罗斯参加了中俄联合军事演习。太平洋舰队在俄罗斯军事上具有十分重要的意义。太平洋舰队司令部设在海参崴。美丽的金角湾是太平洋舰队的母港，这里停泊着一艘艘英姿飒爽的战舰，有驱逐舰、护卫舰和巡洋舰等。有趣的是海参崴的军事要地似乎都显得很透明，登高远眺整个军港的风姿便可尽收眼底。赫赫有名的太平洋舰队司令部大楼，没有哨兵站岗，外观非常平民化，看不到任何军事性的标志，丝毫没有戒备森严的神秘感。中国与俄罗斯联邦"和平使命——2005"联合军事演习就是在这幢大楼旁边的广场上拉开的帷幕。在金角湾军港游人可以随意在军舰前拍照留影，由于俄罗斯经济不景气，据悉只要游人付一定的费用，有的舰艇便可以获准参观。

7. 符拉迪沃斯托克（海参崴）

海参崴虽然位于俄罗斯的亚洲部分，却不失为一座古老的欧洲中小城市的风貌。作为太平洋沿岸的世界名城和俄罗斯远东最大的边贸城市，丝毫没有一点国际化大都市的味道。这里没有城市的繁华与喧嚣，几乎看不到现代化的高楼大厦。相反，整个城市不大，宁静祥和，秩序井然。整洁干净的街道，古老的欧式建筑，大量的历史纪念碑和历史遗迹，白皮肤、高鼻梁、金发碧眼、身材高挑的俄罗斯居民等使整个城市弥漫着浓郁的俄罗斯风情。

海参崴经过 100 多年的发展历程，留下了大量的人文景观。火车站、中心广场、东正教堂、城堡要塞博物馆、列宁广场以及大量的纪念碑等都具有极高的旅游价值。在众多的人文景观中，火车站是最亮丽的一道风景。海参崴火车站依当地独特的地形地貌而建，集火车站台和客货码头于一处，融陆路交通和海上航运于一体，是举世罕见的陆港火车站，是人类伟大的创举。这里也是举世闻名的西伯利亚大铁路的终点。当时在建设西伯利亚大铁路时，苏联分别在莫斯科和海参崴修建了两座造型一致只是规模不同的意大利风格的火车站。铁路建成后，又在两地各建立了一座西伯利亚大铁路纪念碑。在海参崴的碑上刻着"9288"，在莫斯科的碑上则刻着"0"。含义是莫斯科是西伯利亚大铁路的起点，海参崴是西伯利亚大铁路的终点，从海参崴到莫斯科的铁路全长9288千米。西伯利亚大铁路横贯俄罗斯东西，是世界上最长的铁路，由于铁路穿越的西伯利亚地区自然条件极端恶劣，因此，该铁路号称为世界12大奇迹之一。从海参崴坐火车到莫斯科需要7天7夜，乘飞机也要9个小时。此外，在海参崴火车站内还陈列着一台古老的蒸汽机车头，以纪念二战时期铁路工人的卓越贡献。

海参崴有着深厚的文化积淀，当地居民受教育程度普遍很高，绝大多数修养好、热情好客、彬彬有礼。爱护环境、有公德心、诚信待人等已成为当地人自觉遵守的行为规范。公共场所没有高声喧哗、随地吐痰、乱扔纸屑的人；海参崴随处可见日本车，私家车拥有量很高，市区内车辆很多，虽然街道不宽，但见不到塞车、违规超车、人车争道等现象，凡是有人经过，司机都会主动停车，礼貌地让路人先行；去商场等地消费，当地人会自觉地排队、轻声地说话，有意思的是售货员不主动、不促销，也不查验钞票真伪。在这里消费轻松自在，顾客的判断完全不会受到营业员的影响。

海参崴人非常热爱生活，人们热情奔放，大多数能歌善舞。男人喝酒、女人吸烟成为年轻人追求的时尚。大海已经成为人们生活的重要组成部分，帆板、摩托艇、游泳等凡是与海洋相关的活动都是人们最喜欢的休闲方式。游泳季节，人们都会来到海边尽情地享受这里的阳光、沙滩、海水，还有海鸥。（见附录5）

表4-3　俄罗斯旅游资源类型系统

景系	景观景类	景型	主要旅游资源名称
自然景系	水文	海面景型	金角湾
		湖泊景型	兴凯湖
		风景河段景型	阿穆尔河
	气候生物	野生动物栖息地景型	大赫赫齐尔自然保护区、乌苏里斯克自然保护区

续表

景系	景观景类	景型	主要旅游资源名称
人文景系	历史遗产	历史文化遗址景型	西卡奇阿梁村
		军事防御与革命纪念地景型	海参崴港、太平洋舰队司令部大楼
	现代人文	城市景观景型	海参崴市容、救世主大教堂
	休闲娱乐	休闲疗养度假地景型	泥疗、气候疗和矿泉疗等服务项目的康复疗养区
		游憩性渔猎地景型	滨海边疆区原始森林狩猎区、布拉戈维申斯克——乌里尔原始森林狩猎区、布列契狩猎基地、哈巴罗夫斯克狩猎区
		娱乐表演活动	俄罗斯民族歌舞

4.4 韩国主要旅游资源概况

4.4.1 自然旅游资源

1. 雉岳山国立公园

雉岳山是江陵市西部的五台山向西南方向分出的一大支干，为岭西地区名山之首。雉岳山的主峰雉岳山，海拔 1288 米。苍茫之间的山峦叠起，雉岳山以奇石怪岩著称，徒手攀登别有情趣。登到海拔 1000 米以上，众多的名胜古迹引人驻足，其中龟龙寺、上院寺最有名气。起伏的山峦之间常有溪水流淌，给苍劲的雉岳山平添些温柔的色彩。放眼望去，从天而降的瀑布如珍珠散落，悬挂在绿色山壁上，宛如一幅动人的图画。

2. 雪岳山国立公园

雪岳山是韩国三大高山之一。位于江原道东北部，属太白山脉。1970年被指定为国立公园，这是韩国最北部的国立公园，据统计，这里每天接纳游客达 26000 人。雪岳山包括周围一系列山峰，主峰雪岳山（大青峰）海拔 1708 米。雪岳山以花岗岩构成山体，奇峰异岭，怪石林立。其雄伟的山势衬以婀娜多姿的景色，尽显大自然刚柔相间的魅力。雪岳山四季风景如诗如画，且变化多端：春天遍山花红，争奇斗艳；夏日绿色葱茏，柔情似水；秋季满目丹枫，如火如荼；冬来白雪皑皑，一片素洁。

3. 五台山国立公园

位于江陵市西边 40 千米之外。这是一座山林，1975 年被指定为国立公园。五台山以其主峰（毗庐峰，海拔 1563 米）为主的山峰形似五片莲叶而得名。当来自西北的干冷空气与来自东海的暖湿气流在此处相遇时，便形成薄雾笼罩了绿色的山林，此时的五台山犹如仙境一般。五台山被称为"万佛之地"，沿着潮湿的小路上山，可以看到新罗王朝时代的僧侣禅谷、舍利塔等，山南的月精寺始建于 645 年，是韩国最有名的高山寺庙之一。寺内秀丽的九层八角佛塔高高耸立，一尊跪佛雕塑举世罕见。位于五台山主峰东侧的上院寺是韩国著名高僧慈藏修建的。寺内的木亭里高悬一口黄铜大钟（高 1.7 米），相传该钟造于公元 725 年，是最为古老的新罗钟。这也是韩国第二大钟（第一大钟藏于庆州国立博物馆内）。在小金刚溪谷附近还有很多名胜古迹，在淙淙流淌的溪水和瀑布环绕下从不寂寞。

4. 衣岩湖

位于春川市区西部的衣岩湖内有下中岛、中岛、上中岛、猬岛等 4 个岛屿，保存着先史时代的遗址。其中，中岛、上中岛、猬岛上还有游乐园。

最大的中岛游乐园展示着先史时期的竖穴式住宅、积石冢、支石墓等。岛上还有夏令营设施、运动场、钓鱼场等。

5. 昭阳湖

位于春川市东北。1973 年昭阳坝正式竣工，昭阳湖随之产生，它的深度约 120 米，以游船和垂钓闻名。昭阳湖是韩国最大的人工湖，湖畔青山与树木、悬崖峭壁令人心动而赞叹不已，特别是在昭阳湖泛起白色的浪花和游船更如一幅动人的图画。

湖泊右边巨大的罗克希尔水库直达对岸，对岸的山腰用韩文写着"韩国水资源公社，昭阳湖多功能水库"的招牌。湖面上可以看见往返杨口、新南、清平寺的高速船和度假用的摩托艇。

6. 俗离山国立公园

位于清州东部，从首尔、大田等城市都有直通车到达，是韩国著名的八景之一。俗离山国立公园首先以山林美景引人入胜。随着一年四季的变化，山林变换着诱人的外表，其每一处细节都令人欣赏和陶醉。俗离山远在古代就已经成为著名的游览胜地，人们冠之以"俗离"，意为"远离风俗"。确实，这里的山林阻隔了世外的喧嚣，空气清凉新鲜，把人们带到了非凡的境地。

俗离山主峰高 1058 米，周围有文藏台、观音峰等 9 座山峰，被称为"小金刚"。尽管俗离山美景无所不在，但秋天的俗离山是最独特的。在金色的秋阳下，参天树木层林尽染，闪烁着熠熠金光，以其无比的热情拥抱着每一位俗离山的客人。

俗离山有良好的登山道路，适宜爬山爱好者徒手攀登。俗离山是韩国几条著名大河（如洛东江、锦江、南汉江等）的发源地，故山间溪流不断，水脉饱满。大山深处古老的寺庙仍然保存完好，使俗离山这个大自然的骄子平添了浓厚的人文气息。文藏台是俗离山众峰之一，四周青云环绕，山峰有如被云雾托起，故得名"云藏台"。后来，传说发明韩国文字的世宗大王曾在此吟诗诵文，故改名"文藏台"。登临文藏台，眺望俗离山美景令人如临仙境。

7. 小白山国立公园

位于忠清北道与庆尚北道的交界处，在主峰小白山上，有被指定为天然纪念文物第244号的朱木。到了春天，各种鲜花漫山遍野，草木青翠，景色非常壮观。位于小白山山腰处新罗时代的古寺——喜方寺和毗卢寺，古色古香。还有高28米的喜方瀑布。

8. 月岳山国立公园

位于清州市郊外，乘坐清州长途公共汽车20分钟可抵达。月岳山是静谧的，绵延起伏的山岭被翠绿的树木覆盖着，山坳里不时刮过阵阵清风，让美丽的山峰并不寂寞。在月岳山徒手攀登是很时髦的旅游方式。

月岳山国立公园的山脚下有著名的水安堡温泉。这处温泉是250年前发现的，现在游客纷至沓来，使这里成为重要的休闲度假胜地。在温泉中沐浴不仅舒适，还有祛病的功效；水安堡清泉水质醇厚，用它做出的食物非常好吃。在水安堡享受过温泉的滋润之后，还可以品尝这里的名菜——野鸡和山菜。水安堡的野鸡具有防止皮肤老化的功能，野鸡火锅、杉菜拌饭都具有独特的味道。

9. 鸡龙山国立公园

在公州市东南方向，从公州或从大田乘坐长途公共汽车便可抵达。鸡龙山海拔845米，由十几座低缓的山峦逶迤相连，形若鸡冠，故此得名。这里如诗如画的风景吸引了大批的徒步旅行爱好者。据说，早在14世纪，鸡龙山脚下曾有一片地方被选作建都地点，但因为另外选了首尔，建都的工程刚刚开始就停了下来。这里一直被韩国人认为是风水宝地，所以很多宗教团体经常在此举行活动。鸡龙山山势雄伟、景色秀丽，更有龙门、隐仙二处瀑布及东鹤寺、甲寺、新元寺等20余处古刹增辉添色。秋天，当旅游者沿着弯曲的山道寻访而来，静谧的山林便会立刻热闹起来，飘飘而落的红叶铺成一条迷人的红地毯，尽显山野热情。

10. 温阳温泉

位于钟清南道的牙山市。牙山（温阳）以温泉而闻名，早在朝鲜王朝时期，这里的温泉就已经为国主御用，历史悠久。温泉含微量元素镭，水温常年保持在 57℃，对治疗神经痛、风湿性疾病有效，并具有美容的功能。牙山（温阳）有很多大型洗浴中心，这里的韩式温泉洗浴法很有特点，即先在高温的泉中泡过之后再跳进冰凉的冷水池，体验强烈刺激的感觉。

11. 泰安海岸国立公园

位于忠清南道的西北环海岸地区，由奇岩绝壁和白沙滩形成，31 个大小海水浴场均已成为游客避暑的胜地。公园于 1978 年被指定为海岸国立公园的旅游胜地。

12. 边山半岛国立公园

位于全罗北道的西海岸，边山半岛由奇峰异石和古老的寺院组成，直沼瀑布、蓬莱九曲等景点遍布全岛。周边还有柳川里陶窑址、龟岩里支石墓群和禹金山城等历史遗迹。边山半岛国立公园为韩国八景之一，并拥有边山半岛海水浴场等四个著名的海水浴场。

13. 德裕山国立公园

位于全罗北道东北部，海拔 1300 米以上的山峰就有 5 座。另外，还有著名的茂朱九千洞等八大溪谷，茂朱九千洞溪谷是德裕山的名景之首。从白莲寺发源的溪流，绵绵不断，流淌 36 千米，共造就了 33 个景点。公园内还有无数瀑布和深潭，以及悠久的寺院装点着秀丽的德裕山，公园里还有世界著名的滑雪度假区——茂朱度假区。度假区内，秀丽的自然景观和先进的运动休闲设施交相辉映。茂朱拥有国际水平的滑雪道，1997 年，还成功举办了世界冬季大学生运动会，这里的露天温泉很多，滑雪设施也非常齐全。度假区还开设了大型草原泉水游泳池，极富异国情调。

14. 多岛海海上国立公园

在全罗南道的南部海域散落着 3000 多个小岛屿，利用这一特殊的自然条件，韩国在此建立了海上公园。这里的大多数岛屿上长满了四季常青的树木，岛上悬崖突起，海岸岩石林立。岛上的人们或捕捉鱼虾，或采摘海带、海藻等海产品维持生活。国立公园中最著名的两个岛屿是大黑山群岛和红岛。大黑山群岛是由以大黑山岛为主的 100 多个岛屿组成，其中有的岛屿比较平坦，可以耕种农作物。岛上有几家小旅店，专门为游客准备的。在海上过几日田园生活乐趣无穷。红岛则是一块巨大岩石形成的小岛屿，岩石上有红色纹路，故得名红岛。从木浦乘船游览这座岩石岛是最适宜的。

15. 伽倻山国立公园

伽倻山位于庆尚南道和庆尚北道的交界处，海拔 1430 米，是韩国八景之一。此山草木葱茏，溪水清澈，与壮美的山体相融合，显现出刚柔相济的奇特美感。伽倻山国立公园最引人注目的景观是韩国三大佛寺之一的海印寺。

16. 闲丽海上国立公园

韩国的国立海上公园之一，从釜山西南端的闲丽岛沿海向西而行至丽水岛，这一带遍布无数的小岛，突起的海上岩石层出不穷，形成了像锯齿一般的海岸线，这就是闲丽海上国立公园。乘船而游，在耸立于海中的悬崖峭壁中穿行。一年又一年受海浪的侵蚀，巨大的岩石犹如被刀劈斧砍似的遍体沟壑，有的地方甚至形成了奇异的岩穴，游艇在岩穴中穿行，就好像在开裂的山体中穿过，充满了无限的神秘与刺激。在巨济岛东岸有一处叫海金刚的名胜，这是一座高40～50米的山岩，巍巍矗立于海上，就像一座海上的石雕。夕阳映照之下，海金刚无声而立，留下一个美丽的剪影，此时风是静的，海也是静的。

17. 智异山国立公园

位于全罗北道、全罗南道和庆尚南道的交界处。最高峰智异山海拔1915米，是韩国第二高峰。以智异山为主，周围有十余座山峰傲然挺立，构成一幅气势雄伟的宏卷。山道漫长而曲折，爬山是很有趣的旅行方式。一边攀登一边欣赏山景，苍茫的原始森林，偶尔有一道道溪水流过；登上高峰远眺云海与绵延的山脉，大有天地在心中的感觉。智异山的四季美不胜收，春天杜鹃花开，一片欢腾的景象；夏天绿色葱茏，仿佛到了清凉世界；秋天遍山层林尽染，满目金光灿灿；冬天白雪覆盖山峦，令人心生朝拜者的虔诚。智异山国立公园中名胜古迹很多，最著名的有华严寺和双蹊寺。

始建于新罗时期的华严寺是一座两层高的大殿，其建筑结构独特。寺内保存了韩国最大的石灯（高4.5米）。

关于双蹊寺则留下这样的传说，新罗时期有一位僧人梦见自己成了佛教高僧、中国南派禅宗创始人慧能的弟子，于是便不远万里来到中国，在贿赂了一位僧人之后得到了慧能的头骨。他带回韩国智异山修建了双蹊寺以安放慧能的遗骨。

18. 海云台

位于釜山市东海岸，这里是釜山第一海水浴场，为韩国著名八景之一。海云台，得名于新罗王朝时期此地著名学士崔致远的号。绵延曲折、长达2千米的白色沙滩，沙净如玉，是进行海水浴的理想场所。海水拍打着岸边的岩石，海风吹过，惬意无限。这里有上乘的酒店，有繁华热闹的旅游城，同样也少不了出售各种海货的小摊。夜晚时分，工作了一天的年轻人驱车来到这里，徜徉于海边，欣赏着游艇离港或海湾里点点的渔火，身心彻底放松。假日里，常常是一家一家的成员来到这里，在银色的沙滩上支起彩色帐篷，摆出各色野餐餐点，享受别样快乐。

海云台以温泉浴闻名，其泉水含微量元素氡，对肠胃病、皮肤病等有特殊疗效。

19. 釜谷温泉

位于釜山市以西，堪称韩国温泉之冠。它与东莱温泉一脉相承，自古就是有名的温泉之乡，新罗时期已是王公贵族洗浴休闲的地方。其水质为弱酸性盐性温泉，矿物质含量较高，对畏寒、风湿、神经性疼痛、支脉硬化等疾病有疗效。这里的酒店大都有温泉洗浴。住宿很方便且价格合理。釜山温泉还有综合游乐场，设有室内游泳池、动物园、植物园等。

20. 汉拿山国立公园

济州岛的中央耸立着韩国最高的山峰——汉拿山，这是一座火山，海拔1950米。俗话说是汉拿山造就了济州岛。以汉拿山为中心，开辟了这座国立公园。园内许多奇异的景观都是火山造就的。此外，山上生长着亚热带、寒带等植物1800多种，以及野生小动物。山上的景色一年四季变化不断，无论是春花、夏草，还是秋阳、冬雪，每一景观都足以让人陶醉。

山顶上有一个白鹿潭，这是一个周长为3000米的火山湖。仿佛湖水从天而降，带着神秘的色彩。相传天上的仙女曾在湖中沐浴。"瀛洲十二美景"中的"鹿潭映雪"说的就是这里。

汉拿山虽高，但不陡峭，很多游人喜欢在这里爬山。一路爬山，一路领略山上风光，山君不离是典型的火山口，九九谷是一片怪石丛生的山谷地带。

汉拿山脚下有一望无际的草原，骑上骏马在此飞奔，感受原野的辽阔，是一种特殊的享受。还有高尔夫球场，利用了汉拿山山腰复杂的地形，根据自然状态设计建造。打高尔夫是汉拿山有名的运动项目。

21. 中文观光游乐区

位于汉拿山西南部，是一处具有国际水平的旅游度假胜地。该游乐区于1974年正式开发，到2001年基本建完，总面积3万多平方米。这里融自然景观和人工观光娱乐设施于一体，充分满足了现代人的娱乐需要。如美地植物园号称东方第一规模植物园，以温室植物种植为主，有花蝶园、水生植物园、肉质植物园、生态园和热带果树园等。具有国际规模的海洋水族馆集中了世界各种鱼类。天帝渊瀑布是济州岛最大的瀑布，传说天上七仙女曾夜间下凡，到此洗浴。站在仙临桥上远看瀑布挂在天间，这是一片高低不一、形成三段的瀑布，银色的水流飞落而下，流入谷地形成一池深潭；潭水又成为另一个瀑布的源头，瀑布飞流而下，再流出一池潭水，再形成一个瀑布；水水相连，景色蔚为壮观。中文海水浴场是岛上最美的海滨，银白色的沙滩犹如弯弓，与悬崖绝壁垂直相交；悬崖下边的岩石缝里不断地涌出一汪汪水流，在碧波荡漾的大海里显现出徐徐柔情。（见附录4）

表4-4 韩国主要旅游资源类型系统

景系	景观景类	景型	主要旅游资源名称
自然景系	地文	山地景型	雉岳山国立公园、雪岳山国立公园、五台山国立公园、俗离山国立公园、小白山国立公园、月岳山国立公园、鸡龙山国立公园、边山半岛国立公园、德裕山国立公园、伽倻山国立公园、智异山国立公园
		火山熔岩景型	汉拿山国立公园
	水文	湖泊景型	衣岩湖、昭阳湖
		风景河段景型	邵阳江、汉江、临津江、洛东江
		矿泉景型	温阳温泉、釜谷温泉
人文景系	历史遗产	历史文化遗址景型	水原华城、景福宫、昌德宫、昌庆宫、德寿宫、洛山寺、镜浦台、佛国寺、法住寺、华严寺、海印寺、梵鱼寺
		军事防御与革命纪念地景型	板门店
	民俗风情	特色聚落民居景型	韩国民俗村
		节庆活动景型	春节、中秋节、端午节
	现代人文	城市景观景型	国立中央博物馆、钟路、月尾岛文化街、国立庆州博物馆、独立纪念馆
		购物旅游地景型	明洞
	休闲娱乐	休闲疗养度假地景型	乐天世界、松岛旅游区、泰安海岸国立公园、多岛海海上国立公园、闲丽海上国立公园、海云台、中文观光游乐区
		娱乐表演活动	江陵端午祭

4.4.2 人文旅游资源

1. 板门店

位于临津江西北方向一处山谷地带，距首尔西北约56千米。板门店原本是一个贫寒的小村庄，地处北纬38度，即韩国和朝鲜两国分界线。朝鲜战争后期，由美国和韩国代表组成的联合国特别军事小组与朝鲜和中国的代表在此举行谈判，谈判历经 2 年之久，终于在 1953 年 7 月 27 日签订了停战协定。从 1953 年开始，板门店一带被宣布为非军事区。该区域为一狭长地带，宽约 4 千米，长约 250 千米，横跨朝鲜半岛。根据停战协定，在板门店设置了朝鲜、韩国双方共同参加的军事停战委员会总部，设立了中立国监视委员会总部。长期以来，这里除了居住的村民和驻守的军人以外禁止普通人员出入。大批珍稀鸟类把这里当成了栖身之地，因此，珍禽成为板门店非军事区的一大景观。20 世纪 90 年代以来，随着南北关系的逐渐缓和，板门店成了双方官方接触的场所，双方进行各种交流都是通过此处前往对方国家的。

要参观板门店需要参加大韩旅行社或中央高速观光组织的旅游团，而且对观光者有一些特别限制，如不能穿牛仔裤、军服、迷彩服以及儿童禁止参观等。

2. 韩国民俗村

位于首尔以南 40 多公里的京畿道龙仁郡。韩国民俗村建于 1974 年，其创建宗旨是保持韩国传统文化，向后人和外国人介绍其文化。民俗村占地面积近 100 万平方米，四周被绿色的森林包围着。村内再现了朝鲜王朝时代人们的生活状态和风俗习惯，其建筑反映了当时韩国社会不同阶层的生活方式，既有两班阶层居住的瓦顶高屋，也有茅屋盖顶的农家矮房，还有寺庙、书院及官署。另外，韩国历史上极具特色的烧陶器、冶炼屋以及柳编、竹编、织布、造纸、制糖等各种工房都真实地出现在民俗村里，身着民族服装的工人在现场一边制作，一边向游客出售制成品。游客走在民俗村里，仿佛真的回到了数百年前的生活中。村中央的广场上每天都在上演节目，有各种民族舞蹈表演以及走钢丝、舞狮子及放风筝比赛，经常还会看到传统的婚礼。村内还有露天市场出售各种民族工艺品和韩国风味小吃。

3. 水原华城

华城建于 1794 年。朝鲜王朝第 22 代正祖王把他父亲庄献世子的陵墓从杨州移到了水原郊外的华山，称为隆陵。为了守护隆陵，便在其周围筑起城池，于是便有了绵延 5 千米的华城。华城意为"鲜花之城"，可见当初之豪华、壮美。至今还有保存完好的城墙、炮台、掩体、瞭望台、步行道、射箭场。华城四周的城门有苍龙门、八达门、华西门、长安门以及华虹门。长安门、八达门都很有特点，城门前有圆形的城墙环绕，看上去守护得很严密。城北的华虹门最为壮观，城墙跨河（水原川）而筑，7 个拱形水门形成一道桥梁，城头上秀丽的楼阁矗立在水中，华虹门已经成为水原的标志性建筑。

位于水原城最高的八达山（海拔 143 米）顶峰的西将台为二层楼阁，是水原城的总指挥部，站在西将台上，水原市区一览无遗，目前只剩楼阁。空心墩是战时使用的观测所，在城墙上下有孔可观察外边的动静，各层还有枪炮口。水原城原有三个空心墩，目前只剩下西北空心墩和东北空心墩。沿水原的古城墙周游一圈，大约需要 2 个小时；登上城楼，远处是起伏的山峦，田野间吹来阵阵清风；近处的城边却是繁忙的市场，人来人往，十分热闹。

4. 首尔特别市

市花为连翘，市树为银杏树，市鸟为喜鹊。

位于韩国西北部，总面积约 606 平方千米，人口 979.6 万（2005 年），是世界十大城市之一。

首尔特别市地处盆地，四面环山，绿水青山将它拥抱在怀中，赋予它无限的天然之美。该地区自古就是韩国人的一个生活中心圈。在三国时代，它曾是百济的首都，叫慰礼城。统一新罗时代却降格为地方郡，称汉山州。高丽时代先改名为阳州，而后在 1067 年升为南京，称汉阳府。朝鲜王朝太祖三年（1634 年）将首都从松岳（今开城）迁至汉阳，并改为汉城府。1910 年日本占领汉城府后改称京城府，1945 年光复后称汉城。1948 年定为韩国首都。2005 年 10 月改名为首尔。

首尔是一个高度现代化的城市，作为韩国政治、经济、文化中心，自然成为全国交通网络中心。铁路、公路航空航线在此交汇，连接起韩国与世界各国的交通与交流。从市内交通看，基本形成了路面交通和地下铁路的立体交通网。

5. 景福宫

位于首尔市中心北部。这是一座雄伟的皇家宫殿，建于朝鲜王朝初期的 1394 年，于 1592 年日本侵略军入侵时被焚毁，1868 年重建。景福宫由几座大型建筑物组成。勤政殿是最大的建筑，里面有国王御座，这里曾举行君主即位大典，并为国王上朝听政之场所。庆会楼是一座宽敞明亮的二层楼阁，曾是国王设宴招待外国使臣或朝廷大臣的地方。香远亭则是王室成员聚会开宴的所在。宫中还有许多的石塔、石碑。著名的国立中央博物馆和国立民俗博物馆也在景福宫内。

6. 昌德宫

距景福宫不远处是昌德宫。昌德宫始建于 1405 年，据说其敦化门是首尔最古老的一座宫门，1592 年日本侵略军焚烧其大部分建筑，只有这座宫门得以幸存。1611 年昌德宫重建，成为王室的寝宫。仁政殿是宫内主体建筑，采用富有民族风格的多重屋檐结构，殿内装饰得富丽堂皇。熙政堂一直是国王的居所，直至 20 世纪 20 年代，李朝的末代皇帝纯宗仍在这里度过晚年，所以熙政堂内部装潢是欧式的。宫内有一座御花园秘苑，虽历经风雨，秘苑却不变其绰约风姿；灌木丛掩映的小路蜿蜒，小桥流水引向迷人的半岛湖，湖畔亭下坐着悠闲的垂钓人；林中鸟鸣，空中风转，好似世外桃源。1996 年，昌德宫被联合国教科文组织列为世界文化遗产。

7. 昌庆宫

在昌德宫的东面是一座大型宫殿昌庆宫。该宫始建于 1419 年，是朝鲜王朝时期的一个别宫，1592 年遭日本侵略军破坏，后又重建。穿过宫中大门弘化门便是一座朝东向的大殿明政殿，因其建筑朝向与其他王公正殿不同（一般王宫正殿都是朝南），所以明政殿成为昌庆宫重要的标志性建筑。明政殿后面有一座优雅的亭台，叫涵仁亭，这里曾是国王召见中举举人的地方。此外还有国王和王室成员曾经居住过的文政殿、景春殿等建筑。特别是宫中的一片植物园很吸引人，那里有名贵的花草供游人观赏。

8. 德寿宫

位于首尔市中心的市政厅大楼附近。德寿宫建于 15 世纪，最初是为了安抚连续 3 次失去王位继承权的朝鲜王朝第 7 代国王世祖的孙子而建造的别墅；后来在 1907 年高宗被迫退位之前曾把这里当作他的皇宫，让位后仍继续居住于此。1910 年日本吞并韩国时，朝鲜王朝就是在这里宣布了王朝的终结。德寿宫既有朝鲜民族古典建筑，也有西方风格的近代建筑，如宫内几处石砌的殿堂就是在 1909 年前后，根据一位英国建筑师设计建造的具有近代欧洲文艺复兴时期风格的建筑。德寿宫可谓是东西方建筑的融合。

9. 国立中央博物馆

位于首尔市中心北部景福宫前。这是一座具有民族风格的建筑，从1986 年开始作为国立中央博物馆，1995 年改建，1996 年 12 月正式对外开放。馆内存有 12 万件收藏品，其中有 4500 余件展出。展品充分展示了韩国从旧石器、新石器时代到青铜器时代，再到原三国时代、统一新罗等各个历史时期的考古遗物，既有古代王公贵族的用具，也有精美的民间工艺品，如陶瓷、金属制品、绘画、文房四宝、珠宝饰物等，足以显示韩国璀璨的历史文化成就。

10. 乐天世界

位于首尔东南部的松坡区（汉江南岸）。这是一座大型的综合性公共设施，集购物、休闲、娱乐及其他商务于一体，乐天世界曾构思 5 年、投资

6500 亿韩元，占地面积达 60 万平方米。1990 年 3 月全面开业。它包括豪华酒店、综合购物商场、数百家精品专卖店、民俗博物馆以及世界上最大的室内主题公园乐天世界室内游乐场（LWA）等。

11. 钟路

位于首尔市中心的钟路地区，以普信阁为中心，这一带从李氏朝鲜时代开始就是商业街，现代也是首尔代表性的繁华街道之一。该地区以钟路大道为界，气氛迥异。北侧，写字楼较多，有以古董闻名的仁寺洞及塔普克公园；南侧，则以语言学校、咖啡屋、冷饮店居多。

最热闹的地方还是普信阁的东区。同明洞相比，这里普通居民气息较浓，令人轻松。

12. 明洞

位于首尔正中心，是首尔最繁华的购物区和娱乐区。在这条东西约 700 米，南北约 800 米的区域内，集中了一流的名牌时装店。每到周末，那些首尔人便拥挤到这条狭窄到连身都难以转动的，堪称首尔容颜的明洞购物休闲区。

13. 月尾岛文化街

月尾岛位于仁川市西海岸。原来的月尾岛是一个与陆地相离约 1 千米的小岛，后来由于实施填海工程，和陆地连在了一起。于是，素来作为海水浴场的月尾岛更显示出了它的旅游价值。月尾岛文化街是在开发海边旅游文化的基础上建立的。沿着海岸线一条长长的街上店铺林立，这里出售各种工艺美术品、海上游艺用具、泳装等，还有海鲜食堂街一家挨一家的海鲜餐厅十分热闹。这里夜晚依然喧闹，灯火通明的街上游人众多。

14. 松岛旅游区

松岛位于仁川市南部海岸，这里风景秀丽迷人，有宽阔的海面、湛蓝的海水、潮起潮落冲刷出的洁净的沙滩，所以一直是人们非常喜欢的海水浴场。正是在这种良好的条件下，才建立了松岛旅游区。每年入夏，来这里度假的人络绎不绝，在尽情享受海水、阳光浪漫情调的同时，旅游区里娱乐活动也很吸引人。

15. 洛山寺

位于束草市南侧，是公元 671 年新罗高僧义湘大师创建的古刹。洛山寺历史悠久，是韩国唯一的一座濒临海滨的古寺。堂前有七层石塔及公元 1467 年所建的拱形石门——虹霞门等。老松苍郁的寺院景致是关东八景之一。另一景是寺东的展望台——义湘台。登上位于东海悬崖断壁之上的八角亭，即可观赏日出的胜景。

16. 镜浦台

位于江陵市东侧，凡以镜浦湖及邻接东海岸一带的地区都称镜浦台。镜浦台古时是风流雅士欣赏美景、吟诗作画的楼阁。

楼阁建于高句丽时代的 1326 年。在楼阁上可以观赏到日落月升的景观。绵延 6 千米的白沙滩是夏季游客避暑的海水浴场。在镜浦台海边的现代化酒店里，靠海的客房可观赏到东海的壮观景象。

17. 佛国寺

位于庆州市吐含山西南麓，是韩国著名的古佛教建筑群及佛教圣地。佛国寺始建于公元 530 年（新罗王朝时代），后扩建。1592 年在壬辰倭乱中惨遭焚烧，唯有石造建筑物保留下来，目前面积约为 39 万平方千米。寺内的石桥、石塔和殿堂受中国唐朝建筑风格的影响，并融入了三韩民族豪放、质朴的气质，一基一石的设计都蕴含了深刻的宗教内容，展示出石造技术浑然天成之美和雕刻艺术之精湛。

18. 国立庆州博物馆

位于庆州市中心东南部，馆内保存着韩国历史上的艺术珍品。其馆藏之丰富令人惊叹。该馆分为室内展和庭院展；在几个展馆里游客可以看到 8 万多件出土文物，有金属工艺品、玉器、瓷器、陶器等；有各种绘画和书法作品及民间艺术品；还有以萨满教、佛教、儒教、道教等为主题的各种石雕、金雕、青铜雕塑等。在博物馆宽敞的庭院内，展示着庆州地区寺院出土的石佛、石塔等佛教文物，最著名的是耶米列钟，这是一口青铜铸钟，重 20 吨，高 3 米，周长 2.3 米，于公元 771 年为纪念新罗王朝圣德王铸造，是世界上最古老、最大的钟之一。据说，铜钟响起，声音可以传到 64 米以外。

19. 法住寺

位于俗离山国立公园内，是公园最著名的古迹。该寺始建于公元 6 世纪，当时佛教刚刚自中国传入韩国。据载，公元 553 年，新罗时期高僧义信从天竺（印度）修行归来，带回佛教经典，在此修寺藏经，故名法住寺。此后，寺庙数次遭遇火灾。公元 8 世纪重新修建。高丽王朝、朝鲜王朝时期的多位国王都曾关注该寺的修建，使寺庙保持了它固有的辉煌。现存大部分建筑都是 17 世纪后重建的。法住寺的主院里有一座十分壮观的五重塔，名为捌相殿。其优美的对称造型、别致的木结构设计在韩国古典建筑史上堪称罕见。捌相殿后一座全身铜佛背山而立，安详地俯视着南来北往的朝拜者。寺内另一座宏大建筑大雄宝殿气势非凡，有韩国三大佛殿之称。此外，法住寺还有其他精美华丽的古迹，如以巨石雕成莲花状的"净手池"、两只石狮顶起的石头灯笼、摩崖佛坐像等。

20. 独立纪念馆

在忠清南道北部的天安市附近有一座著名的韩国独立纪念馆，在这里可以详细了解到韩国苦难的历史以及韩国人民抵御外强、争取民族独立的斗争历程，可谓是韩国最大的历史博物馆。

馆内有 7 个展厅和 1 个圆形电影院，分别有民族传统馆、近代民族运动馆、日本侵略馆、"3·1"运动馆、独立战争馆、大韩民族馆等。展馆利用了很多的模型、复制品、影视资料等真实再现了韩国英勇悲壮的近代历史。

21. 华严寺

在全罗北道、全罗南道和庆尚南道的交界处有一座智异山国立公园。华严寺就是智异山上十大佛寺中的第一座。华严寺建于统一新罗景德王时期（公元 742~765 年）。壬辰倭乱时被烧毁，17 世纪后又多次修建。寺内保存着许多珍贵的古迹，最古老的建筑物——大雄殿是 1636 年碧严大师修建的，是韩国国内最大的木结构、重檐佛教建筑，朝鲜王朝第 19 代国王肃宗王将其命名为觉皇殿。殿前有 6.36 米高的石灯，也堪称韩国石灯之最。大殿东西两侧各建一座五层石塔，均高 6.4 米，两座石塔造型不同，装饰对比强烈，形成相互对应的效果。另外还有一座形态奇妙、高 5.5 米的三层石塔，托起石塔的是四只表情分别为喜、怒、哀、乐的小狮子，煞是有趣。华严寺内还珍藏了许多国家级文物。

22. 海印寺

位于伽倻山的南麓，是韩国三大寺刹之一。被称作拥有八大藏经的法宝寺刹，是新罗时期的高僧义湘为弘扬华严宗而兴建的十刹之一。海印寺以收藏大藏经而被称为法寺。是 802 年由僧人顺应和理贞修建的。之后屡次遭受火灾，现存建筑为 1817 年重建。中庭院内建有三层石塔，大寂光殿左侧的冥府殿是 1873 年修建的。建在九光楼左端的法藏殿内，摆放着新罗末期扩建海印寺时作为华严寺的司宗而活跃的宗主希朗法师的彩色像。还有八万大藏经经典的大藏经板阁建在大寂光殿的后面，是 1488 年修建。1996年，海印寺被列在联合国世界遗产名录上。

23. 梵鱼寺

位于东莱温泉以北约 8000 米的金井山北麓，这座千年古刹是韩国五大名寺之一。传说金井山上曾有一处清澈的泉水，水中游荡着一条从天而降的金鱼，梵鱼寺以此取名。该寺建造初期（公元 678 年建成）规模宏大，但在壬辰倭乱中惨遭焚毁。1614 年又重新修建了寺庙的正殿——大雄殿。

大雄殿堪称朝鲜王朝时期建筑之精华，尤其纹龙天棚令后人惊叹，几条盘结交织的巨龙活灵活现，龙纹是用一根木头雕刻而成的。这样的天棚在韩国寺庙建筑中是独一无二的。寺庙院落也很有朝鲜民族传统风格，院内另有 7 座殿阁、3 座阁楼、3 重巨门、11 座净修庵。只有大雄殿一侧的 3 层石塔是新罗时期的建筑作品。

第五章

大图们江区域各国及地区旅游业发展概况

5.1 中国东北三省旅游业发展概况

5.1.1 吉林省旅游业发展概况

一 吉林旅游市场发展情况

（一）吉林入境旅游发展情况

1. 入境旅游人数与旅游外汇收入

表5-1显示，吉林省2007~2014年入境旅游人数和旅游外汇收入都呈增长态势，且旅游外汇收入增长率与入境旅游人数增长率基本一致。2008~2009年由于经济危机的影响增长率有所下降，但仍保持增长态势。2010年，随着经济的回暖以及政府的支持和对外宣传营销力度的加大，吉林省入境旅游人数和旅游外汇收入迅速增长。

表5-1 吉林省入境旅游人数与旅游外汇收入情况

年份	入境旅游人数（万人）	增长率（%）	旅游外汇收入（亿美元）	增长率（%）
2007	54.36	21.1	1.79	24.3
2008	61.73	13.6	2.11	17.9
2009	68.05	10.2	2.43	15.1
2010	82.01	20.5	3.05	25.5
2011	99.32	21.1	3.85	26.4
2012	118.27	19.1	4.95	28.4
2013	127.45	7.8	5.71	15.4

续表

年份	入境旅游人数（万人）	增长率（%）	旅游外汇收入（亿美元）	增长率（%）
2014	137.69	8.0	6.75	18.2

资料来源：2011 年吉林省国民经济与社会发展统计公报，笔者整理补充部分数据。

2. 入境旅游客源国情况

如表 5 - 2 显示，吉林省的国际旅游客源市场基本稳定，近几年来排序上基本上没有太大变化。排在前两位的是韩国和俄罗斯，2010 年，访问吉林的韩国游客达 314931 人次，占入境旅游总人数的 38.4%；俄罗斯游客达 259765 人次，占入境旅游总人数的 31.7%；日本游客达 73564 人次，占入境旅游总人数的 9%；港澳和台湾游客分别占入境旅游总人数的 8% 和 4%。由这些数据可以分析出韩国、俄罗斯和日本是吉林省入境旅游的一级客源市场，中国港澳台地区和东南亚国家是二级客源市场，欧美国家是三级客源市场。这与地缘因素有着很大关系，吉林省东北部与俄罗斯接壤，地缘关系明显；中国最大的朝鲜族聚居地延边朝鲜族自治州位于吉林省东部，与韩国联系密切，特别是其境内的长白山对韩国人有很大的吸引力。因此吸引了很多韩国和俄罗斯游客。另外，由于 2011 年日本的大地震、海啸及核泄漏等自然灾害严重影响了日本的旅游业，短时间内很难恢复到以前的水平，今后访问吉林的日本游客会有所减少。

表 5 - 2　吉林省的主要旅游客源国家或地区

客源国（地区）排序	2007 年	2008 年	2009 年	2010 年	2010 年人数
1	韩国	韩国	韩国	韩国	314931
2	俄罗斯	俄罗斯	俄罗斯	俄罗斯	259765
3	日本	日本	日本	日本	73564
4	港澳	港澳	港澳	港澳	65903
5	台湾	台湾	台湾	台湾	32569
6	德国	德国	德国	德国	17692
7	新加坡	新加坡	新加坡	新加坡	8414
8	美国	美国	美国	美国	6586
9	加拿大	加拿大	加拿大	加拿大	1522
10	英国	英国	英国	英国	1396

资料来源：2011 年吉林省统计年鉴。

（二）吉林省游客出游情况

如表5-3所示，旅行社组织的所占比重较小，其他各项所占比重大体相当。而且旅行社组织的人数呈逐年下降趋势。笔者认为这与游客自身旅游意识和能力不断提高有关；另外大部分游客应该会选择在省内出游，则对目的地情况较为熟悉，所以选择旅行社的较少；再者也有可能是由于相关行业不规范的影响所致。

表5-3 吉林省游客出游方式构成

单位:%

年份	单位组织	亲朋结伴	旅行社组织	个人旅行	其他
2006	22.81	26.71	9.73	22.96	17.39
2007	19.00	25.70	7.80	24.50	23.00
2008	18.70	26.30	6.60	26.70	21.70
2009	19.00	26.00	6.00	22.00	27.00
2010	22.00	27.00	5.00	22.00	24.00

资料来源：2011年吉林省统计年鉴。

（三）吉林省国内旅游发展情况

如表5-4所示，吉林省国内游客人数和国内旅游收入均呈逐年增长态势，增长率虽有所起伏，但整体保持高速增长的态势，其中2008年和2009年无论是旅游人数还是旅游收入增幅都较大，可能与经济危机影响下国家拉动国内消费及政府积极发展旅游的政策及活动有关。2011年与2010年相比，游客人数增长率有所下降，但旅游收入增长率有所提高。

表5-4 吉林省国内游客人数和国内旅游收入

年份	国内游客人数（万人次）	增长率（%）	国内旅游收入（亿元）	增长率（%）
2007	3703.59	16.0	336.51	27.5
2008	4496.92	21.4	436.10	29.6
2009	5433.03	20.8	564.10	29.4
2010	6408.89	18.0	712.39	26.3
2011	7541.98	17.68	904.29	26.9
2012	8854.28	17.40	1146.89	26.8
2013	10241.93	15.7	1441.64	25.7

续表

年份	国内游客人数（万人次）	增长率（%）	国内旅游收入（亿元）	增长率（%）
2014	12003.55	17.2	1805.53	25.2

资料来源：2011 年吉林省国民经济与社会发展统计公报，笔者整理补充部分数据。

表 5 - 5　吉林省旅游收入构成

年份	旅游总收入（亿元）	旅游外汇收入（亿美元）	国内旅游收入（亿元）	国内旅游收入占总收入比重（%）
2007	350.16	1.79	336.51	96.1
2008	450.80	2.11	436.10	96.7
2009	580.96	2.43	564.10	97.1
2010	732.83	3.05	712.39	97.2
2011	929.33	3.85	904.29	97.3
2012	1178.06	26.76	1146.89	97.4
2013	1477.08	35.44	1441.64	97.6
2014	1846.79	25.03	1805.33	97.8

资料来源：2014 年吉林省统计年鉴，笔者整理补充部分数据。

二　吉林省旅游业情况

（一）旅游交通业

吉林省交通以省会长春市为中心，境内公路和铁路网连接省内各主要城市，并辐射全国内地各大中城市，基本上形成了四通八达、快捷便利的现代交通体系。

航空方面以长春为中心，以吉林、延吉、白山为补充，可直达北京、上海、广州、海口、宁波、大连、昆明、香港、深圳、韩国首尔、日本仙台等地。主要的机场有长春龙嘉国际机场、延吉机场、长白山机场，在建的有通化机场、吉林机场。

长春龙嘉国际机场是中国东北地区四大国际机场之一，也是东北亚区域重要的航空交通枢纽，我国主要建设的干线机场和东北亚门户枢纽。截至 2011 年，16 家航空公司直飞长春，开辟航线 80 余条，基本覆盖环渤海、长三角、珠三角等经济发达地区和西南部分区域。

延吉朝阳川国际机场是延边州唯一的民用航空运输机场，作为国内支线旅游机场，规模位居吉林省第二位，东北第五。延吉机场先后开通至长春、大连、北京、青岛、沈阳、烟台、深圳、沈阳、广州、成都和牡丹江、首尔、清州（韩国）等国际国内航线。它是吉林省继长春航空口岸后的第二个国际机场，也是韩国游客进入吉林省的主要途径。

长白山机场是中国首个森林旅游机场，它的修建大大满足了长白山地区旅游交通环境的迫切需要，可极大地缩短旅客路途时间。

铁路方面，吉林省的铁路网大体可分为西北—东南和西南—东北两个走向。全国主要铁路干线京哈线贯穿吉林南北。从吉林省内可直达哈尔滨、沈阳、大连、北京、天津、西安、石家庄、武汉、济南、南京、广州、上海等全国主要城市。吉林省铁路以长春为中心，以吉林、四平、白城、梅河口等为主要枢纽，以京哈、长图、长白、平齐、沈吉、四梅、梅集等线路为干线，形成连接全省各市、州及广大城乡的铁路网。在铁路建设上，吉林省突出加快高速铁路建设。2015 年 9 月 20 日，吉珲高铁全线开通，全长 359 公里，全线共设 9 个车站，总投资 416 亿元，设计时速 250 公里，沿线共设吉林、蛟河西、威虎岭北、敦化、大石头南、安图西、延吉西、图们北、珲春等车站。按照计划，到 2015 年，吉林省高速铁路客运专线将达到 1400 公里，占全省铁路营运里程的 21%，并在九个市州贯通高速铁路，从而使铁路客运运输效率、能力以及运输装备水平大大提升。

公路方面，2009 年末，全省公路总里程 88430 公里，等级公路总里程 77643 公里，占公路总里程的 87.8%，其中，高速公路 1035 公里，等外公路总里程 10787 公里，占总里程的 12.2%。

（二）旅游饭店业

2010 年，吉林省星级饭店共有 223 家，客房总数 19546 间，床位数 35828 张。其中，五星级饭店 7 家，客房数 2076 间；四星级饭店 40 家，客房数 6177 间；三星级饭店 85 家，客房数 7430 间；二星级饭店 74 家，客房数 3847 间。由数据分析可以看到，星级饭店数还是比较少，特别是高星级饭店数量少。根据旅游客源市场的规模及需求，应逐年增加高星级饭店数，同时，有序增加经济型酒店的数量。

表 5 - 6　吉林省星级饭店情况

年份	星级饭店数（个）	五星级饭店数（个）	客房数（间）	床位数（张）
2007	216	5	19450	38605
2008	236	5	20682	42556
2009	231	7	19802	39559
2010	223	7	19546	35828

年份	星级饭店数（个）	五星级饭店数（个）	客房数（间）	床位数（张）
2011	208	—	—	—

数据来源：中国知网——全部年鉴。

表 5 - 7　吉林省各星级饭店概况（2010 年）

饭店星级	饭店数（家）	客房数（间）	床位数（张）	客房出租率（%）
五星级	7	2076	3209	61.43
四星级	42	6177	10604	57.91
三星级	91	7430	14034	57.3
二星级	83	3847	7917	46.04
一星级	1	16	64	35

数据来源：中国知网——全部年鉴。

（三）旅行社业

2010 年，全省旅行社共有 521 家，接待国内旅游人数 84.46 万人，接待入境旅游人数 34.14 万人，营业收入 9.76 亿元。

表 5 - 8　吉林省旅行社业情况

年份	旅行社数量（个）	接待国内旅游人数（人）	接待入境旅游人数（人）	营业收入（万元）
2007	421	1425369	259845	93967.43
2008	451	1260088	238391	92824.31
2009	473	809430	377030	87396
2010	521	844599	341443	97595.6

数据来源：中国知网——全部年鉴。

旅行社数量处于逐年增长的状态，接待国内游客人数整体上呈下降趋势，接待入境游客人数处于波动状态，且营业收入不甚稳定，因此旅行社应当注重国内旅游市场的开发，以保证旅行社行业较为稳定的发展。

三　旅游资源和旅游产品开发情况

吉林省旅游资源丰富，自然景观千姿百态，人文景观独具特色。"中华十大名山"之一的长白山、"中国四大奇观"之一的吉林雾凇、世界文化遗产集安高句丽古迹和中国最大的电影主题公园长影世纪城已成为吉林旅游的"四大精品"，形成绿色生态、冰雪娱乐、温泉度假、历史遗迹、边境风光、民俗风情、工业农业旅游、电影文化、关东美食以及节庆会展等十大旅游产品，长春瓦萨国际越野滑雪节、吉林国际雾凇冰雪节、查干湖冬季冰雪捕鱼节已成为国内外的知名品牌。

为了不断提升旅游品位，集中打造吉林旅游形象，吉林省政府 2009 年利用 3~6 月集中开展"吉林八景"的评选活动，共收到选票 5330 万张，引起省内外的高度关注和空前反响。最终获选"吉林八景"的景区和景观是：长白山、高句丽古迹、向海、防川景区、伪满皇宫、松花湖（吉林）雾凇、净月潭、查干湖冬捕景区。"吉林八景"的评出，标志着吉林省旅游形象宣传推广进入了一个新阶段。吉林省政府围绕"吉林八景"，整合旅游资源，打造"四季八景、欢乐吉林"旅游品牌形象，通过开展"爱吉林、游吉林"系列主题活动宣传、"全国百城旅游宣传周"、赴日韩开展世博旅游与世界遗产宣传展推广、"金秋魅力吉林行"深度自驾游、"冰雪世界、精彩吉林"长吉图精品旅游线路北京推介会等形式新颖的宣传推广活动，吸引了全国众多媒体和游客的关注。通过向央视一套的《朝闻天下》之《媒体广场》、央视新闻《东方时空》、央视四套的《海峡两岸》等多个栏目投放吉林旅游形象广告及"吉林八景"宣传片，以及通过新浪、搜狐、新华三大门户网站和中国旅游、乐途旅游两家专业网站及省内多家媒体进行吉林旅游资源展示并推出吉林生态旅游精品线路，极大地提升了吉林旅游的品牌效应。同时有针对性地制定了深度开发台湾旅游市场营销战略，积极促进了长春至台湾实现直航。全省旅游宣传推广进入了一个崭新的阶段，"四季八景、欢乐吉林""南有亚龙湾、北有长白山""观光胜地、度假天堂"的主体旅游形象日渐鲜明。吉林省政府在推动吉林旅游发展方面起了主导作用。

提起吉林旅游，冰雪旅游是其重要的旅游产品之一。经过十几年的发展建设，吉林省冰雪旅游项目开发呈现多元化、精品化的发展态势。在多元化方面，吉林省冰雪旅游项目开发包含了冰雪体育健身娱乐类、冰雪自然生态体验游览类、冰雪节庆活动类等旅游项目类型。吉林省冰雪旅游项目不仅内容丰富，并且在长春市、吉林市、松原市、延边州等地正在逐步建设具有鲜明地区特色的冰雪旅游品牌项目。目前，基本形成"赛瓦萨，塑雪雕，观焰火，美在长春；看雾凇，逛庙会，放河灯，赏在吉林；祭圣湖，醒千网，捕鱼王，吃在松原；享风情，品风味，走边疆，乐在延边；

滑野雪，狩冬猎，泡温泉，玩在长白山"的冰雪旅游项目风格。① 在精品化方面，根据重要客源市场的实际需要，共同设计和策划符合吉林省冰雪旅游经济发展格局和市场需求的精品旅游线路。

　　吉林省位于中国东北中部，东与俄罗斯接壤，东南以图们江、鸭绿江为界与朝鲜相望，南邻辽宁，西接内蒙古，北接黑龙江。边境线全长1400多公里，有10个市、县出境周边国家，有中俄、中朝边境口岸14个。出图们江口入日本海，是中国距俄罗斯、朝鲜半岛东海岸、日本、北美洲海上的最近点，这就为开展边境旅游创造了优越的条件。吉林省的边境旅游以延边地区为主。目前，延边州内主要的赴俄旅游线路有珲春—海参崴4日游线路；珲春—斯拉夫扬卡3日游线路；珲春—海参崴—莫斯科8日游、10日游线路；珲春—扎鲁比诺或波谢特1日游线路等。并且随着中国珲春至俄罗斯海参崴，再至韩国束草航线的进一步发展，经过俄罗斯进入中国珲春与经过中国珲春赴俄罗斯到韩国的过境人数也在逐年增加，旅游人数也有了较快增长。珲春已经成为中俄韩的第三国旅游通道。赴朝的旅游线路有：由龙井三合口岸出境，至会宁—清津—七宝山（内七宝、外七宝及海七宝）3日游或4日游；和龙崇善口岸至三池渊郡—白头山（长白山东坡）3日游，这条旅游线路在三池渊郡包机到平壤6日、9日游正在试运行中；和龙古城里口岸出境游主要形式是商贸带旅游。珲春圈河口岸出境朝鲜、罗津、先锋2日、3日游，图们国门口岸出境，江桥徒步游、南阳一日游。2009年4月，中朝两国政府正式签署协议开通豪华旅游列车，开发的旅游线路是中国图们—朝鲜南阳、七宝山3日游线路。2011年4月26日，在中、俄、朝三国有关部门的共同努力下，开辟了中、俄、朝环形跨国际旅行社旅游线路，并责成珲春三疆国际旅行社独家经营环形跨国边境旅游，这条跨国旅游线路行程为4天，具体为中国珲春（珲春口岸）—俄罗斯符拉迪沃斯托克—斯拉夫扬卡—哈桑—朝鲜豆满江—罗先—中国珲春（圈河口岸）。这条环形跨国旅游线路的开辟对图们江区域的跨国旅游具有里程碑式的意义，为今后推出日、蒙、朝、韩、俄等多国环形旅游打下了良好的基础。② 2012年4月28日，中国图们市至朝鲜七宝山的旅游专列正式开通，来自中国的65名游客踏上此次专列感受朝鲜的异国风光。整个旅程为3天4夜，组团费用大约每人1900元人民币。来自中国的游客沿着中朝铁路线从图们口岸

① 邓曦涛．冰雪旅游从观光向体验过渡［N］.中国消费者报，2007–02–09.
② 李英花，崔哲浩．图们江区域边境旅游合作的现状与展望［J］.延边大学学报（社会科学版），2011，44（3）.

出境，经过十几分钟的步行，到达对岸的朝鲜南阳市，然后在南阳市登上旅游专列。此次行程主要景点有金日成画像，游览金日成与周保中会面的纪念馆、纪念塔，到达七宝山后可以参观东海瀑布、开心寺、升仙台等 10 余处自然景观。2012 年 7 月 12 日吉林省首个赴朝鲜旅游包机开通，标志着吉林省已经形成了陆、海、空立体的朝鲜游线路。①

吉林省是个多民族的省份，除汉族外，朝鲜族、满族和蒙古族人口最多，民俗旅游资源丰富，按照主要民族和区域，基本上可以将吉林省民俗旅游资源分成四类：朝鲜族民俗、满族民俗、蒙古族民俗、关东民俗。特别是朝鲜族民俗和满族民俗具有很大的独特性和优势，每年也会开展众多民俗文化节庆。朝鲜族地区举办的大型民族风情旅游节庆活动主要有"九三"延边中国朝鲜族民俗文化旅游节，主要活动有中国朝鲜族民俗饮食展、中国朝鲜族民俗婚礼、足球赛、朝鲜族服装表演、歌舞表演、民俗舞游街巡演、民俗体育运动会等。吉林省开发满族民俗旅游已建成乌拉街韩屯满族民俗村，乌拉街是满族世代居住的地方，也是萨满教文化活动的重要场所，这里存在的萨满教文化现象被保存下来，被人们称为萨满教的"活化石"。吉林乌拉街镇和九台莽卡满族乡都被国际上誉为"萨满活化石之乡"。还有伊通满族民俗馆，是目前全国唯一展示满族传世文物和民俗风情的博物馆。举办的大型民族风情旅游节庆活动，主要有吉林省满族民俗文化节、吉林四平叶赫满族风情旅游节等，主要活动有满族秧歌、歌舞、萨满跳神表演，游览被列为第六批全国重点文物保护单位的叶赫部城址，参观满族民俗馆，游转山湖，品尝满族风味。②

吉林省地势呈东南高西北低，从东到西自然形成东部长白山原始森林、东中部低山丘陵次生植被、中部松辽平原、西部草原湿地 4 个生态区。生态环境呈多样性、系统性和可恢复性特点，且保护较好。全省森林覆盖率达 42.5%，比全国平均水平高 25 个百分点。省内大小河流 200 多条，分属松花江、辽河、图们江、鸭绿江、绥芬河五大水系。松花江、辽河两大水系流域面积占总土地面积的 78.6%，为开展生态旅游奠定了良好的基础。如果把长白山看作吉林省生态旅游的龙头，那么松花江可以看成龙身，西部以查干湖、向海为代表的大湖湿地和草原是龙尾，构成了吉林省生态旅游的主骨架。由万达集团等国内著名民营企业合作开发的"长白山国际旅游

① 温艳玲，张倩玉. 延边地区中俄朝边境旅游现状与发展战略之思考［J］. 东疆学刊，2012，26（3）.
② 丛小丽. 吉林省民俗旅游开发研究［D］. 东北师范大学，2006，6.

度假区建设项目"总投资 200 亿元人民币，是目前国内投资最大的旅游产业项目，这个集旅游、会议、休闲、商业、娱乐等功能于一体的山地度假综合体，被规划为滑雪场、高尔夫、高端度假酒店群、旅游小镇、森林别墅等 5 个主要功能区。吉林市将通过重点抓好城区松花江旅游观光休闲带和松花湖最佳避暑休闲度假区建设，打造一批以松花湖风景区为核心并辐射周边景区的旅游精品。

一大批具有全球视野的高标准规划的完成，将引领吉林旅游业走向更广阔的发展空间。吉林省为认真贯彻落实《国务院关于加快发展旅游业的意见》，省旅游局将与市、州共同完成《吉林省旅游业发展总体规划》《长吉图特色旅游发展规划》《吉林省"十二五"旅游业规划》《旅游度假区建设规划》《华北及东北片区红色旅游规划》五项规划编制工作。在此基础上，各地结合当地的优势编修各自的规划。

长春市将进一步加快推进通往省内各地的高速铁路和高速公路建设，积极打造省内 1 小时和 2 小时"旅游经济圈"；加快建设和改造通往主要旅游景区的道路，适时增加旅游客运和公交专线，提高主要旅游景区的可进入性。吉林市今年规划建设旅游项目 47 个（其中亿元以上项目 19 个），总投资约 61.2 亿。延边正多渠道招商引资，推进朝鲜族民俗村、防川风景区、仙峰生态度假区、龙井民俗文化城、敦化六鼎山、图们日光山等重点项目建设。

通化市在谋划一批重点项目的同时，积极推进旅游重点项目建设。2010年，总投资 3000 万元以上开工项目不少于 10 个，总投资亿元以上开工项目不少于 5 个，旅游投资额增长 20% 以上。松原市本着"依据规划、突出重点、加大投入、打造精品"的原则，突出抓好查干湖渔猎文化博览苑、查干湖演艺中心等 20 个投资额超 6 亿元的续建、新建旅游大项目，确保全市总投资 3000 万元以上的旅游开工项目不少于 10 个，总投资亿元以上的旅游开工项目不少于 5 个。白城市着力做好查干浩特旅游开发区重点旅游项目开发，尽快将其打造成为具有白城生态和民俗特点的旅游区。最为抢眼的是白山市的三大旅游产业项目，即"长白山国际旅游度假区建设项目"、"长白山仙人桥温泉城开发建设项目"和"白山市旅游度假区建设项目"。

四　吉林省旅游业发展建议

（一）入境旅游方面

对于原有市场基础较好，并且增长较快的客源市场，如韩国、俄罗斯、日本、中国港澳台等，今后应继续强化这些国家和地区的主导地位，稳定并增强这些市场的游客量。例如，针对港澳台市场，充分利用港澳台距离远旅游产品差异大的特点，大力宣传和推广长白山森林生态旅游、冰雪旅游和民俗文化旅游等特色旅游，来增加旅游产品的神秘性和吸引力。对于原有市场基础较好，但增长有所减缓的国家和地区，如韩国、俄罗斯、美国等，要充分重视吉林省作为旅游目的地综合竞争优势在这些客源市场减弱的信号，及时扭转其演变为衰退市场的趋势。为此，应积极寻找衰退原因，利用原有良好的市场基础，通过更新旅游产品，加强营销力度等措施增强竞争能力，使这些市场向复苏方向发展。例如，针对韩俄市场，应充分利用地缘文化与地缘经济优势，加大开发与宣传力度，以边境旅游和跨国旅游为基础，加强双边旅游合作，针对不同层次的客源，从增加和丰富旅游产品多样性方面做突破，完善陆路、水路、航空，提供更多方便快捷的交通条件。①

（二）国内旅游方面

从历年吉林省旅游业总收入构成上即可看出，占据 95% 以上的收入来自国内旅游收入。而在国内游客来源构成上来看，本省和外省游客大约各占 50%。在外省游客构成中，又以辽宁、黑龙江、北京、山东、广东、江苏、河北、上海、浙江、内蒙古、天津、四川、河南等省份为主，从以上数据可以看出，外省游客以东北地区为主，越向南人数越少，西北、西南、华中和华南地区游客总共不过 10%，基本可以忽略不计。由此可见，吉林省旅游业的游客来源具有明显的地域性特征，这既是受吉林省旅游业影响力的局限，更是受吉林省处于中国东北腹部的地理区位因素的局限。所以，要发展吉林省旅游业就必须努力克服地理区位因素给旅游业带来的不利影响。② 吉林旅游业正处于观光游览型向休闲度假型转变的关键时期。近年来，吉林在旅游规划、基础设施建设、市场营销等方面投入了大量财力、物力和人力，成效斐然。但值得注意的是，随着我国国民生活水平和受教育程度的不断提高，国民出游的愿望逐渐变强，对旅游品质的要求也相应提高了。为满足国内游客的高品质需求，必须还要在细节上下足功夫，不断提升旅游从业者素质，加强旅游产业"硬件"与"软件"的全面建设。这是吉林省拓展国内旅游市场的必由之路。

（三）加强省际交流与联合，构建友好发展环境

2009 年 12 月 16 日，"冰雪世界，精彩吉林"长吉图精品线路推介会在

① 石丹.旅游客源市场结构演化的 SSM 分析——以吉林省入境旅游客源市场为例 [J].干旱区资源与环境，2010，24（11）.
② 王博.吉林省旅游业竞争力研究 [D].吉林大学硕士学位论文，2008，4.

北京举行，该会对于吉林省冰雪旅游的精品线路进行了深度推介。从 2010 年 10 月份开始，由吉林省政府主办的 2011 年冬季旅游推介系列活动开始实施，系列活动由吉林省副省长、相关部门领导和负责人以及新闻媒体记者共同参加，分别来到了北京、珠三角、长三角等全国多个地区，开展了深入的旅游推广和招商考察活动。该活动重点是将以"到吉林去滑雪"和"到吉林过大年"为主题的冬季旅游产品推介给全国的民众和旅行商，这是吉林省与全国其他地区相互交流的一次重要成果。这些由吉林省政府牵头、在全国范围内进行的推介活动，增进了全国人民对于吉林省旅游的了解和认知，大大提升了其知名度和影响力，直接促进了旅游客源的增长。

同时，吉林省与黑龙江、辽宁两省的旅游合作也要进一步加强，要共同开拓旅游市场，增进彼此的信息交流和人员流动，制定出切实可行的合作项目和计划，比如与黑龙江的冰雪旅游合作，与辽宁的夏季旅游合作等，开发出连通三省的旅游线路，这样一来，可以使三省相互协调，利用各自的地区优势，共同努力促进东北三省区域旅游经济的整体发展。[①]

（四）加强对外合作，积极宣传吉林旅游

加强国际交流合作，省政府积极加强对周边国家的旅游交流合作活动，呈现数量多、层次高、成效显著的特点。2008 年来访交流团 10 余个，达 200 余人次，签署和达成合作协议 20 余个。2007 年，吉林省旅游局积极参与俄罗斯"中国年"活动，在俄滨海边疆区成功举办"缤纷四季、精彩吉林"主题旅游摄影展，在当地引起轰动。

同时，加强旅游高层交往合作。朝鲜国家旅游总局副局长康哲洙、马来西亚旅游部副部长林祥才、缅甸饭店旅游部部长梭乃少将分别率团来吉林省访问和交流；吉林省与朝鲜国家旅游总局代表团进行了互访，双方就延伸旅游线路、取消入朝边境旅游人数限额、开通包机航线等方面达成共识；与柬埔寨暹粒省达成缔结旅游友好省的意向，并就中小学生交流等 6 项合作达成共识。积极参与东亚区域旅游论坛（EATOF 2007）活动，就加强旅游交流与合作等 8 项议题签署了务实性的共同宣言，从而使边境旅游和航线开通取得新的进展。

提高对外旅游宣传和策划水平，吉林省还加大了主要客源市场的开发力度。省旅游局积极参与"中韩交流年"活动，组织代表团赴韩国开展以"吉林，韩国人的心动向往之地"为主题的宣传推广活动，受到了韩国旅游业界和媒体的广泛关注。结合中日邦交正常化 35 周年和中日文化体育交流

---

① 张卓.吉林省旅游形象的特色传播研究 [D].吉林大学，2011，4.

年，吉林省组织大型宣传促销团队，赴日本 4 个与吉林省通航的城市开展以"吉林，超过一次感动"为主题的深度促销活动。这是吉林省有史以来规模最大、层次最高、范围最广、内容最丰富的宣传推介活动，对扩大入境旅游市场规模产生了深远影响。为使旅游宣传更贴近市场、更富实效，结合航线的开通，联合航空企业策划和推出精品线路，开拓了吉林省旅游推广的新方式。长春培育的瓦萨国际越野滑雪品牌，长白山管委会引入瓦腾夏季国际越野滑雪、国际森林自行车赛等品牌，都产生了广泛影响，使吉林省旅游的国际化程度大大提升。同时，吉林各地举办的节庆活动也体现出内容丰富、群众参与性强的特点，使人们充分体验到旅游带来的精神愉悦。在第二届世界旅游推广峰会上，吉林省荣获"中国旅游精品·生态旅游区域奖"，成为广受游客欢迎的旅游精品目的地之一。

5.1.2 黑龙江省旅游业发展概况

一 黑龙江省旅游市场发展情况

（一）黑龙江省入境旅游发展情况

1. 入境旅游人数与旅游外汇收入

表 5-9 显示，黑龙江省 2007~2008 年入境旅游人数和旅游外汇收入都呈高速增长态势；2009 年入境旅游人数和外汇收入呈大幅下降趋势，这与经济危机和 H1N1 甲型流感在全球的爆发有很大关系，加之黑龙江主要的入境游客为俄罗斯游客，而受金融危机影响，2009 年卢布持续贬值，这些因素致使 2009 年黑龙江入境旅游发展呈下降趋势。2010~2011 年，随着经济的回暖，黑龙江省入境旅游人数和旅游外汇收入迅速增长。2012 年入境人数微幅增长，外汇收入负增长。

表 5-9 黑龙江省入境旅游人数与旅游外汇收入情况

年份	入境旅游人数（万人次）	增长率（%）	旅游外汇收入（亿美元）	增长率（%）
2007	141.4	33.0	6.4	30.5
2008	201	41.9	8.7	35.4
2009	142.5	-29.0	6.4	-26.6
2010	172.4	21.0	7.6	19.4
2011	206.5	19.8	9.2	20.3
2012	207.62	0.53	8.35	-8.95

资料来源：2012 年黑龙江省国民经济与社会发展统计公报。

2. 入境旅游客源国情况

如表 5 - 10 显示，黑龙江省的国际旅游客源市场较为稳定。排在前三位的是俄罗斯、韩国和日本，2010 年，访问黑龙江的俄罗斯游客达 1317308 人次，占入境旅游总人数的 76.4%；韩国游客达 146172 人次，占入境旅游总人数的 8.5%；日本游客达 59237 人次，占入境旅游总人数的 3.4%；台湾和港澳游客分别占入境旅游总人数的 2.3% 和 2.1%。这些国家和地区占入境总人数的 90% 以上。由这些数据可以分析出俄罗斯是黑龙江省入境旅游的一级客源市场，韩国、日本和中国港澳台地区是二级客源市场，东南亚国家及欧美国家是三级客源市场。根据客源市场的份额来看，俄罗斯具有绝对优势。俄罗斯在黑龙江省入境旅游的这种格局与其地理位置是分不开的。2007 年日本为黑龙江省入境旅游第二大客源国，但 2008 年后韩国超过日本成为第二大客源国，韩国在黑龙江省入境旅游中扮演着越来越重要的角色。黑龙江省朝鲜族居民约 100 万人，是中国最主要的朝鲜族聚居地之一，在语言和风俗习惯上相同，许多朝鲜族居民原籍在韩国，随着韩国经济的发展，两国探亲旅游发展迅速，入境旅游者数量快速增长。另外，由于 2011 年日本的大地震、海啸及核泄漏等自然灾害严重影响了日本的旅游业，短时间内很难恢复到以前的水平，今后访问黑龙江的日本游客可能会继续减少。

表 5 - 10　黑龙江省的主要旅游客源国家或地区

客源国（地区）排序	2007 年	2008 年	2009 年	2010 年	2010 年人次
1	俄罗斯	俄罗斯	俄罗斯	俄罗斯	1317308
2	日本	韩国	韩国	韩国	146172
3	韩国	日本	日本	日本	59237
4	台湾	台湾	港澳	港澳	39930
5	港澳	港澳	台湾	台湾	36005
6	美国	美国	美国	美国	23200
7	新加坡	法国	法国	法国	20461
8	马来西亚	新加坡	新加坡	新加坡	9027
9	加拿大	德国	德国	泰国	5932
10	澳大利亚	马来西亚	澳大利亚	德国	5729

资料来源：2012 年黑龙江省统计年鉴。

（二）黑龙江省国内旅游发展情况

如表 5 - 11 所示，黑龙江省国内游客人数和国内旅游收入均呈逐年增长态势，增长率虽有起伏，但整体保持高速增长的态势。特别是 2009 年，黑龙江省旅游业实现历史性跨越，全年接待国内游客首次突破 1 亿人次。根据国家统计局黑龙江调查总队在全省 13 个地市开展的抽样调查，2009 年与本省游客相比，省外游客的逗留时间久、住宿天数长、游览景点多。省外游客人均逗留 4.48 天，住宿 4.08 天，人均游览景点 2.31 个。与 2008 年相比，单位组织出行、亲友结伴、参加旅行社、个人出游所占比例都有所提高。2009 年，黑龙江省新增星级饭店 19 家、旅游家庭旅馆 147 家、银叶级绿色饭店 2 家；全年共组织包机 505 架次、专列 68 列，运载游客 11.62 万人次，同比增长 37.59%。此后，2010 年和 2012 年黑龙江国内游客人数和国内旅游收入都有大幅度增长，体现出旅游业正在由小产业向大产业转变，呈现出发展越来越快、贡献越来越大的良好态势。

表 5 - 11　黑龙江省国内游客人数和国内旅游收入

年份	国内游客人数（亿人次）	增长率（%）	国内旅游收入（亿元）	增长率（%）
2007	0.65	25.4	380.5	22.1
2008	0.84	28.2	502	32.0
2009	1.08	29.8	606.2	20.8
2010	1.57	44.8	831.6	37.2
2011	2.02	28.9	1031.9	24.1
2012	2.52	24.4	1247.52	20.9

资料来源：2012 年黑龙江省统计年鉴。

二　黑龙江省旅游业情况

（一）旅游交通业

黑龙江省地处我国东北部，土地总面积为 45.48 万平方公里，居全国第 6 位。境内南北相距 1120 公里，东西相距 930 公里，分别与我国的内蒙古自治区和吉林省省相邻，与俄罗斯边境长达 3200 公里，现有 25 个国家一类口岸，其中，水路口岸 15 个、公路口岸 4 个、铁路口岸 2 个及航空口岸 4 个，是亚洲及太平洋地区陆路通往俄罗斯和欧洲大陆的重要通道。

航空方面，省内现有航空线路 125 条，其中有国内航线 110 条，国际航线 14 条，地区航线 1 条。省内现有各类机场 78 个，其中，有哈尔滨、齐齐哈尔、牡丹江、佳木斯、黑河、漠河、大庆、伊春和鸡西 9 个民用机场，有伊春、塔河、嫩江、加格达奇、幸福、东方红 6 个航空护林基地，以及 63 个农业飞行基地。2011 年，航空完成旅客吞吐量 7841521 人次，同比增长 8%。

铁路方面，黑龙江是我国最早修建铁路的省份之一，交通运输以铁路为主干，全省铁路 26 条，干支线以哈尔滨、齐齐哈尔、牡丹江、佳木斯 4 个经济中心城市为轴心向四周辐射，并通过国际干线和国内干线外接俄罗斯、朝鲜，内连吉林、辽宁和内蒙古。其中，滨绥和滨洲铁路与俄罗斯西伯利亚大铁路相接，牡（丹江）图（们）铁路与朝鲜相通。京哈、拉滨、平齐、通让、牡图 5 条铁路干线与全国铁路相接。

公路方面，黑龙江省现有国道 7 条，高速公路已建成"大庆—哈尔滨—牡丹江—绥芬河""102 国道省界—哈尔滨—佳木斯—鹤岗" 2 条，大庆—齐齐哈尔、佳木斯—同江、102 国道省界—长春的高速公路正在建设中。届时，从齐齐哈尔或同江经哈尔滨走高速公路可直达北京。到 2011 年年底，全省公路总里程达到 15.5 万公里，初步形成了横贯东西、纵穿南北、覆盖全省、连接周边的公路网络。

水运方面，黑龙江省水利资源丰富，居东北三省之冠，全省内河通航里程达 4696 公里，现有直营客运航线 9 条，以松花江、黑龙江、乌苏里江为骨干，以哈尔滨和佳木斯港为枢纽的水运网贯穿全境。其中，松花江航线是黑龙江省水运干线，每年 5 ~ 11 月通航；黑龙江航线位于中国最北部，在同江和俄罗斯哈巴罗夫斯克（伯力）与松花江和乌苏里江相接；乌苏里江航线为中俄界河航线，冬季封冻。

（二）旅游饭店业

2010 年，黑龙江省星级饭店共有 243 家，客房总数 23952 间，床位数 44299 张。其中，五星级饭店 4 家，客房数 1075 间；四星级饭店 48 家，客房数 7788 家；三星级饭店 110 家，客房数 10477 家；二星级饭店 79 家，客房数 4394 家。

表 5 - 12　黑龙江省星级饭店情况

年份	星级饭店数（个）	客房数（间）	床位数（张）
2006	265	23699	46903
2007	276	24653	48662
2008	291	25957	51360
2009	285	27255	53811

年份	星级饭店数（个）	客房数（间）	床位数（张）
2010	243	23952	44299

数据来源：中国知网相关年鉴。

表 5 - 13   黑龙江省各星级饭店概况（2010 年）

星级	饭店数	客房数（间）	床位数（张）	客房出租率（%）
五星级	4	1075	1560	66.47
四星级	45	7788	13542	49.76
三星级	110	10477	19942	47.6
二星级	79	4394	8820	48.43
一星级	5	218	435	64.57

数据来源：中国知网相关年鉴。

（三）旅行社业

2010 年，全省旅行社共有 601 家，接待国内游客 88.69 万人，接待入境游客 48.41 万人，营业收入为 21.88 亿元。

表 5 - 14   黑龙江省旅行社业情况

年份	旅行社数量（个）	接待国内旅游者人数（人）	接待入境旅游者人数（人）	营业收入（万元）
2006	436	634070	261669	147462.13
2007	440	1010365	543347	179927.82
2008	487	953948	968326	190352.65
2009	490	1037361	389121	164722
2010	601	886939	484064	218751.19

数据来源：中国知网相关年鉴。

三　旅游资源和旅游产品开发情况

（一）旅游资源整体布局

黑龙江省位于我国东北最北部，面积超过 46 万平方公里。北部、东部以黑龙江、乌苏里江为界，与俄罗斯相望；西部与内蒙古自治区毗邻；南部与吉林省接壤。地形复杂，西北部有大兴安岭山地，北部有小兴安岭山地，东南部有张广才岭、老爷岭、太平岭和完达山等山地，西南有嫩江，松花江南北斜贯本省，形成东北部三江平原、西南部松嫩平原。东南还有兴凯湖。丘陵山地海拔在 300～1780 米，约占全省总面积的 70%，平原海拔在 50～250 米，约占全省面积的 30%。山地和平原的分布，构成了本省西北部、北部和东南部高，东北部、西南部低的地势。

截至 2011 年，黑龙江共有 5A 级景区 3 家，4A 级景区 33 家，3A 级景区 82 家，2A 级 54 家，A 级 10 家。

黑龙江省有中国优秀旅游城市 10 个，即哈尔滨市、齐齐哈尔市、牡丹江市、佳木斯市、大庆市、伊春市、阿城区、绥芬河市、虎林市、铁力市。黑龙江省重点文物保护单位 227 处，其中全国重点文物保护单位 15 处、省级重点文物保护单位 212 处。黑龙江省有国家级自然保护区 15 处，省级自然保护区 35 处。

黑龙江是中国火山遗迹较多的省区之一，火山活动为其创造了著名的旅游资源，如五大连池市的五大连池、温泉及熔岩地貌，镜泊湖的吊水楼瀑布及火山口森林、熔岩隧道等。连绵的山地和广阔的沼泽地是动植物资源宝库，有天鹅、丹顶鹤、东北虎、东北豹、麝等珍稀动物，全省建有多处自然保护区。"丹顶鹤故乡"扎龙自然保护区观鸟旅游颇受青睐。其他野生动物亦较多，因而开发了桃山、乌龙、平山等狩猎场，吸引着中外旅游者。黑龙江冬季漫长而寒冷，多冰雪，一些河湖与山坡成为开展冰雪活动的好场所。黑龙江从远古时代起便有北方少数民族的祖先生息、繁衍，至唐代建立了最早的封建政权——渤海国，初期建都于今吉林敦化市敖东城，后移都于上京龙泉府，即今黑龙江宁安市。辽、金、元政权也以黑龙江为其重要活动范围，故黑龙江多有这些政权的文物古迹。抗日战争和解放战争时期许多革命先烈曾在此浴血奋战，留有多处纪念地，有些地方即以先烈姓名命名。少数民族风情和某些城市的欧式风格建筑亦有其吸引力。

（二）特色旅游产品

1. 冰雪旅游

黑龙江省大部分区域处于中温带，山区冬季雪量大、雪期长（120 天左右）、雪质好，适于滑雪旅游。滑雪资源主要集中在四大区域：哈尔滨市、伊春市、牡丹江市和大兴安岭地区。冰灯和冰雪旅游主要集中在哈尔滨市、牡丹江市、齐齐哈尔市等大中城市。

黑龙江省主要城市均开发冰雪旅游产品，哈尔滨拥有著名的冰雪大世界、太阳岛雪博会、冰灯游园会，以及 13 家 S 级滑雪场，齐齐哈尔的雪地观鹤，牡丹江的雪堡和海林的雪乡，以远东滑雪场为代表的黑河滑雪场、漠河的北极村冰雪产品，伊春地区的雾凇，大庆的温泉滑雪，这些均奠定了冰雪旅游发展的良好基础，构成了黑龙江省冰雪旅游大发展良好的基础。目前黑龙江省滑雪场数量占中国滑雪场总数的半壁江山。其中5S级滑雪场4家，4S级1家，3S级8家，2S级9家，S级7家。据粗略估算，黑龙江省仅滑雪旅游收入已占冬季旅游收入的20%，滑雪旅游已确定为黑龙江省冬季旅游的主要方向和支柱性的旅游项目。[①] 哈尔滨冰雪节期间旅游收入占全年旅游收入的份额达到30%～40%，冰雪旅游已经成为黑龙江省支柱型产品和品牌，在国内外树立了"国际滑雪旅游胜地""世界冰雪旅游名都"的品牌形象。[②] 冰雪文化是冬季旅游的无形资源，为黑龙江省打开知名度、发展经济、传播本土文化做出了极大的不可替代的贡献。黑龙江省的冰雪活动开启了中国冰雪旅游的先河，中国·哈尔滨国际冰雪节、中国·黑龙江国际滑雪节、亚布力滑雪场、哈尔滨冰雪大世界举世闻名。[③]

2. 避暑旅游

黑龙江省夏季凉爽，众多的江河湖泊和浩瀚的林区是避暑的好去处。有世界第二大高山堰塞湖——镜泊湖，世界三大冷泉之一——五大连池，中俄界湖——兴凯湖。黑龙江省年平均气温在 -5℃ ~4℃，夏季平均气温仅为20.3℃，即使最热月7月的平均气温也只有21.9℃，且昼夜温差一般都在10℃以上，北极漠河更是可以达到15℃左右。广袤的原始森林、辽阔的生态湿地、壮观的江河湖泊、神奇的火山风光，吸引着全国各地的游客到黑龙江省休闲避暑、养生度假。随着近几年的发展，黑龙江的"避暑经济"已经逐渐从被动地迎接前来避暑的游客，发展到主动将避暑作为旅游主题产品开展规划、宣传及促销。

3. 历史古迹游

历史遗迹和民俗风情旅游资源：黑龙江省保留着人类历史悠久的文化遗存，如昂昂溪遗址、新开流遗址、唐代渤海国上京龙泉府遗址和金代上京会宁府遗址。历史文化名城与爱国主义教育示范基地：黑龙江省有历史文化名城6处，其中国家级历史文化名城1处，哈尔滨市是国家级历史文化名城，也是国家首批优秀旅游城市，有代表世界多种建筑风格的建筑物近百处，素有"东方小巴黎""东方莫斯科"之称；省级历史文化名城5处，

---

① 周亚臣，房英杰．黑龙江省滑雪旅游发展的 SWOT 分析与对策 [J]．冰雪运动，2010，32 (3)：76 - 80.

② 郑来发，唐宝盛．黑龙江省冰雪体育旅游资源的深度开发 [J]．冰雪运动，2010，32 (3)：81 - 85.

③ 王晶，吴冬颖．再造黑龙江省冰雪旅游发展新优势——中国北方地区冰雪旅游发展比较 [J]．冰雪运动，2010，32 (5).

其中齐齐哈尔市、宁安市、依兰县、阿城区、呼兰区等是省级历史文化名城。东北烈士纪念馆、侵华日军第七三一部队罪证陈列馆、虎林要塞陈列馆、爱辉历史陈列馆、大庆铁人纪念馆是全国百家爱国主义教育基地。

4. 湿地旅游

黑龙江省作为继海南、吉林两省之后的第三大生态省建设试点，拥有得天独厚的生态旅游资源，特殊的地缘优势赋予黑龙江旅游资源自然、自在、神奇、浪漫的特色。大森林——大小兴安岭、张广才岭和完达山山脉等林区，森林覆盖率达 43.6%，面积居全国第一；大草原——草原占全省土地总面积 11.2%，属全国拥有大草原的 10 个省份之一；大湿地——拥有全国类型多样、景观最壮阔、形态最奇特的湿地资源，居全国第二位，约占全国天然湿地面积的 1/8；大界江——中俄大界江黑龙江和乌苏里江流经中俄边界段达 2400 多公里，充满原始、沧桑、神秘的色彩；大湖泊——大小 640 个湖泊遍布全省，亚洲最大的中俄界湖——兴凯湖、世界第二大高山堰塞湖——镜泊湖名扬中外。

表 5 – 15　黑龙江省湿地分布及面积

分布区	面积（hm²）	占全省湿地面积百分比
三江平原	1558018	35.90
松嫩平原	776058	17.90
大兴安岭	850883	19.60
小兴安岭及东部山区	1155121	26.60
合计	4340080	100.00

表 5 – 16　黑龙江省湿地保护面积统计表

级别	数量	面积（万 hm²）	占全省湿地面积百分比
国家级	5	62.10	14.13
省级	12	56.60	13.04
市县级	24	23.30	5.37
合计	41	142.00	32.54

5. 边境旅游

黑龙江省与俄罗斯接壤有 3000 余公里的边境线，其中界江 2300 公里；

有 25 个开放口岸，绥芬河市、黑河市、东宁县、抚远县的边境出入境游客量排在前 4 位。目前，黑龙江省已有 21 个口岸与俄罗斯开通了边境旅游线路 30 余条，有 60 多个国家旅行社和 15 家口岸国际旅行社经营边境旅游业务。形成了以五大连池火山观光疗养为主，兼顾鄂伦春民俗风情、爱辉古城人文历史、中俄大界河黑龙江风光的旅游产业格局。中俄口岸边境旅游已成为黑龙江省的一个特色旅游项目，口岸的开放，使其作为经济的支撑点，推动着边境地区经济的振兴。①

6. 民俗风情旅游

以农耕为主的满族、朝鲜族，以捕鱼为生的赫哲族，以狩猎为生的鄂伦春族和以牧业为主的蒙古族、达斡尔族，这些民族保留着北方少数民族所特有的民俗风情，成为黑龙江省重要的民俗旅游资源。

四　黑龙江省旅游业发展建议

（一）入境旅游方面

从表 5 - 17 可以看出，俄罗斯是黑龙江的主要入境客源市场，就全国而言，所占份额也很大，基本都是 50% 以上，2009 年、2010 年因金融危机的影响，俄罗斯访华人数总体规模变小，相对来说黑龙江接待俄罗斯游客所占比重在增加，说明很多游客通过边境旅游来减少旅游消费。今后，黑龙江应利用对俄口岸最多、通关手续逐渐简便、俄生活水平逐年好转等优势和情况，整合资源，重点开发以休闲、度假、疗养、购物为一体的旅游产品。同时，要充分依托黑龙江"中俄旅游交流大通道、中俄文化互动大舞台、中俄边贸合作主战场"的传统优势，办好中俄旅游年活动。黑龙江省策划了 9 大类 70 余项活动，举办文化交流、体育交流、旅游商贸、青少年交流、边境旅游交流、旅游节庆活动、互访交流、媒体交流、赛事等中俄交流活动。

韩国游客的数量和所占市场份额逐年增长，要充分关注韩国市场，利用黑龙江与韩国的经济文化和民族间的密切关系，抓住 2012 年中韩建交 20 周年这一契机，开发特色旅游线路，开发休闲、温泉度假等专项旅游产品。

日本市场一直相对稳定，略有增长，对日本要进行全面细致的市场调查，分析客源市场份额小且增速慢的原因，通过加强营销力度、创新旅游形象等措施增强黑龙江省在这些客源市场的影响力。

---

① 姜晓娜. 黑龙江省边境旅游发展探析［D］. 河南大学，2010.

表 5 – 17 访问黑龙江省的俄罗斯、韩国、日本游客情况

年份	国家	来华人数（万人次）	来黑龙江人数（人次）	比重（%）
2007	俄罗斯	300.39	1194966	39.8
2008	俄罗斯	312.34	1713821	54.9
2009	俄罗斯	174.30	1070994	61.4
2010	俄罗斯	237.03	1317308	55.6
2007	韩国	477.68	34203	0.7
2008	韩国	396.04	76944	1.9
2009	韩国	319.75	117248	3.7
2010	韩国	407.64	146172	3.6
2007	日本	397.75	51405	1.3
2008	日本	344.61	49208	1.4
2009	日本	331.75	45731	1.2
2010	日本	373.12	59237	1.6

（二）国内旅游方面

黑龙江国内旅游近年来一直保持着高速增长。这说明黑龙江旅游逐渐被国内游客认可，知名度不断提高，但同时也面临着挑战。以冰雪旅游为例，黑龙江省虽然冰雪资源丰富，但地理位置相近的吉林省同样拥有丰富的冰雪旅游资源，黑龙江的冰雪旅游正受到临近省份的冲击。随着现代人对休闲生态旅游的需求不断加强，在未来旅游业发展的整体趋势中，独特性将是今后发展的主流。独特性是旅游资源特色的核心特质，也是旅游者内心的真正追求。黑龙江省必须紧紧围绕这一核心，制定有针对性、适应性、可行性、总体性的开发方案。其次，在旅游宣传上，要注意通过独特的方式使黑龙江省的旅游景点、交通、饭店的形象突现出来，将提供给国内游客的各种产品和服务加以整合进行宣传，使游客能够把该省的旅游形象同其他地方的旅游形象区分开来。再次，在旅游产品开发上要丰富参与形式，提高游客参与度，改变单一的"走马观花"。参与性是人们选择不同旅游线路的重要考虑因素，增加多样性的参与形式是吸引提高现实旅游者满意度以及吸引潜在旅游者的重要方式。要保持黑龙江冰雪旅游的优势，就要放大已有的品牌效应，延长冰雪旅游的产业链，深入挖掘冰雪旅游文化内核，增强其参与性。旅游产品开发的好坏关系到旅游发展的兴衰成败，因此一定要确保所开发的产品能够蕴含独特的文化内涵以及地域特色。此

外，注重旅游产品多样性和独特性之前必须做好市场调查以及市场细分和定位，杜绝重复建设、投资浪费和恶性竞争。最后要学会培养和训练旅游者，注重在宣传过程中强调旅游产品品质的重要性，通过多种方式提高旅游者的综合素质，为个性旅游的开展培育建立客源基础。

（三）加强基础设施和接待设施建设，提高服务水平

旅游业几乎涉及了第三产业所有部门，是一项综合性很强的行业。因此，在发展建设旅游业的同时必须对住宿业、餐饮业、交通运输业等部门的配套设施进行建设与完善，使之更进一步完善服务网络，最大限度地满足旅游者吃、住、行、游、购、娱的需要。配套建设旅游设施的目的不仅在于使旅游者在参加旅游活动的过程中能够最大限度地得到物质和精神享受，同时也为旅游目的地获得社会综合经济效益。总之，在整个服务网络不断发展和完善的过程中，旅游业必然会得到健康的发展，当然，第三产业其他部门也会因旅游业的发展而不断成长，最终的结果会是全省乃至区域经济的综合发展。纵观近年来黑龙江省在提升旅游服务质量所做出的努力，省内不断完善旅游诚信制度体系、工作体系和监督体系，旅行社、宾馆饭店、景区景点、旅游购物场所的质量有所提升。同时，黑龙江省应定期规范旅游市场秩序，联合工商、物价等部门进行旅游市场的联合检查，重点对旅游企业投放违法广告、旅行社挂靠承包、零负团费等现象进行严厉打击。

人才方面，黑龙江人才短缺和人员专业素质不高是急需解决的问题，如不很好地解决，即便有顶级旅游基础设施，黑龙江省旅游长足发展也将只是一句空话。因此，必须下大力培养造就一支有较高专业知识以及对黑龙江旅游事业有工作热情的专职旅游人员队伍。可考虑筹办黑龙江旅游学院或在高等院校开设与旅游有关的专业，培养高级管理人员。或增加旅游职业学校或旅游专业学校为未来旅游业的发展提供充足的人力资源。对于现有工作人员要进行考核或培训，定期举办导游员资格考试、导游员资格考试面试考官培训、旅行社饭店岗位职务培训、各类小语种培训、导游年审培训等各类培训班。组织国家"名导进课堂"活动，提高旅行社的一线管理人员、导游员的整体素质。

（四）大批旅游项目建设步伐加快，旅游产品商品开发力度不断加大

2010年，全省开工旅游项目369项，总投资150.61亿元。哈尔滨冰城夏都旅游区、镜泊湖渤海旅游集合区、小兴安岭森林旅游度假集合区、扎龙湿地生态旅游区、兴凯湖旅游度假集合区、大庆温泉旅游度假区、扶远华夏东极旅游区、鹤岗黑龙江界江旅游集合区等一大批重点项目的开发建

设，为全省旅游业发展注入了新的活力。五大连池和镜泊湖景区被国家旅游局新评为5A级景区。全球最著名旅游度假机构之一的法国地中海俱乐部入驻黑龙江省亚布力阳光度假村。

整合旅游资源，积极推出文化生态游如华夏东极游、神州北极游、林海泛舟游和火山边陲游等精品旅游线路，加快建设北国风光特色旅游开发区。不断加大旅游产品开发力度，相继推出休闲、冰雪、边境、乡村、工业、生态、狩猎、文化、红色、温泉旅游等项目。

旅游节庆开发力度不断加大，整合全省节庆活动资源，继续举办或承办黑龙江国际滑雪节、黑龙江国际养生度假旅游节、五花山观赏节、伊春森林国际旅游节、漠河汽车拉力赛、哈尔滨之夏国际啤酒节等节庆活动。旅游商品开发力度不断加大，开发系列旅游商品，逐步完成旅游纪念品市场的转化，形成产业规模。

打造一批主力精品项目。围绕北国风光特色，重点开发建设游客喜爱，充满体验性、参与性、娱乐性和休闲性的旅游精品项目。例如，哈尔滨湿地码头、兴凯湖观景平台、林甸北国温泉度假区、五大连池南格拉球山景区、北极界江豪华游船等。

（五）加强国际与区域合作

2012年东北"4＋1"城市区域旅游联合体年会在哈尔滨举行，"4＋1"指的是哈尔滨、沈阳、大连、长春和鞍山。为了让更多的人认识、了解东北及东北的旅游产品，扩大东北旅游知名度，东北"4＋1"城市将合力通过制作宣传片、主动走出家门、向国内外推介自己的特色旅游产品等多种渠道整合东北的旅游资源，着力打造东北城市旅游的名片。下一步，五市将联合进行推介，包括以"东北风光"之名制作五个城市的风光片；赴天津、石家庄、郑州推介；开展"乘着高铁游东北"的宣传营销活动；选择日、韩、俄或新的客源市场来提升东北旅游的影响力。

为了加强中俄旅游合作，每年在各大口岸城市举办中俄国际文化旅游产业发展大会。其间，举行中俄会展、旅游、文化产业发展论坛、中俄旅游"1＋1"洽谈会、旅游推介会、旅游产品（线路）展销等活动。此外，还邀请境内外特约买家，创新举办旅游产品采购会等，为参展商搭建起中俄旅游业界交流交易、互动双赢、务实高效的平台。力争打造以中俄旅游为主，其他四国（乌克兰、白俄罗斯、哈萨克斯坦、乌兹别克斯坦）为辅的旅游交流合作的重要平台和桥梁纽带。

黑龙江与周边俄罗斯地区应提供有关游客人数、旅游活动和旅游主体的信息，提供有关自然资源和文化资源保护和开发利用的相关信息，将至少一年一次就双边旅游发展问题进行交流和磋商；双方将在黑龙江省和滨海边疆区举办各种介绍双方旅游潜力的活动，为增强旅游安全方面的合作，双方还将在各自领土上保证对方游客安全问题进行协助，并在各自的领土上尽力帮助对方游客。

5.1.3 辽宁省旅游业发展概况

一 辽宁旅游市场发展情况

（一）辽宁入境旅游发展情况

1. 入境旅游人数与旅游外汇收入

表5-18显示，辽宁省2007~2011年入境旅游人数和旅游外汇收入都呈增长态势，并且增幅比较稳定。2011年入境旅游人数增长率虽有所下降，但旅游外汇收入增长率仍保持较高水平，说明辽宁旅游产业发展水平较高。

表5-18 辽宁省入境旅游人数与旅游外汇收入情况

年份	入境旅游人数（万人次）	增长率（%）	旅游外汇收入（亿美元）	增长率（%）
2007	200.1	24.1	12.28	31.4
2008	241.9	20.9	15.3	24.3
2009	293.2	21.2	18.6	21.6
2010	361.8	23.4	22.6	21.7
2011	410.3	13.4	27.1	20.1

资料来源：2012年辽宁省国民经济与社会发展统计公报。

2. 入境旅游客源国情况

如表5-19显示，辽宁省的国际旅游客源市场较为稳定。排在前三位的是日本、中国港澳台地区和俄罗斯，2010年，访问辽宁省的日本游客达1018917人次，占入境旅游总人数的28.2%；中国港澳台同胞达54.8万人次，占入境旅游总人数的15.1%；俄罗斯游客达216104人次，占入境旅游总人数的6%；美国和英国游客分别占入境旅游总人数的3.3%和1.5%。由这些数据可以分析出日本、中国港澳台地区是辽宁省入境旅游的一级客源市场，俄、美、英是二级客源市场，东南亚国家及欧洲国家是三级客源市场。根据客源市场的份额来看，日本具有绝对优势。这一方面与地理位置有关，另一方面也受到历史因素的影响。作为二、三级客源市场的俄欧美和东南亚地区，特别是欧美地区，虽然地理位置较远，并且还有许多影响旅游发展的因素，但从表5-20可知，一直保持着良好的增长势头，欧洲和美国是全球第一和第二的客源市场，辽宁省有必要利用好良好的基础，加大宣传力度，促进旅游业的发展。

表5-19　辽宁省的主要旅游客源国和地区

客源国（地区）排序	2007年	2008年	2009年	2010年	2010年人数
1	日本	日本	日本	日本	1018917
2	港澳台	港澳台	港澳台	港澳台	548000
3	俄罗斯	俄罗斯	俄罗斯	俄罗斯	216104
4	美国	美国	美国	美国	118961
5	德国	新加坡	英国	英国	55666
6	新加坡	英国	新加坡	新加坡	51797
7	英国	德国	德国	德国	37634
8	加拿大	加拿大	菲律宾	加拿大	27374
9	法国	法国	加拿大	法国	22617
10	澳大利亚	澳大利亚	法国	澳大利亚	21471

资料来源：2011年辽宁省统计年鉴。

表5-20　按国家入境旅游人数

国别	2007年	2008年	2009年	2010年
总计	1706636	2072737	2507403	3070097
日本	607812	708085	869432	1018917
菲律宾	11282	14701	21446	21327
新加坡	25557	36907	40618	51797
泰国	6394	10285	9483	10725
印度尼西亚	7470	11346	13219	14486
美国	47959	63346	77118	118961
加拿大	14817	18297	21283	27374
英国	20899	34614	41504	55666
法国	12998	17671	16678	22617
德国	26538	34106	34398	37634
意大利	8959	10162	10475	10811

国别	2007 年	2008 年	2009 年	2010 年
俄罗斯	122308	132801	159078	216104
澳大利亚	12294	14980	18303	21471
新西兰	3148	4691	6262	6771

资料来源：2011 年辽宁统计年鉴。

（二）辽宁省国内旅游发展情况

如表 5－21 所示，辽宁省国内游客人数和国内旅游收入均呈逐年增长态势，增长率虽有起伏，但整体保持高速增长的态势。并且，国内旅游收入增长率都高于同年游客人数增长率，特别是 2010 年和 2011 年，在国内游客人数增长率出现较大下降的情况下，国内旅游收入增长率仍保持较高水平，表明了辽宁省旅游业的良好发展。

表 5－21　辽宁省国内游客人数和国内旅游收入

年份	国内游客人数（万人次）	增长率（％）	国内旅游收入（亿元）	增长率（％）
2007	16704.1	25.3	1214.9	35.6
2008	19836.4	20.2	1635.5	34.6
2009	24194.8	22.0	2098.8	28.3
2010	28277.5	16.8	2533.4	20.7
2011	32563.5	15.2	3159.3	24.7

资料来源：2011 年辽宁统计年鉴。

（三）出境旅游

由表 5－22 可知，2008～2010 年三年国内居民出境人数增长率分别是 122%、67.5%和－10%。笔者认为 2008 年和 2009 年出境人数的大幅增长与世界经济危机对其他国家影响较大而对中国影响相对较小有关，并且很大程度是受到人民币不断升值的影响。

表 5－22　国内居民出境人数

年份	2007	2008	2009	2010
人数（人次）	436144	969000	1623038	1469022

资料来源：2011 年辽宁统计年鉴。

二　辽宁省旅游业概况

（一）旅游交通业

辽宁省交通运输业发达，基础设施完备。铁路、公路、航空和港口覆盖立体，四通八达。辽宁省位于东北的南部，东北与吉林省接壤，西北与内蒙古自治区为邻，西南与河北省毗邻，以鸭绿江为界河与朝鲜民主主义人民共和国隔江相望，南靠浩瀚的渤海与黄海，是东北唯一一个既沿海又沿边的省份。辽宁是中国东北经济区和环渤海经济区的重要结合部，是东北地区通往关内的交通要道，也是东北地区和内蒙古通向世界、连接欧亚大陆桥的重要门户和前沿地带。辽宁拥有全国密度最高的铁路、四通八达的公路、通达世界的沿海港口和航空等各种运输网。

航空方面，辽宁省现有沈阳、大连、丹东、锦州、辽阳和朝阳等民用机场6处，开通了连接日本、韩国、俄罗斯、朝鲜、新加坡、德国、美国、澳大利亚、中国香港等国家（地区）和国内80多个城市的定期航线以及到马来西亚吉隆坡、泰国曼谷和中国澳门等地的不定期包机航线。

铁路方面，全省交通以铁路为主，以省会沈阳为交通枢纽，呈放射状向东西南北延伸，是沟通东北三省和内蒙古及关内的纽带和桥梁。铁路密度位居全国首位，有沈丹、长大、沈山、沈吉、锦承、魏塔等铁路干线、支线共57条，以沈阳为枢纽向四周辐射。哈大高铁于2012年通车，沈丹、营盘、京沈、丹大等高铁正在建设中。沈阳是东北地区铁路运输中枢，境内有大、中型火车站6个，沈阳北站和沈阳站以客运为主，过往列车主要在沈阳站停车。大连车站、丹东车站陆续开通了至黑龙江、内蒙古、吉林、河北的一些旅游专线列车，旅客到海滨旅游非常方便。

公路方面，公路交通在全国率先实现高速公路覆盖所有地市级城市，高速公路营运里程达1700多公里。高速公路以沈阳为中心建成了京沈、沈大、沈本、沈哈、沈抚等高速公路和沈阳过境高速公路。沈阳市成为我国拥有高速公路最长、环城高速公路标准最高的城市之一，4小时内已能达到省内所有城市。

水运方面，辽宁省是沿海省份，水运发达。辽宁现已开通的国际国内客货运输港口有大连港、营口港、丹东港、锦州港、葫芦岛港等，其中大连、营口、锦州这3个港口为国家大型港口，可停泊万吨以上客货轮。现已开通通往国内各大港口和国际国内客货海运航线一百多条。大连港是中国北方最大的客货出海港口，客运能力500万人次以上。有客轮发往天津、秦皇岛、蓬莱、烟台、威海、上海等地，鸭绿江口的丹东和辽河口的营口也是黄海、渤海上的重要港口。

（二）旅游饭店业

2010 年，辽宁省星级饭店共有 432 家，东北三省中最多，客房总数 52678 间，床位数 88920 张。其中，五星级饭店 16 家，客房数 5929 间；四星级饭店 68 家，客房数 13736 间；三星级饭店 222 家，客房数 24290 间；二星级饭店 117 家，客房数 8233 间。

表 5 - 23 辽宁省星级饭店情况

年份	星级饭店数（个）	客房数（间）	床位数（张）
2007	507	59114	107363
2008	540	61465	111603
2009	515	59798	107895
2010	432	52678	88920
2011	409	——	——

数据来源：中国知网相关年鉴。

表 5 - 24 辽宁省各星级饭店概况（2010 年）

星级	饭店数	客房数（间）	床位数（张）	客房出租率（%）
五星级	16	5929	8109	57.39
四星级	68	13736	21667	62.22
三星级	222	24290	42756	57.12
二星级	117	8233	15562	53.91
一星级	9	490	826	55.82

数据来源：中国知网相关年鉴。

（三）旅行社业

2010 年，辽宁省全省旅行社共有 1170 家，是吉林省的约 2 倍，接待国内游客 482.78 万人，接待入境游客 272.67 万人，营业收入为 52.02 亿元。东北三省中，其旅行社个数、旅游收入、游客数最多。

表 5 - 25 辽宁省旅行社业情况

年份	旅行社数（个）	接待国内旅游人数（人）	接待入境旅游人数（人）	营业收入（万元）
2007	1108	2707472	705716	372935.36
2008	1116	5175550	2978246	501323.33

年份	旅行社数（个）	接待国内旅游者人数（人）	接待入境旅游者人数（人）	营业收入（万元）
2009	1110	5315355	1745009	509665.04
2010	1170	4827812	2726694	520219.44
2011	1162	—	—	—

数据来源：中国知网相关年鉴。

三　旅游资源和旅游产品开发情况

（一）旅游景区

全省共有 9 处国家重点风景名胜区、1 处国家历史文化名城、35 处全国重点文物保护单位。截至 2011 年，有国家 A 级旅游景区 235 个，其中 5A 级旅游景区 3 个。

辽宁省历史悠久，人杰地灵，自然风光秀美，山海景观壮丽，文化古迹别具特色，旅游资源十分丰富。山岳风景区有千山、凤凰山、医巫闾山、龙首山、辉山、大孤山、冰峪沟等；湖泊风景区有萨尔浒、汤河、清河等；海岸风光有大连滨海、金州东海岸、大黑山风景区、兴城滨海、笔架山、葫芦岛、鸭绿江等；岩洞风景有本溪水洞、庄河仙人洞；泉水名胜有汤岗子温泉、五龙背温泉、兴城温泉等；特异景观有金石滩海滨喀斯特地貌景观、蛇岛、鸟岛、怪坡、响山等；人文景观有陵、庙、寺、城 50 余处；旅游度假区有大连金石滩、葫芦岛碣石、沈阳辉山、庄河冰峪沟、瓦房店仙浴湾、盖州白沙湾等。辽宁的九门口长城、沈阳故宫、昭陵、福陵、永陵和五女山城等六处被联合国教科文组织确定为世界文化遗产。

（二）特色旅游产品

目前，辽宁省精品旅游线路有三条：辽宁滨海大道、一环三线和五色旅游。

1. 辽宁滨海大道

辽宁省滨海大道西起葫芦岛绥中县，东至丹东境内的虎山长城，全长 1443 公里，连接着辽宁省沿海 6 市的 21 个县区、100 多个乡镇，串联了省内 25 个港口和多个旅游景区、沿海开发区，是国家确定的辽宁沿海经济发展战略的重要基础设施，是新中国成立以来辽宁省修建的最长的公路，同时也是全国最长的一条沿海公路。滨海大道旅游线是国家战略"五点一线"沿海经济带的重要组成部分，堪称中国滨海的"黄金带"，是辽宁旅游"以线促带"的核心，辐射沿线 6 个城市：葫芦岛、锦州、营口、盘锦、大连、丹东，带动沿海经济带发展，而且对建设沿海旅游观光带，大力度深层挖掘辽宁滨海大道的旅游潜力，具有重要作用和意义。

2. 一环三线

一环：以沈阳为中心的现代都市群旅游线，其中包括沈阳活力之都之旅、鞍山玉都钢都之旅、辽阳清前史迹之旅、抚顺清前故里之旅、本溪地质山城之旅、铁岭蒸汽机车之旅。

三线：一是沈阳—本溪—丹东的山水边境风情旅游线；二是沈阳—辽阳—鞍山—营口—大连的海滨休闲度假旅游线；三是沈阳—盘锦—阜新—朝阳—锦州—葫芦岛辽西走廊观光旅游线。

3. 五色旅游

（1）金色旅游——清朝遗迹主题行

辽宁省是清朝的发祥地，满族风韵是辽宁旅游最大的特色，清朝遗迹遍布辽宁各地，特别是沈阳、抚顺、辽阳三地保存着许多清文化的历史遗迹。沈阳是清朝的发祥地，沈阳故宫、昭陵、福陵、清初四塔、皇寺等历史遗迹确立了其作为关东清文化旅游中心城市的地位。至今，沈阳地区的一宫三陵，即沈阳故宫和新宾永陵（埋葬着努尔哈赤的先祖）、沈阳福陵（埋葬着努尔哈赤）、沈阳昭陵（埋葬着努尔哈赤的儿子清太宗皇太极）仍然保存完好。抚顺有"启运之地，满族故里"之称，费阿拉城、赫图阿拉城、永陵、界番城和萨尔浒古战场等清前史迹众多，独具特色。在辽阳，清太祖努尔哈赤所建的东京城、东京陵也是清前历史链条中重要的一环。有关专家指出，从费阿拉城（努尔哈赤建立的第一个根据地）到赫图阿拉城（努尔哈赤建立的第一个国都），到东京城（努尔哈赤从赫图阿拉城迁都辽阳所建的都城），再到盛京城，清前历史在抚顺、辽阳、沈阳留下的轨迹清晰、连贯且完整。

辽宁省满族文化有着巨大的国内国际影响力，辽宁省内现已打造大型舞蹈诗画《满风神韵》和大型满族风情舞蹈《东陲边鼓》。沈阳故宫的皇家礼仪展演，已成为沈阳清文化旅游的标志性品牌，成为沈阳与国内外宾朋、客商进行文化交流的纽带。2008 年，完成投资达 800 万的"沈阳故宫日常养护工程"，不仅有效恢复和保护了沈阳故宫古建筑的完整性，还使沈阳故宫的占地面积增加了 400 平方米。沈阳故宫 2008 年共接待游客 94 万人次，产业收入达 3500 万元。2005 年开始，辽宁满族文化旅游的区域合作也呈现出新的气象。沈阳、抚顺、辽阳三市联手举办的清文化旅游节，经过 2004 年第一届的成功运作，已经成为颇有名气的区域性文化品牌。与此同时，作为清东陵、清西陵"祖宗根"的关外三陵也将与它们建立更为紧密的联系，整个清文化产业带即将形成。

满族风情文化旅游内容丰富，异彩纷呈。丹东青山沟中华满族风情园被誉为"中华满族第一园"，它是中华大地上第一个最大、最为完整地再现满族古老民族风情和民俗文化的展示园区。抚顺新宾中华满族风情园，是我国唯一展示满族民族发展历史的综合性浏览区。沈阳陨石山满族民俗村是以满族民俗风情、北方乡村田园风光和体育娱乐健身相结合的旅游新区。抚顺成功地打造一年一度的满族风情节，游人如织，景区年接待游人达50多万。[①]

（2）银色旅游——冰雪温泉主题行

激情冰雪，浪漫温泉，辽宁作为冰雪、温泉大省，冰雪、温泉资源极为丰富。辽宁境内有十余处大型滑雪场，设施完善。多姿多彩的冰雪运动及游乐体验在冬季旅游中极具人气。辽宁也是众多温泉富集地，水质上乘，且随着温泉旅游的不断发展，辽宁温泉旅游已成为融沐浴、养生、休闲、度假、文化于一体的新型旅游热点。

辽宁省拥有丰富的温泉资源，开采历史悠久，具有分布广、温度高、出水量大、水质好等优点。根据最新勘测结果，辽宁省14地市均有温泉（地热）资源分布，而具备开发潜力的温泉资源就有110多处，目前已开发运营40余处，正在建设40余处。辽宁省拥有多处国内外较高知名度和影响力的成熟温泉旅游胜地，如鞍山汤岗子温泉、营口熊岳温泉、本溪汤沟温泉、辽阳弓长岭温泉、丹东五龙背温泉、葫芦岛兴城温泉、大连安波温泉等。据此辽宁省政府提出用5年时间倾力打造辽宁温泉旅游集群品牌，使温泉旅游成为辽宁旅游产业发展的突破口和产业结构调整的新增长极，实现"中国温泉旅游第一大省"的奋斗目标。在《辽宁省温泉旅游发展专项规划》中提出了明确的目标，即在2015年年底，建设10个温泉旅游聚集区，50个温泉旅游小镇，100家投资10亿以上的温泉旅游企业，温泉旅游年接待游客人次达500万，温泉旅游收入占全省旅游收入的20%以上，形成各具特色的温泉旅游产业群。2011年，辽宁省接待温泉旅游游客超过3000万人次，温泉旅游收入190亿元，占辽宁省旅游总收入的5.7%。

（3）蓝色旅游——海洋海岛主题行

辽宁省海洋资源丰富，全省海岸线长2920公里，其中大陆岸线2292.4公里，岛屿岸线627.6公里。共有岛屿506个，总面积191.5平方公里，其中500平方米以上的岛屿266个。海域（大陆架）面积15万平方公里，近海海域面积6.8万平方公里，滩涂面积达2070平方公里。辽宁海洋生物种

---

① 孟月明. 辽宁省历史文化旅游业整体经营状况分析［J］. 经营管理者，2009，12.

类繁多，具有经济价值的鱼类 200 多种，虾、蟹、贝类 30 多种，藻类 100 多种，资源量超过 100 万吨。宜港海岸线 1000 公里，尤其有较长的基岩港湾岸段，适合建设深水港口。滨海沿岸自然风光秀丽，优质旅游业基本要素完备，名胜古迹星罗棋布，有著名的人文历史与自然景观 45 处，天然海滨浴场 72 处。

滨海旅游业是我国海洋产业的重要组成部分，《中国海洋 21 世纪议程》和《全国海洋经济发展规划纲要》均把"滨海旅游"列为新兴的支柱性海洋产业予以重点发展。根据国家海洋局的定义，滨海旅游业是以海岸带、海岛及海洋各种自然景观、人文景观为依托的旅游经营、服务活动类型产业，其主要内容包括海洋观光旅游、休闲娱乐、度假住宿、体育运动等活动。辽宁省沿岸有丰富的旅游资源，美丽的海滨城市大连是我国传统的旅游城市，还有富饶的边贸城市丹东，以及历史悠久的温泉之城兴城等地，每年都接待了数以百万计的国内外游客。2009 年辽宁省沿海六市共接待国内游客 9800.4 万人次，入境游客 77.51 万人次，国内旅游收入 977.7 亿元，外汇收入 104349 万美元。

表 5 - 26　辽宁海滨主要景区

景区名称	景区特色
大连金沙滩国家旅游度假区	具有绚丽的自然风光和一流的休闲设施的 5A 级旅游景区
大连星海湾景区	大连市内集观海、避暑、海水浴为一体的综合性大型滨海公园
大连老虎滩海洋公园	展示海洋文化，突出滨城特色，集观光、娱乐、科普、购物、文化为一体的现代化海洋公园
大连付家庄浴场	优美的自然风光，大连市四大海滨浴场之一
营口望儿山风景区	山水林泉风光秀丽，果乡古城相映成趣，"母爱"是景区的特色主题
鸭绿江风景名胜区	水景为主线，山景相依托，名胜古迹历史久远，游一江可观赏中朝两国风光
兴城古城	我国目前保存最完整的四座明代古城之一
绥中九龙口水上长城	巍峨壮丽的长城遗迹，是我国唯一的水上长城

资料来源：辽宁海洋经济蓄势待发，辽宁省人民政府发展研究中心课题组，辽宁经济，2012，2.

海岛旅游近些年来的发展较为迅速，作为全国重要沿海省份之一的辽宁在海岛旅游的发展方面日益突出。借助得天独厚的横跨黄海和渤海两个海域的地位优势，辽宁省拥有长约 2100km 的海岸线，占全国海岸线的

12%。而且省内海岛资源丰富，海域环境条件优越，海产品资源丰富。由于拥有丰富的植物资源使得海岛的水土保持、水源涵养和生态环境改善都处于良性循环发展中。辽宁海岛均属于基岩岛，岸线蜿蜒曲折，港湾资源也丰富，部分港湾水深适度，水域平稳。例如，大连的大连港和旅顺港都是天然优良海港。这些为辽宁海岛经济开发提供了良好的发展条件。此外，辽宁省气候宜人，有清洁的滨海沙滩，蕴藏着丰富的旅游资源，其自然景观、人文景观、珍禽及动物景观和海滨浴场都别具一格，是休闲观赏、度假疗养的旅游胜地。

海岛旅游目前已成为辽宁省旅游的一大特色。辽宁省海岛旅游区根据其资源分布状况及与海岛的区位条件，可划分为渤海辽东湾菊花岛旅游区和黄海北部长山群岛、大鹿岛旅游区。根据与旅游区的海陆联系，以及行政区划、区间联系等因素，又将黄海北部分为长山群岛旅游亚区和大鹿岛旅游亚区。在长山群岛内部，根据各海岛的当前交通、海岛组合、区位条件、旅游设施等基础，还可细分为 4 个景区，即石城旅游风景区、广鹿岛旅游风景区、獐子岛旅游风景区和小长山旅游风景区。现已开发并对外开放的海岛主要有菊花岛、大小长山岛、獐子岛、海洋岛、广鹿岛、石城岛、王家岛和大鹿岛。各海岛旅游人数和旅游收入都呈逐年上升趋势。其中菊花岛的年接待人数曾突破 165 万人次。①

（4）红色旅游——革命史迹主题行

红色旅游景观类型多样，特色鲜明。辽宁省红色旅游资源十分丰富，且特点鲜明，全省现有国家级爱国主义教育示范基地 10 个，省级 35 个，市级 179 个，其中，已经开发利用的有 50 处。这些红色旅游资源涵盖了抗日战争、解放战争、抗美援朝、社会主义建设四个时期的内容。其中"沈阳—锦州—葫芦岛—秦皇岛"线被列入国家 30 条"红色旅游精品线路"之中，抚顺平顶山惨案遗址纪念馆、抚顺战犯管理所旧址、沈阳"九一八"历史博物馆、大连关向应纪念馆、锦州辽沈战役纪念馆、锦州黑山阻击战景区、葫芦岛塔山阻击战纪念馆、丹东抗美援朝纪念馆、丹东鸭绿江断桥、沈阳抗美援朝烈士陵园等 10 个景区被列入国家 100 个"红色旅游经典景区"之中，而且这些爱国主义教育基地全部处在旅游功能比较完善的旅游城市中，已构成辽宁省红色旅游骨干体系，年接待游客规模在 50 万至 100万人次之间，发展红色旅游有很大的潜力和优势。

---

① 王晓宇．"十二五"背景下辽宁"五点一线"沿海区域海岛旅游发展探析［J］.特区经济，2011.

辽宁将围绕抗日战争、解放战争、抗美援朝等主题，打造辽宁中部、辽宁西部、辽宁东部、辽宁南部四大红色旅游区，将开发建设相对成熟的红色旅游区点在本区域或跨区域连点成线，将红色旅游线路与省内绿色生态、金色清文化、蓝色海洋、白色冰雪等资源进行科学组合，使其产生叠加吸引力，实现优势互补。现已策划勿忘国耻、抗日救国主题系列游，辽沈战役主题系列游，抗美援朝、保家卫国主题系列游，伟人风范主题系列游，浩气长存主题系列游和爱国将领张学良专题系列游六大红色旅游系列活动。全省将着力打造"辽沈战役""抗美援朝""雷锋精神"等具有强烈震撼力的全国一流红色旅游精品。

（5）绿色旅游——自然生态主题行

截至 2007 年年底，辽宁省共有自然保护区 96 个，占国土面积的 9.8%。其中国家级自然保护区 12 个，占全省自然保护区总面积的 16.32%；省级自然保护区 28 个，占全省自然保护区总面积的 35.16%。野生动物资源较丰富，仅野生脊椎类动物就有 826 种，其中鸟类 383 种、兽类 81 种、两栖类 26 种、爬行类 16 种。现有地质遗迹的自然保护区 5 处，分别为金石滩自然保护区、城山头自然保护区、金石滩地质自然保护区、顺城区仙人洞自然保护区和望天洞自然保护区。水域生态资源丰富，河流众多，河网密布，大小河流有 360 多条，其中，流域面积在 5000 平方公里以上的河流有 16 条，在 1000～5000 平方公里之间的河流有 52 条。有古生物化石遗迹自然保护区 2 处，分别为朝阳北票鸟化石群自然保护区和辽宁城山头自然保护区。森林公园的总数已达 61 处，其中国家级森林公园 27 处，省级森林公园 34 处。①

四　辽宁省旅游业发展建议

（一）旅游人数稳步增长，旅游收入不断提高

由第一部分的数据分析可知，无论是入境游客还是国内游客，无论是国际旅游外汇收入还是国内旅游收入，近几年来都呈稳步快速增长趋势。2011 年，辽宁省获得旅游收入 3335.6 亿元，同比增长 24.1%；接待入境旅游者 410.3 万人次，同比增长 13.4%；旅游外汇收入 27.1 亿美元，同比增长 20.1%；接待国内旅游者 3.26 亿人次，同比增长 15.2%；国内旅游收入 3159.3 亿元，同比增长 24.7%。旅游主要经济指标实现历史最好水平。随着辽宁省旅游产品的进一步优化组合，旅游品牌的进一步拓展，旅游配套基础设施和服务设施的进一步完善，旅游人数将会持续增加。并且，旅游

---

① 刘志友. 辽宁发展生态旅游的对策分析［J］.边疆经济与文化，2008，10.

收入增长高于游客人数增长，说明旅游业正在发挥其关联性强、带动力强的作用。它不仅直接体现在对运输业、住宿餐饮业、商品零售业、娱乐业和社会精神文明建设等的牵动上，同时又会通过上述直接牵动产业对生活用品、食品加工、金融保险等产业产生间接的拉动作用。

（二）旅游产品形式进一步向多样化、多层次发展

随着人们生活水平的提高和生活内容的丰富多彩，人们已不再满足于初级的游山玩水、观花逛景式的简单的观光旅游形式，人们要体验更多的更深层次的美好经历，这就要求旅游产品的形式要随之变化，要适应人们的需求，呈现多样化、多层次的产品形式。专项旅游和特种旅游形式会日益增加，享受性、娱乐性以及富有文化内涵的旅游内容也将会大大增强，将会出现以观光休闲为主，以文化、探险、民俗、生态、体育、会展、商务、购物等旅游形式为辅的百花齐放的旅游局面。第三部分介绍的辽宁省主推旅游产品就已经呈现出多样化、多层次的特点。此外，辽宁省还可以深度开发宗教旅游、工业旅游等具有优势旅游产品。

（三）旅游行业发展大环境进一步改善

首先把旅游安全生产摆在更加突出的位置，应围绕重点时段、重点部位和重点环节部署旅游安全工作，在春节和"十一"之前分别开展辽宁省旅游安全大检查，重点对辽宁省主要旅游企业的设施设备、食品卫生、车辆船舶、道路交通、应急管理和制度落实等进行专项检查，查出并及时整改一般性安全问题，及时排除隐患，加强旅游安全生产的薄弱环节，确保辽宁省假日旅游安全。

每年应多次组织旅游行政执法人员，依法加强与百姓旅游生活密切相关的旅行社、景区、酒店以及导游员执业情况进行重点检查，及时杜绝和解决保证金存储、保险金上缴、超范围经营、欺骗性广告宣传及违规挂靠门市（网点）等导游违规执业的问题，净化旅游市场环境，规范旅游经营者经营行为，树立旅游行业的良好形象，保护旅游经营者和旅游者的合法权益，提高游客和当地居民的旅游环境满意度。

（四）加大旅游合作力度

区域联合、上下整合、部门配合，逐步形成辽宁大旅游发展格局。加大东北"三省一区"、环渤海以及北方十省市区域旅游合作，举办各种形式的旅游合作和交流活动。

加强省内各地区旅游合作，更加密切沈阳经济区、辽宁沿海六城市及辽西北等省内旅游区域的交流与合作，实质推进区域旅游无障碍旅游机制。省市旅游部门合力共进，整合资源，整合资金，集中在中央电视台等主流

媒体黄金时段开展辽宁整体形象的宣传推广活动，联合组织在境内外的宣传促销活动，发挥辽宁各市整体合作的优势。同时，密切与发改、财政、金融、交通、农业、建设、土地、地质、环境、工商、税务等部门的合作，优化旅游发展环境。初步形成和构建大旅游发展格局，进一步优化区域合作、上下齐心、部门配合的发展环境。

加大周边国家的旅游合作，加强与朝鲜的旅游合作，深度开发以观光、休闲、度假为一体的旅游产品，同时，与朝鲜接壤的吉林省合作，深度开发跨国、跨省旅游产品，如从辽宁省进朝鲜、从吉林省出的环线旅游线路，丹东—平壤—罗先—延边旅游线路等。加强韩国、日本和俄罗斯的旅游合作，利用航空、海运等便利条件，开发多国旅游产品，逐步强化出境旅游。

5.2　朝鲜旅游业发展概况

5.2.1　旅游资源特征

1. 自然资源优越

朝鲜的地理位置、地形和地貌以及气候条件，造就了丰富多彩的自然地理景观和观赏性很高的自然旅游资源。在自然旅游资源中最具有特色的是景观资源。山岳和谷地、平原和台地、海面和岛屿协调融合，构成了一幅幅独特而美丽的画卷。白头山、金刚山、妙香山、七宝山、九月山等都是世界闻名的旅游胜地。由于这里自然环境保持较好，吸引着许多外国游客。同时，气候资源对旅游业也具有很大意义，朝鲜地处北半球寒温带，四季交替分明，气候宜人。此外朝鲜还有丰富的矿泉、稀泥、海水和特殊气候等能用于医疗的自然资源。已知的矿泉地带有152处，其中温泉56处、药水泉96处，温泉和药水泉数量比为1:1.7。

2. 遗产资源丰富

朝鲜具有悠久的历史和文化。朝鲜半岛作为人类的发祥地之一，经历了猿人、古人、新人等人类早期发展阶段，养育了具有五千年历史、使用同一种语言和具有同样风俗传统的单一民族。因此，朝鲜有许多历史文化遗迹。平壤、南浦、黄海道以内和开城一带有100万年前原始人的黑色毛卢遗迹和高句丽时期的德洪里坟、江西世坟、古国原王坟、东明王坟，还有高丽时期的公闵王壁画坟和封建王公贵族的坟墓。大成山城、平壤城、太白山城、正方山城、大兴山城、垂杨山城等古城墙，大成山城南门、大东门、普通门、开城南门、大兴山城北门等古城门，乙未台白相楼、通军亭、万岁楼等古楼亭，广法寺、宝贤寺、观音寺等古刹，都展现着朝鲜悠久的历史和优秀的建筑艺术。在平壤朝鲜中央历史博物馆、朝鲜民俗博物馆和朝鲜美术博物馆陈列着世界最早的金属活字及其印刷物，朝鲜李朝五百余年的政府日志《李朝实录》和佛教传书《八万大藏经》，享誉世界的高丽青瓷和金刚山金佛像等许多历史遗物。其他各地也都有历史博物馆。开城还有高丽博物馆。①

3. 以政治或意识形态为基础的旅游吸引物众多

主体思想塔，金日成诞生地锦绣山纪念宫，革命烈士纪念馆，解放战争纪念馆、金日成塑像，朝鲜缴获的美国"普韦布洛"号间谍船，国际友谊展览馆，板门店等②都是吸引赴朝游客前往参观的重要景点。各地还有许多专门纪念地、纪念碑、博物馆，陈列着朝鲜人民在金日成同志和朝鲜劳动党领导下进行革命斗争的生动历史资料和遗物。总之，近现代的抗日活动和朝鲜战争中所形成的故址以及现存的军事分界线等构成了朝鲜独特的政治方面的旅游吸引力。

5.2.2　旅游市场特征

1. 淡旺季明显

朝鲜属于温带气候天气，四季非常分明，天然造就的条件使得这里的植被非常丰富，也造就了壮观的自然景色。朝鲜的春夏秋冬的交替是比较明显的，随着季节的变化，朝鲜的风景区也呈现出不同的瑰丽景致。朝鲜旅游最佳时间一般是在4～10月，其旅游旺季主要在6～9月。这个时段的朝鲜充满了生机勃勃的景象，各个景点都妙趣横生，让游客大饱眼福。著名景点金刚山也在这个时段迎来了观赏的高峰期，山上郁郁葱葱的树木、鸟语花香弥漫着整个山涧，溪水飞流直下的瀑布击打着岩石，飞溅到幽潭里，打破了整个山林的寂静，到处展现出一派生机盎然的景象，让游客无不为之留恋；九月山的阳刚之美在这个时间段也尽显出独特的魅力，形状各异的山峰重叠着耸立，形成了万丈深渊和许多大型瀑布，透明的水珠溅落在波光粼粼的水面上荡漾出一圈圈波浪，这样的场景总会让游客有几分惬意的感受。这里的植被也非常丰富，各种争奇斗艳的树木使绚丽多姿的色彩相互搭配，勾画出一幅绝美的风景画。③

---

① 游鱼网：http://www.yoyv.com/Blog/log/dandongtaotao_47835_/.
② 郑辽吉．朝鲜与中韩旅游合作研究［J］．理论界，2007（7）.
③ 北京青年旅行社：http://www.tours010.com/gonglue/chaoxian_4315.html.

2. 旅游业以入境旅游为主，入境游客以周边国家为主

旅游业为朝鲜每年创汇数千万美元，旅游业占其外汇收入中极大的份额。朝鲜政府开始意识到旅游业的发展潜力，力争搞活旅游产业，不断扩大涉外旅游规模、增加国家外汇收入，增进外部世界对朝鲜的了解。一般来看，朝鲜是一个工业经济国家，工业占 GDP 的 43%，比日本和中国的35% 还高，但真正为其创汇的还是旅游业。

旅游业是和平的产物。从技术角度上来说，朝鲜与韩国还处于一种"战争"的状态；朝鲜与美国、日本还没有建立正式的外交关系，他们还不能为其提供大量的游客。朝鲜仍然是从入境旅游获得收入的国家。朝鲜入境的外国游客一般每年为 5 万~10 万人，其中约半数是中国人，日本游客估计为每年 2000 人。其他的入境旅游游客多来源于俄罗斯和中国的香港及澳门地区。在入境的外国游客中，中国、韩国、东南亚的游客占到了 85%以上。其他国家的游客非常少，但有相当大的潜力。朝鲜官方在对外宣传中声称每年有几百名欧洲人，10 多万外国人（绝大多数为中国人）有机会前来呼吸朝鲜纯净的空气。

朝鲜亚太和平委员会和韩国现代集团 1998 年 11 月合作启动组织韩国游客到朝鲜金刚山旅游的项目。2008 年 7 月，一名韩国女游客因误入旅游区附近军事禁区被朝鲜哨兵开枪击毙，韩国方面因此中断了该旅游项目。

2010 年 4 月，朝鲜宣布没收或冻结韩国在金刚山地区的不动产，并驱逐其管理人员。2011 年 4 月，朝鲜宣布取消同韩国现代集团所签协议中赋予现代方面垄断经营权的条款，改为朝鲜和韩国现代共同经营金刚山旅游。朝鲜后来宣布废除"金刚山旅游区"，设立"金刚山国际旅游特区"，并于2011 年 5 月宣布出台《金刚山国际旅游特区法》，允许外国人到金刚山投资旅游①。

从 2009 年开始，朝鲜入境游客以中国游客为主，所占比重为 80% ~90%。2009 年 10 月温家宝总理访问朝鲜，在两国总理见证下，双方签署了《关于中国旅游团队赴朝鲜民主主义人民共和国旅游实施方案的谅解备忘录》，备忘录签署后，双方积极推动各项准备工作，共同商定于 2010 年 4 月12 日正式启动首发团。

中国旅游团赴朝鲜首发团 2010 年 4 月 12 日起程，标志着中国公民组团赴朝鲜民主主义人民共和国旅游业务正式启动。赴朝首发团由首发旅行社和友好交流团组成，共有团员 395 名，分别来自北京、天津、上海、辽宁、

---

① 朝鲜宣布将从 4 月开始向游客开放金刚山旅游 [N]. 新华网，2012 - 04 - 01.

吉林、黑龙江、河北、山东、江苏、广东 10 个省市。首发团分别自北京、沈阳航空口岸和丹东陆路口岸赴朝，于平壤会合，行程共 8 天。承担组团的国旅、中旅、妇女、康辉等 14 家旅行社都派出了经验丰富的领队[1]。中国公民组团赴朝鲜旅游业务的正式实施，使两国旅游交流与合作进入新的历史时期，必将进一步加深中朝两国人民的传统友谊，扩大双方旅游交流与合作的领域和影响。

2010 年开始，访问朝鲜的中国游客急速增长，2010 年访朝中国游客达 13.11 万人次，同比增长 36.4%，2011 年达 19.39 万人次，增长率达 47.9%。今后几年间将继续保持强劲的增长势头。

表 5 – 27　中国赴朝鲜旅游人数

年度	中国赴朝鲜旅游人数（万人次）	增长率（%）
2010	13.11	36.4
2011	19.39	47.9
2012	23.74	22.5

资料来源：中国国家旅游局网站。

3. 出境人数中，以劳务输出为主

据韩国国家旅游组织估计，朝鲜出境人员的绝大部分由国家派出的留学生、公派人员等组成。仅以 20 世纪 90 年代末期的水平来看，每年出境的人员在 10 万人左右。朝鲜的出境旅游人数 1996 年是 88338 人，其中 66915 人到亚太地区，21637 人到欧洲，758 人到中东，28 人到美国，绝大多数出境旅游的朝鲜人都是党政高官。[2]

2012 年访问中国的朝鲜人总数为 18.06 万人次，同比增长 18.56%，其中，劳务输出人数为 7.96 万人次，占 44.08%；会议/商务人数为 5.52 万人次，占 30.56%；观光/度假人数为 0.45 万人次，只占 2.49%（见表 5 – 28）。

表 5 – 28　访华朝鲜游客数量

（万人次）

年度	劳务人员	会议/商务	观光/度假	亲戚好友访问	其他	总数	增长率（%）
2009	5.21	1.94	0.41	0.03	2.80	10.39	

---

① 中国旅游团队赴朝鲜首发团今日启程 ［N］.中国国家旅游局，2010 – 04 – 12.
② 郑辽吉. 朝鲜与中韩旅游合作研究 ［J］.理论界，2007（7）.

续表

年度	劳务人员	会议/商务	观光/度假	亲戚好友访问	其他	总数	增长率（%）
2010	5.39	2.53	0.43	0.04	3.24	11.64	12.03
2011	7.53	3.90	0.46	0.01	3.33	15.23	30.86
2012	7.96	5.52	0.45	0.02	4.11	18.06	18.56

资料来源：中国国家旅游局网站。

5.2.3 旅游服务设施现状

一　酒店业

截至 2007 年，朝鲜拥有 24 个接待外国游客的宾馆酒店，有 6000 个床位。酒店设施缺乏，其空调、取暖、电梯等服务设施需要不断维修才能使用，而且房间的使用率不到 30%；由于电力和生活用水不足，一些宾馆停电、停水的现象时有发生；翻译导游少，并且外语水平一般，对于旅游接待国际惯例了解很少；在一些宾馆里，房间里虽有电视机、冰箱等电器，但有的电视机没有任何信号，有也只有一个朝鲜的频道，冰箱里没有任何东西。① 近年来，尽管朝鲜旅游饭店的硬件设施有一定的改善，但服务水平距离中国游客的要求还有差距。朝鲜一年四季分明，在一年中只有 3~4 月是旅游旺季，导致旅游旺季高峰时服务设施及服务管理在某种程度上满足不了游客的需要；到了淡季，大量的服务设施又闲置下来，降低了旅游设施的利用率。

朝鲜的宾馆可分特级、一级、二级三个档次。特级有三个宾馆，高丽饭店、羊角岛国际饭店、妙香山宾馆。宾馆最多的地区为平壤市，在平壤能接待国外游客的主要饭店有高丽饭店、羊角岛国际饭店，普通江饭店、两江饭店、西山饭店等。

表 5 - 29　朝鲜主要饭店数量及分布

序号	饭店名称	等级	客房数	位置
1	高丽饭店	特级	500	平壤
2	羊角岛国际饭店	特级	1001	平壤
3	香山饭店	特级	228	妙香山

---

① 郑辽吉. 朝鲜与中韩旅游合作研究 [J]. 理论界，2007（7）.

续表

序号	饭店名称	等级	客房数	位置
4	普通江饭店	一级	162	平壤
5	两江饭店	一级	330	平壤
6	青年饭店	一级	465	平壤
7	西山饭店	一级	513	平壤
8	金刚山饭店	一级	213	元山－金刚山
9	罗津国际饭店	一级	101	清津－七宝山
10	苍光山饭店	二级	326	平壤
11	大同江饭店	二级	49	平壤
12	平壤饭店	二级	170	平壤
13	枕峰旅社	二级	47	白头山
14	开城民俗旅社	二级	49	开城
15	子男山旅社	二级	43	开城
16	清川旅社	二级	63	妙香山
17	清屏旅社	二级	22	妙香山
18	港口旅社	二级	109	南浦
19	东明旅社	二级	53	元山－金刚山
20	松涛园饭店	二级	164	元山－金刚山
21	解放山旅社	三级	113	平壤
22	惠山旅社	三级	49	白头山
23	鸭绿江旅社	三级	53	新义州－义州
24	3.8旅社	三级	29	沙里院
25	南山旅社	三级	18	清津－七宝山
26	会宁旅社	三级	34	豆满江
27	松涛园观光旅社		83	元山－金刚山
28	侍中阁		20	元山－金刚山
29	王在山观光旅社		15	豆满江
30	鳖山观光旅社		21	豆满江
31	琵琶饭店		46	清津－七宝山

资料来源：朝鲜旅游［M］.朝鲜国家旅游总局，1997.

二 旅游机构

1. 国家旅游总局

朝鲜民主主义人民共和国国家旅游总局是政府最高级旅游机构，根据国家的政策，主管并指导朝鲜旅游全盘工作，如计划、调查、开发和宣传等，还办理市场促销、财政管理、服务提供等业务。该总局成立于主体 75（1986）年 5 月 15 日。朝鲜民主主义共和国于 1987 年 9 月加入了世界旅游组织（WTO）。

2. 朝鲜国际旅行社

朝鲜国际旅行社办理签订旅游合同，安排旅游日程，接待，派遣旅游者，安排导游和服务业务。该社于 1953 年 8 月 24 日在平壤市建立。

3. 旅游宣传社

旅游宣传社办理出版、摄制和普及旅游宣传及广告用出版物，旅游录像片、广告用照片业务。还可以按旅游者要求，提供录像、照相服务。该社成立于 1987 年 12 月 17 日。

4. 旅游纪念品展览馆

旅游纪念品展览馆是展出并出售朝鲜特产和纪念品的商业机关。展览馆展出了 1000 余种纪念品和特产。

三 旅游餐饮业

朝鲜代表性的著名餐厅有玉流馆、清流馆、统一馆等。

1. 玉流馆

玉流馆坐落于风景优美的牡丹峰东南方清澈见底的大同江畔的玉流岩上面，因此得名。玉流馆于 1960 年 8 月 13 日竣工，是朝鲜最著名的食府，经常用作招待外国元首及贵宾，外国驻朝鲜的大使馆也多选择在玉流馆举行宴会。具有民族特色的餐厅。玉流馆烹调固有的朝鲜式饮食和自古以来闻名遐迩的平壤冷面等各种可口的饭菜来接待游人。玉流馆地上有二层，地下有一层。总建筑面积 5800 平方米，共有 2000 多个座位。玉流馆的外形根据大同江畔各建筑的特点，把古代律筑形式与现代的要求很好地结合起来，显示了朝鲜建筑独特的造型美，把大同江畔的风景点缀得更加秀丽。玉流馆是显示朝鲜建筑造型美的纪念碑式的建筑之一。

2. 青春馆

青春馆位于平壤光复大街祝典洞。这是朝中两国合营的餐馆。1990 年，中国人民志愿军入朝参战 40 周年之际，青春馆正式开业。青春馆建筑面积达 1 万平方米，有 2400 个座位，向宾客提供朝鲜和中国饭菜。青春馆开业后，受到平壤市群众和来朝鲜访问的中国及其他外国客人的欢迎。这间餐厅向宾客提供朝鲜冷面、温面、生拌鱼、生拌牛肉等，餐厅的对面，便是专门提供以水产品为主要材料的菜肴、熏制品和中国菜肴的餐厅。

3. 清流馆

清流馆位于平壤万景台区域的普通江畔之东成洞，像浮在碧绿的普通江上的一只华丽的大花船而得名。这里共有 1600 个座位，室内 1000 席，露天 600 席。这里备有各种冷饮和糖果，还可以做 100 多种饭菜。例如：冷面，神仙炉（火锅），炒饭，砂锅，小锅汤，各种烤肉，牛排骨汤，鲢鱼汤饭，高级点心，各种煎饼等。除了由厨房供应的饭菜以外，如果顾客希望自己动手烤肉或烹调，就可以利用煤气炉，迅速做好。餐室是按照饮食种类安排的。

4. 统一馆

统一馆位于开城市中心的子男山南麓。统一馆系烹饪朝鲜民族饭菜的饭馆，在这里旅游者能品尝到份儿饭、清炖人参鸡、开城包泡菜、开城药饭等开城小吃。

四　交通

航空：平壤顺川机场为国际机场。定期国际航线有平壤—北京、平壤—沈阳、平壤—曼谷等，澳门不定期包机飞平壤。其中，北京至平壤航线由波音 737 飞机执飞，CA121 航班于每周一、周三、周五 13：40 从北京起飞，当地时间 16：20 到达平壤；返程航班 CA122 于当日 17：20 从平壤起飞，到达北京的时间为 18：05。沈阳至平壤周一、周五起飞，飞行时间约 50 分钟，票价 800 元人民币。

铁路：平壤每周一、三、六有列车开往莫斯科，每周四、五、六有列车从莫斯科开往平壤，每周一、三、四、六有列车开往北京。朝鲜交通以火车、汽车为主，中朝边境城市新义州到平壤市全程 240 多公里，火车 6 个多小时就能到达。

公路：朝鲜位于亚洲东部朝鲜半岛北半部，北部与中国一水相隔，东北与俄罗斯接壤。北方的国界有一半是以鸭绿江为界，由丹东市往朝鲜主要交通工具是公共汽车，行驶两分钟通过鸭绿江大桥就走出了国门。公路总长度 77500 多公里。已建成平壤—南浦、平壤—元山、平壤—开城高速公路和平壤—妙香山旅游公路。中朝边境城市新义州到平壤市全程 240 多公里，汽车 6 个多小时就能到达。

水路：主要港口有清津、南浦、元山、兴南、罗津等。①

---

① 欣欣旅游网：http://abroad.cncn.com/north_korea/traffic.

5.2.4 旅游产品特征

1. 观光旅游产品为主

朝鲜的自然风光、名胜古迹和城市风光都是吸引游客前去观光游览的重要因素。朝鲜自古以来就以"锦绣江山"誉满海外，四季风光独具风韵。白头山、金刚山、妙香山、九月山、七宝山等是游客最为向往的旅游胜地。朝鲜古迹众多，单平壤地区就有练光亭、崇灵殿与崇仁殿、大成山城墙、大城山城南门、广法寺、檀君陵、东明王陵以及万寿台大纪念碑、主体思想塔等多处游览胜地。朝鲜平壤、新义州市、罗先市等地的城市风光也吸引了许许多多的国外游客。一份由延边大众旅行社有限公司提供的"延吉—平壤、开城、金刚山5日游"行程单给出了具体的信息——第1天：抵达朝鲜首都平壤，游览朝鲜万寿台大纪念碑、千里马铜像；第2天：去往开城，游览板门店、停战谈判馆、高丽博物馆、陆军停战委员会会谈场、松涛园公园；第3天：去往金刚山，游览多处瀑布；第4日：返回平壤，参观美军间谍船、万景台、平壤地铁、凯旋门、友谊塔、主体思想塔、建党纪念塔、少年宫。由此不难看出，绝大多数行程安排都是观光游览。一方面是因为朝鲜自然资源、名胜古迹众多，而更为重要的原因则是朝鲜特殊的国情以及旅游业起步晚、发展水平低，基本上处于我国旅游业20年前发展初期的状况，因而目前正处在观光旅游这样一个较低水平的发展阶段。

2. 度假旅游产品开发深度不够

度假旅游是指出于疗养目的或为了摆脱日常工作和生活环境造成的身心紧张，而去海滨、山区等环境优美的地方放松一段时间的旅游活动。朝鲜生态环境优美、文化魅力独特，但没能将资源优势转化为产品优势。由于特殊的国情以及经济发展水平低，朝鲜没能顺应旅游业转型升级的大趋势，实现低端旅游产品向高端旅游产品的升级和转型。休闲产业是一个相互配套的系统工程，涉及酒店、餐饮、交通、商业、通信等多个部门，所有部门需同步且高水平发展，而它们的发展最终依赖于经济的发展。城市是现代经济的基础和主要载体，城市的发展代表了一个地区的经济和产业发展水平。同国际上众多休闲旅游景区相比，朝鲜的城市显得相形见绌，休闲设施在总量和布局上有很大的欠缺，城市现代化水平较低。这项因素是朝鲜休闲度假旅游进一步发展的一大瓶颈，随着休闲旅游需求的增加，这种制约作用将日渐凸现。其次，从政治环境来看，朝鲜的政治环境十分不稳定，签证难办又令赴朝游客在游览行动上受到诸多限制。游客在进入朝鲜旅游时必须随团游览而不得擅自离团；不准携带手机、望远镜、高倍镜头照相机等电子产品；不允许私自与朝鲜人民交谈等。诸多限制极大地影响了休闲环境。

3. 民俗旅游产品深受欢迎

朝鲜儿童歌舞是深受游客喜爱的旅游项目之一。朝鲜民族歌舞是表演的重点项目，不仅有众多朝鲜歌曲，还有不少中国歌曲，如朝鲜儿童用中朝两种语言为游客献唱中国的《社会主义好》等歌曲。此外，还有很多如伽倻琴、长鼓等众多朝鲜传统乐器的表演。朝鲜的孩子从幼儿园开始就接受严格的艺术训练。学校只上半天课，下午到少年宫学习书法、刺绣、吉他、手风琴、跆拳道等才艺班，并开放让游客参观。进不了少年宫的学生则在各学校的兴趣班学习。朝鲜族本来就有能歌善舞的传统，而且规定每个孩子必须学会两种乐器。因此，较好地保持了民族艺术传统。

大型歌舞表演《阿里郎》，门票是 800 元人民币，而且在《阿里郎》演出期间不看阿里郎不给办签证。五一体育场是世界第二大体育场，能容纳 15 万人，宏伟壮观，场内灯火通明，人头攒动。《阿里郎》的演出队伍十分庞大，演员达 10 万人，做背景的学生 1.3 万人，共计 11.3 万人，演出过程中的背景不断变换。背景里甚至有电脑、卫星接收天线的图案。阿里郎是高丽时期流传下来的一个爱情故事，相当于我国的梁山伯与祝英台。但现在已不局限于故事本身，成为朝鲜最具有代表性的大型歌舞表演，讲述了朝鲜民族苦难的历史和今天的建设成就以及朝鲜人民在金日成和金正日的领导下的幸福生活。演出历时 90 分钟。①

4. 旅游纪念品独具特色

朝鲜人参制品、邮票、餐具、瓷器、字画、刺绣、民族服装都是很受外国游客喜爱的旅游商品。以中国游客为例，随着赴朝旅游的扩大和变化，朝鲜旅游纪念收藏品受到越来越多中国游客青睐。特别是近几年，中国与朝鲜的文化交流甚为频繁，随着两国美术界的互动，朝鲜画家也越来越多地到中国写生、举办画展，有越来越多的中国人开始喜欢朝鲜美术。朝鲜的油画和刺绣更是因为作品好、画家的功底深、价格便宜被越来越多的中国人所喜爱和收藏。赴朝旅游的游客都争相购买朝鲜画和刺绣作为旅游纪念。朝鲜艺术家在朝鲜享有很高的地位，从朝鲜艺术品中可以看出艺术家们独特的风格。其中油画作品种类繁多，琳琅满目。有风光无限、景色宜人的田园风景油画，有形神兼备、惟妙惟肖的人物油画，有清新脱俗、别具风格的静物油画。还有一些以表现朝鲜艺术家爱国主义情怀的油画，以战争场

---

① 罗永峰. 神秘面纱下的朝鲜［J］.旅游文化论坛，2011，1.

面为题材，表现朝鲜军人英勇善战、不屈不挠的精神，这在当今商业油画市场上非常少见，也是朝鲜油画吸引人的地方。①

5.2.5 朝鲜旅游业发展建议

1. 加强旅游基础设施建设

朝鲜现有铁路总长为 5214 千米，公路总长 3479 千米。由于铁路干线已经老化，车速一般只能控制在 50km/h 至 60km/h，山区铁路运行时速甚至在 30km/h 左右，铁路全部是窄轨，大部分是单线。还有，虽然朝鲜与中国接壤，但是中国与朝鲜间的交通发展不够完善。中国赴朝鲜旅游受季节影响十分明显，每年进入冬季，朝鲜境内的部分公路结冰，严重限制了朝鲜的可进入性。同时，由于朝鲜本国经济发展缓慢，其住宿餐饮方面接待能力也成为限制朝鲜旅游业发展的重要因素。在旅游旺季高峰到来时，朝鲜国内的宾馆接待设施在某种程度上不能满足游客的需求。② 朝鲜从 1997 年开始狠抓酒店服务设施建设和管理，完善旅游景点设施，解决旅游交通运输中存在的问题等，着重改善平壤、南浦、元山、开城等城市的旅游环境，下大力气建设罗先自由贸易区和惠宁、稳城、新星郡等北方边境城市。1998 年中朝双方达成协议决定开通中国图们市至罗先市的边境旅游列车。2012 年，第一条从中国图们市开往七宝山风景区的旅游专列也正式开通。图们—朝鲜清津—七宝山旅游线路是图们市边境旅游线路之一，此线路的开通将进一步推动中朝旅游业的交流和双方的友好往来，对开发图们市旅游资源，延长旅游消费链，以及今后开展该地区的边境旅游业务都有重要的意义。

2. 深度开发度假旅游产品

休闲度假旅游是一种高品位、高弹性的发展需求和向上需求，但目前朝鲜的度假休闲旅游产品开发尚处于初级阶段。朝鲜要在现有旅游资源基础上建立完整的休闲度假旅游体系才能拥有更大的市场份额和更广阔的市场前景。在建设健全相应休闲度假设施的基础上，首先要加强景区的综合管理，进一步健全行业服务标准体系，规范企业经营行为，提升景区管理水平和服务质量，加强对从业人员的培训。其次进行整体规划和资源整合，既要强调朝鲜各地区休闲度假资源的优势，开发具有特色的度假产品，又要顾全大局，避免盲目，开发满足不同层次需要的具有朝鲜特色的休闲旅

① 商业资讯：http://cn. made-in-china. com/info/article - 4664624. html.
② 冯健超. 朝鲜旅游对外开放新政策背景下中国赴朝自驾游客源分析研究 [J]. 大观周刊，2012（45）.

游产品。再次，要挖掘旅游产品的文化内涵。文化是旅游的灵魂，朝鲜的民族文化及其文化遗产是非常有价值的旅游资源，可以对现有景区产品的内涵进行深度挖掘，赋予其独特的文化元素。

3. 培育和开发自驾游市场

2011 年 5 月，朝鲜颁布了新的政策，允许中国公民赴朝鲜自驾游，但是必须在指定的罗先自由经济贸易区进行自驾体验游览，2011 年 6 月 9 日，首批赴朝自驾游团队游 24 辆车约 100 人从长春出发，经吉林珲春市的圈河口岸到达朝鲜境内的罗先地区，游览了罗津港口、海洋村、望海阁等具有朝鲜代表性的旅游景点。整体而言，中国与朝鲜之间的自驾游正处在一个初级发展阶段。在中国自驾游还没有得到很好的认可。但是随着现在国内人民生活水平的逐渐提高，人均汽车拥有量的不断提升，自驾游将是未来旅游发展的一个重要方向。在国际自驾游发展如火如荼的今天，我国赴朝自驾游发展几乎处于一个待开发阶段。因而在朝鲜对外开放新政策的良好契机下，未来将会有一个潜在赴朝自驾游群体。通过网络调查问卷的数据能够看出我国旅游者对赴朝旅游的积极性不高，大部分旅游者还没有开始关注赴朝鲜旅游，朝鲜对于我国旅游者来说还比较陌生。但是随着未来我国与朝鲜旅游合作的逐步加强，朝鲜开放力度的加大以及中朝间交通的改善，发展中国赴朝自驾游将会成为中朝旅游合作的一个新兴增长点。①

4. 继续加强与邻国的旅游合作

朝鲜与韩国于 2000 年 8 月在朝韩长官级第二次会谈中达成修复京义线铁路的协议。"京义线"铁路联通及公路建设是朝韩经济合作的一个重大项目。朝鲜停战后，京义线铁路开城—新义州实现电气化，首尔—汶山也通了车。但是从开城到汶山之间的凤东和长湍两个车站及其三个区间已有 50 多年没通车。如今建设完工，只要朝韩两国达成相关协议就可以实现通车。在朝韩合作过程中，金刚山旅游项目成为两国合作的典范。金刚山是朝鲜名山，12000 座山峰吸引着韩国许多游客。继金刚山旅游项目之后，南北双方举行了多次历史性高峰会议，为朝鲜进一步开发国内丰富的旅游资源创建新的发展模式。今后，通过与中国的旅游合作，逐步实现南北间的旅游合作，重新启动金刚山、开城、平壤旅游项目等，为南北全方位的合作奠定基础。

朝鲜与中国于 2010 年 3 月达成协议，吉林长吉图地区获罗津港 10 年租

---

① 冯健超. 朝鲜旅游对外开放新政策背景下中国赴朝自驾游客源分析研究［J］. 大观周刊，2012（45）.

用权，这为发展跨国旅游活动创造了良好的条件。2012年4月，开通了中国图们至朝鲜七宝山的专列。2012年5月图们至朝鲜南阳等线路开通，吉林省图们市人民政府、图们江国际旅行社分别与朝鲜咸镜北道旅游局、清津铁路局签署合作协议，5月下旬试运行开通图们至朝鲜南阳、清津、七宝山的铁路列车旅游线路。该线路的开通将进一步推动中朝旅游业的交流。此外。鉴于朝鲜旅游基础设施落后的状况很难在短期内得到克服，因此朝鲜需要同中国企业合作开发酒店、餐饮、交通、景点设施、娱乐等旅游基础设施。

此外，中俄朝跨境旅游合作已取得实质性进展，未来有关各方将共同努力打造中俄朝跨境旅游合作区，进而以旅游业带动图们江区域合作开发的进程。未来的中俄朝跨境旅游合作区将以中国珲春市、俄罗斯哈桑区、朝鲜罗先地区为起步区，最终形成包括中国延吉市、俄罗斯海参崴市和朝鲜清津市的三角形跨境旅游合作区。为推动中俄朝跨境旅游合作区的形成，需要中俄朝三方共同制定核心区的开发规划和拓展区的发展规划；加强投资合作，加快完善区域内旅游基础设施建设；取消歧视性、排他性行政法规、制度或政策，培育大型旅游企业集团。①

最后，为迅速推动跨国旅游合作，朝方要考虑同相关国家共同协商在跨境旅游合作区内实行免签证的有组织旅游团队制度，对交通工具实行开放、便利的出入境管理措施，在口岸实行24小时全天候通关服务，降低手续费用，共同构筑快捷的跨境旅游通道。

5.3 俄罗斯远东地区旅游业发展概况

5.3.1 滨海边疆区旅游业发展概况

一 区域概况

1. 地理概况

滨海边疆区位于俄罗斯的最东南，东面近日本海，北面与哈巴罗夫斯克边疆区为邻，西面和南面分别与中国、朝鲜接壤。边疆区最北端到最南端的距离为900公里。滨海边疆区以山地为主，平原为辅。沿日本海岸伸展的山岭及其支脉和火山高原占边疆区总面积的80%。构成滨海边疆区山体结构的锡霍特-阿林山脉由几条平行山岭组成，分别是帕尔季赞斯基山山

---

① 中国新闻网：http://www.chinanews.com/cj/2010/11-28/2685828.shtml.

脉、蓝山山脉、霍洛德内山脉等。山峰平均海拔高度在 500 米左右，较高的山峰有阿尼克山（1933 米）和云雾山（1856 米）。在边疆区西部和西南部伸展着广阔的兴凯湖平原。

滨海边疆区山岭被众多的河流分割，形成风景优美的河谷。边疆区境内共有 6000 多条河，其中只有 90 条河长度超过 50 公里。滨海边疆区最长的河为乌苏里江（903 公里），最大的湖泊是兴凯湖。

2. 气候

滨海边疆区位于欧亚大陆的最东端，面对世界最大的海洋太平洋，气候湿润，森林极为茂密，森林覆盖率高达 90%，属于温带海洋性气候。风向按照季节有规律地变化，冬季以北风和西北风为主，气候寒冷多雪，较同纬度的内陆地区暖和多雪。夏季吹东南风和偏东风，气候凉爽舒适，较同纬度的内陆地区凉爽很多。滨海边疆区最温暖的月份是 7~8 月，平均气温经常在 15℃~20℃之间，最高气温很少超过 26 摄氏度。日温差和日较差很小，具有明显的温带海洋性气候特征。夏季降雨量为全年降水总量的 70%。夏秋之交还常有台风光顾。

在南部沿海直到 9 月仍可进行海水浴。滨海边疆区的秋季天气温暖、晴和，是度假、休憩的好时光。

3. 人口和民族

根据俄罗斯人口普查初步统计，截至 2011 年 12 月 31 日滨海边疆区常住人口为 195.35 万人，其中城市居民 148.70 万人，农村居民 46.65 万人。滨海边疆区总人口的 50%（即接近 100 万人）是有劳动能力的人，在社会、政治、经济、文化教育等各个领域工作，其中从事港口、海洋渔业、海洋运输业、矿业、林业、机械制造和通信行业的人数占就业人口的很大比例，约占 1/3，从事农业的人口很少，整个滨海边疆区有 20 个农业区，从事农业的人口只有 4 万多人。滨海边疆区与中国和朝鲜接壤，与日本和韩国的空中和海上距离很近，港口、航空和铁路交通便利，加之居民中海员人数众多，因此居民中出国人员比例极高，国际贸易活跃，世界各国的商品来源广、品种多、更新快。因此滨海边疆区城市居民中的中高收入阶层消费倾向呈现多元化、多层次的发展形态，对商品的质量、款式、流行性比较敏感，要求较高。随着近几年俄罗斯政治形势日趋稳定，社会经济发展得到恢复，失业人口正在逐渐减少（截至 2004 年年底统计，失业人数将近 9 万人）。越来越多的城市居民开始从事个体经营，创办各种小型贸易公司、生产企业、食品加工厂，还有为数众多的城市居民以个体户形式经销各种产品，据初步估计，滨海边疆区有 4 万多个企业、公司，以个体户形式在工商部门登记注册的居民人数更多。滨海边疆区大多数居民属雇佣工人、职员和农民，占就业人口的87%。但最近几年来，由企业主、商业人士、个体劳动者构成的新社会阶层正在迅速形成。目前属于这类社会团体的居民数量为5%。

滨海边疆区一共居住着119个民族，大部分居民为俄罗斯族。农村人口中乌克兰人和白俄罗斯人所占比例较高。此外，居住在这里的德国人后裔、鞑靼人、犹太人和朝鲜族人也很多。近年来，哈萨克人、塔吉克人、格鲁吉亚人和阿塞拜疆人的数量增长较快。远东土著民族（那乃人、乌德盖人、埃文人、鄂罗奇人等）数量依然不多。尽管政府采取了一系列措施支持帮助这些少数民族，但仍未能转变其人口减少的趋势。

二 旅游资源的特征

1. 旅游资源

滨海边疆区旅游资源丰富。滨海边疆区的旅游资源大多集中在边疆区南部。在漫长的海岸线上有众多海滨浴场和季节性疗养度假区；有提供泥疗、气候疗和矿泉疗等服务项目的康复疗养区；有阿林、拉佐夫斯克、苏普钦斯克、杉谷和乌苏里斯克自然保护区；有以动植物群为依托的渔猎采集旅游区；还有许多适合发展旅游业的城市，如符拉迪沃斯托克、乌苏里斯克、纳霍德卡和帕尔季赞斯克等。然而，使边疆区成为亚太地区颇具前景的旅游胜地最主要的原因就是其美丽的自然风光，漫长的黄金海岸。

总之，得天独厚的生态环境和美丽的自然风光构成了边疆区发展旅游业坚实的基础。以其首府符拉迪沃斯托克为例，该市是座依山而建的城市。它面对太平洋，背靠黑龙江，东、南、西三面濒日本海。阿穆尔湾、金角湾和乌苏里湾相拥环抱着整个城市。作为一个风景秀丽的疗养胜地，符拉迪沃斯托克已成为仅次于黑海、波罗的海沿岸的第三旅游疗养胜地。阿穆尔湾沿岸分布着的海滨疗养院和泥疗疗养院（有泥疗和气候疗设施，可以治疗心血管系统、神经系统、妇科和结核等疾病）是西伯利亚及远东地区最好的疗养场所，在全俄都享有盛誉，儿童休假中心"Ocean"、度假村和旅游基地全年开放。边疆区最具特色的旅游项目是生态资源观光与探险、水中漂流（上千公里的木筏漂流路线）、海上游览及潜水、自然保护区游览。滨海边疆区以其独特的地理地貌、独特的文物古迹、民族文化和民俗风情吸引着越来越多的国内外游客。其市郊的疗养区在全俄都享有美誉。

俄罗斯人有休闲、度假的爱好，再加上这里许许多多的度假村、疗养院，因而每年都有许多俄罗斯游客纷纷到滨海边疆区尽情地享受着这里的阳光、金沙和大海。而中国国力、国民财力在近30年的时间里飞速提升，中国人的旅游意识逐渐增强，旅游正成为一部分中国人的日常生活需要，旅游产品慢慢从一种奢侈品转变为一种生活必需品，中国的1950年后出生的人许多都已退休安享晚年，有了更充裕的时间以及更充足的财力，于是度假开始成为许多人的选择，其中滨海度假成为这些人的首选。[①]

2. 历史人文景点独具魅力

符拉迪沃斯托克除拥有享誉世界的滨海旅游资源外，市内非凡的人文历史景点也是吸引国内外众多游客的最主要原因之一。著名的建筑有远东苏维埃战士纪念碑、涅维尔斯科伊将军纪念碑、马卡洛夫将军纪念碑、圣尼古拉大教堂、符拉迪沃斯托克火车站、日本领事馆、悲悼圣母教堂、布里涅尔公馆和孔斯特和阿里别尔斯百货商店。符拉迪沃斯托克市最具发展前景的旅游设施为山地缆车、符拉迪沃斯托克要塞、滨海国立阿尔谢尼耶夫博物馆、俄联邦太平洋地区边防局战斗史博物馆、C-56近卫潜水艇纪念馆、TINRO中心海族馆和海豚馆。俄罗斯岛位于符拉迪沃斯托克要塞南部，不只风光秀美，还现存许多碉堡遗迹。在符拉迪沃斯托克文化生活中扮演重要角色的是小剧院和大话剧院、音乐厅、杂技院和几处画廊。此外，边疆区历史最悠久的州立研究机构——俄罗斯地理协会滨海边疆区分会以及最著名的滨海边疆区阿尔谢尼耶夫博物馆也坐落于此。

边疆区有20多所高等院校，有俄科学院远东分院，有40多所科研机构。目前已经有美国、日本、韩国、印度、澳大利亚、朝鲜和中国等14个国家在滨海边疆区设立总领事馆或代表处。众多世界知名的历史纪念地、建筑物以及两千多处考古和历史遗迹使得众多游客纷纷前来。

纳霍德卡是一座海港城市，也是滨海边疆区最具发展生态旅游前景的城市。这里有一个"古代村落"考古园区，园区内有新石器时代、早期铁器时代和中世纪的住所以及母系时代的陶器工人、萨满巫师的住所。帕尔季赞斯克属纳霍德卡自由经济区，它的北部为乌苏里原始森林所覆盖，拥有丰富的林木、药材资源。南部邻接日本海，沙滩休假区景色优美。在距市区不远的拉佐沃耶村坐落着边疆区最大的旅游基地。这里自然风光秀丽，未受污染的生态环境良好，有20处自然及考古景点。

乌苏里斯克是一座生态环境良好的绿色城市，市郊有乌苏里斯克自然保护区。保护区附近有一座俄罗斯最东部的天文站——太阳监测站。这里原建有一个拥有6000多个摊位、有近万名中国人（占这里业主的90%）在此经商的、远东最大的中国商品市场。其中由中国康吉工贸有限公司组建

---

① 孙晓谦. 俄罗斯滨海边疆区旅游业发展前景广阔 [J]. 西伯利亚研究，2007，34（3）.

的中国经济贸易合作区是中国首个境外经济贸易合作区，也是唯一的民营企业贸易合作区。①

3. 军港为代表性景点

符拉迪沃斯托克这座城市的核心和灵魂是海港，最初就是从海港发展而来的。符拉迪沃斯托克面积 700 平方公里，是太平洋海岸的世界名城，控制鄂霍茨克海（中国称北海），是重要的军事要地，闻名世界的俄罗斯太平洋舰队和第 23 空军的司令部设在这里，是北太平洋海岸的著名城市，是俄远东经济区最大的城市和滨海边疆区政治、经济和文化中心，终年不冻的远东良港。城市三面临海，拥有优良的天然港湾。地理位置优越，是通往欧洲和西伯利亚的门户，又是从太平洋到大西洋横跨欧亚铁路干线的东方枢纽。

作为俄罗斯的战略重镇，这座城市过往的军事色彩仍留有明显的印记。符拉迪沃斯托克的俄语意思是"统治东方"。沙俄在得到这块土地后，一边建设军港，一边构筑牢固的海防工事。据说符拉迪沃斯托克的海防工事在当年处于世界领先水平。1905 年日俄战争期间，俄军据此轻松击退来犯的日军舰队。如今在市内行车不时便会发现防御工事。当年星罗棋布的炮台、暗堡，如今大多已经废弃。有些商人便把其中的一个军事要塞租了下来，经简单整修开起了要塞博物馆。每年有 1 万多名游客前来参观。面朝大海的重炮、厚重牢固的碉堡，仍在向人们诉说着这座城市重要的军事价值。②

三 旅游市场特征

1. 地理集中性强

虽然现代旅游活动的开展已成为世界各地的普遍现象，但是旅游活动的开展规模并非平均分布于各个地方，而是相对集中于某些地区乃至某些地点。现代旅游活动的开展在空间分布上的这一不均衡性特点，被称为地理集中性。③

从滨海边疆区旅游接待量的地区分布格局看，其首府符拉迪沃斯托克无疑是接待人数最多的地点。夏季凉爽舒适；秋季是海参崴最好的季节，天气晴朗，阳光充足，持续时间较长。因此俄罗斯国内游客到边疆区度假，符拉迪沃斯托克以其天然优美的海滨资源以及设施优越的疗养院成为国内游客的不二选择。符拉迪沃斯托克更是一座世界名城，有 130 多年的历史，城市的区、街、海湾和山丘的名称中蕴含着许多历史事件，许多地名都是

① 孙晓谦. 俄罗斯滨海边疆区旅游业发展前景广阔 [J]. 西伯利亚研究，2007，34 (3).
② 新华网：http://news.xinhuanet.com/world/2012－09/13/c_123711993.htm.
③ 李天元. 旅游学（第三版）[M]. 高等教育出版社，2011.

以一些历史英雄人物命名的，既有纪念意义又体现了俄罗斯人名本身的美好含义；同时也是通往欧洲和西伯利亚的门户，被称为"世界十二大奇迹"之一和"连接欧亚文明的纽带"的西伯利亚大铁路的终点就在这里；特别提出的是俄罗斯的国防工业在世界上具有重要独特的地位，实力雄厚，其武器产品出口到全球各地。因此符拉迪沃斯托克对国际游客来说也是到俄罗斯旅游不得不去的地方。中国游客或从吉林的珲春口岸直接去往符拉迪沃斯托克，或从黑龙江省的黑河口岸、绥芬河口岸进入俄罗斯，再通过铁路到达，最终目的都是要到达符拉迪沃斯托克观光游览。

2. 淡旺季明显

人们外出旅游活动在时间分布上的不均衡特点称之为旅游活动的季节性。对于旅游目的地来说，这一特点则表现为其游客接待量在时间分布上的不平衡。旅游动机对旅游活动的季节性会产生一定程度的影响，对旅游季节性的形成具有重大影响的是以消遣为主要目的的出游活动。[①]

首先，在旅游目的地方面，滨海边疆区以滨海旅游资源为主，当地气候条件对来访旅游的季节性具有重大的影响。滨海边疆区最温暖的月份是7~8月，平均气温经常在15℃～20℃，最高气温很少超过26℃，日温差和日较差很小，具有明显的温带海洋性气候特征。在南部沿海直到9月仍可进行海水浴。滨海边疆区的秋季天气温暖晴和，是度假休闲的好时光。得天独厚的气候条件是其成为世界著名的海滨夏季避暑胜地的重要原因。

其次，在客源地方面，影响人们出游季节性的重要因素之一是带薪假期的时间。在20世纪70年代以前，很多欧洲国家带薪假期的放假时间都集中在7、8月，因而人们外出休闲度假也普遍集中在这段时间，这是客源地国家居民出游季节性很高的根本原因。此后的假期时间虽然日趋灵活，但是人们仍然倾向在传统的度假季节出游。

3. 国外市场以中国游客为主

2010年前三季度赴俄旅游人数最多的前五个国家分别是：德国（30.62万人次），英国（14.52万人次）、美国（14.52万人次）、中国（12.79万人次）、意大利（10.59万人次）。[②] 滨海边疆区的主要游客来自中国，2008年的统计数据显示，只有7%以下的游客来自亚太地区其他国家。[③]。2011

---

① 李天元. 旅游学（第三版）[M].高等教育出版社，2011.

② 中华人民共和国国家旅游局. 中国旅游年鉴 2011，12.

③ 俄罗斯新闻网：http://rusnews.cn/eguoxinwen/eluosi_shehui/20080115/42015697.html.

年我国前往俄罗斯滨海边疆区旅游的游客达 8.24 万人，同比增长 21.8%。[①]绝大多数中国公民是通过莫斯科红场、克里姆林宫以及圣彼得堡的宫殿建筑群和革命历史开始认识俄罗斯的。近年来，中国到俄罗斯的入境游一直稳步发展。有数据表明，莫斯科和圣彼得堡在中国游客最爱游览的俄罗斯城市中居前两位，但是除了这两个城市之外，中国游客对俄罗斯的边远地区也十分感兴趣。滨海边疆区在吸引中国游客数量上居于前列，随着俄罗斯"中国年"活动的开展，来滨海边疆区旅行的游客数量进一步上升。同时，滨海边疆区首府符拉迪沃斯托克是俄罗斯境内中国人最多的城市之一。

2011 年黑龙江省出境赴俄罗斯游客超过 6 万人次，哈尔滨至符拉迪沃斯托克国际旅游专列的成功开通进一步促进了双方的旅游合作。而从吉林省的珲春口岸出境的赴朝、赴俄旅游线路，已成为近期短途出境旅游的热门线路。吉林省是中国为数不多的同时向两个国家边境城市开展边境旅游的地区之一，它同滨海边疆区是近邻，有 246 公里的共同边界，发展边境旅游的条件十分优越。以吉林省赴俄边境旅游线路为例，因价格较低、手续简单、旅游花费时间短、行程安排精致，且如果行程安排中有朝鲜旅游，可直接从俄罗斯通关进入朝鲜，游览朝鲜的罗先市以及东海岸，然后从朝鲜返回，因而受到中国广大游客的热捧。

4. 本地出境游稳定

到中国旅游已经成为俄罗斯人的旅游度假新时尚。俄罗斯大部分国土都处于高寒地带，人群中患骨关节炎、运动系统疾病的患者较多，而随着中医疗法逐渐被俄罗斯人认同，越来越多的患者慕名来中国疗养。其次由于俄罗斯本国轻工业不发达，而中国生活用品种类丰富、价格适宜，吸引了大批俄罗斯人专门到中国购物。在俄罗斯，人人都要旅游度假，而中国的食宿和购物与欧洲相比花费要便宜很多，旅游公司也推出了更加优惠的政策，学生和工薪阶层都可以接受。俄罗斯幅员辽阔，莫斯科、圣彼得堡等较发达地区的人们往往选择去欧洲地区旅游。而对于距离欧洲较远的远东地区的人来说，物美价廉、行程短的中国则是他们旅游的首选之地。2011年，从俄罗斯滨海边疆区前往我国旅游的游客达 65.13 万人，同比增长32.8%。[②] 与俄接壤的黑龙江省和吉林省自然是重要的旅游目的地。

在黑龙江省的绥芬河、黑河等边境口岸城市，经常会有大批的俄罗斯游客前来购物。黑龙江省各口岸城市瞄准俄罗斯游客需求，打造适合俄罗斯人

<hr>

① 网易新闻：http://news.163.com/12/0531/07/82QLCU8100014AED.html.

② 网易新闻：http://news.163.com/12/0531/07/82QLCU8100014AED.html.

消费的软硬件环境，黑龙江省口岸城市已成为俄罗斯人的购物"天堂"。早在2001年，绥芬河市就开通了"俄语110"，绥芬河警方在俄罗斯客人入境时便告之"俄语110"的功能和拨打方法，以便他们在需要的时候能及时向"俄语110"寻求帮助。在黑河市的街头，商店大多悬挂着中、俄两种语言的招牌，几乎所有的餐饮、旅店业服务人员都能用俄语招呼客人。2011年绥芬河口岸进出境人数达1001871人次，同比增长16.9%，其中出境人数达498955人次，同比增长17.3%；入境人数达502916人次，同比增长16.6%。①

随着吉林省与俄罗斯旅游交流与合作的日益紧密，俄罗斯人专程赶到吉林省与中国人一起过中国年已经成为一种潮流。东北典型的年俗年味、延边独特的民俗风情吸引了数万名俄罗斯游客，他们与东北人一起包饺子、扭秧歌、燃鞭炮、欣赏文艺演出，在延边体验地道的东北大年。据口岸部门统计，珲春口岸2009年接待入境俄罗斯游客5万多人次。② 延边海兰湖风景区、中朝图们口岸、长白山天池、瀑布、绿渊潭、长白山和平滑雪场、龙井海兰江滑雪场都是俄罗斯人喜欢的景点，尤其是长白山火山温泉和在长白山天然滑雪公园滑自然雪。随着长吉图规划纲要的实施，从延边珲春口岸入境的俄罗斯游客也将越来越多。

四　旅游企业现状

1. 酒店业

滨海边疆区的星级饭店无法满足外国游客的需求。中国游客和日本游客更喜欢住3星和4星级饭店，而这种档次的饭店在滨海边疆区很少。这种局面与入境旅游的季节性有关，淡季时饭店的收益非常低。首府符拉迪沃斯托克现有的各酒店缺少豪华间和商务间，旧有宾馆无法满足城市发展的要求。在2008年俄罗斯滨海边疆区重要投资项目中就有建设饭店的项目，就是在符拉迪沃斯托克建设5~7家四、五星级的酒店，每家酒店有500~1000个房间，配备地下停车场及地面停车位。此外，还须修建一批三、四星级酒店，供参加峰会期间其他活动的各级代表和媒体入住（3000~5000人）；而在修建三星级酒店方面，符拉迪沃斯托克现有酒店数量不足，对以合理价格提供高质量服务的酒店需求不断增加，酒店行业缺少竞争。③ 在2010年世博会俄罗斯馆的俄罗斯联邦滨海边疆区推介上，滨海边疆区区域

---

① 黑龙江省人民政府网：http://www.hlj.gov.cn/zxxx/system/2012/03/01/010305818.shtml.

② 中华人民共和国国家旅游局网：http://www.cnta.gov.cn/html/2010-2/2010-2-20-13-31-51188.html.

③ 中华人民共和国驻哈巴罗夫斯克总领事馆经济商务室：http://khabarovsk.mofcom.gov.cn/aarticle/wtojiben/wtojieshao/200805/20080505534323.html.

发展署政府项目推广部主任奥尔嘉·库利洛娃积极鼓励中国投资商参与旅游休闲型经济特区的建设，包括酒店、游乐场所、游艇俱乐部和饭店等。2011年，阿穆尔海湾和金角海湾建设了2个五星级的宾馆综合体，旅馆综合体的发展使之成为俄罗斯远东地区经贸合作中心。

海参崴的现代酒店是俄罗斯远东地区设施最完善的酒店，位于海参崴市中心，有高级套房、标准间、西式韩式餐厅、咖啡厅、游泳池、健身房，早餐为菜肴丰富的西餐自助，酒店内有高档的会议室，可召开各类会议，还曾召开大型国际会议并接待过国家首脑，适合高层次商务和贵宾旅游下榻。APEC峰会于2012年9月8日至9日在符拉迪沃斯托克举行，但该市四星以上酒店仅有这一家，与会人员的住宿困难。凯悦集团为筹备此次峰会承建的两个五星级宾馆在会议期间部分投入使用，各方代表团将主要入住远东联邦大学校园内以及两艘游轮上。据了解，在峰会期间，除仅有的这家四星级宾馆外，该市多数正规宾馆都被当地政府征用，用于解决与会者的住宿问题，但缺口仍然存在。市内几乎所有宾馆的房间在峰会期间都被预订一空，很多媒体工作者只能预订当地的家庭旅馆。此外，滨海边疆区较为著名的酒店有乌苏里斯克宾馆、RENT酒店、白天鹅宾馆等，符拉迪沃斯托克有海参崴宾馆、阿穆尔宾馆、赤道宾馆、港湾宾馆、经贸宾馆等。这些饭店基本都是二、三星级饭店。

总之，近年来滨海边疆区在完善旅游基础设施方面做了许多工作，建成了各种级别的宾馆，从五星级连锁酒店到经济型宾馆和家庭式宾馆。然而，从市场需求角度来看仍然需要继续加大酒店建设力度。

2. 旅行业

滨海边疆区的旅游企业有 Rus in tour 旅游公司、阿林娜有限责任公司、米拉别里图尔公司、格尔梅斯旅游公司、卡列夫季亚旅游公司、罗托斯旅游有限责任公司、远东旅游有限责任公司、佩特拉旅游公司、卡尼库雷公司等。①

这些旅游公司的主要服务项目有接待团体和个人旅游者；帮忙申请签证；在符拉迪沃斯托克、乌苏里斯克、纳霍德卡、哈巴罗夫斯克等市预订旅馆；预订飞机票及火车票；组织滨海边疆区的旅游观光；组织在乡下休息并了解俄罗斯民族传统；组织在滨海边疆区狩猎和钓鱼；提供研讨会和商业见面会服务；为各个年龄段及不同准备水平的旅游者提供生态旅游。

3. 旅游餐饮业

按照大众餐饮企业分类标准，俄罗斯餐饮企业主要分为5种类型：街头

---

① ASIADATA：http://db. asiadata. ru/zh/taxonomy/term/21/all? page = 2.

熟食摊点；快餐店；食堂；大众化餐厅；高档餐厅。2010 年俄罗斯餐饮市
场规模高达 7688 亿卢布（约合 270 亿美元），预计未来 6 年会以 15% 以上
的年增长率继续扩张。现在很多餐厅、咖啡馆和酒吧都在推陈出新，积极
创造自己的特色菜肴和改进服务质量以提高竞争力。但是对于中国游客来
说，俄罗斯餐饮仍然不能够满足他们的需求。

　　首先，俄罗斯的菜不像中国的菜品有八大菜系那么丰富，它的很多菜
式是从意大利、法国等美食国家演变而来的，根据自己的地方地域的饮食
特点而形成自己的特色，俄罗斯菜品有欧洲菜系的影子，有很独特的口味。
当地的俄罗斯餐馆里有各种各样的沙拉、熏鸡、熏肠、烤肉串等，尽管制
作精致，但并不符合中国游客的传统饮食口味，很多游客反映不适应当地
饮食。其次，尽管当地的一些俄罗斯餐厅或是中国人投资建设的中餐馆能
够为中国游客提供中餐，但是结果并不令人满意。因地理位置靠近东北以
及物价原因，滨海边疆区很多餐馆提供的团队餐都是以东北菜为主，但是
菜品质量低、环境差，导致中国游客普遍对此很有意见。可见，旅游餐饮
是滨海边疆区旅游业发展的一大限制性因素。

　　4. 旅游交通

　　滨海边疆区地理位置优越，公路、铁路、航空和海洋交通运输条件便
利。滨海边疆区有通往俄罗斯欧洲部分和邻国（中国、朝鲜）的铁路。滨
海边疆区是西伯利亚大铁路终端。边区从南到北有几条铁路一直延伸到海
港（符拉迪沃斯托克、纳霍德卡、波西耶特），形成几个大交通枢纽，铁路
长达 1628 公里。

　　截至 2003 年年底，滨海边疆区硬路面公路全长 7188 公里，其中归边疆
区所有的公路为 6647 公里，路面完好公路为 3001 公里。2002～2003 年，边
疆区有 7 条新线路投入使用，改造公路 33.16 公里，建成长度达 325 米的跨
阿尔谢尼耶夫卡河大桥，用大修资金修缮的公路和桥梁分别为 45.2 公里和
605.9 延米。滨海边疆区每年汽车运送乘客 3 亿人次，近年来往返于中国边
境地区的汽车运输得到很大发展。滨海边疆区最大的汽运企业是“滨海汽
车运输公司”，负责边区内和中国边境地区货物及乘客的运输。① 2010 年 11
月 27 日，中国长春—俄罗斯海参崴直达（客运）班车正式开通，长春—海
参崴运行时间为 16 小时 30 分钟，延吉—海参崴运行时间为 9 小时。长春—
海参崴线路全长 865.8 公里，其中中国境内有 574 公里，俄方境内有 291.8
公里，全程运行时间预计为 16 小时 30 分。

---

　　① 中国社会科学网：http://www.cssn.cn/news/154261.htm.

滨海边疆区的符拉迪沃斯托克航空公司闻名于俄罗斯和国外。总部位于符拉迪沃斯托克市，并在莫斯科、叶卡捷琳堡、哈巴罗夫斯克均设有运行基地，航线网络已覆盖俄罗斯境内 24 个大中城市，国际直达航线已达 13 条，衔接美洲、欧洲、亚洲等主要城市，年运送旅客达 90 多万人次，已成为俄罗斯远东地区最大的航空公司。符拉迪沃斯托克航空公司有 24 条国内航线和 13 条国际航线。此外，公司还提供企业代表和私人包机服务。① 俄罗斯符拉迪沃斯托克航空公司于 2006 年 5 月 29 日正式开通俄罗斯远东地区第一条直飞北京的客运航线：海参崴—北京—海参崴。

五 旅游产品特征

1. 观光旅游产品为主

观光旅游是以参观、欣赏自然景观和民俗风情为主要目的和游览内容的旅游消费活动，主要特点有游客停留时间短、消费水平低、重游率低。尽管为数不少的俄罗斯人和外国游客到滨海边疆区是以休闲度假为目的，但更多的旅游者却是以观光为主。以我国游客为例，观光旅游是我国旅游产业发展的初期阶段的主体旅游形式，以旅行社团队旅游为运行方式，以旅游线路为表现形式来展开的。在我国旅游发展的初期，我国城乡居民旅游经历很少，旅游意识还不成熟，因此更多的是追求"到此一游"式的观光旅游，追求的是到过的城市与景区的数量。以下是旅行社提供的一份海参崴三日游旅游路线——第一天：早餐后乘车去珲春口岸，经过中俄两国海关出入境检查后，乘国际班车去往斯拉夫扬卡码头（1 小时），途中观赏远东地区森林、草地、海滨自然风光，午餐后乘快艇去往海参崴（1 小时），入住宾馆，晚餐后自由活动，可观看艺术表演；第二天：早餐后乘车浏览海参崴市容、海参崴制高点、远东理工大学、城堡，下午观看鸣礼炮、水族馆，参观列宁广场、远东最大的陆港火车站、船站、莫斯科至海参崴新西伯利亚大铁路终点 9288 纪念碑、世界著名的不冻港"金角湾"、政府中心广场、二战潜水艇、第一艘在海参崴登陆的军舰遗址等。第三天：早餐后乘快艇和汽车返程，下午抵达延吉结束行程。由此可以看出，在参加俄罗斯旅游的行程安排当中参观景点数量多、行程满、停留时间短，属于典型的"走马观花"式旅游。

2. 度假旅游产品需深化

随着旅游的日渐普及，对度假旅游、特种旅游的需求明显增加。游客已经不满足于简单看一看，而是把旅游看成一种繁杂工作后的调节，看成

---

① 俄罗斯旅游中文网：http://www.russia-online.cn/Traffic/airdetail_35_1.shtml.

一种放松身心的有效手段。度假旅游就是放松的一种很有效的方式，当今世界度假旅游的需求上升为主流。从总量来看，观光旅游在旅游者总数中的比重逐渐下降、度假旅游者比重上升是一个长期的趋势。度假旅游成为旅游市场主体的状态下，适应这种潮流的地区，旅游产业将会有长足的发展。观光旅游主要依托的是资源，度假旅游更为强调的则是环境，对自然环境和人文环境的要求更高；观光与度假对条件依赖的差别，导致旅游开发的重点不同，观光强调的是景区开发，度假强调的是目的地开发；观光旅游更关注硬条件的建设，而度假旅游更关注软环境的建设；观光旅游考虑的是旅游线路的设计，而度假旅游考虑的则是区域空间的集合；观光旅游侧重于项目配置，度假旅游侧重于生活与体验方式的打造。[①] 滨海边疆区自然条件优越，但是休闲度假产品开发等级较低，仅仅依托阳光、沙滩、大海所打造的"日光浴"型的休闲度假产品尚处于初级阶段，因而在产品内涵上还有很大的提升空间。此外由于度假活动的单一性，所吸引的游客多为注重身体健康的中老年人。因此为拓宽青年旅游市场要充分发掘新型旅游产品。

3. 民俗旅游产品开发不够

民俗文化是重要的旅游资源。民俗是广大人民创造和传承的民间文化，也称为民间风俗习惯，具体包括饮食、服饰、居住、节日、民间歌舞等各个方面。旅游资源分为自然旅游资源和人文旅游资源两大类型，民俗文化属于后者。民俗素来是一种高层次的文化旅游，能够满足游客"求新、求异、求乐、求知"的心理需求，成为当今世界旅游活动的重要内容之一。

俄罗斯独特的建筑风格，民族服饰、工艺品以及民俗活动均具有较高的审美价值，但是滨海边疆区开发的俄罗斯民俗旅游活动形式单一，没能为游客提供体验民俗审美文化的良好机会。绝大多数旅行社为游客提供的民俗旅游项目当中仅有俄罗斯农家乐以及风情歌舞两种。俄农家乐以提供俄罗斯传统饮食为主，没有游客所期望的浓郁的俄罗斯民俗氛围；俄罗斯风情歌舞项目单一，而且在世界很多其他的地方也都能见到，因而对于游客来说并没有很大的吸引力。在今后发展民俗旅游当中要重点开发俄罗斯传统节日，如俄罗斯族中较为隆重、最热闹的节日"耶稣复活节"等。将节日里的风俗习惯以各种形式展现给游客，亲身体会到这种异国文化才是游客所追求的文化体验。

---

① 中国旅游报：http://www.ctnews.com.cn/zglyb/html/2012 – 09/07/content_62015.htm？div = – 1.

4. 散客旅游产品有待开发

中国游客绝大多数都是通过旅行团方式赴俄罗斯旅游。组团游价格较低、省时省力、有导游服务，因而是中国游客赴俄罗斯旅游的主要选择。然而近年来，区别于传统的集体参团旅游的自驾游正逐渐受到国人的青睐。自驾游在选择对象、参与程序和体验自由等方面给旅游者提供了伸缩自如的空间，具有自由化与个性化、灵活性与舒适性、选择性与季节性等内在特点而独具魅力。俄罗斯与中国黑龙江、吉林两省接壤，具备同两省发展自驾游的基础条件，而中国两省也在为发展滨海边疆区自驾游旅游产品而做出努力。

2012 年 5 月，黑龙江省绥芬河市相关部门赴俄罗斯滨海边疆区首府符拉迪沃斯托克市，与滨海边疆区运输管理局就自驾游开通的前期准备工作、自驾游发展等问题进行商谈。中俄指定区域自驾游的开通后不仅会使绥芬河市的旅游产品得到进一步的完善和丰富，游客出行可以有更多选择，同时对缓解旅游旺季客运压力，解决出入境车辆紧张、游客购票难等问题有着积极的促进作用。开通中俄指定区域内的自驾游是绥芬河市重点推进的工作之一，也是该市旅游企业进行重点开发的旅游产品之一。如果俄方同意开放自驾游，该市旅游局承诺将带领旅游企业赴出境客源大省进行推介和招商，并为自驾游的车友量身定制不同价格以及民俗、歌舞、购物等不同主题的自驾游线路，以满足他们的需求。①

吉林省把旅游产业发展放到东北亚区域的旅游产业发展大背景中去审视、思考、定位。组织召开东北亚国际区域旅游发展大会，充分发挥其在推动东北亚区域旅游经济一体化进程中的重要作用。吉林省现在已开通中俄旅游口岸 1 个、中朝旅游口岸 9 个，形成赴俄和赴朝的边境旅游线路 11 条。2012 年下半年，吉林省旅行社开始实行两项重要项目：一是面向海内外旅游市场正式推出陆海联运环日本海邮轮旅游线路，即环日本海五国陆海空 10 日游和环日本海邮轮 8 日游；二是与俄罗斯滨海边疆区合作，探索开发中国吉林长白山与俄罗斯滨海边疆区斯拉夫扬卡区域间的自驾车旅游产品，打造山海相连的中俄跨境旅游长廊。②

六 旅游业发展建议

1. 投资建设综合性旅游区

资源、环境服务、交通是旅游业发展的基本制约因素。滨海边疆区旅游业的薄弱环节也在于旅游交通与旅游设施建设、旅游资源和产品的开发

---

① 旅游频道：http://tour.86516.com/a/youxing/huwai/2012/0514/36728.html.

② 网易新闻：http://news.163.com/12/0828/13/8A0GJFOJ00014AEE.html.

等方面。为此，边疆区政府希望利用外资来弥补旅游基础设施建设资金的不足，以使旅游产业得到合理、均衡的发展，滨海边疆区与黑龙江省、吉林省贸易不断发展，合作已经进入了实施大型互惠项目的新阶段。目前，最具投资前景的项目之一就是滨海边疆区的旅游业。边疆区的宾馆建设、山地滑雪基地、俄罗斯岛的综合开发、纳霍德卡民俗公园、"复兴"国际民族公园、"霓虹"休闲基地和植物园以及娱乐休闲等基础设施的建设都是急待投资的项目。黑龙江与吉林两省可以借助滨海边疆区的地缘优势，选准投资方向，有效地利用当地资源，采取土地租赁的方式，或是独资或是合资对其进行全面开发和建设。一方面会给滨海边疆区带来更多的实惠，另一方面也会使我们的投资获得最高的收益，从而推动中俄边境地区的旅游合作有更大的发展。

2. 创建区域性旅游集散中心

创建区域性旅游集散中心的主要目的就是通过协调管理来发挥口岸的作用，以促进东北亚区域旅游合作和经济的发展。具体的办法应该是：由旅游商务中心负责组织对国内外游客的接待工作，其中包括安排食宿、组织游客参加文化节庆活动和参加各种展览以及疏导和帮助国内外游客选择旅游产品和旅游线路等。总之是为他们创造一个无障碍通行的旅游环境。其中包括最大限度地放宽落地签证范围（如三亚已获准向美国、俄罗斯、德国、澳大利亚、日本、泰国、法国等21个主要旅游客源国的游客提供15天内免签证的政策优惠等）、建设一些适合国内外游客消费习惯的娱乐场所，以此将本地区特色旅游产品打入国际市场。2006年6月滨海边疆区建在新尼科利斯克附近（符拉迪沃斯托克—波格拉尼奇内公路上）的"旅游客服中心"已经正式营运。这为创建区域性旅游集散中奠定了一个基础，可以建立一个规模大、服务设施更加完善的"旅游集散中心"，并将其扩大化、规范化，向着国际化方向发展。

3. 开发环东北亚旅游线路

开发环东北亚地区旅游线路是促进区域旅游合作的一个重要因素。未来几年滨海边疆区要开展与周边国家的旅游合作的绝对优势就是边境通道。目前，滨海边疆区直接开放的边境口岸（包括陆路、海港和航空港）有18个。近年来，滨海边疆区居民出国旅游的目光并没有只停留在边境地区，而是投向我国内地更远的地方，如三亚、北戴河和大连等地。目前，滨海边疆区政府在积极探讨与中国各省市进行合作，先后与黑龙江省、吉林省、辽宁省、山东省、延边朝鲜族自治州都签订了旅游合作协议。要积极规划与相邻国家和地区的旅游计划，以构成包括中国东北三省、俄联邦远东滨海边疆区、韩国、朝鲜、日本西部沿海地区在内的精品旅游线路。①

4. 开发多元化休闲度假旅游产品

开发生态休闲度假旅游产品，形成以度假、休闲、运动、娱乐、养生为主，面向以中国游客为主的国外游客不同年龄层的休闲度假旅游产品；突出旅游、户外、运动、乐活、养生的主题，为游客展现"旅游休闲、健康生活"的全新生活方式。让人放松是休闲度假的基本要求，因此在度假地的开发和规划中要充分考虑游客的心理需求，使度假地的环境和活动让游客感到熟悉和亲切，针对游客提供更加人性化的服务。开发邮轮、游艇、垂钓、探险等高端产品，引进国际知名酒店连锁管理集团、旅游代理商和旅游咨询集成商，建成世界知名滨海休闲度假旅游胜地。海钓不仅仅是一项娱乐项目，更是一项有潜力的产业。如能举办海钓项目，那么游客往返交通费用以及本地消费定能为当地带来不菲的收益。休闲观光渔船、游艇是最受游客欢迎的休闲旅游活动之一，不仅能增加度假活动的丰富性和趣味性，还能够增加当地居民的收入，使滨海边疆区发展成为以观光旅游为基础，以休闲度假为发展方向，海上活动、文化体验、康体养生等专项产品互为支撑的复合型产品体系，不断调整优化旅游产业结构。全面整合边疆区旅游资源，重点关注滨海度假、海上运动、邮轮游艇等内容。将海滩阳光浴、出海乘游艇、近海浮潜这些在欧美国家流行的海上休闲项目逐渐推广到滨海边疆区。

5. 完善旅游接待设施

一是加大旅游饭店建设。滨海边疆区酒店接待设施明显不能满足游客的需求。首先宾馆数量不足，很多宾馆旺季时在房间内加床的状况时有发生。其次，宾馆档次较低。接待游客的酒店或宾馆多为三星级、挂三星级或是二星级酒店，级别较低，环境一般。作为旅游活动"吃住行游购娱"六大要素之一的住宿是游客旅游行程当中不可忽视的方面，是影响游客满意度的重要因素。外国游客收入较高、重视旅游活动的品质，对住宿也有着更高的要求。针对上述状况，应当首先扩建酒店数量，建设一批高档酒店以及家庭式宾馆，既能满足高端游客的住宿需求，又能让一般游客基本住宿要求得到保障。其次在现有宾馆基础上进一步完善内部基础设施、提高服务水平，将宾馆硬件设施和服务提高到三星级以上。

二是提高餐饮质量。俄罗斯对中国游客旅游餐饮基本上是提供一餐"俄农家乐特色餐"，其余均为中国式菜肴或是中餐俄餐各一半。"俄农家乐

---

① 孙晓谦. 俄罗斯滨海边疆区旅游业发展前景广阔［J］. 西伯利亚研究，2007，34（3）.

特色餐"较为符合中国人口味，但菜式简单且基本上只有一餐，中餐菜品质量差，俄餐不符合中国人传统口味。要改变这一局面，首先应当注意针对游客的要求适当更改俄餐的口味，不能将所有原汁原味的俄餐原封不动地提供给游客，要多关注游客的需求，使游客既能体验当地特色饮食，又能符合他们的口味，达到游客餐饮要求。其次，提高中餐的餐饮水平，不能盲目追求低成本、高收益，要令游客满意，提高菜品质量，使游客能够在异国品尝到自己国家正宗的"家乡菜"。

6. 加强旅游从业人员培训，提高从业人员服务水平

第一，切实加强旅游从业人员的培养工作。不断强化从业人员的培训力度，不仅要树立正确的服务观，还要有过硬的服务技能。建立完善从业人员的教育体系，定期考核员工业务水平。要求景区、酒店、餐厅、购物店等地的旅游从业人员掌握英语、汉语的日常服务用语以迅速理解国外游客的需求，并做到态度亲切、和善，提高游客满意度。

第二，完善旅游从业人员激励机制。为解决边疆区目前人才短缺的问题，充分发挥现有人力资源的最大效应以及建立健全人才机制，切实做到留住老员工、吸引新员工。完善奖励政策，对表现突出、受游客欢迎的工作人员予以奖励和表彰；加大对旅游从业人员的资金投入，构建旅游从业人员素质教育的平台；建立和完善旅游企业员工薪酬机制、激励机制，保障员工合法权益，积极鼓励员工热情服务。

第三，加大旅游行业监管力度。加强边疆区各类法规的行使力度，通过政策指导、舆论引导等手段，促使旅游企业改善设施设备、提升企业品质、提高员工素质、改进服务水平。其次加强市场监管力度。建立和完善安全管理质量监督管理等制度，完善旅游投诉处理机制，特别注意完善外国人投诉机制和旅游市场综合治理机制。

第四，营造宽松的社会环境。首先加大对旅游业工作的正面宣传，通过边疆区电视、网络、报纸、杂志等途径大力表彰旅游从业人员的先进事迹激发社会对旅游服务工作的认同感，动员全社会的力量关心和支持旅游从业人员工作，努力营造尊重旅游从业人员和他们的劳动的社会氛围。其次，要营造利于旅游从业人员自我发展的空间，鼓励和帮助他们进行自我规划。

5.3.2　哈巴罗夫斯克边疆区旅游业发展概况

一　区域概况

1. 地理概况

哈巴罗夫斯克边疆区位于远东地区的中心部分，是远东经济区中部的

行政区之一，1938 年 10 月 20 日设立。东南部与中国黑龙江省接壤，其首府哈巴罗夫斯克离中国边境只有 30 公里。东邻鄂霍茨克海、日本海，隔鞑靼海峡与萨哈林岛相望。土地面积 78.86 万平方公里，占俄联邦领土面积的 4.6%。境内主要河流有阿穆尔河，此外还有多个小湖泊：博隆湖、丘克恰吉尔湖、大基济湖。哈巴罗夫斯克边疆区大部分为山地，占 70% 以上。东部绵亘着锡霍特 - 阿林山脉和沿岸山；西南部为图拉纳山、布列亚山、巴贾尔山、亚姆阿林山；北部为尤多马山、孙达尔 - 哈亚塔山。边疆区西北部与雅库特相接，地形为切割高原，向东与尤多马 - 马亚高地相接。边疆区境内最大的平原沿阿穆尔河两岸伸展，中游平原多为沼泽。其他面积较大的低地是阿穆尔河下游低地、埃沃龙 - 图古尔低地和鄂霍次克低地。

2. 气候

哈巴罗夫斯克边疆区的气候为温带季风性气候，1 月份平均温度在零下 16℃ 至零下 40℃，7 月份平均温度在 11℃ ~ 21℃，年降雨量为 500 ~ 900mm，其特点是冬季寒冷少雪，夏季炎热潮湿。由于受海洋、地域、地形、海拔等因素影响，各地区气候差异很大。哈巴罗夫斯克边疆区北部年降水量为 400 ~ 600mm，南部为 600 ~ 800mm。平原地区和南向山坡的雨雪量更多，为 1000mm。边疆区南部地区的植物生长期为 170 ~ 180 天，北部为 130 天。河流封冻期为 11 月到 4 月，北部地区则一直延迟到 5 月份。南部河流的涨洪期基本上在夏季，而临近林带的流域多有春汛。边疆区首府哈巴罗夫斯克市年平均气温在 1℃ ~ 4℃；最冷的月份是 1 月（ - 22.3℃）和 2 月（ - 17℃）；最温暖的月份是 7 月（21℃）和 8 月（20℃）。年均降水量 672mm。主要降水期为 4 ~ 10 月，降水量为 562mm，其他月份降水较少，为 110mm。哈巴罗夫斯克市的气候也具有季风性气候的特点。从内陆吹来的冬季季风带来干燥寒冷的气流；太平洋夏季季风则送来云雾与降雨。冬季降雪少，天气晴朗，一个月有 20 ~ 27 天为晴天；夏季炎热潮湿，7、8 月多为阴雨天气；气候最宜人的季节是干燥温暖的金秋时节。[①]

3. 人口和民族

哈巴罗夫斯克边疆区的哈巴罗夫斯克是远东两个最大城市之一，位于阿穆尔河畔，1880 年正式设市。2003 年哈巴罗夫斯克边疆区共有居民人口 146.65 万人，其中城市人口约占 80%；2005 年为 143.66 万人；2010 年为 134.42 万人，首府哈巴罗夫斯克市 2010 年人口数量为 57.77 万。[②]

---

① ASIADATA：http://www.asiadata.ru/? lang = zh&path = 0；700；616；751；618；620&id = 724.

② 黑龙江检验检疫局漠河办事处网：http://mh.hljciq.gov.cn/zsyd/110580.shtml.

在哈巴罗夫斯克边疆区的民族构成分外来民族和原住民。外来民族中俄罗斯人占 90.1%，乌克兰人占 4.2%，白俄罗斯人占 0.8%，鞑靼人占 0.8%。原住民是赫哲族（俄罗斯称那乃族）、埃文克族和尼夫赫族。

二　旅游资源特征

1. 自然生态资源丰富

哈巴罗夫斯克边疆区是俄罗斯最大和最独特的一个旅游区。自然生态资源的丰富和动植物种群的多样化是其旅游资源的特点。这一旅游区山多（占边疆区总面积 70% 以上），海岸线长（2500 公里），是个多港湾区。境内最大的岛屿是尚塔尔群岛，境内最长的河流为阿穆尔河，第二大河流为勒拿河，这条河也是俄罗斯长度名列第二和第三位的河流，最大的平原沿阿穆尔河两岸伸展，中游平原多为沼泽。其面积较大的低地是阿穆尔河下游低地，埃沃龙－图古尔低地和鄂霍茨克低地。边疆区境内有大赫赫齐尔、共青团和博奇河（阿穆尔虎最北部的栖息地，也是远东南部 16 个阿穆尔虎研究基地之一）等自然保护区。为了保护远东地区的阿穆尔虎，根据边疆区行政长官伊沙耶夫颁布的 2005 年第 137 号政府文件，在拉佐区和纳纳伊斯克区又将建立三个生态走廊，其中包括马泰生态走廊（面积 26.6 公顷）、霍尔生态走廊（面积 20.7 公顷）和霍尔—穆亨生态走廊（面积 22.3 公顷）。边疆区还在维亚泽姆斯基和共青城区的林区建立了"维亚泽姆斯基"和"霍索"自然公园以保护和恢复该区的自然风貌及生物和自然景观的多样性，加强对有经济价值、稀有的濒危动植物的保护，保护它们的栖息环境，发展旅游业，以及为人们提供休闲娱乐的场所。[①]

北部锡霍特－阿里尼亚山脉的山中景美，有雪松林和阔叶林，特别是这里具有高度的生物多样性。这里特有的植物、鱼儿喜爱产卵的清澈河流、鸟群栖息地、难忘的海景，以及在大自然中闲庭信步的感觉都深深吸引着浪漫主义者和幻想家。在鄂霍次克海的西南方向有一片群岛，由原本为内陆的大大小小 15 个岛屿组成，大约 1 万年以前发生了海侵，海水淹没了沿海地带的陆地，而陆地没有被淹没的最高处就变成了岛屿。世界上仅存的大约 40~60 头格陵兰鲸，都集中在这片群岛附近的海域中。[②]

2. 历史遗迹众多

阿穆尔河流域天然形成的古迹吸引着来自哈巴罗夫斯克边疆区和国外的游客们，这些古迹包括："波利宾斯基峭壁""卡里诺夫斯克峭壁""德尔

---

① 孙晓谦. 哈巴罗夫斯克边疆区的旅游业正在迅速崛起 [J]. 西伯利亚研究，2007，34（4）.

② 俄罗斯联邦驻华大使馆：http://www. russia. org. cn/chn/2878/31293679. html.

斯克峭壁""阿乌里山岩""萨拉普里斯科山口"。岩画是边疆区独一无二的古代遗址。边疆区内有几个地方保存着这样的岩画。这些图画要么是在石头上采用点凿的技术完成的，要么是用黑色或红色的颜料涂抹在石头上制成的。点凿技术的完成过程：先通过制作小槽的方式点凿出图画的轮廓，然后再把轮廓逐渐扩大。在距离哈巴罗夫斯克 75 公里的地方，在阿穆尔河右岸的一些石头上存有一些古老的绘画——这是最受游客们欢迎的景点之一。这一神秘的绘画群被称为"西卡其－阿梁纳岩画"，这是根据位于绘画群旁边的那乃人村庄名字"西卡其－阿梁纳"命名的。就是在这里，在阿穆尔河岸边，有一个从公元前 12000 ~ 前 10000 年开始创建起来的独一无二的岩画"画廊"。这里集中了大约 200 幅记录了不同历史时期的画作。最早有关"西卡其－阿梁纳岩画"的资料出现在 19 世纪 70 年代。19 世纪来自美国的一位东方学家 B. 劳费尔对这些资料进行了深入研究。1919 年，著名的日本历史学家、人种学家和考古学者鸟居龙二在其访问西伯利亚时也专门研究了这些岩画。曾经对岩画进行研究的还有著名考察员 L. Y. 什杰尔别尔格和 V. K. 阿尔谢尼耶夫。然而，直到 1935 年，在 A. P. 奥克拉德尼科夫从事研究以后，这些岩画才获得了国际声誉。①

3. 资源集聚性强

哈巴罗夫斯克边疆区的绝大部分旅游资源都集中在阿穆尔河流域及哈巴罗夫斯克市。以边疆区首府哈巴罗夫斯克市为例，它是远东地区的绿化城市之一，城市山环水绕，仅公园、街心公园和林荫式公园占地面积就有800 万平方米。列宁广场是最好的文化娱乐中心。边疆区政府机关、医学院、电报局、中心旅馆和书店等都建在该广场周围。此外还有众多的博物馆，如远东军事历史博物馆、远东艺术博物馆（远东最大的艺术作品收藏馆），以及疗养地。位于哈巴罗夫斯克市南郊的大赫赫齐尔自然保护区濒临阿穆尔河，原始森林面积达 4.6 万公顷。这里树高林密，生长着许多奇花异草，栖息着许多珍禽异兽，是研究乌苏里地区生物的最好场所。在保护区内，彼得巴普洛夫湖与阿穆尔河交叉口，有一座西卡奇阿梁村，村旁河岸的岩石上，至今保留着古代人所刻的兽、鱼和人面等图像，神秘而诱人。在哈巴罗夫斯克还可以沿阿穆尔河到尼古拉耶夫斯克，乘客轮观光游览，在风景如画的"绿色停车场"沐日光浴、洗澡、捕鱼和参加体育比赛。②

① 俄罗斯联邦驻华大使馆：http://www.russia.org.cn/chn/2878/31293679.html.
② 孙晓谦. 哈巴罗夫斯克边疆区的旅游业正在迅速崛起 [J].西伯利亚研究，2007，34（4）.

三　旅游市场特征

1. 地理集中性强

从来访边疆区旅游者在一个地区或城市中的活动情况看，多是集中在阿穆尔河流域及首府哈巴罗夫斯克市。这里非常吸引旅游者的是阿穆尔河下游的原生态大自然和历史古迹，阿穆尔河自古以来被尊称为"阿穆尔老爹"，是俄罗斯最重要的河流之一，阿穆尔河流域天然形成的古迹吸引着来自哈巴罗夫斯克边疆区和国外的游客们，这些古迹包括：波利宾斯基峭壁、卡里诺夫斯克峭壁和德尔斯克峭壁，阿乌里山岩和萨拉普里斯科山口。夏天可以使用任何交通工具（铁路只到达阿穆尔河畔共青团城）抵达位于阿穆尔河下游的居民区。[①]

哈巴罗夫斯克市是俄罗斯远东地区重要城市，建于 1858 年，是阿穆尔河畔最古老的城市之一，位于黑龙江与乌苏里江的交汇处，隔河与我国黑龙江省抚远县相望。该市旅游资源丰富，类型多样，有各式各样的公园，人文建筑，自然保护区等，也是俄国在远东科学文化的重要中心，有铁道工程学院、农学院、医学院等高等院校及科研机构。1917 年俄国"十月革命"前，哈巴市就已是州区首府。苏维埃时期，该市飞速发展，自 20 年代中期至 80 年代中期，城市规模扩大了 10 多倍，是边疆区吸引国内外游客的主要城市。[②]

2. 季节性强

无论是游览边疆区首府的人文历史景点及自然保护区，还是群岛上的自然风光，哈巴罗夫斯克边疆区都有它的最佳游玩时间。哈巴罗夫斯克的气候湿润，冬季寒冷、干燥，夏季炎热、多雨。哈市的冬季漫长，平均为 137 天，1 月份的气温最低，即使在最暖和的天气，气温也在－23℃以下。哈市的夏季从 6 月初开始，有 3 个月，7 月份的最高温度在 30℃ ~ 32℃，个别天可达 35℃ ~ 40℃，降水大部分集中在夏季。[③]

鄂霍次克海的西南方向有一片群岛，如尚塔尔群岛等，岛上的气候比鄂霍次克海沿岸要恶劣得多：漫长的冰封期（结冰至 8 月份）、风海流和潮汐流变化无常，常常出现大雾和风暴。暴风雨经常突然来袭：刚刚海上还刮着微风、泛着涟漪，但 20 分钟后，暴风雨就可能会突然降临。鄂霍次克海旅游区恶劣的气候条件有时也会对游客们的旅游计划产生短暂的影响。

①　俄罗斯联邦驻华大使馆：http://www. russia. org. cn/chn/2878/31293679. html.

②　游多多旅行网：http://www. yododo. com/area/2 - 05 - 05.

③　游多多旅行网：http://www. yododo. com/area/2 - 05 - 05.

因此到这里旅游最合适的时间是 6 月 1 日至 9 月 1 日。而且夏天的岛屿景色异常美丽，是开花植物的奇特世界。短暂的夏天里整个岛屿色彩斑斓。岛上出现了少见的植物组合：鄂霍茨克—堪察加、东西伯利亚和日本植物群系的组合。珊塔尔岛还是鸟类的王国，是野熊经常出没的地方，还是鳍足类动物的栖息地，而在夏季，这里则成为鲸鱼的天堂。群岛的附近海域是一群格陵兰鲸的聚集地，这群鲸鱼有 40~60 头。在每一个有小溪和河流汇集的海湾处，野熊都在尽情地捕捉鲑鳟鱼，岸边到处是野熊和狐狸踩踏的痕迹。

3. 国民旅游迅速发展，入境游发展缓慢

2007 年边疆区到中国旅游的人数为 18 万人次，去日本旅游的人数约 2 万人次。据阿穆尔共青城市政府统计，该市 2007 年旅游总流量中国内旅游占 52%，出境游占 42.5%，入境占 5.5%；2007 年旅游总收入达 1.5 亿卢布，比 2006 年翻了一番。①

4. 中国成为边疆区主要旅游目的地和客源国

1999 年迄今，边疆区的国际旅游业务始终处于良好的发展状态。中国、日本、韩国、泰国、印度和马来西亚吸引着越来越多的俄罗斯游客。近年来，中国的旅游业务在边疆区的旅游客流中一直占据领先的位置。中国现代化城市和古老的历史遗迹，滨海度假和自然风光都吸引着边疆区居民。黑龙江省对俄一类口岸绥芬河从 1988 年起就以元宵节为契机，每年举办一届旅游文化节，吸引了越来越多的俄罗斯游客。2006 年，绥芬河口岸进出口贸易实现 37.1 亿美元，接待进出境旅游者 59 万人次，在中国对俄贸易口岸中居前列。自 2000 年以来从边疆区前往中国的旅游度假者大幅增长，2004 年达到 9.37 万人次，2005 年达到 11.4 万人次，占边疆区出国旅游总人数的 91%；前往韩国旅游者占 6.6%，去日本的只占 1.8%。边疆区同中国旅游交往最多的地区是黑龙江省。据统计，边疆区有 93% 的旅游者是通过黑龙江的各个口岸进入中国，有 4% 的游客去往辽宁的大连，近 3% 的人去往广州，此外，还有去海南岛和青岛的。

与此同时，哈巴罗夫斯克边疆区入境旅游的人数也在不断增长，尤其是来自中国的游客。据统计，2000 年边疆区入境旅游总接待量为 1.94 万人次，中国游客为 1.31 万人次，占 67.5%；2005 年入境总人数为 2.94 万人次，其中中国游客为 1.8 万人次，占 61.2%。除 2004 年外，中国游客均占边疆区入境旅游总人数 60% 以上。2005 年，边疆区旅游公司接待的日本游客占入境

---

① 孙晓谦. 俄罗斯东部地区旅游业与中俄旅游合作 [J]. 西伯利亚研究，2008，35（2）.

外国游客总量的 27.9% ，韩国游客仅占 8% 。从 2005 年边疆区出入境游人数的结构上看，中国占据着边疆区旅游者出入境旅游的主导地位。①

早在 2000 年黑龙江省与哈巴罗夫斯克边疆区就签署了《黑龙江与哈巴罗夫斯克边疆区间旅游合作协议》，确定了两省定期会晤制度，以及共同发展双边旅游的设想。2005 年哈巴罗夫斯克边疆区又与中国的辽宁省积极发展旅游交往，探讨发展多种形式的观光旅游、疗养旅游、医疗旅游、狩猎漂流游、休闲度假游等，并把线路向各自国家腹地延伸。

1997 年至今，俄罗斯一直是中国第三大客源市场，游客数量约占中国接待外国游客人数的 10% 。2012 年俄旅华人数达到 242.62 万人次。2012 年中国访俄游客达 34.3 万人次，增长 47% ，在俄所有客源地中增幅最大。访俄中国游客比俄第一大客源地德国少 3.2 万人次，位列第二。中国已成为俄罗斯第二大客源国。② 俄罗斯业内专家认为，随着俄居民收入水平的大幅提升，"曾经让人感觉价格不菲的中国游产品"如今已变得不那么高不可攀。据悉，来北京旅游的价格已由过去的 1200 ~ 1300 美元降到了目前的 880 ~ 900 美元。如今，越来越多的俄罗斯旅行社推荐中国之旅，并推出佛寺探秘、中国皇宫、伟大的长江、万里长城等观光游和包含传统中医治疗的保健游等多种新型旅游产品。专家预言，2012 年是俄罗斯的"中国旅游年"，赴中国旅游的俄罗斯人将会增加 10% ，也将会有越来越多的边疆区居民来中国旅游。

四　旅游企业概况

（一）酒店业

边疆区内有各种宾馆 58 家，客房 33000 间。在哈巴罗夫斯克和阿穆尔共青城内的扎伊穆卡、卡拉特、林地、沙尔戈里和扎斯洛诺娃等疗养机构就有 23 家，这些疗养机构不仅设置了饭店、酒吧、桑拿，还有台球厅、乒乓球厅等各种服务场所，冬天还有高山滑雪场向游人开放。③ 各种特色宾馆正在建设之中。

表 5-30　哈巴罗夫斯克市酒店概况

	酒店名称	星级	客房数
1	斯拉夫酒店（Chaika Hotel）	3 星级	82

① 孙晓谦.哈巴罗夫斯克边疆区的旅游业正在迅速崛起［J］.西伯利亚研究，2007，34（4）.
② 中国聚焦：中俄欲借互办"旅游年"推动两国旅游热［N］，新华网，2013-03-23.
③ 孙晓谦.哈巴罗夫斯克边疆区的旅游业正在迅速崛起［J］.西伯利亚研究，2007，34（4）.

续表

	酒店名称	星级	客房数
2	帕洛司酒店 (Parus Hotel)	4 星级	82
3	札幌酒店 (Sapporo Hotel)	3 星级	20
4	Aurora Hotel		68
5	Hotel Zarina		39
6	Amur Hotel		101
7	Ani Hotel		11
8	Dubai Hotel		6
9	Toro Hotel		8
10	Laim Hotel		60
11	Abrikol		28
12	Turist Hotel		190
13	Hotel Olympic		57
14	Royal Hotel		23
15	Boutique Hotel Khabarovsk City		44
16	Guru Hotel		33

资料来源：游多多旅行网：http://www.yododo.com/area/2 - 05 - 05.

（二）旅行社业

目前边疆区共有促进地区旅游发展机构、俄罗斯旅游业企业联盟亚太代表机构和远东地区间独立旅游机构三个旅游团体；截至 2006 年 1 月 1 日，在边疆区登记注册的旅游组织有 219 个，大约有 35 个旅游公司同有授权的中国旅游公司开展代理合作，有 10 个旅游公司从事免签旅游业务，组织游览参观莫斯科、圣彼得堡以及贝加尔湖等地的旅游活动。①

（三）旅游餐饮业

很多中国商品在当地可见，尤其是食品可以说在中国国内有的在哈巴罗夫斯克都可以买到，包括调料、蔬菜类、大米，甚至冬天还可以买到涮羊肉用的羊肉片，价格略贵于国内。在该区有很多中国餐馆，包括北京饭店、香港饭店、上海饭店，等等，在中国餐馆就餐较贵，一顿饭平均每人要消费在人民币 80 元左右。边疆区为适应外国游客的需要，正在建设各种

———————————

① 孙晓谦. 哈巴罗夫斯克边疆区的旅游业正在迅速崛起 [J]. 西伯利亚研究，2007，34（4）.

特色餐厅、咖啡馆、小吃店和酒吧，使来这里的游客可以品尝到俄罗斯、中国、韩国、日本和高加索等地的菜肴。

（四）旅游交通

哈巴罗夫斯克是俄罗斯远东地区最大的铁路枢纽，有 4 个火车站、3 个机务段和哈巴罗夫斯克－2 大型编组站。① 哈巴罗夫斯克边疆区有西伯利亚干线和阿穆尔—巴尔干铁路干线。阿穆尔河、乌苏里江、通古斯卡河、阿姆贡网通航。此外，在阿穆尔河流域从布拉戈维申斯克到尼古拉耶夫斯克以及沿松花江到中国都有客运和旅游航线。境内还有海运交通，主要港口有瓦民诺港、尼古拉耶夫斯克港、奥霍兹克港。首府哈巴罗夫斯克市是仅次于莫斯科、圣彼得堡的全俄第三大航空港。公路交通发达。该市是远东最大的铁路、航空交通枢纽和最大的河港，还是数条公路干线的交会点。市内公共交通也很便利。

五　旅游产品特征

1. 阿穆尔河是最重要的旅游线路

边疆区自然景观的一大特色就是河流纵横交错，湖泊星罗棋布，大小河流共有 12 万多条，湖泊也有 5 万余个。阿穆尔河是俄罗斯最重要的河流之一，其储水量排在叶尼塞河、鄂比河和列娜河之后，最深的地方位于德尔镇区域，其深度为 51 米。阿穆尔河是这里最重要、最优美和最有吸引力的一条旅游路线，沿河流域集中了大量的自然、文化及历史旅游资源，沿阿穆尔河游览，不仅能欣赏美丽的自然风光，而且还能了解居住在阿穆尔河沿岸的少数民族的历史、文化和风土人情。在阿穆尔河沿岸分布着边疆区的哈巴罗夫斯克、阿穆尔共青城、阿穆尔斯克，尼古拉耶夫斯克等城市，苏维埃港、维亚泽姆斯基、鄂霍次克、瓦尼诺和比金等港口城市，形成了一个以河流和海港为主的旅游集散中心。

2. 特种旅游和生态旅游为主

边疆区最具发展前景的旅游项目是生态游、民族游、极限游，还有运动和冒险（狩猎、钓鱼、沿山间小河漂流）。哈巴罗夫斯克边疆区具有发展生态旅游的得天独厚的条件，将利用现有的自然休闲区及生态保护公园发展生态旅游契机，吸引更多的游客到边疆区旅游。2011 年 3 月，该区政府计划在当地的大赫赫齐尔斯基自然保护区开展生态旅游，该自然保护区邀请哈巴罗夫斯克边疆区的各大旅行社和旅游产业公司的代表参观了该自然保护区。据了解，该自然保护区生态旅游业的每年收入约 20 万卢布。如果

① 凤凰网：http://app. travel. ifeng. com/city_intro_759.

对野生自然环境进行进一步改造，将极大地促进该保护区生态旅游的发展。① 近年来，生态旅游作为一种增进环保、崇尚绿色、倡导人与自然高度和谐的大众化旅游产品类型也越来越吸引着国内外旅游者。

哈巴罗夫斯克边疆区是俄罗斯拥有许多民族的地区之一：这里有很多民族文化、民间习俗、宗教传统。这里的少数民族聚居区主要是由阿穆尔河流域土生土长的民族组成，其中包括那乃人、乌金盖人、乌里奇人和鄂伦春人。可以在民族村里了解居住在边疆区北方的本地少数民族人民的民族文化和习俗，民族村里建有民族博物馆和民间艺术工作坊。喜欢研究民族－生态学的游客一定会对这些少数民族的传统资源很感兴趣。可以在民族村和宿营地了解北方少数民族和阿穆尔各民族人民的民族文化和习俗，在民族村和宿营地中建有民族博物馆和民间艺术工作坊。

在马尔－丘耶利高原上，不仅可以看到岩洞地层、"消失"在地下的河流和未开垦的原始森林景观，还可以进行运动式狩猎和捕鱼，了解埃文基人的日常生活习俗和文化。需要特别说明的是，边疆区的河流是漂流和捕鱼的天堂。鄂霍次克海和珊塔尔岛的捕鱼业非常著名；阿穆尔河中有108种鱼，其中包括鲟鱼、鲑鳟鱼、白鲑、茴鱼、泥鳅，等等，河中既有喜欢寒冷气候的白鲑和细鳞鱼，也有适应热带气候的代表——鲈鱼和黄颡鱼。②

3. 冰雪旅游发展态势良好

随着边疆区冰雪旅游的迅速发展，知名度的不断提高，冰雪旅游吸引了国内众多的游客和冰雪爱好者。哈巴罗夫斯克的冬季漫长，平均为130天，1月份的气温最低，在零下20摄氏度以下，因为有极好的滑雪场和大片的原始森林，当地的旅游局、旅行公司和散布在森林和阿纽伊河边的农场、度假村，会联合组织雪橇之旅这样别具特色的旅游项目。《2025年前哈巴罗夫斯克边疆区的经济社会发展规划及相关指标》③ 提到，哈巴罗夫斯克边疆区的旅游业发展方向，是在大型城市圈周围建立休闲区。大型城市圈内特别是哈巴罗夫斯克区建立休闲区的重点是在共青城区、索尔涅奇内区和哈巴罗夫斯克区发展滑雪休闲项目。得天独厚的地理位置、气候条件以及国家政策的大力支持，滨海边疆区今后的冰雪旅游发展必将有新的景象。

---

① 新华网：http://news.xinhuanet.com/video/2011-03/03/c_121146190.htm.
② 俄罗斯联邦驻华大使馆网：http://www.russia.org.cn/chn/2878/31293679.html.
③ 国家发改委东北振兴司网：http://dbzxs.ndrc.gov.cn/els/zfzx/dflmzt/t20100514_346885.htm.

六 旅游业发展建议

1. 推进中俄旅游合作，共同开发旅游项目

黑瞎子岛地处我国最东段，是由黑龙江、乌苏里江以及两江之间一条细细的抚远水道围起来的三角形地块，由银龙岛、黑瞎子岛、明月岛三个岛及 93 个岛屿和沙洲组成，总面积为 350 平方公里，连同与其毗连的水域共 450 平方公里。岛上的自然资源丰富且多样。黑瞎子岛植被茂盛，岛上栖息着大量珍稀野生动物，有黑鹳、黑鹤、鸳鸯、鸿雁、棱皮龟等。在环绕的黑龙江及其支流的河滩和湖泊中生活着多种鱼类，岛屿周围常有的鱼类比整个伏尔加河流域的还要多，特别是每年都有大马哈鱼洄游到这里。因此这里是一个极具开发价值的岛屿。距黑瞎子岛最近的黑龙江省抚远县与哈巴罗夫斯克隔江相望。不少抚远人和对岸的哈巴罗夫斯克人有着商业往来。可以利用这一地理优势，在建设"俄中联合贸易区"的基础上建设"俄中互市贸易+旅游区"，使黑瞎子岛上的旅游资源得到充分的利用与开发，成为对外国游客最具吸引力的地区和中俄旅游区域合作的亮点。黑龙江省与哈巴罗夫斯克边疆区政府都有将黑瞎子岛开发成中俄"友谊岛"的愿望。专家根据俄方提供的资料以及俄罗斯部分旅行社推介项目估计，中国旅游公司可在黑瞎子岛及周边水域开发钓鱼、狩猎、漂流探险等旅游项目。

2. 做好旅游规划开发，明确发展重点

《2025 年前哈巴罗夫斯克边疆区的经济社会发展规划及相关指标》① 中指出其未来旅游发展重点方向：其一，发展边疆区的内河和海上旅游是一个很有前景的方向。阿穆尔河是哈巴罗夫斯克边疆区重要的景点，现有的自然和文化历史旅游潜力都集中在阿穆尔河流域。在阿穆尔河流域广阔地域，包括哈巴罗夫斯克边疆区、阿穆尔州、犹太自治州和赤塔州，还有中国的东北地区。其二，振兴边疆区的水上旅游将促使所有的市级区（共青城区、尼古拉耶夫斯基区、纳奈斯基区、乌利奇斯基区和哈巴罗夫斯克区）被引入这一经济进程。这将创造更多的工作岗位，提高就业率，包括居住在阿穆尔河支流的北方少数民族原住民。其三，哈巴罗夫斯克边疆区的旅游业发展方向，是在大型城市圈周围建立休闲区。在现在的情况下，需要建造通向休闲场所的方便道路、停车场所，保证休闲场所较高的卫生水平并配备生活餐饮设施，以及体育休闲设施。其四，在大型城市圈内特别是哈巴罗夫斯克区建立休闲区。在拉佐区（锡霍特山脉）将建立生态旅游区。在大乌苏里岛（黑瞎子岛）和博利舍赫赫齐尔斯基国家禁猎区也将发展休

---

① 国家发改委东北振兴司网：http://dbzxs.ndrc.gov.cn/els/zfzx/dflmzt/t20100514_346885.htm.

闲业。

3. 优化旅游业发展环境，突出文化内涵

优化旅游业发展环境，推出有文化内涵的项目，主要是体现地域文化对旅游产业发展的影响。黑龙江两岸风景优美，且民族众多，具有发展文化旅游的天然优势。应该利用冰雪、森林、草原、湿地火山和界江等生态旅游资源，充分挖掘都市、乡村、极地和宗教以及中俄同源民族的特色民俗文化资源，推出特色专项旅游产品和景区。如建设中华民族村、中国文化（民俗）博物馆和开办俄汉双语（旅游）学校，还可以搞一些中国文化节活动来吸引国内外游客。近日，莫斯科国家东方博物馆的参观者终日络绎不绝的现象，对于我们就是一个很好的启示。

同时，要优化旅游业发展环境，将旅游点和线有机结合起来，进一步形成避暑休闲、疗养度假游览观赏和民俗风情于一体的吃、住、行、游、购、娱相配套的旅游服务体系，实施品牌战略，打造精品路线。

4. 重视和推进会展旅游发展

随着 2012 年亚太经合组织（APEC）高峰会议（以下简称亚太经合峰会）的举办，越来越多的人知道了俄罗斯符拉迪沃斯托克，而在亚太经合峰会前，亚太经合组织旅游业部长级会议在俄罗斯哈巴罗夫斯克举办。作为哈巴罗夫斯克边疆区首府，哈巴罗夫斯克是俄罗斯第四大城市，远东地区第一大城市。该市通过 3 种主要交通渠道与外界相连：世界上最长的西伯利亚大铁路，莫斯科哈巴罗夫斯克航空公司，除此之外，哈巴罗夫斯克是阿穆尔河上的一个大港口，以"河海相连"而著称。目前从中国的多个城市都可以乘坐西伯利亚航空或符拉迪沃斯托克航空的航班，3 个小时的航程即可到达哈巴罗夫斯克。哈巴罗夫斯克有几百家工业和建筑企业、研究和设计研究所、高等教育和研究所，在城市里的再教育和职业学校以及文化机构。此外，城市的动物珍稀博物馆和艺术博物馆声名远播。国际会议为主的会展旅游是一个非常巨大的市场，对经济的带动作用巨大。哈巴罗夫斯克边疆区在针对中国会展旅游市场上要做到行程安排精致、富有创意，服务独到，以打造精品旅游线路，对广大中国企事业形成品牌效应。

5.3.3 阿穆尔州旅游业发展概况

一 区域概况

1. 地理概况

阿穆尔州位于俄罗斯联邦的东南部，其南部、西南部与中国相邻，西部与外贝加尔边疆区接壤，北部与萨哈共和国相邻，东北部和东部与哈巴罗夫斯克边疆区相邻，东南部与犹太自治州相邻。全州面积为 36.19 万平方公里。阿穆尔州的北部是斯塔诺夫山脉，高达 2312 米，南部是亚根佳山、杜库林哥拉山、索克达汗山、达日哥德山。有约 2/5 的领土为捷伊斯克—布列斯克平原和阿穆尔—捷伊斯克平原。境内主要河流有阿穆尔河、结雅河、布列亚河。阿穆尔州是俄罗斯境内与中国接壤最北部的地区。同俄罗斯其他地区相比，它与中国的边境线是最长的——1255 千米。

2. 气候

阿穆尔州具有大陆季风气候的特点。这种气候的形成与太阳辐射、大气循环及纬度位置、距海距离、地形、植被等各种地理因素有关。首先，最冷和最热月份的温度指标是气候的特点。1 月份最低温度的等温线在山区。在州北部 1 月份的平均气温达到零下 40℃，在山区盆地可达到零下 50℃，南部地区为零下 28℃至零下 24℃。与布拉戈维申斯克同纬度的沃罗涅日市 1 月份平均温度为零下 9℃，而布拉戈维申斯克却为零下 24℃至零下 27℃。夏季南部较温暖，山区温度最高为 12℃，山区盆地 16℃～17℃。北部绝对最高气温可达到 38℃，南部为 42℃。

年降水量：东北部山区和东部地区为 900～1000 毫米，阿穆尔河上游及结雅河下游地区相对少些。这样，在叶罗费伊·巴甫洛维奇的郊区可达到 500 毫米，在布拉戈维申斯克达到 550 毫米，在阿尔哈拉地区达到 600 毫米。6、7、8 月份的降水量能达到全年的 70%。[1]

3. 人口和民族

阿穆尔州辖 9 个城市，20 个区，面积为 363700 平方公里，相当于黑龙江省面积的 4/5（65% 的土地为原始森林所覆盖），属于俄联邦人口数量较少的地区。民族主要是俄罗斯人，有少数乌克兰、白俄罗斯人等。2008 年数据显示[2]，阿穆尔州人口总数约 105 万人，人口密度为 2.9 人/平方公里。阿穆尔州人口分布不均衡，南部地区人口最为稠密，5～12 人/平方公里，西北和东北地区，山区和原始林区人口则很稀少。阿穆尔州接近 1 万人以上居民点共有 33 个，其中 1 万人到 3 万人的居民点 6 个，3 万人至 10 万人的居民点 5 个，20 万人以上的居民点只有布拉戈维申斯克市 1 个。居民点多沿西伯利亚铁路和贝阿铁路沿线分布，其中沿贝阿铁路分布有 8 个，沿西伯利亚铁路线分布有 11 个。3 万人口以上居民点在阿穆尔州南部有 4 个，其中布拉戈维申斯克市 21.29 万人，自由城 7.32 万人，白山市 7.54 万人，赖

---

① 黑龙江出入境检验检疫局漠河办事处：http://mh.hljciq.gov.cn/zsyd/110581.shtml.

② 黑河市人民政府门户网：http://www.heihe.gov.cn/html/2008-09/10-53-9827.html.

奇欣斯克 7.54 万人，再加上施马诺夫斯克 2.57 万人，阿穆尔州南部仅城市人口就有 46.16 万人，占全州人口的 39%。这些城市从东北部环绕布拉戈维申斯克市，其中最远的赖奇欣斯克距布拉戈维申斯克市约 150 公里。2010 年人口总数为 82.92 万人。[①]

二　旅游资源特征[②]

1. 南北自然景观对比明显

阿穆尔州独特的自然景观让人惊叹，这种独特性首先就表现在其具有明显的对比性：北方是多山的地形和湍急的山间河流，寒冷恶劣的气候，针叶林的植物世界和动物世界占据着主要优势；南方则是平坦的地形和较为温和的气候（冬季比较寒冷，但是夏季温暖而炎热）为主。阿穆尔州的日照天数仅比外贝加尔地区少一些。阿穆尔州的旅游资源是多种多样的。有的游客来此是为了征服山间的河流，有的是为了爬山，有的是为了钻山洞，有的是为了捕捉原始森林里的熊，有的是为了亲眼看见大型水电站，有的则是为了去布拉戈维申斯克及昆德拉的"恐龙墓地"，还有的是为了了解鄂温克民族的游牧生活。

2. 生物景观独特

丰富的资源造就了阿穆尔地区无穷无尽的生态旅游资源。阿穆尔州的各个自然保护区（比如结雅自然保护区、诺尔斯克自然保护区和兴安岭自然保护区）可以提供与大自然对话的机会。鉴于这些保护区具有很高的自然保护地位，因此只允许组织认知性的旅游。许多旅游机构在这里制定了沿着生态小径徒步行走的独特的生态教育旅行计划。兴安岭国家自然保护区是远东地区自然风光的明珠，这个自然保护区有一个独一无二的"花湖"风景区，这里从 7 月中旬到 8 月中旬都能欣赏到东方最美的花——科玛洛夫荷花。另外，那些初来乍到的普通游客们还可以沿着参观步道漫步在杂草丛生的东亚大草原的遗址上，他们能够看见放牧的鹿群，欣赏到世界上最稀有的飞禽（日本鹤和达乌尔鹤，以及远东的白鹳）。诺尔斯克自然保护区以其独一无二的特征而著称，这里有很多世界上最大的西伯利亚狍（有 7000 多只）。旅游机构为游客制定了一条在全长 150 公里的诺拉河上沿着自然保护区边界航行的水上路线。一路上游客们可以欣赏到美丽的原始森林，还能为野生动物拍下珍贵的照片。

---

① 中华人民共和国驻哈巴罗夫斯克总领馆：http://www.fmprc.gov.cn/ce/cgkhb/chn/lqgk/t116425.htm.

② 俄驻华大使馆：http://www.russia.org.cn/chn/2878/31293682.

阿穆尔州还有一个奇异的地方是蚂蚁公园，这是俄罗斯第一个可持续发展使用环境资源的地方，那里有 6 ~ 7 种生活在俄罗斯的蚂蚁。每年公园都会举行各种名目的竞赛及联欢节"仙鹤黎明""仙鹤送别""国际飞禽日"，这些活动不仅吸引了许多当地的居民，还吸引了很多外国游客。旅游机构制定好旅游线路，游客可以沿着小径走向圈着各种美丽无比的飞禽的区域，在那里人们可以一边享受清新的空气，一边参与各种保护生态的游戏。

3. 历史遗迹众多

阿穆尔州的各个城市及其古老的和现代的建筑物、历史古迹和建筑遗址，以及自然风光都吸引着旅游者的眼球。至今为止，古代动物的消失都还是一个没有解开的谜。因此世界各国都还热衷于研究恐龙。只有在阿穆尔河沿岸才能找到完好保存至今的恐龙遗骸。许多旅游机构都建议游客去著名的"恐龙墓地"参观游览，在那里最大的成功是可以找到完整的扇冠大天鹅龙（鸭嘴龙类）的骨架。现在已经找到的恐龙遗骨已经足够拿到被人们称之为"侏罗纪公园"的独一无二的恐龙博物馆中展示了。参加"恐龙游"可以使游客获得一次亲身体验考古，并从古生物学世界中了解新鲜事物以及获得恐龙遗骸的机会。大自然慷慨地赋予了阿穆尔丰富的地下古生物宝藏。在阿穆尔州发现的矿产资源和植物，在一亿四千四百万年前的白垩纪就已经在这片土地上存在了。

阿尔哈拉河中游有一个非常奇特的地方，被人们称为"彩绘石头"。那里有很多远古人类遗留下来的古代石刻画，上面标注的日期都是在公元前500 年前后，石头上绘制了许多古代狩猎和日常生活的场景，那些爱提问题的好奇游客可以从这些图画中获得答案。

4. 休闲娱乐资源巨大

阿穆尔州旅游业的发展是建立在巨大的休闲娱乐资源的基础之上的。在阿穆尔州分布着几个主要的旅游和休息场所："穆欣卡""科罗索克""斯涅任卡""沃多列伊"旅游基地；布列亚地区（布列亚水电站、乌罗奇谢·伊尔昆禁猎区），泽亚地区（雪山浴场，别克里杰乌里禁猎区，泽亚水电站），马格达加钦斯基地区（贡任斯基泉），斯沃博德年斯基地区（"布祖里"、"巴尔达"疗养院）等。① 阿穆尔州如此之多的娱乐旅游资源为其开发休闲旅游产品奠定了较为坚实的物质基础。

---

① ASIADATA：http://www. asiadata. ru/? lang = zh&id = 3045.

三 旅游市场特征

1. 地理集中性强

布拉格维申斯克是俄罗斯远东地区南部重要城市、河港、阿穆尔州首府。中国传统称布拉戈维申斯克为海兰泡。它的旅游景点众多，且相对来说基础设施较为完善。它位于结雅河（精奇里河）与阿穆尔河（黑龙江）汇流处，有铁路支线与西伯利亚大铁道相接（支线与西伯利亚大铁道在别洛戈尔斯克交会），是农产品集散与加工中心。工业以食品、机械制造为主。无论新区老区都实行管道化集中供热，生活用电及生活用气很充足，这一点体现了其城市现代化的水平。布市是有名的大学城，有高等院校6所、中等学校15所、中学30所。人类第一位探索太空的宇航员加加林就诞生在这里。美丽的中俄界河将布拉戈维申斯克和黑河市划分开来，是一座地理位置独一无二的城市，阳光充足、空气清新和令人惊叹的自然环境使得在布市休息非常舒适。阿穆尔州地方志博物馆、远东地区最古老的东正教堂、列宁广场、胜利广场、凯旋门、社会文化中心等众多景点都集中在这里。① 近年来，阿穆尔州游客数量增长，5 年前，游客数量约为 9000 人，2009 年超过 2.3 万人。② 布拉戈维申斯克接待游客数量为全州之首。以赴俄中国游客为例，2004 年所有到过阿穆尔州的外国旅游者中，中国公民占 99.9%，其中 95% 是去布拉戈维申斯克。③

2. 与中国互动频繁

黑河市与布拉戈维申斯克市是中俄两国唯一的一对距离最近、规模最大、规格最高、功能最全的口岸对应城市。1991 年，在黑河率先开通了边境线上第一个边民互市贸易市场。风光秀丽的大黑河岛上从此集散着来自全国各地的商品，每天都要接待数以千计的俄罗斯人和客商，形成了游、购、娱一体，以冰雪游乐、狩猎垂钓、漂流探险、避暑疗养、生态环境、民俗风情、边境跨国等独具特色的旅游项目。④ 总之。地理位置、历史遗产、共同的兴趣和需求为阿穆尔州和中国边境城市开展密切的合作奠定了基础。

2011 年有 234588 名中国游客访问俄罗斯，而去布拉戈维申斯克就有 27459 名中国游客（11.7%）。近三年来，每年来自中国旅游的游客增长率

---

① 黑河天马国际旅行社：http://www.lvyou114.com/line/450/450608.html.
② 黑龙江省人民政府网：http://www.hlj.gov.cn/zerx/system/2013/01/05/010472118.shtml
③ ASIADATA：http://www.asiadata.ru/? lang = zh&id = 3045.
④ 孙晓谦. 在黑龙江两岸共建中俄名牌旅游景区可行性分析 [J]. 西伯利亚研究，2006，33 (5).

为 40% ~ 45%。根据阿穆尔州对外经济联系、旅游、商业部的资料，在 2012 年 1 ~ 6 月访问阿穆尔州的中国游客数量为 11758 人；在 2013 年 1 ~ 6 月已超过 13615 人。这是在双方发展跨境旅游以来，访问阿穆尔州的中国游客数量在半年统计时首次超过从阿穆尔州来中国的俄罗斯游客数量。[①]

俄新社俄罗斯符拉迪沃斯托克 2013 年 5 月 18 日报道[②]，俄联邦旅游署国际合作局副局长弗拉基米尔·福明在符拉迪沃斯托克说，中国将在 2015 年之前超过德国，成为赴俄罗斯旅游的最大游客来源国。95% 的赴俄中国游客只去两个城市和两个地区——莫斯科和圣彼得堡、滨海边疆区和阿穆尔州。这些地方的 10 家旅行社要接待 75% 的中国游客。总而言之，近年来双方积极发展免签边境旅游，平均每个阿穆尔州居民都至少访问了中国一次。阿穆尔州旅游事业发展迅速，各级政府尤其重视对中国的经贸和旅游发展，积极与中方沟通联系，拓宽旅游发展思路，推动双方经济贸易和旅游业加快发展。

四　旅游企业现状

1. 酒店业

按照阿穆尔州的国家统计委员会数据显示，2003 年该州共有宾馆 65 家，房间 5108 个。阿穆尔州的宾馆业急需投资，因为许多宾馆早在 1990 年就已建立，需要进行装修、现代化改造和功能修复等工作。[③]

布拉戈维申斯克友谊宾馆是一个独特的旅游综合宾馆，其中包括一个特等酒店，200 个床位的单人、双人标间，以及俄罗斯三星级酒店的套房。酒店可以基本满足安全和客人要求。但是，友谊宾馆设施较为简单，房间、床和电视都很小，卫生间有热水洗澡但没有任何备品。

亚洲大酒店位于俄罗斯阿穆尔州布拉戈维申斯克市高尔基大街 158 号，是俄罗斯远东地区最豪华的大酒店，按照迪拜风格建造，是进行各种商业活动，接待旅游团体的最好酒店。亚洲大酒店坐落在布拉戈维申斯克市中心，交通便利，出行方便。客房舒适整洁豪华，有标间（单人间和双人间）、豪华套房和总统套房。酒店内设有中式、法式、意式餐厅，其中中式餐厅"龙福"在 3 层，还有欧式餐厅"巴黎 1930"世界之窗和宴会厅"红宫"，亚洲大酒店还承办各种会议、宴会及庆典活动。酒店提供完善的会议服务，可供大小型会议产品展示及洽谈。三个会议厅当中最大的可容纳 256

---

① 黑河市人民政府门户网：http://www.heihe.gov.cn/html/2013 - 07/9 - 44 - 17 - 60689. html.

② 北方网：http://news. enorth. com. cn/system/2013/05/20/010976036. shtml.

③ ASIADATA：http://www. asiadata. ru/? lang = zh&id = 3045.

人，并配有专业会议所需设备。圆桌小会议厅可容纳 10~15 人，商务洽谈室最多可容纳 40 人。其服务人员可提供专业高效的服务帮助解决开会期间的组织及接待事宜。

2. 旅行社业与旅游组织

2005 年 1 月 1 日统计数据显示[1]，在阿穆尔州共有商业性质的旅游组织 42 个。这些组织大体上集中在区中心布拉戈维申斯克市。在 2003~2004 年，旅游组织的数量扩大了 36%，这证明了旅游虽为新兴产业，但其发展速度却大大超出了其他经济领域。州内共有 15 个旅游公司从事外国旅游者的接待和服务工作。

国际旅游是阿穆尔州对外经济合作的战略方向之一。据统计[2]，截至 2008 年在阿穆尔州约有 45 家旅游公司向国内外游客提供优质服务，其中最大的公司为阿穆尔旅游公司、远东凤凰公司以及布拉戈维申斯克市的国际旅游公司等。

3. 旅游交通

阿穆尔州交通运输以铁路和公路为主。州内铁路总长 3331 公里，公路总长 10613 公里，目前正在兴修从赤塔到哈巴罗夫斯克的国家级公路，2010 年投入使用。此外州内还有河道 2600 公里，河港 4 个，其中 3 个是国际港口。

经过阿穆尔州境内的有两条大型铁路干线，一条是西伯利亚铁路干线，经哈巴罗夫斯克至滨海边疆区海港；另外一条是巴尔干至阿穆尔州干线，是从瓦泥诺站和苏维埃港出发的。州内有 4 条河运线，承担着往中国的进出口货物运送。此外，沿阿穆尔河还有"海河"船队可以进入日本海。

在布拉戈维申斯克有国际航空系统，目前可通往日本、朝鲜和俄联邦 24 个城市以及州内 15 个居民点。州里还计划继续发展航空业，以促进与亚太地区国家的外经外贸发展。铁路的货运量占货运总量的 57.2%，公路占 37.7%，河运占 5.0%，空运占 0.1%。客运量中，铁路占 5.7%，公路占 93.9%，河运占 0.2%，空运占 0.2%。

在阿穆尔州内有 22 家公路运输企业，共有 2570 辆汽车，这些汽车承担货运和客运服务。阿穆尔州铁路、公路、内河、航空四通八达。俄罗斯最长的西伯利亚大铁路，起点是车里亚宾斯克市，终点是符拉迪沃斯托克，

---

[1] ASIADATA：http://www.asiadata.ru/? lang=zh&id=3045.

[2] 黑龙江黑河商务之窗：http://heihe.mofcom.gov.cn/aarticle/youhuizc/200702/20070204377566.html.

全线长 7100 公里，在阿穆尔州境内达 1500 公里，布拉戈维申斯克市通过
109 公里的布别支线与西伯利亚大铁路相连接。贝阿铁路位于西伯利亚大铁
路以北，与之走向平行，起始于西伯利亚大铁路的泰舍特车站，直至太平
洋沿岸的苏维埃港（鞑靼海峡），全线长 4300 公里，在阿穆尔州境内 1484
公里，布拉戈维申斯克市通过 180 公里的巴腾（巴姆—腾达）支线与贝阿
铁路相连接，进入全国铁路运输网，两条铁路均可到达各大中心城市。

阿穆尔州有布拉戈维申斯克市中心航空站和赖奇欣斯克、腾达、马格
达加奇、埃基姆昌航空站。布拉戈维申斯克市有大型现代化机场，开通了
50 多条航线，可直达莫斯科、新西伯利亚、雅库茨克、伊尔库茨克、符拉
迪沃斯托克、哈巴罗夫斯克、克拉斯诺亚尔斯克等城市。并且开通了日本、
韩国和哈尔滨等国际航线。[①]

五　旅游产品特征

1. 产品类型丰富多样

阿穆尔州的旅游公司凭借独特的旅游资源，开发除了多种多样的特色
旅游产品。现阶段提供给游客的主要有：（1）文化教育旅游：可以参观布
市名胜古迹、阿穆尔州诺维科夫·达乌尔斯基地方志博物馆、非常有名的
"恐龙墓地"，等等。（2）生态旅游路线：可以参观结雅自然保护区、兴安
岭自然保护区及诺尔斯基自然保护区、花湖风景区；还可以观赏美丽的自
然角落穆欣卡旅游基地，它以独特的景观及微气候被称为"阿穆尔的瑞
士"。（3）运动保健旅游：漂流、乘船游览阿穆尔河；（4）工业旅游：参观
布列亚水电站、斯沃波德内市宇宙火箭发射场等工业企业。[②]值得一提的
是，还有阿穆尔地区的居民为游客们选择最神奇、最值得一看的地方，这
些景点有阿尔巴津圣母圣像、阿尔巴津监狱、阿穆尔彩绘、火焰山、恐龙
遗迹、诺维科夫 - 达乌尔地方风俗博物馆建筑等。

2. 观光旅游产品为主

通过黑龙江若干家经营赴俄旅游业务的旅行社所提供的阿穆尔州旅游
线路不难发现，整个旅游行程大多是"走马观花"式的观光旅游为主。列
宁广场、胜利广场、凯旋门、无名英雄纪念碑、阿穆尔州地志博物馆、剧
院、政府大厦、阿穆尔贸易市场、结雅大桥等景点罗列其中。当然，其中
不乏许多购物店，如俄罗斯商品专卖店、商场、珠宝行等。客人旅游归来，

---

① 黑河市人民政府门户网：http://www. heihe. gov. cn/html/2008 - 09/10 - 53 - 9827. html.
② 黑龙江黑河商务之窗：http://heihe. mofcom. gov. cn/aarticle/youhuizc/200702/20070204377566.
html.

往往疲惫不堪，第一感觉就是"没认真游过什么"。旅游业已形成共识，要想扭转这种局面，必须告别单纯的价格战，提高产品质量，适当增加深度旅游产品。近几年，旅游已成为国人生活中的一种时尚，旅游的目的不外乎放松心情、陶冶情操等，然而由于时间紧、假期集中、景点人多、交通不便等一系列因素的制约，原本应该是休闲玩乐的旅游反而使游客比平日还累，导致游客的旅游体验大大降低。拍了照片就走的海外游越来越受到追求旅游品质人士的抵触，享受假期、感知历史、探险猎奇的取向将驱动中国人走进俄罗斯，尽管不会很快，但前景被看好。区别于以往的"浮光掠影、走马观花"式旅游的深度游，则越来越会受到追捧，它要求游客必须以足够的时间精力深入某一地方，去进行体验式旅游，不只欣赏感受美景，还要了解探索历史文化。

发展深度游，一是有利于调整阿穆尔州产业结构，可以减少能源产业和工业在经济中所占的比重，促进现代服务业发展；二是有助于调整地域结构，即促进阿穆尔州不同地方的经济发展，利用中国游客的力量带动偏远地区的建设。

3. 专项旅游参与性强

布拉戈维申斯克郊区有一个独特的自然角落——"穆欣卡"旅游基地，其以独特的景观和微气候获得了"阿穆尔的瑞士"的美誉。对那些喜欢冒险的人来说，阿穆尔州有许多独一无二的非常适合旅游的地方：可以坐着木筏、帆船和皮划艇沿着阿穆尔地区的河流进行漂流，还可以徒步旅行和登山。大量不同风格的河流使游客们可以选择各种漂流路线：从最平常的，不需要专门准备的漂流游玩，到复杂程度为四级的漂流路线，应有尽有。乘坐皮划艇及独木舟沿着宽敞的河流游玩，可以经过许多最美丽的地方。

在这里，游客可以征服任何一座山的顶峰，尤其是位于谢列姆金斯克区的那座阿穆尔州最高最险的山脉——布鲁斯山（1767 米），但需要在经验丰富的工作人员的带领下才能征服这座山。此外，为满足攀岩运动爱好者的需求，在布拉戈维申斯克市附近，人们在 15 ~ 75 米不同高度的山上修建了专门用于攀岩的场地，这些地方被人们称为"米哈伊洛夫斯克山柱"。而正是因为这里的山都有着独一无二的奇特形状，人们才把它们称作"山柱"。

最吸引游客的便是钓鱼。像阿穆尔这种拥有许多大大小小的原始森林和山间河流的充满野性的原始地带，在俄罗斯也不可能找到很多。在这里，渔夫们会得到意想不到的巨大收获。如此丰富的鱼类资源令人折服，这些鱼类不仅数量大，而且种类也非常多，有些鱼类对其他地区的人来说是非常珍贵、难以见到的。人们可以在大量的山间河流中进行钓鱼旅游活动，一边泛舟,一边抓捕鳟鱼、伦卡鱼和茴鱼。捕鱼旅游是一种积极的旅游活动,这种旅游集休闲、娱乐,以及与大自然的交流于一体。

4. 民俗志旅游独具特色

阿穆尔北部地区给游客展示了北方当地少数民族的历史、文化及日常生活。在这方面,许多旅游机构为游客提供的是民族志旅游:参观鄂温克人坐落在斯坦诺沃伊山脉、托克河上游的固定居所,在那里游客们仿佛回到了 20 世纪,游客有机会了解养鹿人的游牧生活、欣赏北方的原始森林、山间河流和湖泊的美景、尝试捕鱼、参观牧场、骑着北方的驯鹿造访高山湖泊,并且还可以买到具有民族风情的小礼物、小工艺品以及其他日常生活用品等,这一切都将给游客们留下难以磨灭的印象。

六　旅游业发展建议

1. 加强政府间旅游合作

布拉戈维申斯克市是俄罗斯阿穆尔州州府,对应中方口岸——黑河口岸。鉴于俄罗斯的工作效率,一些旅行社甚至会在旅游活动开始前提示游客对于俄方过关速度缓慢和秩序混乱要有心理准备,克服烦躁和不安情绪。由此可见俄罗斯在此方面存在的严重不足。目前,俄罗斯已经简化了中国游客的签证程序,两到三人的家庭小型旅游团也可以免签,使得中国游客到俄罗斯旅游更加方便,提高人们赴俄旅游的积极性。为进一步节省游客办理签证手续的时间,缩短旅游周期,旅游部门还可以探索建立"无纸化"签证申请系统,使中国居民可网上申请签证,视频申请签证面谈。在通关手续上,有中国游客和商务人士反映俄罗斯通关速度较慢。俄方要简化相关手续、提高通关效率、加快通关速度。中俄两国旅游交流与合作刚刚起步,把旅游培育成为两国战略合作的新亮点是双方的共同希望。两国需要有足够的耐心和理性,一步步解决投资过程中的现实问题,把投资培育成为两国旅游产业合作的关键支持力量。①

2. 完善基础设施建设

接待能力不足,尤其是住宿设施不足是长期困扰阿穆尔州旅游业发展的主要问题。在旅游旺季时其旅游接待能力与实际需求相差甚远,急需再建设。目前,阿穆尔州已开始为游客设立标志牌。首个标志牌已在布拉戈维申斯克市社会文化中心区设立,在阿穆尔河畔、列宁大街、舍甫琴科大街、高尔基大街和十月革命五十周年大街也设立了 8 个类似的牌子。这些标

---

① 戴斌. 中俄旅游投资的成长空间与路径选择——在中俄旅游论坛第二次会议上的主题演讲. 2012 - 11 - 19.

志牌分别用俄语、英语和汉语提示旅游景点及服务设施的方位。借助这些标志牌，国内外游客可以自己确定前往凯旋门、东正教堂或者恐龙博物馆等景点的方位和线路。这个项目是阿穆尔州旅游发展规划框架下的内容之一，2013年初在联邦公路上架设8个标志牌，指导游客前往哥萨克博物馆、莲花湖或者鄂温克民族村。阿穆尔州将投入70万卢布架设共17块标志牌。①

当然，设立标志牌仅仅是完善旅游接待基础设施过程当中的一部分，若想在未来旅游市场中占据一定地位，完善的基础设施必然是一个不可或缺的条件。对酒店、餐饮、交通等各项影响游客体验的因素进行完善是市场发展的必然要求。阿穆尔州的目标是要形成"吃、住、行、游、购、娱"等要素齐全、具有一定规模和水平的旅游产业体系。

3. 联合开发旅游线路

2012年6月15日，中俄旅游推介会在哈尔滨国际会议中心举办，黑龙江省旅游局与俄罗斯同行联合推介特色旅游资源和产品，并为中俄旅游企业开展业务合作搭建交流平台，以此进一步加强黑龙江省与俄罗斯各有关地区旅游合作。俄罗斯阿穆尔州、哈巴罗夫斯克区、阿尔泰边疆区、圣彼得堡、外贝加尔边疆区等地区代表分别介绍了本地区旅游资源和旅游产品。② 除利用各式旅游推介会宣传自己区域旅游产品外，与其他地区的交流与合作也是必不可少的。阿穆尔州可依托条件较为优越的滨海边疆区和哈巴罗夫斯克边疆区共同开发旅游线路。将三区的旅游资源串联起来，使游客可以游览最具当地特色的旅游景点和参加独特性的专项活动。当然，为节省旅游交通时间，要适当考虑旅游景点在距离上的接近性。

与阿穆尔州相邻的中国黑龙江省是一个生态资源大省——森林、草原、湿地、冰雪等生态资源十分丰富，冰雪风光、火山地貌等特色旅游产品在中国都很出名。因此，阿穆尔州可联合中国黑龙江省、吉林省共同开发特色旅游线路。树立"共同开发、共同营销、实现双赢"的理念，将中俄两国边境地区的旅游资源加以整合，发挥区域区位条件优越、旅游资源互补等优势，共建区域性旅游景区。以口岸为依托，将口岸、界江和界湖风光，民俗风情、原始森林和湿地等地形、地貌的特色旅游资源和产品加以整体优化组合，沿边界线，尤其是交通便利的地方，或是在中俄呼市贸易区的基础上建立独具特色的区域性旅游景区、度假区，并将其开发成一个最具

---

① 黑龙江政府网：http://www.hlj.gov.cn/zerx/system/2013/01/05/010472118.shtml.

② 东北网：http://heilongjiang.dbw.cn/system/2012/06/15/053973494.shtml.

发展前景的旅游基地。①

4. 重视旅游产品多元化

中俄边境地区合作开发休闲度假旅游产品。黑龙江省的镜泊湖、兴凯湖、五大连池、亚布力风车山庄等景点都可开发家居式休闲度假旅游公寓。随着旅游业的全球化发展，越来越多的游客开始趋向于休闲度假游。在阿穆尔河沿岸选择风景秀丽、交通方便的地方设"俄罗斯民俗风情园"等景区和休闲度假旅游公寓。以特色旅游项目创造主题旅游品牌，如推出结婚旅游、修学旅游、保健旅游、礼仪旅游等特色主题旅游项目用以满足旅游者休闲放松的要求。例如，阿穆尔州和黑龙江省为了促进两国学生的友谊和交流，凭借两地特色旅游资源，开发出修学旅游、文化旅游、夏令营和冬令营等旅游产品。总之，要积极推进旅游产业与工业、农业、文化、历史、体育等相关领域融合，努力构建以旅游观光型产品、休闲度假型产品、专项产品互为补充、互为依托和更富综合性、多元性的旅游产品体系。积极促进阿穆尔州旅游大发展、快发展，促使旅游布局向更加合理和优化的方向发展。在开发旅游产品时要特别关注山水森林资源、历史文化资源、红色经典旅游等中国游客比较感兴趣的领域。

5. 提升旅游目的地形象

首先，积极探索新的宣传促销方式，以中俄互办旅游年为契机，与中国有关省份联手，充分挖掘、整合两地旅游资源，联合邻区及我国边境城市开展宣传促销活动，打造"中俄双子城"旅游品牌。坚持创新策划、全局规划、高档建设、精品开发，积极整合旅游资源，着力打造特色旅游品牌。在主要旅游客源地区着重做好宣传，充分利用电视、网络、旅行社宣传手册等各种宣传手段强化对旅游目的地的推广。其次，建议中俄两国边境旅游管理部门与工商、公安等部门密切配合，建立良好的边境旅游市场秩序。制定行之有效的措施，规范出入境旅游市场，为游客提供安全的旅游环境。政治问题引起恐怖事件增多、犯罪率居高不下、社会治安状况不好、缺少保护旅游者的法律等一直是影响整个俄罗斯旅游业发展的主要原因，尽管相对来说，阿穆尔州是远东地区治安较好的地方，但仍然没能为旅游者提供充分安全的旅游环境。因此制定相应的法律法规保护中俄两国旅游者自身安全和权益，加强治安管理刻不容缓。最后，整顿旅游从业人员队伍。受俄罗斯长时期计划经济的影响，旅游主管部门以及从业人员服

① 孙晓谦. 在黑龙江两岸共建中俄名牌旅游景区可行性分析［J］. 西伯利亚研究，2006，33（5）.

务意识跟不上现代化服务要求。提高两国旅游从业人员素质，是促进俄罗斯入境旅游市场发展的重要措施。通过建立阿穆尔州优质的旅游软环境，树立文明的旅游形象。

5.4 韩国旅游业发展概况

旅游业一直是韩国的主要产业。为提高国民生活质量，韩国政府从 20 世纪 80 年代开始大力发展国民旅游，使得出境旅游和国内旅游得到迅速发展。90 年代中期起，韩国政府开始逐渐重视文化和旅游间的互动，旅游行政管理部门由交通部转到文化体育部（1998 年改为文化观光部）。近年来，韩国政府又开始重视入境旅游业的发展。以电影、电视剧、歌曲等文化产品为媒介在亚洲乃至世界形成的"韩流"极大提升了韩国在国外的形象和吸引力。随着《冬季恋歌》《大长今》等韩剧的热播，韩剧的拍摄基地或外景地成为韩剧迷向往的旅游地。"韩流"增强了韩国在海外市场的旅游吸引力，从而成为以文化产业带动旅游业发展的典范。近年，韩国文化观光部还提出了《文化强国 2010 培育战略》，旨在将文化产业、观光产业和休闲体育产业培育成为国家经济增长的动力，努力把日益增加的旅游需求引导到韩国[①]。本节在对韩国的入境旅游、出境旅游、国内旅游、旅游设施、旅游产品等各项旅游业发展指标进行详细分析的基础上，提出了韩国旅游业的发展前景。

5.4.1 韩国旅游市场发展情况

按照旅游活动开展的地域范围，一个国家的旅游市场可划分为入境旅游、出境旅游和国内旅游。入境旅游是其他国家的居民前来本国开展的旅游活动。出境旅游是本国居民跨国界到其他国家或地区开展的旅游活动。国内旅游是指一个国家的居民离开自己的常住地或惯常环境，到本国境内其他地方开展的旅游活动[②]。

一 韩国入境旅游发展情况

1. 入境旅游人数与旅游外汇收入

为了对韩国入境旅游的特点有一个整体认识和综合评价，了解韩国入境旅游的发展水平，本处以韩国 2006 年至 2012 年入境过夜旅游人数及其增

---

① 金镇坤. 中韩旅游宏观管理体制比较研究. 北京：中国社会科学院研究生院，2004：42.

② 李天元. 旅游学 [M].高等教育出版社，2006.

长率、入境旅游外汇收入及其增长率等指标为例，进行数据比较分析。

表 5 - 31 显示，韩国旅游业的入境旅游人数呈现出逐年增长的趋势。2008 年之前增长幅度稳定，2009 年开始增长较快，2010 年入境过夜旅游人数达 879.8 万人，同比增长 12.5%。但旅游外汇收入则是呈曲线震荡上升，很不稳定。特别是 2008 年金融危机期间因韩币贬值，访韩的日本、中国等周边国家的旅游人数和消费急剧增长，2008 年旅游外汇收入增长率达 59.5%；2009 年小幅增长，增长率为 0.7%。虽然 2010 年旅游人数的增长率为 12.5%，但旅游外汇收入增长幅度不大，主要是由于日本、美国等主要客源国经济不景气，失业率增加、收入不稳定等因素降低了旅游消费水平。2011 年和 2012 年入境旅游人数和旅游收入均出现两位数的增长。

表 5 - 31 韩国入境旅游人数与旅游外汇收入情况

年份	入境过夜旅游人数（万人）	增长率	旅游外汇收入（亿美元）	增长率
2006	615.5	2.2	57.6	- 0.6
2007	644.8	4.8	60.9	5.8
2008	689.1	6.8	97.2	59.5
2009	781.8	13.5	97.8	0.7
2010	879.8	12.5	103.2	5.5
2011	979.48	11.3	122.5	18.7
2012	1114.00	13.7	141.8	14.4

资料来源：2009 入境游客调查报告. 韩国文化观光研究院，2010 年 2 月；2012 年韩国观光动向分析，韩国文化旅游研究院，2013.

2. 入境旅游客源国情况

自 2007 年以来，韩国的入境人数逐年增加，2009 年至 2012 年每年的增长率均达 10% 以上。从入境游客的区域分布来看，亚洲游客所占比重最大，其次是美洲、欧洲。2011 年韩国共接待入境游客 979.48 万人，同比增长 11.3%，其中，亚洲游客 766.2 万人，增长 13.5%；美洲 82.7 万人，增长 1.7%；欧洲 68.1 万人，增长 5.5%；大洋洲 15.6 万人，增长 6.5%；中东 10.4 万人，增长 16.7%；非洲 3.7 万人，增长 9.5%。2012 年共接待入境游客 1114.0 万人，同比增长 13.7%，其中，亚洲游客 900.9 万人，增长 17.6%；美洲 87.6 万人，增长 5.9%；欧洲 71.7 万人，增长 5.3%；大洋洲 13.6 万人，增长 6.4%；中东 12.2 万人，增长 17.3%；非洲 4.1 万人，增长 10.8%。亚洲游客数量持续保持强劲增长，一直是韩国的主要客源市场。

表 5-32 韩国入境游客地区分布情况

年份		总数	亚洲	美洲	欧洲	大洋洲	中东	非洲
2011	游客数（万人）	979.48	766.2	82.7	68.1	15.6	10.4	3.7
	增长率（%）	11.3	13.5	1.7	5.5	6.5	16.7	9.5
2012	游客数（万人）	1114.00	900.9	87.6	71.7	16.6	12.2	4.1
	增长率（%）	13.7	17.6	5.9	5.3	6.4	17.3	10.8

资料来源：2012年韩国观光动向分析．韩国文化旅游研究院，2013.

韩国的国际旅游客源市场也十分稳定。日本游客最多，其次是中国大陆、美国、中国台湾、泰国等国家或地区的游客，日本和中国大陆游客占总数的50%以上。近几年来，排序基本上没有太大变化。从表5-33可以看出，前十位的入境市场基本是韩国的周边及东南亚国家，远距离的主要市场有美国和加拿大等北美国家。2010年，访韩的日本游客达302.3万人，占入境总人数的34.4%；中国大陆游客达187.5万人，占入境总人数的21.3%；美国游客达65.3万人，占入境总人数的7.4%；中国台湾游客达40.6万人，占入境总人数的4.6%。2011年韩国入境游客的国家或地区分布来看，其中，日本游客328.91万人，同比增长8.8%；中国大陆游客222.02万人，同比增长18.4%；美国游客66.15万人，同比增长1.3%；中国台湾游客42.82万人，同比增长5.4%；泰国游客30.91万人，同比增长18.6%。2012年韩国入境游客的国家分布来看，日本游客351.88万人，同比增长7.0%；中国大陆游客283.69万人，同比增长27.8%；美国游客69.79万人，同比增长5.5%；中国台湾游客54.82万人，同比增长28.0%；泰国游客38.74万人，同比增长25.3%。从这些数据可以看出，韩国入境旅游的一级客源市场是日本和中国大陆，二级客源市场为美国和中国台湾，三级客源市场为菲律宾、泰国、中国香港、加拿大、马来西亚和新加坡等国家和地区。

表 5-33 韩国的主要国际旅游客源国或地区

客源国排序	2007年	2008年	2009年	2010年	2010年人数（万人）
1	日本	日本	日本	日本	302.3
2	中国大陆	中国大陆	中国大陆	中国大陆	187.5
3	美国	美国	美国	美国	65.3
4	中国台湾	中国台湾	中国台湾	中国台湾	40.6

续表

客源国排序	2007 年	2008 年	2009 年	2010 年	2010 年人数（万人）
5	菲律宾	菲律宾	菲律宾	菲律宾	29.7
6	泰国	泰国	中国香港	泰国	26.1
7	俄罗斯	中国香港	泰国	中国香港	22.9
8	中国香港	俄罗斯	加拿大	加拿大	12.1
9	加拿大	加拿大	澳大利亚	马来西亚	11.4
10	新加坡	新加坡	德国	新加坡	11.3

资料来源：2009 入境游客调查报告．韩国文化观光研究院，2010.

表 5 - 34　韩国入境客源国基本情况

年份		日本	中国大陆	美国	中国台湾	泰国	中国香港	马来西亚	俄罗斯	新加坡	澳大利亚
2011	游客人数（万人）	328.91	222.02	66.15	42.82	30.91	28.09	15.63	15.48	12.46	12.25
	增长率（%）	8.8	18.4	1.3	5.4	18.6	22.9	37.5	2.7	10.4	9.0
2012	游客人数（万人）	351.88	283.69	69.79	54.82	38.74	36.00	17.81	16.67	15.40	12.88
	增长率（%）	7.0	27.8	5.5	28.0	25.3	28.2	14.0	7.6	23.6	5.1

资料来源：2012 年韩国观光动向分析．韩国文化旅游研究院，2013.

从访韩外国游客的性别来看，自 2009 年起，女性游客逐年增加。2010年女性占 50.5%，男性占 49.5%；2011 年女性占 51.6%，男性占 48.4%；2012 年女性游客占 53.6%，男性游客占 46.4%，女性游客比例逐年增长，说明韩国旅游产品对女性游客的吸引力大。从国别来看，亚洲国家女性占的比重大，如日本占 58.6%，中国大陆占 51.2%，中国台湾占 64.0%，泰国占 61.0%，新加坡占 52.3%，中国香港占 62.3%；相反，发达国家男性比重大，如美国占 60.9%，澳大利亚 57.4%，俄罗斯占 56.1%。总的来说，自 2008 年以来，亚洲国家的女性游客所占比重逐年增加，特别是从 2011 年起，中国大陆女性游客人数开始多于男性。

从外国游客年龄构成来看，在 2012 年，21～30 岁占 22.2%，31～40 岁占 21.3%，41～50 岁占 20.4%，51～60 岁占 16.2%，61 岁以上占 11.3%，20 岁以下占 8.6%。2007 年以来，21～30 岁游客呈逐年增加的趋势，但51～60 岁游客逐年减少。其中，中国大陆游客中 21～40 岁占 48.6%，41～60 岁占 36.8%，61 岁以上和 20 岁以下各占 7.2%。

从入境的交通方式来看，主要的交通方式为航空和游轮。2011 年选择航空的游客占85.0%，选择游轮的占15.0%。2012年选择航空的游客占87.0%，选择游轮的占13.0%。总的来说，利用航空的游客逐年增长，从国别分析，除俄罗斯外，其他国家航空利用率均达90%以上，俄罗斯游客游船抵达占51.4%。

表5-35　访韩外国游客交通方式分析

	仁川机场	金海机场	金浦机场	济州机场	釜山港	仁川港	其他
2011（万人）	611.23	61.49	114.75	45.08	53.36	46.01	47.57
百分比	62.4	6.3	11.7	4.6	5.4	4.7	4.9
2012（万人）	698.3	74.2	125.1	70.8	53.6	41.2	50.9
百分比	62.7	6.7	11.2	6.4	4.8	3.7	4.6

资料来源：2012年韩国观光动向分析. 韩国文化旅游研究院，2013.

3. 入境游客消费结构

2009年外国游客在韩国平均停留时间为6.0（夜），外国游客人均消费为1224.4美元，比2007年（1273.4美元）稍低，与2008年（1219.9美元）相差不大。其中人均消费最多的国家为俄罗斯，达1891.8美元，往后依次为新加坡（1712.3美元）、中国大陆（1558.0美元）、中东（1545.4美元）、印度（1527.5）、泰国（1400.6美元）、马来西亚（1306.7美元）、美国（1292.1美元）、加拿大（1194.1美元）。从这些数据中可以分析出，亚洲国家在韩国旅游的消费水平高于北美发达国家，其中俄罗斯、中国大陆、印度等周边大国的消费水平远远高于平均水平，成为韩国主要的旅游消费国家。

在入境游客的购物方面，从表5-36可以看出，2009年购买最多的商品为食品（37.5%）、化妆品（35.4%）、服装（32.3%）、人参等保健品（18.8%）、泡菜（18.7%）。日本游客购买最多的商品为食品、化妆品、泡菜，中国大陆游客为化妆品、服装、人参等。可以分析出，人参和泡菜是代表韩国的特色品牌商品，化妆品类和服装类也是游客认知度很高的主打商品，在亚洲及欧美游客中，这些商品成为主要的旅游购物产品。

表5-36　入境游客购物情况

（单位：%）

年份	食品	化妆品	服装类	人参等	泡菜
2009	37.5	35.4	32.3	18.8	18.7

续表

年份	食品	化妆品	服装类	人参等	泡菜
2008	38.1	23.0	26.6	17.2	18.7

资料来源：2009 入境游客调查报告．韩国文化观光研究院，2010.

4. 入境游客访问目的和主要旅游地点情况

在入境游客访问目的方面，从表 5 - 37 可以看出，2009 年韩国入境游客中，休闲度假娱乐旅游者占 47.6%，商务旅游者占 36.8%，亲朋好友访问、宗教朝觐和健康疗养等占 12.6%。从 2012 年度入境游客的旅游目的来看，观光度假为目的的外国游客为 865.68 万人，占 77.71%；商务旅游为 21.59 万人，占 1.94%；公务游客为 2.97 万人，占 0.27%；留学生为 14.56 万人，占 1.31%；其他为 209.20 万人，占 18.78%。可见，韩国入境游客的主要访问目的是休闲、度假、娱乐、商务等。从这些数据可以分析出，今后休闲度假会一直是外国游客的主要访问目的。同时，在韩国政府及相关部门的积极引导下，商务旅游逐渐成为韩国主要的旅游消费模式。

表 5 - 37　入境游客访问目的结构情况

（单位：%）

访问目的	2006 年	2007 年	2008 年	2009 年
休闲/娱乐/度假	43.6	42.2	40.4	47.6
商务旅游	42.6	40.3	42.0	36.8
亲朋好友访问	9.1	11.5	11.5	11.5
宗教/朝觐	1.0	0.8	0.6	0.9
健康/疗养	0.0	0.2	0.2	0.2
其他	3.7	5.0	5.3	3.5

资料来源：2009 入境游客调查报告．韩国文化观光研究院，2010.

在分析入境游客访问最多的旅游地点中，明洞（48.3%）、东大门市场（41.4%）、南大门市场（38.1%）、故宫（32.5%）、南山（25.0%）等地点是外国人访问最多的旅游地点。日本游客访问最多的旅游地点为明洞、南大门市场、东大门市场等；中国大陆游客为东大门市场、明洞、故宫、南大门市场。总之，外国游客停留时间最长的旅游地点是韩国的首都——首尔，主要的旅游活动为购物。

5. 入境游客的市场特征分析①

从韩国吸引外国游客的因素来看，吸引日本游客的主要因素有"旅行费用低廉""电视剧/电影制作地的访问""韩流粉丝聚会""美容"等因素；中国大陆游客则更考虑"购物""自然风光""服装"等；发达国家（英国、美国、加拿大、澳大利亚、德国、法国等）更倾向于韩国的"历史/文化遗址""休闲度假"等；东南亚国家（新加坡、泰国、马来西亚）游客更考虑"四季分明的气候"这一因素；俄罗斯和中东游客更注重"医疗旅游"。

从访韩期间的主要活动来看，日本游客主要参加"美容旅游""美食旅游"等，中国大陆游客的主要活动为"购物"，东南亚国家（新加坡、马来西亚、泰国）游客主要参加"城市旅游"活动，发达国家（英国、美国、澳大利亚、德国、法国）和中东游客的主要活动为"商务/会议旅游"。总的来说，在访韩期间外国游客主要参与购物、美食、商务及会议旅游等活动。

在旅游购物店的选择上，日本游客主要选择小规模商场，中国大陆游客主要选择机场免税店、东大门市场等，中国香港、新加坡、泰国游客主要选择明洞、东大门市场等，印度、中东、马来西亚游客主要选择易太媛市场等，发达国家（英国、美国、加拿大、澳大利亚、俄罗斯、法国）游客主要选择大型百货等。整体上看，选得最多的购物店为明洞、机场免税店、东大门市场、大型百货等。

从购买的旅游商品来看，日本游客主要购买紫菜、饼干等食品，中国大陆游客主要购买"香水/化妆品""服装""人参"等商品，东南亚国家（新加坡、马来西亚、泰国）、俄罗斯、中东游客主要购买"服装"等，发达国家（英国、美国、加拿大、澳大利亚、法国）游客主要购买"宝石/首饰""传统工艺品"等。总的来说，外国游客在韩国购买最多的旅游商品有"香水/化妆品""食品""服装""人参"等商品。

从观光目的地来看，日本游客主要游览地区为首尔和釜山等地，中国大陆游客为济州岛和首尔等地，中国香港、中国台湾、泰国游客为京畿道和江原道等地，新加坡和马来西亚游客为江原道和济州岛等地，发达国家（英国、美国、加拿大、澳大利亚、俄罗斯、法国）游客主要为釜山地区。总的来说，外国游客游览的集中地区为首尔、京畿道、釜山、江原道、济州岛等地。

从访韩期间最深的印象来看，日本游客认为是韩国的"饮食味道好""生活有生机"等，中国大陆游客为"购物环境好""干净"等，中国香港、新加坡、泰国游客为"购物环境好""安全""干净""自然景观优美"

① 2012 年韩国观光动向分析. 韩国文化旅游研究院，2013 年 2 月.

等，发达国家（英国、美国、加拿大、澳大利亚、德国、法国）游客为"居民亲切""安全""文化遗产独特""自然景观优美"等，俄罗斯、中东、印度等国家游客为"居民亲切""安全""干净""交通方便""文化遗产独特""自然景观优美"等。总的来说，外国游客访韩期间整体印象为"购物环境好""居民亲切""饮食可口""安全""干净""交通方便"等。

从访韩期间不好的印象来看，日本游客心中不好的印象为"景点指示牌少""强制性购物"等，中国大陆游客为"物价高""饮食不可口"等，中国香港、中国台湾、新加坡、马来西亚等国家或地区游客为"语言沟通差""物价高""饮食不可口"等。因此，外国游客访韩期间不好的印象可归结为"语言沟通差""景点指示牌少""交通混杂""物价高""饮食不可口"等。

6. 异常因素对韩国入境旅游的影响

国际旅游业的脆弱性表现在，各种政治、经济、社会及自然因素等不可控因素都可能大幅度影响了国际旅游需求，使目的地旅游业严重受挫。

由于韩国的入境旅游客源国集中在日本、中国和美国三个国家。因此，韩国的入境游方面受三个国家的不可抗力因素影响很大。2003 年中国发生"非典"疫情，使中国访韩人数大幅下降；受伊拉克战争的影响，美国访韩人数也下降。这直接导致了当年韩国国际旅游外汇收入的下降。2008 年美国次贷危机引发的全球金融危机，使短途的跨国旅游备受青睐；加之日元换韩元兑换率上升，使日本访韩人数大幅上升，这些因素促使当年韩国的国际旅游外汇收入上升了 48%[①]。2011 年 3 月 11 日发生的日本大地震及海啸严重影响了来韩日本游客的数量。最近几年内，中国很可能代替日本成为韩国的第一大客源国。总的来说，韩国的入境旅游受相关国家的政治、经济、社会等因素的影响较大。

二 韩国出境旅游发展情况

1. 韩国出境游基本情况

韩国政府自 1989 年逐渐开放了国民出境旅游市场。20 世纪 90 年代韩国出境人数每年保持着两位数的高速增长趋势。进入 21 世纪，除 2003 年和 2009 年外，其他年份一直保持着逐渐增长趋势。从表 5－38 可以看出，在 2008 年金融危机的影响下，韩国出境旅游人数大幅度下降，2008 年下降 10.0%，2009 年下降幅度更大，达 20.9%。2010 年韩国经济的复苏使得出境人数直接恢复到危机前的水平，较 2009 年增长高达 31.5%。2011 年韩国出境旅游市场继续增长，全年出境人数达 1269.4 万人，同比增长 1.6%，

---

① 崔哲浩，曹爽. 中国和韩国入境旅游发展比较研究［J］. 旅游论坛，2009，2（5）.

恢复到金融危机前的水平。2012 年韩国出境旅游人数达 1374.7 万人，同比增长 8.2%，增长幅度逐年提高。韩国总人口为 5000 万人左右，几乎每年有 1/4 的韩国人出境旅游。韩国出境旅游之所以能够迅速发展，其主要原因有三：一是韩国经济逐渐恢复，人民生活较稳定，消费者对经济前景持乐观态度；二是韩国国土面积狭窄，文化单一，国内的景点景区本国人已司空见惯，因此更多的韩国人愿意到国外去旅游；三是周边国家旅游资源丰富，互补性强，如中国具有丰富的旅游资源，距离近，旅游费用较低，成为韩国人的最佳旅游目的地。

表 5 - 38　韩国人出境旅游人数情况

年度	2006	2007	2008	2009	2010	2011	2012
人数（万人）	1160.9	1332.5	1199.6	949.4	1248.8	1269.4	1373.7
增长率（%）	15.2	14.8	-10.0	-20.9	31.5	1.6	8.2

资料来源：2009 国内旅游调查报告. 韩国文化体育观光部，2010.

在韩国出境旅游调查报告中，可以看出，韩国人出境旅游国家仍然以亚太地区为主，主要国家为日本和中国。中国国家旅游局的统计显示，2005 年韩国首次超过日本成为中国第一大入境客源国。东南亚、美国、加拿大等国家也是韩国人喜欢去的国家。

从出境游目的地国家分布来看，首选目的地是中国大陆，其次是日本、美国、中国香港、泰国、菲律宾等国家或地区，访问中国和日本的韩国游客占出境总数的 50% 左右。2012 年韩国人出境游国家或地区分布来看，其中，访问中国大陆的韩国游客为 378.9 万人，同比增长 -2.7%；访问日本的有 184.4 万人，同比增长 21.6%；访问美国的有 130.1 万人，同比增长 13.6%；访问中国香港的有 108.0 万人，同比增长 5.8%；访问泰国的有 113.3 万人，同比增长 11.7%。

表 5 - 39　韩国人出境旅游目的地基本情况

年份		中国大陆	日本	美国	中国香港	泰国	菲律宾	越南	新加坡
2011	游客人数（万人）	418.5	165.8	114.5	102.1	101.4	92.5	53.6	41.5
	增长率（%）	2.7	-32.0	3.4	14.6	25.9	24.9	8.0	15.0
2012	游客人数（万人）	378.9	184.4	130.1	108.0	113.3	101.7	70.6	45.7
	增长率（%）	-2.7	21.6	13.6	5.8	11.7	11.7	31.7	10.1

资料来源：2012 年韩国观光动向分析. 韩国文化旅游研究院，2013.

2. 韩国人出境旅游目的情况

在韩国人出境旅游目的方面，从表 5 – 40 中可以看出，2009 年韩国出境旅游者中，休闲度假娱乐旅游者占 59.7%，比 2008 年增长 12.9%，增长幅度较大；商务旅游者占 22.6%，同比减少 7.8%；亲朋好友访问、宗教朝觐、修学旅游等占 17.5%。从这些数据中可以分析出，韩国人出境旅游的主要目的是休闲、度假、娱乐、商务等。

表 5 – 40　出境游客访问目的

（单位：%）

访问目的	2007 年	2008 年	2009 年
休闲/娱乐/度假	60.5	46.8	59.7
商务旅游	26.4	30.4	22.6
亲朋好友访问	8.8	12.3	11.0
宗教/朝觐	2.3	8.5	3.4
健康/疗养	1.7	1.7	3.1
其他	0.3	0.3	0.2

资料来源：2009 国内旅游调查报告. 韩国文化体育观光部，2010.

3. 出境游客的市场特征分析

从出境游客的年龄结构来看，21 ~ 40 岁为 495.79 万人，占 36.09%，最多；其次是 41 ~ 60 岁为 488.65 万人，占 35.57%；20 岁以下为 142.59 万人，占 10.38%；61 岁以上为 120.39 万人，占 8.76%。

从出境游客的交通方式来看，选择航空方式的游客为 1258.35 万人，占 91.6%；选择游船方式的游客为 67.43 万人，占 4.91%；其他方式为 47.92 万人，占 3.49%。

表 5 – 41　韩国人出境旅游交通方式情况

	仁川机场	金海机场	金浦机场	济州机场	釜山港	仁川港	其他
2011 年（万人）	954.21	126.31	71.49	4.58	34.58	21.24	56.96
百分比（%）	75.17	9.95	5.63	0.36	2.72	1.67	4.49
2012 年（万人）	1020.01	149.56	83.31	5.47	51.56	15.87	47.92
百分比（%）	74.25	10.89	6.06	0.4	3.75	1.16	3.49

资料来源：2012 年韩国观光动向分析. 韩国文化旅游研究院，2013.

三 韩国国内旅游发展情况

1. 国内游客人数和国内旅游收入

2009 年，韩国国内游客人数达 2.20 亿人次，比 2008 年减少 10.6%。其中，过夜游客人数达 1.12 亿人次，一日游游客达 1.07 亿人次，过夜游客人数较多。2009 年，国内旅游收入达 163645 亿韩元，比 2008 年增加 4.2%。虽然国内游客人数减少，但旅游收入增加较多，主要原因是受金融危机的影响，很多人选择在国内度过带薪假期。

表 5 - 42　韩国国内游客人数和国内旅游收入情况

年份	国内游客人数（万人次）	增长率（%）	旅游收入（百亿韩元）	增长率（%）
2007	30286.0		1575.70	
2008	24567.0	-18.9	1571.10	-0.2
2009	21958.5	-10.6	1636.45	4.2

资料来源：2009 国内旅游调查报告. 韩国文化体育观光部，2010.

2. 国内游客旅游目的情况

在韩国国内旅游目的方面，从表 5 - 43 可以看出，2009 年韩国国内旅游者中，以休闲度假娱乐为目的的过夜旅游者占 87.2%，一日游游客占 92.2%，比 2007 年（60.0%）、2008 年（61%）大幅度增加；亲朋好友访问占 5.0%，相比 2008 年下降幅度多达 20%。由此说明韩国经济在金融危机的影响中逐渐恢复，人民生活较稳定，消费者对经济前景持乐观态度，今后有望恢复危机前的水平。

表 5 - 43　国内旅游访问目的

（单位：%）

访问目的	过夜国内游客			一日游游客		
	2007 年	2008 年	2009 年	2007 年	2008 年	2009 年
休闲/娱乐/度假	40.4	41.5	87.2	60.0	61.9	92.2
商务旅游	2.5	2.3	0.2	3.9	2.8	0.2
亲朋好友访问	51.1	50.3	10.2	23.9	25.7	5.0
宗教/朝觐	1.2	1.4	2.2	2.2	1.7	2.1
健康/疗养	0.8	1.1	0.2	1.9	2.3	0.5

资料来源：2009 国内旅游调查报告. 韩国文化体育观光部，2010.

四　韩国旅游收支情况

2006 年以来，韩国旅游收支一直出现逆差，2007 年最大，达 108.57 亿美元。2011 年旅游收入达 122.48 亿美元，同比增长 18.7%，外国人在韩人均消费 1266 美元；旅游支出 142.92 亿美元，增长 4.9%，韩国人在国外人均消费 1225 美元；旅游收支逆差为 27.44 亿美元。2012 年旅游收入达 141.76 亿美元，同比增长 14.4%，外国人在韩人均消费 1273 美元；旅游支出 157.37 亿美元，同比增长 1.2%，韩国人在国外人均消费 1146 美元；旅游收支逆差为 15.61 亿美元。总的来说，旅游赤字逐年减少，但今后一段时间内，韩国的旅游收支可能一直处于赤字状态。

表 5 - 44　2006 ~ 2012 年韩国旅游收支情况

（单位：百万美元）

年份	旅游收入	人均消费（$）	旅游支出	人均消费（$）	旅游收支
2006	5760（-0.6）	936	14338（19.2）	1235	-8576
2007	6094（5.8）	945	16950（18.2）	1272	-10857
2008	9719（59.5）	1410	14581（-14.0）	1215	-4862
2009	9782（0.7）	1251	11040（-24.3）	1163	-1258
2010	10321（5.5）	1173	14292（29.4）	1144	-3970
2011	12248（18.7）	1266	14992（4.9）	1225	-2744
2012	14176（15.7）	1273	15737（1.2）	1146	-1561

注："（）"是同比增长率（%）。

资料来源：2012 年韩国观光动向分析. 韩国文化旅游研究院，2013.

5.4.2　韩国旅游企业情况

一　旅游交通业

由于韩国三面环海，所以国际游客多采用航空的方式进出韩国。2012 年通过航空方式进入韩国的国际游客比例占 87%，利用航空出境的韩国国民占 91%[1]。总体上说，韩国的国际航空运输业正承受较大的压力。韩国现有 5 个国际机场：仁川机场、金浦机场、釜山金海机场、济州机场以及清州机场。韩国大韩航空公司和亚细亚航空公司在世界各地共建有近 50 条空中航线，每星期约有 600 个航班抵达或离开韩国。

另外，韩国海运比较发达，与许多国家都有客轮往来，是居世界第 13 位的海运国。釜山港和仁川港分别是韩国的第一和第二大国际港。在韩国入境游方面选择海运也是比较方便、快捷的。另外,在韩国境内主要旅游风景区之间基本依靠公路和铁路连接。公路方面主要有首尔和釜山之间的京釜线、通向朝鲜半岛东部的东海线和前往全罗道的湖南线。铁路方面,主要有首尔和釜山、大田、大邱之间的高铁。

二 旅游饭店业

韩国将饭店星级划分为从三星级到特一级共 5 个档次。2012 年韩国饭店业协会的报告中,星级饭店共有 543 家,特一级饭店有 64 家,客房数22069 间;特二级饭店有 72 家,客房数 12578 间;一级有 149 家,客房数12312 间;二级有 88 家,客房数 4669 间;三级有 69 家,客房数 4609 间。家庭旅馆有 36 家,客房数 4253 间;传统饭店有 1 家,客房数 26 间;青年旅馆有 6 家,客房数 132 间;分时度假饭店有 182 家,客房数 38623 间;未评星饭店有 64 家,客房数 4400 间。韩国共有酒店 893 家,客房数为 115668个。从饭店的地区分布来看,首尔最多,有 105 家酒店,客房数 20134 个;京畿道有 70 家酒店,客房数 5174 个;济州岛有 60 家酒店,客房数 7130个;釜山有 43 家酒店,客房数 5768 个,江原道有 31 家酒店,客房数 4044个。韩国允许特一级酒店经营博彩业,到目前为止,共有 17 家酒店经营博彩业,其中针对外国人的博彩酒店有 16 家,济州岛有 8 家,首尔有 3 家,釜山有 2 家,仁川有 1 家,江原道有 1 家,大邱有 1 家,针对本国人的博彩酒店有 1 家,在江原道①。

三 旅行社业

韩国把旅行社分为三类:第一类是可经营国际旅游、国内旅游、出境旅游三种业务的旅行社,称为一般旅行社;第二类是只经营国内旅游业务的旅行社,称为国内旅行社;第三类是只经营出境旅游业务的旅行社,称为国际旅行社。2012 年,韩国共有旅行社 13289 家,比 2010 年增加 5.6%,其中,一般旅行社有 1634 家,占 12.3%;国内旅行社有 4888 家,占 36.8%;国际旅行社有 6767 家,占 50.9%②。

5.4.3 旅游资源和旅游产品开发情况

韩国具有独特的人文及自然旅游资源。朝鲜半岛素有"三千里锦绣山河"的美称,其多山环海的地理环境形成了韩国独特的自然景观,如雪岳山、汉拿山、五台山、镜浦台和海云台海水浴场等。韩国独特的历史又对

---

① 韩国文化观光研究院观光知识情报系统:www. tour. go. kr/main. asp.
② 韩国文化观光研究院观光知识情报系统:www. tour. go. kr/main. asp.

外国游客有着强烈的吸引力。现代化大都市首尔、国际港口釜山、历史名城仁川、度假胜地济州岛以及著名的军事分界线——"三八线"（板门店）都是吸引外国人的风景。

最近几年，韩国在旅游宣传和旅游产品开发上取得了显著的成效。为了扩大旅游业影响和提高在世界上的声誉，韩国观光公社在世界各地已开设 20 个海外办事处开展业务，进行包括韩国整体旅游形象、各地旅游热点、游览项目在内的各种宣传活动。"举国一致树形象，上下齐心搞促销"是韩国发展旅游业的真实写照。从百姓到首脑，人人重视旅游宣传促销。韩国前任总统金大中在旅游促销活动中亲力亲为，主演了两部名为"欢迎到韩国"的电视广告片。韩国还不放过一切为旅游业大造声势的机会。1988 年汉城奥运会和 2002 年韩日世界杯的成功举办，均向世界很好地展示和销售了自己。另外，韩国每年还会举办大量文化特色鲜明的节庆旅游活动。如 2002 年韩国旅游年期间，韩国举办了十大节庆和会展活动。2005 年 10 月，韩国政府宣布简化中国团体游客的入境手续，取消原有的邀请确认书，以方便入境。韩国旅游信息官方网站 tour2korea.com，设有 7 国 8 种语言版面，全面系统地介绍韩国旅游信息以吸引国外游客。可以看出，韩国政府在推动旅游发展方面起到了主导作用①。

近年来，韩国旅游部门在发掘历史文化遗迹的同时，将旅游与节日、民俗、饮食等结合起来，使有限的旅游资源得到最大限度的利用。韩国每年举办的各种节庆活动多达 800 个，这些富有浓郁韩国地方特色的旅游项目吸引了众多来自世界各地的游客，有力推动了韩国旅游业的发展，其综合效益非常大。在弘扬传统文化方面，有传统武艺展、文化节、民乐庆典、首尔鼓节等；在推介韩国特色饮食方面，有水原排骨节、全州拌饭节、春川鸡排节等；同时还有彰显现代流行文化的时装节、摇滚舞节、春川动漫节、各种演唱会等；此外还有端午祭等民俗祭奠活动。

韩国将旅游产品的开发与本民族的文化产业紧密结合。近年来，韩国利用"韩流"效应，大力开发特色旅游产品，将一些韩剧的拍摄地开发为旅游景点。据韩国官方统计，《大长今》主题公园自 2004 年 10 月开放以来，已经吸引了 40 多万名游客。在《大长今》的示范效应下，2004 年到韩国的游客人数增加了 15% 以上②。韩国将 2004 年定为"韩流旅游年"；2005年，韩国政府进一步推出了一系列韩剧主题游；2006 年、2007 年还增加了

---

① 朴英姬，宣善文. 中韩旅游合作发展现状及前景分析［J］. 当代韩国，2008 年冬季号.
② 韩流现象与文化产业战略报告. 韩国经济研究院，2004.

购物美食游、美容主题游、民俗游等；2008 年推出"奇迹首尔"主题游；2009 年定为"仁川访问之年"；2010 年定为"韩国访问之年"。旅游是文化性很强的综合性产业，韩剧本身已超越了文化的内涵，它不仅改变了韩国在世界上的形象，更给韩国带来了巨大的经济效益。韩国借影视的影响力开发旅游产品，取得了显著效果。

5.4.4　韩国文化旅游开发情况

一　韩国文化旅游产业振兴机构

韩国是个"文化立国"的国家。文人政治的传统、狭小的国土，使得韩国寻找到了一条扬长避短的发展道路。为推动文化旅游创意产业的发展，韩国设立了"文化体育观光部"，下设"文化产业局""观光产业局""体育局"。"文化产业局"下设文化信息产业室、文化艺术局、文化政策室、艺术政策室等机构；"旅游产业局"下设旅游政策室、旅游振兴室、国际旅游室、绿色旅游室、旅游休闲都市室等机构；"体育局"下设体育政策室、体育振兴室、国际体育室、残疾人文化体育室等机构。文化体育旅游部的主要业务有以下三个方面：第一，出台文化艺术、体育、观光政策，实现文化强国；第二，加强文化艺术、信息、体育、观光之间的有机联系，融合传统与现代文化，挖掘地区文化资源，开发新的文化价值；第三，培育创新性文化、体育、观光产业，提高国家整体竞争力，创造以文化为载体的国家品牌价值。为振兴文化产业，韩国设立了"韩国出版文化产业振兴院""韩国信息产业振兴院""韩国工艺设计文化振兴院"以及"韩国产业技术振兴院"等研究院。这些振兴院是协助将创意文化内容衍生成文化旅游产品的一个辅助机制，其界定的产业项目有动画、音乐、卡通、电玩等，以提供设备租赁、投资、技术教育训练、协助发展国际行销策略、进行产业中长期计划研究等，并与其他国家、地区单位发展为策略联盟伙伴关系。"观光产业局"的主要业务如下：出台旅游基本政策、扩大弱势群体的国内旅游机会、改善旅游区及旅游住宿等旅游基础设施、开发生态及绿色旅游资源、招徕更多的外国旅游者等。为了推动文化产业与旅游业融合发展，韩国设立了"文化观光研究院"，主要业务如下：协助文化及旅游部门出台相关政策、调查研究文化及旅游产业、传播文化及旅游相关知识、培养文化及旅游专门人才、强化文化及旅游部门国际交流合作①。

作为韩国旅游品牌的融资机构，韩国国际交流财团是一个于 1991 年年底

---

① 韩国文化体育观光部网站：www. mcst. go. kr/main. jsp。

设立、隶属于韩国外交通商部的官方团体，以弘扬韩国文化、促进国际交流为宗旨。通过公开招商竞标的方式，该财团吸引了韩国国内外顶级企业参与旅游品牌打造的投资。近几年，在韩国国际交流财团的运作下，韩国向全球推出了国家旅游品牌"Korea Sparkling"（韩国炫动之旅），其主要赞助商涵盖了世界顶级的通信、传媒、运动服饰、餐饮等行业。赞助商与韩国旅游品牌在全球范围内的推广活动形成了良好的互动双赢关系。韩国向全球推出的以"Korea Sparkling"为主题的观光旅游口号，其内涵为：只有通过韩国观光才能领略到"韩国人，韩国文化的无限生动能量"。韩国观光公社和首尔市围绕这个充满活力的韩国新形象，精心策划了一系列活动，并且不遗余力地在全球开展了火热的宣传，力争吸引更多的海外游客。

二　文化产业与旅游业融合发展

90年代末，当三星电器和现代汽车逐渐成为人们所熟知的品牌时，韩国已经悄然刮起了一股强劲的文化旋风。几年后，这股文化旋风席卷了亚洲，令好莱坞也感到惊讶。如今，韩国文化在海外被叫作"韩流"，它的确有着非常大的传播力。海外大众现在认定"韩流"是一个比较热的潮流，首先是以电视连续剧、电影为主的大众文化，随后带动起来的是对韩国的印象，包括韩国的饮食文化，比如说韩国泡菜、韩国烤肉，这些在世界范围内都产生了影响。韩国实行"文化立国"方针以来，以韩国电子产品、韩国电视剧、韩国流行音乐等为代表的韩流文化席卷世界各国，形成了巨大的号召力。[①]

韩国政府通过大力支持本国文化企业的发展，建立起完整的文化创意产业链，包括唱片业、影视业、游戏业以及推动这些行业发展的传媒业和广告业。目前，除了成功占领亚洲市场以外，韩国还在大力向文化大国——美国进军。从唱片到影视剧明星，从流行服饰到手机，从主题旅游公园到网络游戏……韩国的创意文化产业由众多分工细致的文化企业组成，形成了一条完整的产业链，实现了从部门管理到行业管理的转变。同时，利用本国的大型文化企业，韩国政府集中力量开发具有国际竞争力的名牌产品，利用品牌取得了更大的市场效应，如李英爱、裴勇俊、张娜拉等影视明星，东方神起、SUPERJUNIOR、鸟叔等歌星/团体，为提升国家形象和传播韩国文化发挥了重要的作用。

在文化的对外输出方面，韩国政府利用本国的大型文化企业积极举办和参加国际性展销洽谈活动。2002 年韩国政府拿出 17.1 亿韩元支持企业参加在中、日、美、法、德、芬兰等国举办的 12 项有关音乐、动画、漫画、游戏、数字化文化产品的展销活动；在西班牙等 6 国举办 7 次文化产业投资洽谈会，进行招商引资。在其本国，仅 2002 年 11 月文化观光部在首尔举办的"数字化文化暨广播影像展览会"，就有美国 CBS、日本 NHK、英国 BBC、中国 CCTV 等 24 国 250 个单位 6000 余人参展，签约额共 1200 万美元。

对外影响最大的韩国文化产品——韩国电影、电视是传播"韩流"最有力的载体。韩国旅游开创了一个新的营销模式：依靠上游产业链中的电影、电视产品在全球形成吸引力，根据影视情节包装推广韩国各个地区的景点。由于有数年的操作经验，韩国旅游局和业界各方已形成了一个成熟的运作系统，能够使一个影视旅游景点在启动、发展、成熟各个阶段都取得成功，并且经久不衰。韩国旅游局有关人士介绍，从《冬季恋歌》开始，通过加大配套设施的投入来打造旅游景点，韩国旅游产业得以不断壮大。《冬季恋歌》外景拍摄地之一的外岛成为爱情岛，每天吸引着上千游客的到来。韩国经济研究院 2004 年年底发表的《韩流现象与文化产业战略》报告说，《冬季恋歌》带来的经济效益超过 3 万亿韩元（约 30 亿美元，按当时汇率计算），其中旅游收入就达 1 万亿韩元。《大长今》热播后，体验韩国传统宫廷料理的大长今旅游项目应运而生。作为该剧的主要拍摄地——首尔以北的 MBC 文化乐园，挂起了"大长今村"的招牌。面积达 4000 平方米的大长今村由御膳房、厨房、补给处以及管理部门内需司等组成。在这里，大型剧照随处可见，经典片段不间断播放，人们可以试穿宫廷韩服，品尝宫廷膳食，体验剧情氛围，亲身感受韩国文化。为了进一步巩固"韩流"带给韩国的效益，2006 年韩国京畿道政府正式与投资商签订合同，宣布将仿照美国"好莱坞"、印度"宝莱坞"，兴建一座"韩流坞"。其地址位于京畿道高阳市，面积达 99.48 万平方米，预计 2012 年完成。目前已建完设施的主要有主题公园、酒店、广播媒体设施、业务设施、商业设施、综合设施、公园等。"韩流坞"是以文化产品的开发和生产为载体的文化事业的一项基本建设，也是体验文化和交流文化的场所①。

韩国十分重视利用文化遗产来促进旅游业的发展，同时通过现代观光旅游推动文化遗产的保护和发展。传统文化不仅丰富了旅游业的内容，同时在旅游中也得到广泛的弘扬与传播。以济州岛的景区景点为例，即是韩

---

① 韩国韩流公园：www.e-hallyu.com.

国文化传承与旅游业发展和谐结合的典范。济州岛面积不过 1800 多平方公里，然而这里可以说浓缩了整个韩国的自然景致和韩民族的人文艺术：绿树与雪山同在，瀑布与峰峦交叠，春花与秋实呼应；每年 4 月 10 日和 10 月 10 日，人们都要聚集在这里缅怀先祖，举行传统的春秋祭奠仪式。在这座遍布三百多个火山的小小岛屿上，值得一看的还是在济州岛占有重要地位的民俗村。在这里，游人可以直接了解 100 多年前济州岛人的衣食住行。它以 19 世纪的社会生活为蓝本，实景建造了山村、渔村、官衙、学堂、集市、农田、娱乐场所和巫术场所等，民俗面貌一应俱全。一组组再现历史的场景，情趣盎然。为方便各国游客，景区的主要岔路口都有韩、中、英、日四种文字的指示路牌[①]。

三　节庆活动开展情况

韩国通过把其具有比较优势的、旅游者较易感知的关键性因素，如地域饮食、服饰、瓷器、歌剧和节庆等与旅游结合起来，在努力挖掘体现地方特色节庆项目的同时促进了旅游品牌的塑造，使有限的旅游资源得到最大限度的利用，依靠其文化特色而获得持久的观光客源。根据韩国官方网站收录的主要节庆活动近 200 项，主要分为：庆典、祭礼、传统节日和现代大型活动等。这些节庆活动既有文化节、民乐庆典、鼓舞节等弘扬传统文化的，也有如水原排骨节、全州拌饭节、传统酒和米糕节等推介韩国饮食特色的，同时还有时装节、摇滚舞节、演唱会、艺术节、电影节、跆拳道节等彰显现代流行文化的，此外还有端午节等民俗节庆。韩国把 2006 年定为"江陵端午祭"的"人类非物质文化保护的元年"。东海之滨的江陵因为举办韩国特色的"端午祭"活动而名声大噪。

5.4.5　韩国旅游业发展建议

一　入境旅游方面

韩国已经把旅游业作为国民经济的战略性支柱产业。全国上下齐心协力对外宣传韩国整体旅游形象。韩国主要的客源市场大多数在亚洲，排名前十位中，亚洲国家或地区有 8 个，核心客源国是日本、中国和美国。2013 年亚洲游客将继续稳居榜首，所占比重将达 80% 左右，其中日本和中国游客所占比重最大，未来一段时间内将成为韩国入境游客的半边天。最近几年的数据表明，中国游客的人均消费水平逐年增加，主要购买价格比较昂贵的商品，如高档手表、化妆品、名牌手提包等高价产品，日本游客人均

---

① 仲寒. 韩国旅游业发展的成功经验 [J]. 当代韩国，2006 年秋季号.

消费水平变化不大，主要购买紫菜、饼干等低价食品。2012 年访韩的日本游客人数比 2011 年仅增加 7.0%，但中国游客同比猛增了 27.8%。同时，中国游客的购买力日益强大，访韩人数也快速增加，不久的将来，中国游客有望成为韩国旅游业最大消费群体，因此，韩国旅游企业应加大对中国游客的宣传力度，在方便中国游客购物、增加高档纪念品品种、培训服务员汉语能力等方面做出努力。在访韩期间，从外国游客的不满意因素来看，各个国家游客反映强烈的问题有语言沟通难、物价高、饮食不可口等。今后，韩国有关部门应当重点治理强迫购物、高抬物价等现象；针对旅游服务行业员工加大英语、汉语、日语等主要语言的培训；提高旅游餐厅的餐饮质量和服务质量，如将韩餐、中餐、日餐、西餐等有机地结合起来，让外国游客在游览期间自由选择可口的饮食，更好地满足饮食方面的各种需求。

入境消费方面，消费支出较多的国家为俄罗斯、新加坡、中国、中东、印度等国家，所以一方面应重点维护东南亚市场，另一方面要积极对俄罗斯、中东、印度等国家促销韩国特色产品。据分析，外国人在韩国购买的主要商品是食品、化妆品、服装类、人参、泡菜等，说明很多国家非常认可和喜欢韩国的化妆品、服装类和人参等保健品。最近几年，中国游客在韩的消费量急剧增长，特别是高档服装、名牌手表等商品，所以今后韩国观光公司等部门应把这些商品重点促销给消费水平较高的国家，如俄罗斯、中国、中东等国家和地区。

入境游客在韩国的游览活动中，访问的主要旅游景点为明洞、故宫、东大门、南大门、南山等，充分说明国外游客对韩国的名胜古迹及自然景观不太感兴趣，主要原因是这些旅游资源的知名度远远不如周边国家，如中国、日本等。外国游客最感兴趣的还是韩国的娱乐产品、休闲产品和购物活动。从近几年对入境游客访问目的的分析中，可以看出休闲度假娱乐为目的的外国游客占 40% 以上，今后很可能超越 50%。

二 出境旅游方面

2013 年韩国出境旅游市场继续发展，但增长幅度不大，访问的国家基本都是周边国家，如日本、中国大陆、东南亚的国家等。欧洲和美洲因距离远、费用高等原因，出游人数增加不多，赴美出游的目的主要还是修学、进修、差旅、商务旅游等，赴亚洲国家出游的目的是游览、观光、度假等。旅游赤字逐年减少，但今后一段时间，韩国的旅游收支可能仍将处于赤字状态。因此，韩国要把中国市场和日本市场确定为核心市场，欧美市场确定为重点市场，改善中国和欧美游客的购物环境，简化、优化入境手续和渠道，开发多元化旅游产品，延长逗留时间，扩大消费规模，逐渐减少旅游收支赤字。

三　国内旅游方面，重点放在国民的休闲度假旅游

韩国每年的国内旅游人数达韩国总人口的 4～5 倍，成为韩国旅游业的主要市场，绝大部分是散客旅游者。因三面环海的地理位置，主要的游览地为海岸线及雪岳山、汉拿山等主要名山，旺季为 5～10 月，旅游季节性非常强，特别是暑假期间韩国周边的所有海水浴场人山人海，各大主要高速公路严重堵塞，住宿设施严重不足，物价猛增，严重影响了国民的旅游质量。短时间内，这些问题很难解决。因此，韩国旅游相关部门在旺季时要重点做好疏导游客、预报游客数量、多建投入较少的家庭旅馆和临时性旅馆等工作。

四　加强旅游基础设施和接待设施建设，提高服务质量

经过几十年的发展，韩国已具备一定规模且较为先进的旅游基础设施。近几年，为了适应国际旅游的发展，韩国对基础设施建设给予了足够的重视，并鼓励民营资本投向旅游业，以弥补政府资金不足，形成官民共同兴办旅游业的格局。例如，首尔至春川的高速公路及地铁的开通，缓解了首尔郊区环城游憩带的旅游活动；首尔至韩国主要大城市间（釜山、大邱、大田等）高速铁路的开通也大大缩短了旅游距离及时间，积极带动了国内旅游市场发展。2013 年开始入境游客将超过 1200 万人，旺季时东南海岸的海水浴场人满为患，住宿、停车场等基础设施严重不足，物价很高，交通堵塞严重等现象年年复发。政府部门应重点做好游客分流工作、及时公布旅游地信息、严格治理物价过高项目、动员国内游客尽量利用大众公共交通工具等。旅游企业应重点做好旅游集散地的临时住宿设施建设，多设含英文、中文、日文等多语种的外文指示牌。

五　大力开发韩国近代文化遗产旅游资源

针对学生开发近代文化遗产现场教育产品；针对一般民众开发不同主题的文化遗产考察产品，如佛教历史探访等，同时，大力宣传近代文化遗产的历史及文化的重要性，详细介绍近代文化遗产；针对外国游客，结合韩国近代史开发文化遗产旅游产品，如日本侵略时期的建筑物、战争遗址等。

六　整顿旅游业的"宰客"现象，改善外国游客的接待环境

2013 年在赴韩国旅游的外国游客将突破 1200 万人次的情况下，"宰客"现象与韩国旅游产业的整体发展背道而驰。主要的"宰客"现象有出租车司机乱收费、无资格人员从事导游服务、美容医疗观光乱收费等。今后，韩国必须严厉打击这种违法行为。政府要与地方政府和警方进行合作，开

展打击"宰客"行为的专项活动，还应同有关部门加强合作，使游客在事后能够及时拨打旅游咨询电话或举报电话进行投诉。政府要积极利用社交网站等工具，加大宣传力度，进一步加强行业自律，提高服务意识。另外，政府和有关部门要禁止无资格人员从事导游服务，对雇用无证导游的旅行社采取停止其营业等严厉处分。

为了解决旅游行业恶性竞争，如推出牺牲旅行质量的低价旅游产品来拉拢团队游客等现象，以及由此出现的各种问题，政府应出台《旅游行业法》，治理旅行社行业。政府要向承接外国游客的旅行社制定关于旅游服务行为的标准。有关旅行社须在中国、日本、美国、欧洲等国家的主要城市开设举报中心，收集游客的意见和建议，努力改善旅行社业务及接待服务质量。

七 进一步加强与中国的旅游合作与交流

自 1992 年中韩建交以来，中韩旅游业之间合作与交流逐渐频繁。2005年韩国首次取代日本成为中国第一大客源国。2001 年以来，中国一直是韩国的第二大客源国，入境人数也逐年上升，今后将成为韩国第一大客源国。近几年来，两国经贸和文化等方面的交流逐渐加深，这也推进了两国旅游业合作的不断升级。另外，两国政府先后采取了一系列积极促进中韩旅游业发展的政策和措施。双方旅游部门互派办事机构，开辟交通线路，多次组织观光交流会，宣传和推介旅游产品等，为双方旅游市场的开拓创造了条件。2008 年年末，韩国观光公司又在辽宁省沈阳市成立了办事机构。目前，韩国观光公司已在世界各地开设了 20 多个海外办事处为其开展业务。中国公民赴韩国旅游的热情也逐年升温。一系列韩剧的热播，韩国服饰的时尚性，使得赴韩旅游成为中国年轻一代的旅游首选。借助"韩流"效应，韩国应采取积极措施，加大宣传力度，注重文化内涵的挖掘，不断开发新的旅游产品，加强与中国的旅游合作，在合作中取长补短，实现双赢。

第六章

图们江区域国际旅游客源
市场结构与游客行为分析

6.1 赴俄中国游客客源市场结构与行为模式分析

2010 年 7 ~ 8 月，在珲春对俄口岸（珲春口岸）、国际客运站、星级酒店等地，对中国游客进行问卷调查。共计发放 200 份调查问卷，收回 186 份，去除无效问卷，剩余 153 份，有效率为 76.5%。通过对有效调查问卷的统计研究来分析延边韩国游客的构成特征和行为模式。

6.1.1 人口学特征

1. 不同性别、年龄游客特征

调查问卷显示，男性和女性游客各占 50%（见表 6 - 1）。随着女性受教育程度的提高、就业人数增加，可支配收入也相应增加，女性经济和社会地位显著提高。由于女性在经济和消费领域发挥着越来越重要的作用，在未来旅游市场中有着巨大的潜力。延边边境旅游应当充分重视女性旅游市场的开发。

从年龄结构来看，以 31 ~ 40 岁和 41 ~ 50 岁年龄段游客为主，所占比例分别为 30.3%、38.4%。31 ~ 40 岁的人群一般工作比较安稳，收入稳定，而且精力旺盛、体力充沛，价格、距离等因素对其出游的影响程度都不是很大。41 ~ 50 岁的游客最多，占全体旅游者的 38.4%。中年人处于人生的黄金期，年富力强、工作稳定、收入不菲，且现在的医疗水平显著提高，健康状况也较好，使得中年人有更高的需求，包括实现自我价值的需求及对文化的需求等。21 ~ 30 岁年龄段游客占 16.1%，这一阶段的人精力和体力都处于最佳状态、最富有激情，但工作和收入都不是特别稳定，且边境旅游对时间和交通的影响较大。老年市场和少儿市场也有其自身的特点。老年人时间充裕，收入稳定，少有子女负担，出游意愿越来越高，多倾向于度假旅游和疗养旅游。疗养旅游更符合老年人慢节奏、低强度的旅游特点。由于边境旅游对时间、距离、交通工具有较高的要求，所以老年人的比例很低。但随着边境旅游的进一步开发，老年人市场是不容忽视的（见表6-1）。

表6-1　赴俄中国游客性别年龄分析

类型	百分比					
性别	男（50%）			女（50%）		
年龄结构（%）	20岁以下	21~30岁	31~40岁	41~50岁	51~60岁	61岁以上
	3.6	16.1	30.3	38.4	6.2	5.4

2. 不同学历、职业游客特征

旅游活动属于人对于精神和文化层面的高层次需求，所以旅游者的受教育程度、职业与社会阶层等方面的因素直接影响着消费水平的高低。此次调查显示，延边边境旅游者中初中及以下学历占7.0%，高中学历者占31.3%，大专学历者占27.0%，本科及以上者占了34.7%（见表6-2）。大专及以上学历者的旅游者占绝大多数，为61.7%，成为延边边境旅游的主体，这体现了延边边境旅游者整体素质较高，旅游产品开发以及营销应当以该群体为主要目标市场。

从被调查者的职业来看，公务员占12%，事业单位人员占20.8%，企业单位人员占33.9%，农民占6.6%，离休人员占9.4%，学生占17.3%（见表6-2）。企事业单位人员占较大比例，他们工作和收入稳定且有闲暇时间，出差等公务旅游增多，出游机会较多。学生也占了相当一部分比重，他们时间充裕，多利用假期旅游。农民所占比重最低，因收入普遍较低，且受时间限制，导致农民游客最少。

表6-2　赴俄中国游客文化层次及职业构成

类型						
文化程度（%）	初中及以下	高中	大专	本科及以上		
	7	31.3	27.0	34.7		
从事职业（%）	企业单位	事业单位	学生	公务员	离休人员	农业
	33.9	20.8	17.3	12.0	9.4	6.6

3. 不同收入游客特征

收入水平意味着支付能力。收入水平影响着一个人能否成为现实的旅游者，影响着旅游者的消费水平，影响着旅游者在外旅游期间的消费构成，并且还会影响旅游者对旅游目的地以及旅行方式的选择。游客可支配收入是直接影响旅游需求的重要因素。调查显示，人均月收入在 1000 元以下的游客占 10.8%，1001～3000 元者占 41.4%，3001～5000 元者占 28.8%，5001～10000 元以上旅游者占 16.2%，10000 元以上者占 2.7%。由此可见，延边边境游客收入主要在 1000～3000 元，为中等消费者类型。5000～10000 元者也占了相当一部分比重，属于高级消费者类型。10000 元以上的旅游者较少，调查中收入在 1000 元以下者多数为学生。

4. 不同客源地游客特征

一般来说，旅游空间距离越长，完成旅行所花费的时间也就越多，旅游费用也越高，而外出旅游度假的预算和时间都是有限度的。因此，旅行距离是影响旅游者出游的重要因素。在此次调查旅游者客源地中，东北地区共计 80 人，东北地区的旅游者数量占到了全体旅游者数量的 73.4%，而且仅吉林本省的旅游者就有 74 人，占了绝大多数（见表 6-3）。由此可见，目前延边边境旅游的一级客源市场是东北地区，二级客源市场是华东地区和华北地区。

表 6-3　赴俄中国游客客源地分布情况

地区	东北	华东	华北	华南	西北	西南	华中	港澳台
(%)	73.4	13.7	6.4	2.8	2.8	0.9	0	0

6.1.2　游客行为特征分析

1. 旅游动机分析

调查问卷显示，游客来延边边境旅游的动机以观光旅游为主，所占比例高达 75.7%，休闲度假旅游占 13.9%，探亲访友占 4.3%，文化科技交流占 3.5%，商务会议所占比例仅为 0.9%。一是由于我国的大众旅游市场一直停留在观光旅游上面，二是由于延边赴俄边境旅游旅游产品开发单一，以俄罗斯著名建筑和自然风光为主。而娱乐、健康疗养项目很少，无法满足游客日益多样化的心理需求。观光型旅游本身的特点是重游率低、消费低、逗留时间短。

2. 旅游信息渠道分析

调查发现，旅游者获得旅游信息的渠道是多样化的。在调查信息来源项目中，旅行社宣传手册比重最大，占 29.6%；亲朋好友推荐占 27.8%；网络媒介占 20.0%；户外广告比重很小（见表 6-4）。可见旅行社宣传手册和亲朋好友推荐对旅游者购买决策影响很大。因此，延边边境旅行社应当重视对旅游宣传手册的设计与制作，同时提升游客满意度，拓展潜在旅游市场。网络媒体宣传是不可或缺的推广方式之一，要注重加强网站的制作，培养潜在旅游市场。

表 6-4　传媒渠道抽样调查统计（多选）

了解渠道	百分比（%）
旅行社宣传手册	29.6
亲朋好友推荐	27.8
网络媒介	20.0
户外广告	3.5
电视/广播/报纸/杂志/书籍	0.9
其他	22.6

3. 旅游总消费与旅游商品购买分析

调查问卷显示，在"您在俄罗斯旅游的总花费"一栏中，花费在 1000~2000 元者占 55.5%（其中 1000~1500 元者占 12.7%，1501~2000 元者占 42.8%），2001~3000 元者占 27.2%，3001~4000 元者占 7.3%，4001~5000 元者占 7.3%，5000 元以上者占 2.7%。由此可以看出，花费在 1000~2000 元的游客占了绝大多数，消费水平普遍较低；其次是 2001~3000 元，也占了一定的比重；而 5000 元以上者比重很小。从整体来看，延边边境旅游花费处于较低水平。

在购买旅游商品一栏中（该题为多选题），延边边境游客购买俄罗斯旅游纪念品所占比例：巧克力占 73.9%、虎骨酒占 45.2%、紫金首饰占 25.2%、鱼类产品（虾和螃蟹等）占 21.7%、伏特加酒占 12.2%、其他占 3.5%。俄罗斯巧克力口味多样、口感细腻、制作考究，深受旅游者的喜爱；二是其价格相对较低，便于携带，是馈赠亲友的首选。俄罗斯虎骨酒具有很强的医疗保健效果，对风湿、神经痛都有很好的治疗作用。俄罗斯特色产品对旅游者有很强的吸引力，说明对旅游商品的开发要突出商品特色、丰富性与多样性。

4. 游客在俄罗斯的逗留时间分析

延边赴俄边境游客逗留时间绝大多数为 3 天，所占比例高达 96.4%。逗留时间为 1 天、2 天、4 天、5 天者均占总数的 0.9%。这与延边边境旅游线路有关，赴俄罗斯旅游线路多为 3 日游：第一天从珲春出发，抵达口岸办理出境手续，午餐后乘车去目的地，晚餐后入住宾馆；第二天参观俄罗斯著名历史文物古迹或建筑以及自然风光等；第三天返程回国结束旅程。俄罗斯通关手续烦琐，花费时间较多，一日游显然不能够满足旅游者的需求。而从休闲度假旅游角度来看，3 天的游览时间并不长。随着中国经济的增长，中国的精英及商务人士变得越来越多，旅游需求越来越多样化，但赴俄旅游产品开发滞后、类型单一、文化内涵不足，难以满足中国游客的需求。

5. 旅游景点吸引力分析

旅游资源的价值与可开发性都与旅游吸引力有密切的关系，旅游吸引力是判断旅游资源质量的重要依据，也是影响旅游需求的重要因素。

在"您认为俄罗斯旅游中最有吸引力的景点"一栏中，选择俄罗斯农家乐的游客所占比率最高，为 54.8%，俄罗斯农家乐具有独特的文化性和娱乐性，能够满足旅游者"求新、求奇"的心理，因此具有很强的吸引力。选择俄罗斯民族歌舞表演的游客占 50.4%，俄罗斯歌舞独具风味，一直深受中国游客的喜爱。选择海上巡游的游客占 45.2%，海上巡游可以让游客获得美丽的风景和特别的体验。海参崴的广场、纪念碑等景点都有很高的历史文化价值。选择不冻港"金角湾"的游客占 27.8%，它是世界首屈一指的优良天然港口之一，海岸线和港湾的风景十分优美。

表 6 - 5　中国游客对俄罗斯旅游景点吸引力分析（多选）

景点	百分比（%）
俄罗斯农家乐	54.8
俄罗斯民族歌舞	50.4
海上巡游	45.2
海参崴广场、纪念碑等	31.3
不冻港"金角湾"	27.8
潜艇博物馆	0.9
其他	2.6

6.1.3 旅游效果分析

1. 重游率与推荐亲友旅游分析

在访问次数调查项目"您是第几次来俄罗斯旅游"一栏中，第一次到俄罗斯的游客占93.8%，第二次到俄罗斯的占3.5%，第三次到俄罗斯的占1.8%，三次以上到俄罗斯的占0.9%。在重游意愿调查项目"在合适的时间还打算去俄罗斯旅游吗？"一栏中，选择"是"的游客占49.0%，选择"否"的游客占51.0%，说明重游率较低。主要原因是一方面一般纯游览观光型旅游产品重游率低，而俄罗斯旅游产品开发以自然和人文观光型产品为主，另一方面则体现了旅游者对俄罗斯旅游不满意。旅游者的重游率与地区旅游发展相互影响。旅游者职业、收入和旅游产品类型、交通、住宿、餐饮、服务等因素影响游客重游率；游客高重游率可以促进旅游目的地的进一步发展。

在调查项目"您对亲朋好友推荐延边地区的俄罗斯旅游吗？"一栏中，选择"是"的游客占54.5%，选择"否"的游客占45.5%。由此说明延边赴俄边境旅游满意度不高、服务质量较差，游客对亲朋好友推荐的意愿不是很强。因此，延边赴俄边境旅游应当重视提升游客的满意度，让游客充当"宣传员"，拓展潜在旅游市场。

2. 旅游影响因素分析

此次调查问卷中我们设置了价格、距离、时间、交通和天气气候五个影响因素来调查对旅游者来俄罗斯旅游的影响程度。调查统计数据显示，五个因素的影响程度从大到小分别是交通、时间、距离、价格、天气（见表6-6）。

交通对游客赴俄旅游的影响程度最大。俄罗斯滨海边疆区道路网不完善，公路状况欠佳，甚至很多地方的公路都是崎岖不平的泥土路，是影响旅游者出行的一个制约因素。第二是时间。赴俄边境旅游线路多为3日游，其中两天在公路上消耗，游览时间仅有一天，通关手续、公路状况等直接影响游客的游览质量。距离的影响程度一般。价格对旅游需求的影响较小，一般俄罗斯3日游的价格为1200~1500元，大部分工薪阶层基本都能接受。俄罗斯作为一个旅游资源丰富的国家，对游客还是很有吸引力的，而且我国家庭的可支配收入处于增长状态，因而价格的变动对延边边境旅游需求的影响较小。天气和气候对旅游需求的影响最小。赴俄旅游受季节影响小，对游客的旅游时间限制也非常小。

表6-6　赴俄中国游客的影响因素分析

因素	影响程度（均值）
交通	3.36
时间	3.03
距离	3.00
价格	2.92
天气和气候	2.63

3. 游客对俄罗斯旅游的整体评价分析

在"您所看到的俄罗斯与您心中的俄罗斯相比"一栏中，设置了很差、差、一般、好、很好5个选项，各分值为1、2、3、4、5。该题的均值为2.77，说明游客对俄罗斯旅游的整体印象的满意度偏低，即游客对于俄罗斯旅游"吃住行游购娱"的整体感受并没有达到期望值。游客的满意度对于旅游的可持续发展是至关重要的，会使潜在旅游市场受到影响。要重视游客满意度的提高，通过他们的正面宣传进一步扩大旅游市场规模。

4. 游客对俄罗斯旅游的各因素评价分析

在调查对赴俄旅游各项目的评价中，选项分为非常不满意、不满意、一般、满意、很满意5个选项，各分值为1、2、3、4、5。分析结果显示，游客整体满意度较低。游客对赴俄旅游的导游服务、服务人员态度、民风民俗和整体旅游形象的总体满意度调查数据结果均在3.0以上，表现为基本满意。对导游服务这一项目，游客所持的满意度最高，为3.38，说明游客对于导游人员服务质量持肯定态度。游客对民风民俗的满意度为3.26。俄罗斯民俗歌舞、民俗产品，如农家乐等特色鲜明，满足了游客对民俗文化的需求。游客对整体旅游形象和旅游资源的满意度分别为3.21和3.18，游客认为俄罗斯的整体旅游形象独具特色，并且旅游资源的特色鲜明。对服务人员态度满意度为3.02，有待加强。如很多购物店里的服务人员态度都较差，服务过程中不主动向游客问好或介绍旅游商品，在游客询问过程中表现出不耐烦的态度。其余五项即对通关手续、交通状况、饮食情况、住宿情况、卫生状况的满意度均在3.0以下。其中，对通关手续的满意度最低，为2.06，通关效率低下是俄罗斯海关长期存在、影响恶劣的问题，严重影响了游客的满意度。对交通状况的满意度也很低，为2.42，俄罗斯道路网不够完善，公路状况欠佳，致使游客的出行受到了严重的影响。对饮食的满意度为2.43，绝大多数接待中国游客的饭店中都有中国服务员，沟通方面不存在问题，但是特色菜肴很少，且很多并不符合中国游客的口味。对住宿的满意度为 2.71，俄罗斯酒店业发展水平低，不成规模且住宿条件简陋，旅馆服务人员均为不会汉语的俄罗斯人，无法与游客沟通。对卫生状况满意度为 2.84，包括餐饮、住宿环境、旅游景点的卫生状况均较差（见表 6 - 7）。

表 6 - 7　中国游客对俄各旅游项目评价分析

项目	均值
1. 导游服务	3.38
2. 民风民俗	3.26
3. 整体旅游形象	3.21
4. 旅游资源	3.18
5. 服务人员态度	3.02
6. 卫生状况	2.84
7. 住宿情况	2.71
8. 饮食情况	2.43
9. 交通状况	2.42
10. 通关手续	2.06

6.1.4　赴俄边境旅游市场开发对策及建议

一　加强中俄政府间旅游合作，简化通关手续，提高通关效率

俄罗斯旅游业发展潜力巨大，目前是最受中国游客喜爱的第三大旅游目的地，中国游客数量在赴俄旅游的亚洲游客中占据首位。但俄罗斯旅游业的综合市场竞争力并不高。俄罗斯通关手续花费时间过长严重影响了游客的旅游体验。因此要大力开展中国与俄罗斯政府间的旅游合作，寻求互惠互利的解决方案。通过政府协商提高办理通关手续的效率是提高旅游质量的重要途径之一。主要包括加强口岸制度化、规范化建设，提升口岸服务竞争力来增加游客在旅游区域内的游览和消费时间，提升游客满意度和鼓励潜在旅游市场。

二　完善旅游目的地基础设施，提高接待水平

1. 拓展和完善旅游交通网，提高游客通行质量

公路方面，目前延边赴俄边境旅游主要采用公路交通。但俄罗斯境内的公路基本都是二级公路或泥土路，从俄口岸至海参崴需花费 5～6 个小时，

极大地影响了中国游客赴俄旅游的效率与舒适度。2012 年 APEC 峰会前夕，海参崴附近的交通条件有了很大的改善，但周边地区公路条件仍然较差。为更好落实图们江区域国际合作，进一步完善俄罗斯滨海边疆区的交通条件和对外通道建设，应尽快建设珲春至海参崴的跨国高速公路，并开通珲春市到海参崴的客运铁路。

航空方面，延吉朝阳川机场是延边州唯一的航空运输机场，规模位居吉林省第二位，东北第五，有直达韩国首尔、釜山、仁川的国际航班。但是延吉至海参崴并未开通航班，因此，首先旺季时开通包机航班来缓解公路交通，条件成熟后，应当开通延吉至海参崴的国际定期航线。

2. 改善住宿设施，加强卫生管理

俄方为边境旅游提供的服务设施比较落后，限制了边境旅游规模的进一步扩大。从目前作为主要目的地的符拉迪沃斯托克和布拉戈维申斯克市的情况来看，能够接待中国边境旅游者的宾馆数量不多，档次不高，综合服务功能低下，与边境旅游发展的实质需求相差甚远。不完善的住宿设施成为俄罗斯旅游的主要制约因素之一。因此，为提高旅游接待能力，就要加快发展住宿业，以市场为导向，注重中国游客的住宿需求，满足游客便利、安全、卫生、舒适等基本住宿需求，建设一批环境较好的星级饭店。此外，提升酒店服务人员汉语水平，或者将中国旅游服务人员进行培训后安排在俄罗斯酒店专门为中国游客提供服务。

3. 改善用餐环境，提高饮食质量

餐饮是旅游活动中的重要组成部分，旅游到异地品尝当地名菜、名点无疑是一种饮食文化上的享受。高质量的旅游餐饮可以大大丰富旅游产品，为旅游开发和旅游经济增添新的亮点。因此，应适当增加俄罗斯特色餐，满足中国游客异国饮食要求，并注重迎合中国游客的传统口味，提供美味、独特、卫生的饮食，提高饮食质量。

三　开发多元化旅游产品，提高重游率

要扩大旅游市场就应当重视旅游产品的多元化，开发符合旅游需求的新产品是边境旅游发展的必然选择。事实上，滨海边疆区有得天独厚的地理和气候优势，十分适宜开发休闲度假旅游产品。休闲度假旅游是旅游业发展到一定阶段后出现的旅游形式，是较高层次的旅游。较之于观光旅游，休闲度假旅游在目的地停留时间较长，旅游者花费较大。因此，延边赴俄边境旅游应结合滨海边疆区的自然特色，开发海上休闲度假项目（沙滩浴、潜水项目、海上钓鱼等）、森林生态休闲旅游等多元化度假旅游产品，吸引高层次游客群，增加游览时间，提高赴俄边境旅游的整体形象。

四 多种宣传手段并用，加大宣传力度

首先，重视现代化信息技术在旅游宣传上的作用，加强旅行社网页制作，网页中注重添加旅游地特色食品、民俗、纪念品以及独特体验的介绍，附以图片和视频。其次，增强电视宣传力度，加大在延边州、吉林省以及中央电视台的重要频道的广告投入，侧重整体形象宣传，在黄金时间播放制作精美、极具特色的俄罗斯旅游宣传片。并积极参加具有影响力的电视旅游节目，加大对俄罗斯旅游的介绍，力求提升俄罗斯旅游的知名度。最后，在客流量聚集的地方布置介绍旅游目的地的条幅，如机场、火车站、汽车站、酒店、电影院等，并制作精美的旅游宣传手册。

五 加强培训与监管，提高从业人员素质

旅游从业人员素质是旅游业持续发展的原动力，只有培养一批优秀的旅游管理人才和高素质的旅游从业者，才能保持旅游业的快速、健康地发展。首先，应当对服务人员加强培训，使其做到礼貌待人、热情服务，使用规范化服务用语，有问必答。同时提高服务技能，组织服务人员学习汉语，为与中国游客的交流提供便利，或将中国的服务人员进行培训后到俄罗斯宾馆、购物店、餐馆工作，专门为中国游客提供服务。其次，要建立投诉机制，重视游客投诉，积极听取游客的建议与意见，及时处理游客的投诉，加强旅游服务质量监督管理。

6.2 访华俄罗斯游客客源市场结构与游客行为分析

2010 年 7~8 月，在珲春市珲春国际客运站、珲春口岸等地对俄罗斯游客进行问卷调查。共计发放 200 份调查问卷，收回 193 份，去除无效问卷，剩余 177 份，有效率为 88.5%。通过对有效调查问卷的统计数据来分析俄罗斯游客的构成特征与行为模式。

6.2.1 人口学特征

1. 不同性别、年龄游客特征

调查问卷显示，男性旅游者占 28.6%，女性旅游者占 71.4%。女性旅游者数量明显多于男性旅游者。这与俄罗斯的国情密不可分——俄罗斯是世界上男女比例失衡最为严重的国家之一。俄罗斯是一个人口性别比例严重失衡的国家，曾经被联合国人口司列为全球五个男性比例最低的国家之一。2002 年女性人口比男性人口多 1000 万，2010 年增加到 1080 万，男女人口比例从 1000:1147 提高到 1000:1163。俄罗斯妇女在社会生活中发挥着

举足轻重的作用，有着较高的素质与品位，对高层次的精神追求更易产生较强的需求与动机。[①]

　　此次调查中，在年龄构成结构上来看，以 31～40 岁和 41～50 岁年龄段游客为主体，所占比例分别为 23.9%、41.3%。31～40 岁的青年游客一般出游欲望较强并且工作比较稳定，有较多的收入可以满足其出游的需求。41～50 岁的游客工作稳定、收入较高，身体状况也较好，物质生活的满足使得他们对精神世界产生了更高层次的需求，包括文化、社会交往、地位和声望等方面的动机变得强烈起来。51～60 岁的俄罗斯游客时间充裕，经济基础扎实，有出游的基本需求，多倾向于观光游览和健康疗养。健康疗养的旅游活动更符合他们慢节奏、低强度的旅游特点。研究老年人参加旅游活动的内在需求和行为特点可以为进一步拓宽老年旅游市场、开发更具针对性的老年旅游产品提供科学依据。处于 21～30 岁阶段的游客所占比重较小，这一阶段的人精力和体力都处于最好状态，身体条件最佳，但工作和收入都不很稳定，很多人都还在上学没有工作或是刚刚找到工作还没有稳定下来，而赴中国旅游对时间的要求较高，所以这部分人群相对来说数量较少。20 岁以下人群多为学生。整体上说，俄罗斯的老年人对于中苏友好关系有较为强烈的怀念之情，也更了解中国；而俄罗斯年轻人受中苏关系恶化后相互封闭的影响，对中国感到十分陌生。

表 6-8　延边的俄罗斯游客性别及年龄构成

类型						
性别	男（28.6%）			女（71.4%）		
年龄结构（%）	20 岁以下	21～30 岁	31～40 岁	41～50 岁	51～60 岁	61 岁以上
	10.1	10.9	23.9	41.3	10.9	2.9

　　2. 不同学历、职业游客特征

　　职业与社会阶层等方面的因素直接影响着出游方式的选择以及消费水平的高低。从被调查者的职业统计来看，游客类型多种多样，其中事业单位人员占压倒性比重，为 51.0%。以公共事业单位为例：截至 2010 年 1 月 1 日，俄罗斯从事公共事业人员共计 1450 万，尽管相较于中国从事公共事业人数的 4000 万是很少的数量，但考虑到两国的总人口数则不难看出，俄罗斯从事公共事业人数的比例很高。中国公共事业单位人员的年龄较为年轻，平均年龄

① 程亦军. 从最新普查看俄罗斯人口发展状况 [J]. 西伯利亚研究，2013，40（3）：70-78.

为 30 ~ 40 岁，而在俄罗斯公共事业单位人员的年龄则普遍较高，他们的平均年龄为 40 ~ 50 岁；中国公共事业单位人员男女比例不存在重大差距，但是俄罗斯却存在男女比例严重失调的问题，男女比例为 3∶7。[①] 以上数据能够进一步解释俄罗斯游客中女性游客数量明显多于男性以及 41 ~ 50 岁游客占比例很高的原因。企业单位人员占 14.3%、公务员占 11.6%、学生占 8.8%。一般来说，企业单位人员和公务员工作和收入稳定且时间充裕，有出差等公务旅游的机会，有着良好的出游条件和较为强烈的出游意愿。学生多利用寒暑假旅游，越来越多的俄罗斯学生喜欢到中国度假增长知识，很多学生都是在老师和家长的带领下到中国的博物馆等参观游览。农民和离休人员所占比例很低，一方面因为闲暇时间较少，另一方面则是收入较低或不稳定，客观条件的限制以及出游愿望并不强烈导致他们的出游率很低。

　　一个人的文化水平通常与所受教育的程度有关。受教育程度在很大程度上决定着一个人的知识水平和了解外界信息的能力，并因此会对一个人的需要产生影响。主要表现在，一方面知识水平的提高有助于获得有关外界事物的信息，从而诱发对外界事物的兴趣和好奇心，另一方面知识的增多有助于克服对外部世界的心理恐惧感。[②] 此次调查显示，俄罗斯旅游者中高中学历者占 42.4%，大专学历者和本科及以上学历者共占 51.7%，由此可以看出，一方面与俄罗斯本身就是世界上受教育程度最高的国家之一有关，另一方面也因为旅游的本质是人们为追求精神愉悦和享受的一种较高层次的追求。

表 6 - 9　俄罗斯游客文化层次及职业构成

类型	百分比（%）							
文化程度（%）	初中及以下		高中		大专		本科及以上	
	5.9		42.4		31.4		20.3	
从事职业（%）	公务员	事业单位	企业单位	农民	离休	军人	学生	其他
	11.6	51.0	14.3	3.4	4.1	0	8.8	6.8

3. 不同收入游客特征

较高的收入水平是实现个人旅游需求的客观条件之一，它决定着个人

---

① 米拉. 公共事业单位员工激励问题研究——基于俄罗斯和中国的比较分析 [D]. 天津大学，2011.

② 李天元. 旅游学 [M]. 高等教育出版社，2011.

或其家庭能否实现外出旅游、出游时的消费水平和消费结构。调查显示，个人月收入在 1 万卢布（100 卢布 = 约 19 元人民币）以下的游客占 14.1%、1 万~1.5 万卢布者占 40%、1.5 万~2 万卢布（不含 1.5 万）者占 12.6%、2 万~3 万卢布（不含 2 万）者占 15.5%、3 万卢布以上者占 17.8%。由此可见，俄罗斯游客的收入水平主要集中在 1 万~1.5 万卢布，为中等消费者类型。其他收入水平的游客数量分布相差不大，1.5 万卢布以上者则共占 45.9%（其中 3 万卢布以上者人数最多），处于较高收入水平。近年来，随着经济形势的好转，俄罗斯居民可支配收入不断增长。2011 年 11 月，俄罗斯居民的实际收入与 2010 年同期相比增加 0.2%，11 月的居民平均收入达到 24310 卢布（约合人民币 4800 元）。[①] 这个数字比中国北京、上海、深圳等一线城市都要高。

4. 不同客源地游客特征

在此次调查旅游者客源地中，来自滨海边疆区的俄罗斯游客共计 82 人，在总量中所占比重较大，为 58.2%。中国在全俄出境旅游吸引力排榜上仅次于土耳其和埃及，位居第三位。俄罗斯远东地区是中国的主要客源地区。其中，俄罗斯滨海边疆区与地处东北地区腹地吉林省相毗邻，也是俄、中、日、朝、韩五国相邻地区，这一特殊地理位置使其拥有其他地区无可比拟的优势，到邻国出游比在国内旅游的成本还低，这为滨海边疆区居民到邻国出游带来了极大的便利。另一方面该区人口数量是 9 个行政区当中最多的，这也是其出游人数最多的不可忽略的条件之一。游客数量居第二位的是哈巴罗夫斯克边疆区，中国已成为哈巴罗夫斯克边疆区主要旅游目的地。近年来，随着中国方向的旅游业务在该区的游客市场中一直占据领先的地位。阿穆尔州居于第三位，它与中国积极地发展免签边境旅游，最近两年平均每个阿州居民都至少访问了中国一次，但是人口总数相对于滨海边疆区和哈巴罗夫斯克边疆区少很多。阿穆尔州、犹太自治州等地区来访人数很低的最大原因是与延边的距离太远，这些地区主要利用黑龙江省的黑河、漠河、抚远等口岸出入中国。

表 6 – 10　俄罗斯游客客源地分布

地区	滨海边疆区	哈巴罗夫斯克边疆区	阿穆尔州	犹太自治州	其他
(%)	58.2	29.8	2.1	0.7	9.2

① 中国经济网：http://intl.ce.cn/specials/zxgjzh/201112/23/t20111223_22945101.shtml.

6.2.2 游客行为特征分析

1. 旅游动机分析

根据调查问卷显示，俄罗斯游客来中国边境旅游的动机中（该题为多选题），选择休闲度假者最多，比例高达41.6%。俄罗斯人本身有着乐于休闲、度假的习惯，中国以其优良的城市环境、精细的旅游服务吸引了大量的俄罗斯游客。他们每年都喜欢带领亲朋好友到中国旅游休闲和购物，与俄罗斯最近距离的城市牡丹江、绥芬河、黑河、珲春等，已成为俄罗斯游客休闲度假的首选城市。第二是观光旅游。中国以其悠久的历史、秀丽的风光等强烈吸引着俄罗斯游客，越来越多的俄罗斯人向往着古老东方文明的魅力和阳光海滩的温暖。第三是健康疗养。将中国完备的医疗条件和度假结合的"疗养度假游"日渐受到俄罗斯人的青睐。近年来，随着中国医疗水平提高和医疗技术、设备的进步，医疗度假旅游费用相对于俄罗斯国内则较低、接待条件则更好，越来越多的俄罗斯患者和亲友选择到中国来治病、度假。第四是商务会议。随着中俄两国政治、经济和文化交往的进一步增多，更多的俄罗斯人有机会来华参加商务洽谈及各类会议。

表 6-11 俄罗斯游客旅游动机分析（多选）

动机类型	百分比（%）	动机类型	百分比（%）
休闲度假	41.6	探亲访友	7.4
观光旅游	31.5	文化科技交流	1.3
健康疗养	30.2	宗教朝拜	0
商务会议	18.8	其他	4.0

2. 旅游信息渠道分析

在信息渠道调查中，通过旅行社宣传手册了解延边旅游的游客比重最大，占33.6%。旅游宣传手册是旅游企业自我形象的包装和形象的树立，是刺激旅游消费者购买自己旅游产品的重要手段之一。在可接受的成本范围内对宣传手册内容和外观的设计要精益求精，在介绍产品详细可信的基础上使企业机构具有鲜明的可识别性并在整个形象上更完整且统一。其次是亲朋好友推荐，所占比例为30.9%。哈佛大学的报告指出，一个满意的顾客会带来8笔潜在生意，其中至少一笔成交；一个不满意的顾客会影响25个人的购买愿望。借助老顾客在人际网络的口碑宣传来提高旅行社的知名度和美誉度，促进旅行社潜在顾客市场的开拓是旅游企业获得长足发展的必要条件之一。而良好的旅游服务质量则是其重要保证。第三是户外广告，所占比例为 16.8%。无处不在的传统户外媒体以及颇具创意的广告车都证明着俄罗斯户外广告市场正处在一个快速发展的阶段，逐步走向成熟，它们大都制作精良、风格独特。电视和书报也发挥着重要的作用，通过优质的广告给潜在游客留下深刻美好的印象。最后是网络媒介。网络成为传播过程中最为重要的宣传媒介，起着不可忽视的作用，但在此调查中网络媒介未能充分发挥其作用。总之，我们对俄罗斯的宣传工作比较薄弱，十分缺乏宣传中国旅游的俄文宣传册、杂志及宣传片等。

表 6 - 12　俄罗斯游客信息渠道分析（多选）

了解渠道	百分比（%）
旅行社宣传手册	33.6
亲朋好友推荐	30.9
户外广告	16.8
电视/广播/报纸/杂志/书籍	9.4
网络媒介	4.7
其他	4.0

3. 旅游总消费与旅游商品购买分析

在"您在延边旅游的总花费"一栏中，花费在 1 万卢布及以下者占35.2%（其中 5000 卢布及以下者 17.6%，以上者 17.6%）、10001～20000卢布者占 27.4%、20001～30000 卢布者占 11%、30000 卢布以上者占26.4%。由此可以看出，花费在 1 万卢布以上的游客占了绝大多数，并且 3万卢布以上的比重很大。总的来说，俄罗斯游客到延边边境旅游的花费处于较高水平，这与俄罗斯较高的人均可支配收入是离不开的。

在购买旅游商品花费一栏中，花费在 1 万卢布及以下者占 44.1%（其中 5000 卢布及以下者 17.6%，以上者 26.5%）、10001～20000 卢布者占28%、20001～30000 卢布者占 16.1%、3 万卢布以上者占 11.8%。俄罗斯游客在中国购买旅游商品的花费较高。在购买旅游商品选择一栏中（该题为多选题），俄罗斯旅游者购买数量所占比例：生活用品 47.0%、朝鲜族礼品 28.2%、熊胆粉 4.7%、人参 4.0%、鹿茸 1.3%、山野菜（木耳等）1.3%、其他 24.2%。一方面俄罗斯居民收入水平较高，俄罗斯游客具备足够的支付能力；另一方面俄罗斯地广人稀，资源丰富，重工业、军事工业比较发达，而农业、轻工业不发达，缺乏适合普通消费者的服装、家用电器、食品等，中国商品以其质优价廉的优势备受俄罗斯人青睐，甚至很多俄罗斯人专程组团来中国购买生活用品。朝鲜族礼品能够体现延边朝鲜族自治州的少数民族特色，自然成为俄罗斯游客购买旅游纪念品的首要选择。

4. 游客在延边的逗留时间分析

从俄罗斯游客在延边的逗留时间分析来看，逗留时间为 2 天的游客占 9.5%；3 ~ 4 天占 48.8%；5 ~ 6 天占 31.5%；7 天以上占 10.2%。物美价廉、行程短的中国东北地区则是俄罗斯远东游客的首选地区，在旅途上所节省的时间和费用即可转移到旅游活动上。俄罗斯游客在中国旅游多进行度假休闲和购物活动，以及中医保健等健康疗养客观上需要较长的时间，加之俄罗斯人生活节奏慢、注重休闲和享受，使得他们倾向在中国逗留的时间长一点。旅行社在了解客源市场需求的基础上，制定旅游线路和安排行程时将以上因素予以考虑，一日游显然不符合俄罗斯旅游者各个方面的需求，因此针对俄罗斯游客的旅游线路安排多为 3 天以上。

5. 旅游景点吸引力分析

旅游吸引力是刺激潜在旅游者产生旅游动机的重要因素。在"您认为延边旅游中最有吸引力的景点"一栏中，选择长白山的游客所占比重最大，为 28.2%。长白山风光秀丽、景色迷人，是世界自然保留地之一、国家首批"AAAAA"级景区。尤其对于喜爱健康疗养的俄罗斯人来说，长白山是一个绝佳的选择。长白山温泉含有大量硫化氢和多种微量元素，具有较高的医疗价值，对肠胃病、皮肤病、高血压、心脏病等疗效尤其显著，是沐浴和疗养的理想场所。图们江公园位于中朝边境图们江边，与朝鲜南阳市隔江相望。江堤设有照相馆、餐厅等旅游网点，公园内有汽艇、竹排、皮划艇等旅游设施供游客游玩。防川风景区位于中朝俄三国交界的地带，自古就有"鸡鸣闻三国，犬吠惊三疆"之称，在此中朝俄三国景致尽收眼底，俄罗斯的边城包得哥尔那亚和朝鲜的豆满江市清晰可见。朝鲜族人民具有悠久而优美的民族文化艺术传统，尤其是能歌善舞，歌舞独具风格，热闹隆重，对于游客有着较为强烈的吸引力。

表 6 - 13　延边旅游景点对俄罗斯游客吸引力分析（多选）

景点	百分比（%）
长白山	28.2
图们江公园	14.1

景点	百分比（%）
防川风景区	14.1
朝鲜族民俗歌舞	11.4
其他	31.5

6.2.3　旅游效果分析

1. 重游率统计与推荐亲友旅游分析

旅游重游率可反映一个地区人们外出旅游的频率以及旅游需求的规模和能力。在其他条件不变的情况下，重游率越高，说明对旅游的需求和总量越大。旅游重游率高说明游客对旅游目的地的旅游产品、服务水平等方面持较高的满意水平。因此，重游率是衡量旅游者对目的地满意度的重要指标，也是旅游目的地营销策略的依据之一。在重游率调查项目"您是第几次来中国延边"一栏中，第一次来访的游客占59.8%、两次及以上者为40.2%，即重游率为40.2%，远远高于我国重游率（全国的纯游览观光型旅游产品重游率为14%），这对于一般的旅游目的地来说是一个难得的高比例。

在重游意愿调查项目"在合适的时间还打算再来延边旅游吗"一栏中，选择"是"的游客占84.8%，选择"否"的游客占15.2%。这说明潜在重游延边的俄罗斯游客市场很大。尽管纯游览观光型旅游产品重游率低，但俄罗斯游客到延边来旅游的目的以休闲度假、健康疗养居多，并热衷于来中国购物，因此潜在重游率很高。这也体现了俄罗斯旅游者对延边旅游持较高的满意度。

在调查项目"您对亲朋好友推荐延边旅游吗？"一栏中，选择"是"的游客占85.6%，选择"否"的游客占14.4%。延边边境旅游应当通过各方面的努力继续提升游客满意度，如根据客源市场需求继续开发新型旅游产品等。利用俄罗斯游客对延边的良好口碑拓展潜在旅游市场。

表 6 – 14　俄罗斯游客重游率分析

次数	第一次	第二次	第三次	三次以上
%	59.8	13.9	5.8	20.5

2. 旅游影响因素分析

影响实现个人旅游需求的条件包括客观因素和主观因素两个方面。此次调查问卷中我们仅从客观条件考虑，设置价格、距离、时间、交通和天气气候五个影响因素来调查对旅游者来延边旅游的影响程度。该题共有非常小、小、一般、大、非常大五个选项，代表分值为 1 ~ 5 分，分值越高表明影响程度越大。调查数据显示，五个因素的影响程度从大到小分别是天气和气候、时间、交通、距离、价格。

天气和气候对俄罗斯游客到延边旅游的影响程度最大。俄罗斯大部分地区所处纬度较高，属于温带和亚寒带大陆性气候，冬天漫长、干燥而寒冷，俄罗斯游客特别喜欢晒太阳，但是他们本国日照时间短，而中国气候相对温和且日照时间相对较长，这对偏好休闲度假的俄罗斯人来说无疑是一个重要的影响因素。现在，天气和气候与旅游的关系不仅仅是简单的天气情况会不会影响出行这么简单，它对旅游质量以及出游心情的影响更普遍。影响程度居于第二位的是时间。为俄罗斯游客安排的延边旅游线路多为三日游，这就要求旅游者必须有三天以上的闲暇时间才能参加此项旅游活动。还有交通，便捷的交通条件可以大大缩短旅游的时空距离，降低旅游者做出目的地与旅游项目选择等相关旅游决策的限制程度。但是中俄边境交通条件差、通关手续烦琐等是制约中俄边境旅游发展的重要因素。距离对于俄罗斯游客的影响程度一般。所有因素当中影响程度最小的是价格。延边边境丰富的旅游资源对于俄罗斯游客具有较强吸引力，而且俄罗斯居民收入水平普遍较高。更为重要的是，同韩国、日本等国家相比，来华旅游价格相对来说较便宜。

表 6 – 15　俄罗斯游客对延边旅游影响因素分析

因素	影响程度（均值）
天气和气候	3.44
时间	3.11
交通	3.08
距离	3.04
价格	2.92

3. 游客对延边旅游的整体评价分析

在"您所看到的延边与您心中的延边相比"一栏中，设置了很差、差、一般、好、很好 5 个选项，各分值为 1、2、3、4、5。该题的均值为 3.52，说明俄罗斯游客对延边旅游的整体印象很好，满意度较高。对外国人而言，中国是一个相当安全的国家，人们可以不担心自己和家人的安全，轻松实现自己的出游愿望并获得满足。延边以优美的自然环境、良好的气候条件、独具特色的朝鲜族民俗、舒适惬意的温泉、繁多的生活用品强烈吸引着俄罗斯游客，再加上俄罗斯游客本身有着较为坚实的物质基础，他们有能力购买质量较高的体验。在今后的旅游规划中要继续保证游客满意度的提升，使旅游目的地拥有稳定的客源和大量潜在的客源市场以获得长期发展。重视从游客的需求出发，开发新的旅游产品，尽量充分满足他们对于每一个细节提出的要求或希望。

4. 游客对延边旅游的各因素评价分析（表6－16）

在调查对延边旅游的各因素评价中，选项分为非常不满意、不满意、一般、满意、非常满意5个选项，各分值为1、2、3、4、5。各项目平均得分均在3.0以上，可以看出游客整体满意度较高。

俄罗斯游客对延边整体旅游形象满意度最高，为3.61。旅游形象又叫旅游地形象，是一个人对于一个目的地感知印象的总和，也可以说是旅游地的各种要素资源通过各种传播形式作用于旅游者，并在旅游者心中形成整体印象。人们把形象建立在他们对实际旅游经历的反映上，并随着信息的变化而变化。由此可以看出延边整体旅游形象对于俄罗斯游客来说，个性鲜明、亲切感人，对潜在的游客群体形成了强烈的吸引效应。

其次是民风民俗。朝鲜族有自己的语言和文字，饮食具有独特风格，讲究礼仪、能歌善舞，独特的少数民族风俗满足了俄罗斯游客对民俗文化的需求。此外，越来越多的俄罗斯人喜欢到中国过年，购买年货、吃饺子，感受中国传统节日文化的魅力，加深对中国文化的理解。

再次为服务人员态度。旅游业服务态度至关重要，整体来说，延边地区旅游从业人员能够保证游客在行程中得到周到的服务，无论是旅行社的接待、住宿、饮食还是其他娱乐项目都能得到很好的照料。

至于延边旅游资源的优越性已在前面章节有所交代，这里不再赘述。

第5位是住宿条件。俄罗斯人对住宿有较高的要求，旅行社一般都会安排较高档次的酒店或宾馆，至少是三星级标准的。延边酒店业发展较快，档次和规模能够达到俄罗斯游客的要求，使他们获得满意的住宿条件。

第6位是导游服务。为俄罗斯服务的延边地接社导游俄语水平较高，他们服务态度好，景点介绍比较认真详细，且旅行社行程安排比较舒适，使得俄罗斯游客对导游服务持较高评价。

在众多项目中，俄罗斯游客满意度较低的三项依次是通关手续、卫生状况和饮食情况。俄罗斯边检机关通关效率低下，出境手续和入境手续都特别烦琐，几乎每个人的行李都会被仔细检查。关于卫生状况，俄罗斯是一个极讲卫生的民族，俄罗斯房屋十分整洁，尽管有些木板房或砖混结构的房屋外部显得陈旧，但内部却十分整洁。延边地区旅游景区及其他接待游客的场所清扫工作不细致，垃圾较多，不能达到俄罗斯游客的要求。餐饮方面，延边地区西餐馆极少，虽然俄罗斯游客可以在短时间内接受中餐，但是传统饮食习惯使得他们更倾向于俄式餐饮。

表 6 - 16 俄罗斯游客对延边旅游项目评价分析

项目	极小值	极大值	均值
1. 整体旅游形象	1	5	3.61
2. 民风民俗	1	5	3.49
3. 服务人员态度	1	5	3.41
4. 旅游资源	1	5	3.37
5. 住宿条件	1	5	3.35
6. 导游服务	1	5	3.33
7. 交通状况	1	5	3.25
8. 饮食情况	1	5	3.20
9. 卫生状况	1	5	3.17
10. 通关手续	1	5	3.11

6.2.4 俄罗斯边境旅游市场开发对策及建议

1. 加强政府合作，优化市场环境

首先，充分发挥政府主导作用，建立和加强旅游合作。旅游跨国合作中坚持政府主导原则，加强两国各级政府间的相互沟通与对话，在重要问题的协商和解决上坚持政府主导原则。建立交流平台，涵盖信息交流、人才培养、市场营销等各个方面，保证区域内旅游活动顺利进行。入境手续方面，争取适度放宽现行免签制度、延长签证有效期等，还要与俄方边检机关协商简化出境手续，协调双方边检人员工作时间，提高程序办理效率，节约旅游者时间。可建立两国政府支持的、双方人员共同参加的旅游组织，协调区域内旅游企事业单位间信息沟通、项目合作等各项问题；或联合地方旅游局和企业对新问题定期或者不定期举行研讨会，讨论当前存在的问题，听取各方对策建议，进而拿出具体的解决方案。其次，规范旅游市场，消除不正当竞争。通过对话了解边境旅游当中存在的问题，强化对景区、酒店、旅行社、领队、导游的管理，规范行业行为，促进旅游市场健康有序发展。协同两国旅游企业共同树立守法经营意识，培养管理者和一线服务人员的职业道德。还应加强监管与整顿，严肃处理旅行社不正当竞争、导游增加自费项目等行为。

2. 注重旅游需求新趋势，开发多样旅游产品

俄罗斯国民素质较高，对旅游产品的要求已不仅仅是购物旅游，而是朝着多样化的方向发展。因此，打造一批在国内外具有较高名气的旅游产品品牌是当今发展的重点。第一，中医保健游。中医门诊、中式按摩针灸等特色康体旅游路线越来越受到俄罗斯游客尤其是中老年人的热捧，把中医理疗纳入旅游行程可以吸引很多俄罗斯游客。还可以针对不同群体的需求开发修学旅游、文化旅游等多种形式的旅游产品。第二，民俗旅游产品。中国的民俗传统越来越受到俄罗斯人的喜爱，很多俄罗斯人喜欢到中国过新年。旅行社在安排新年活动时要考虑趣味性因素，如将中国传统的放鞭炮、贴春联、包饺子等活动同俄罗斯传统节日相结合。还可将康疗、滑雪等项目加入新年旅游路线。第三，会展旅游产品。中俄关系友好发展，两国经济、文化交流不断加强，作为图们江区域"大三角"两个支点的俄罗斯符拉迪沃斯托克和中国延吉有着越来越强的物质基础和意愿举办大型国际会展活动。延吉市作为延边州首府，受国家政策的扶持和本区活跃的经济支撑，有潜力成为图们江区域著名的会展城市。第四，农村旅游产品。利用延边地区丰富的农业资源建立农业体验园、生态园等，让游客参与农产品的耕种、除草和采摘等活动，并在游客劳动过程中讲解中国农业发展历程和当今中餐特点等。还可利用园内的农产品制作中国菜肴，增强田园体验的趣味性。

3. 拓展旅游市场，提升发展潜力

在地域上，俄罗斯欧洲部分市场是今后发展俄罗斯游客赴延边旅游的重点，是进一步拓展旅游市场的关键。俄罗斯欧洲地区的居民文化素质、经济收入都较高，对旅游产品品质有更高的要求。首先，做好市场调研，明确俄罗斯欧洲部分居民的实际需求。依靠当地旅行社的协助收集信息，加强对该区深入、综合的分析研究。其次，强化中国旅游目的地形象。有针对性地营销推广，在莫斯科、圣彼得堡等重要城市加强与当地旅行社的信息沟通，通过多种途径宣传延边地区旅游精品线路。最后，延长旅游线路至东北地区。可以针对俄罗斯游客喜爱购物、休闲等特点，旅游线路设计时，连接长春、哈尔滨、沈阳等大城市，延长旅游线路。

在游客年龄构成上，注意俄罗斯青年旅游市场的开发。针对俄罗斯青

年人的需求和消费特点，设计出价格合理、有独特吸引力的旅游产品。首先，要增强旅游产品的娱乐性、知识性和参与性。产品内容上要年轻化、有活力，如滑雪、探险等都是年轻人喜爱的活动。其次，要保证旅游产品价格的稳定。尽管俄罗斯居民收入较高，但是他们现在也更多地寻求物美价廉的产品。2012年第5版《中国旅游报告》指出，俄罗斯游客更多地选择较便宜的产品和服务。很多游客不再通过旅行社，而是在网上订票、订酒店。青年人由于没有经济收入或事业不稳定，更容易受经济因素的制约。

4. 加大宣传力度，塑造地方品牌

首先，充分利用远东地区的旅游展。申请将图们江地区独具魅力的旅游产品加入地区展览，也可以与当地政府、企业协商，专门举办以图们江地区特色旅游产品为主题的旅游展。参展产品要符合俄罗斯地区居民的心理需求和价格承受能力。其次，举办地方政府级别的中俄旅游节、推介会等系列活动。活动期间举办各式各样的表演，展现中国传统音乐、美术、舞蹈、书法等独特的文化艺术形式。注意增强宣传的参与性，可邀请当地学习中国文化的学生以及感兴趣的居民一同参加，拉近俄罗斯人与中国文化的距离。再次，拍摄旅游宣传片、印制俄文旅游宣传资料。宣传片可以邀请俄罗斯记者到中国拍摄，也可中方拍摄、委托俄罗斯电视台播出，或上传到俄罗斯各级旅游局官方网站上供观看；派发印刷精美的俄文旅游宣传册，以及在报纸、杂志、期刊上刊登中国旅游景点的介绍。最后，设计具有延边特色的旅游纪念品。设计多样化、吸引力强的纪念品供游客购买，在潜在旅游市场中起到宣传、刺激的作用。总之，通过多种渠道强化宣传效果，提升宣传水准。要坚持积极的宣传促销策略，针对变化的、多样化的旅游市场不断改善宣传手段、提升宣传技能。做好宣传促销活动的组织工作，与俄方积极交流获取新信息，扩大宣传覆盖面。

5. 完善配套服务设施，提升旅游舒适度

餐饮方面，在目的地兴建一定数量的高品质西餐厅。餐厅为俄罗斯人提供俄式大餐，让游客在异地也可品尝到原汁原味的家乡菜肴；当然也可提供制作精美的中餐，丰富游客餐饮内容、提高餐饮品质。此外，针对俄罗斯人爱喝酒的特点，还可以开设俄罗斯风格的酒馆，内有俄罗斯风情和朝鲜族特色歌舞表演，丰富俄罗斯游客的晚间娱乐活动。酒店、餐厅、酒馆设计装潢成俄罗斯风格，服务人员也可聘请少数俄罗斯人或是会俄语的中国人，以减少俄罗斯游客在延边地区的陌生感。交通方面，根据俄罗斯客源市场发展要求，开设符拉迪沃斯托克—延吉的航班；增开俄罗斯主要客源城市符拉迪沃斯托克、哈巴罗夫斯克到中国延吉、珲春的专项旅游列车。节约交通时间、提高旅游舒适度不仅可以提升游客满意度,还可以延长游客旅游活动时间,为旅游目的地增加经济效益。卫生方面,联合地方旅游局、旅游企业协会、旅游组织、实施景区、酒店、餐厅等级评定,促进管理规范化、国际化发展,将卫生作为重要评价指标。接待单位卫生状况不达标可做降级处理,责令改正;逾期不改者,停业修整处理。此外规范全区主要景点、酒店、西餐厅标识,要求设多语标识——中文、俄文、韩文、英文,方便游客在目的地区域内自由活动。

6.3 访华韩国游客客源市场结构与游客行为分析

2010 年 7 ~ 8 月,在龙井大成中学博物馆等地对韩国游客进行问卷调查。共计发放 200 份调查问卷,收回 195 份,去除无效问卷,剩余 190 份,有效率为 95% 。通过对有效调查问卷的统计研究来分析延边韩国游客的构成特征和行为模式。

6.3.1 人口学特征

1. 不同性别、年龄游客特征

调查问卷显示,男性旅游者占 75.3% ,女性旅游者占 24.7% 。男性游客数量明显多于女性游客。韩国社会仍然维持着典型的“男主外、女主内”的传统家庭结构,相当一部分韩国女性作为专业家庭主妇而不参与社会工作。韩通社 2006 年 5 月 8 日援引韩国财政经济部报道称[1],尽管越来越多的韩国女性进入职场,但韩国女性参与经济活动的活跃程度仍低于经济合作与发展组织(OECD)国家的平均水平,2004 年,15 岁至 64 岁的韩国女性参加工作的比例为 53.9% ,而经合组织国家的这一比例平均为 60.1% 。而就参加工作的女性而言,她们的工资水平也远低于男性。据韩联社 2012 年 11 月 30 日报道[2],经合组织 30 日发布的一份资料显示,2010 年韩国女性工资比男性少 39% ,且男女工资差距之大位居 28 个成员国中的第一位,与排在第二位的日本差距达 10 个百分点。但是,随着越来越多的韩国女性上大学、参加工作以及社会地位不断改善,相信这一情况在今后会有所转变。

在此次调查中,从年龄构成结构上来看,以 41 ~ 50 岁和 51 ~ 60 岁年龄段的游客为主体,所占比例分别为 33.7% 、31.6% 。41 ~ 50 岁的中年消费

---

① 全景网:http://www.p5w.net/news/gjcj/200605/t310385.htm.

② 网易新闻:http://news.163.com/12/1130/14/8HIKL8N000014JB6.html.

群体不但拥有一定的经济实力，也有时间享受旅游休闲生活，因此他们对旅游产品的购买力也就自然而然上升了。51～60岁的韩国人到延边旅游的人数较多。他们的生活较为稳定，子女负担较轻并能够从子女那里获得生活费用，且身体状况还较好。31～40岁的游客约占1/5，一般而言，他们的工作和收入都开始趋向稳定，具备旅游的物质条件。21～30岁的年轻游客较少。这一阶段的很多年轻人都还没有工作或是工作不稳定，而失业及信用卡等问题削弱了年轻一代的消费能力，导致他们的经济能力较弱。另外，对于21～40岁的韩国中青年来说，同中国传统文化相比，他们受欧美文化的影响更深，所以更愿意到欧美国家去旅游。数量最少的是60岁以上的老年人群体和20岁以下的人群。韩国的老龄化速度在全世界最快，但国家财政却跟不上这一步伐，导致韩国老人生活水平较低。20岁以下人群市场虽然所占比例较小，但具有很大的发展潜力，以韩国青少年为目标市场设计和开发与学习相关的旅游产品将会大大拓展市场份额。

表6-17　延边韩国游客性别年龄分布

类型						
性别	男（75.3%）			女（24.7%）		
年龄结构（%）	20岁以下	21～30岁	31～40岁	41～50岁	51～60岁	60岁以上
	1.6	6.4	22.5	33.7	31.6	4.2

2. 不同学历、职业游客特征

从被调查者的职业统计来看，公司职员所占比重最高，为43.3%，这与韩国企业的迅速增长是密不可分的。据韩国统计厅2012年12月26日发布的《2011年基准全国企业调查暂定结果》① 显示，至2011年年末，韩国企业数量计346.9万个，比2010年末增加3.4%，增长率创12年以来的新高；从业人数计18211194人，比2010年末增长3.2%。韩国公司职员工作和收入稳定且有法定假期，客观上具备旅游的条件。其次是公务员。韩国公务员占全国人数的比例较中国高出很多。有资料表明，在2012年各国每千人中公务员数量的统计中，韩国为20.8人，中国仅为5人。与一般同级别白领相比，公务员收入颇丰且稳定，并享受很多福利。第三位是家庭主妇。首先，尽管越来越多的韩国女性走上了工作岗位，但是家庭主妇在韩国仍然是一个庞大的群体。2010年韩国家庭主妇人数为511万人，较5年

① 中商情报网：http://www.askci.com/news/201209/28/174214_54.shtml.

前增加了 9.6%。二是随着观念的不断变化，越来越多的韩国家庭主妇在相夫教子、勤俭持家的生活方式之外开始重视追求自我。个体户游客数量也很多，韩国的个体户比例位居世界第一，他们的平均收入远超打工族。此外，男性个体户收入普遍高于女性。

受教育程度对于旅游动机、旅游计划花费、旅游项目及购物选择等都有着不可忽视的影响。一般来说，受教育程度越高的人对于新鲜事物的好奇心和求知欲也越强，也就越有可能参加旅游活动。此次对于文化程度的调查中，韩国游客大学学历者占 60.6%，成为本次调查的主体。韩国十分重视教育，位居全球受教育程度最高十个国家中的第六名，接受高等教育的比例达 40%。① 高中和研究生学历也占了较大比重。因此可以说，韩国旅游者整体素质较高。随着中韩两国在政治、经济、文化方面交流的加强，相信会有越来越多的韩国人想要到中国来感受中国文化。

表 6-18　韩国游客文化层次及职业构成

类型	百分比（%）			
文化程度	初中及以下	高中	大学	研究生
	3.7	24.5	60.6	11.2
职业	公务员	个体	公司职员	专业技术人员
	13.4	11.2	43.3	8.0
	教师	学生	家庭主妇	退休	其他
	0.5	4.3	12.8	1.6	4.8

3. 不同收入游客特征

调查显示，平均月收入在 200 万韩元以下的游客占 11.6%、201～300 万韩元的占 30.9%、301～400 万韩元的占 15.5%、401～500 万韩元的占 18.8%、501 万韩元以上的占 23.2%。可见，绝大多数韩国游客平均月收入都在 200 万韩元以上，收入水平较高。韩国较高水平的人均收入离不开韩国经济发展水平，特别是从 20 世纪 60 年代起，韩国一直保持着高速增长的经济发展趋势。20 世纪 70 年代开始实行"新农村运动"和 80 年代末期出台《最低工资法》，韩国居民收入增长明显加快。尽管 2008 年 9 月爆发的美国金融危机使韩国经济受到重创，但韩国经济恢复十分迅速，在 2011 年人均收入达到了 22489 美元，同比增加 4.3%。总之，韩国经济的蓬勃发展刺激

---

① 观察者网：http://www.guancha.cn/Education/2012_10_06_101769.shtml。

了国民出游的需求，使韩国出游人数不断增长。

4. 不同客源地游客特征

韩国人热衷到中国旅游，在所有的影响因素中两国地理位置起着很大的作用和影响。不需要太多的时间和交通费用便可到达另一个国家进行观光游览，这对于韩国人来说无疑是具有非常大的吸引力。人们休闲的时间是有限的，中韩两国空间距离短，花费的时间少，因而对韩国游客做出旅游决策的限制也就很小。

此次对于客源地的调查不难发现，经济和人口数量是与赴延边旅游的韩国游客数量相关的两个重要因素。来自首尔的游客数量最多，占总游客数的29%。首尔市人口1044万（2012年），[1] 也是世界上迄今为止规模最大人口最多的发达国家城市。首尔经济水平较高，是世界第十大金融中心，世界影响力在亚洲仅次于东京和香港，它的消费在韩国是最高的。其次是京畿道，京畿道2008年年底人口为1085万，超过同时期的首尔人口（1042万），[2] 是韩国地方自治体中人口数量最多的；在经济上，京畿道在韩国具有举足轻重的地位。仁川是韩国的第三大城市，是东北亚的中心城市。仁川、首尔、京畿道均位于韩国北部，在地理位置上与中国的距离很短。釜山是韩国的第二大城市，贸易发达。韩国仁川国际机场直飞延吉的航班每周有3~4次，主要航空公司有大韩航空公司、亚细亚航空、中国国际航空、中国南方航空公司等，交通十分便利。忠清南道位于韩国西侧，人口203万（2010年），产业经济活跃；全罗北道相对于全罗南道来说，距离中国也较近。济州道位于韩国最南部，距离中国最远。光州、大田、蔚山是韩国所有广域市当中人口最少的三个市。此外，还有少数定居或常居中国的韩国游客到延边旅游。

表 6 – 19　延边韩国游客地区分布

地区、百分比（%）							
首尔	京畿道	仁川	忠清南道	全罗北道	釜山	庆尚北道	全罗南道
29.0	14.3	11.9	9.1	8.0	7.4	5.7	4.0
大邱	庆尚南道	忠清北道	大田	蔚山	江原道	济州道	光州	其他
2.8	2.8	1.1	1.1	1.1	0.6	0	0	1.1

---

① 中国新闻网：http://www.chinanews.com/gj/2013/01 – 23/4514080.shtml.

② 广东省人民政府外事办公室：http://www.gdfao.gd.gov.cn/Item.aspx？id = 7634.

6.3.2　游客行为特征分析

1. 旅游动机分析

对于韩国游客到延边边境旅游的动机调查中（该题为多选题），观光游客所占比例高达73.8%，公务出差游客占20.9%，宗教朝拜游客占3.6%，探亲访友的占1.7%。韩国人来延边旅游主要是游览延边地区秀丽的风光。延边旅游资源以自然资源为主，主要的旅游资源有长白山、珲春防川风景区、图们江、海兰江等。而随着延边经济的发展，以及中国朝鲜族与韩国语言相通的优势，韩国与延边的经济文化的合作与交流越来越广泛，自然为韩国与中国延边相互间的公务出行创造了很多机会。宗教朝拜也占一小部分。近几年来，韩国传教人数逐渐增长，其中以基督教为最多。延边地区的信教人数整体也呈平稳上升的趋势，基督教信教人数呈急剧增加之势。因此同延边地区宗教文化交流成为韩国游客赴延边旅游的另一个动力。

2. 旅游信息渠道分析

此次调查中，亲朋好友推荐是众多传媒渠道中传播最广泛的，所占比例为28.3%。由此可见，亲朋好友推荐在使潜在旅游者成为现实旅游者的过程中发挥着重要作用。相对于形形色色的广告，绝大多数人更愿意相信亲友的推荐。网络媒介是当今社会越来越广泛的推广工具。韩国更是世界上互联网最发达、普及率最高的国家之一，据统计韩国网民占总人口比例超过70%，在韩国网络媒介的作用不容小觑。因此要特别重视旅游网站的建设以吸引潜在游客，在巩固现有市场的基础上进一步扩大市场份额。旅行社宣传手册也是最普遍的宣传工具之一，因成本低以及宣传效果较为理想而广受旅游企业的青睐，如果加强对宣传手册的重视，相信会对旅游产品的宣传和促销起到更大的作用。

表6-20　韩国游客宣传渠道调查分析（多选）

了解渠道	百分比（%）
亲朋好友推荐	28.3
网络媒介	24.1
旅行社宣传手册	19.9
电视/广播/报纸/杂志/书籍	6.8
户外广告	0
其他	22.5

3. 旅游总消费与旅游商品购买分析

调查问卷显示，在"您在延边旅游的总花费"一栏中，花费在50万韩元（1万韩元＝56元人民币左右，当时汇率）及以下的韩国旅游者占15%、51万~100万韩元的占31.6%、101万~200万韩元的占43.4%、200万韩元以上的占10%。花费在50万韩元以上的游客数量占了绝大多数，并且花费在101万~200万韩元的游客比重最大。由此看来赴延边旅游的韩国游客整体消费水平是比较高的。这与韩国较高的经济发展水平和居民收入有很大的关系。

在购买旅游纪念品（商品）一栏中（该题为多选题），花费在10万韩元及以下的韩国旅游者占55.2%、11万~50万韩元的占37.8%、50万~100万韩元的占3.5%、100万韩元以上的占3.5%。花费在纪念品（商品）上低于10万韩元的游客占到全部游客数量的一半以上，其次集中在11万~50万韩元。说明韩国游客在购买旅游纪念品方面消费处于中下水平。购买比较多的旅游商品主要有农产品（芝麻、木耳等）、人参、玉制床垫、朝鲜药品等。

4. 游客在延边的逗留时间分析

韩国游客在延边逗留时间分析显示，逗留1天及以内的游客占3.2%、2~3天的占12.8%、4~5天的占51.9%、6~7天的占30.5%、7天以上的占1.6%。可见，逗留时间在4~5天的游客占到了全部游客数量的一半以上。针对韩国游客的旅游线路基本上都是以长白山为主的，时间安排则根据游客的需求不尽相同。4~5天时间的旅游线路是最受韩国游客喜爱的产品，一般来说基本上是第一天由地接社导游接团，进行延吉市城市游，游览金达莱广场、博物馆等景点，然后到达二道白河入住酒店；第二天游览长白山北坡风光；第三天游览长白山西坡或南坡其中一坡；第四天参观龙井大成中学、一松亭或朝鲜族民俗村；最后离开延吉，返回韩国。6~7天的行程安排则是在4~5天旅游活动安排的基础上，游览珲春的防川风景区。

5. 旅游景点吸引力分析

在"您认为延边旅游中最有吸引力的景点"一栏中，选择长白山的游客所占比例高达93.2%。长白山已被列为世界自然保留地，加入国际人与动物生物圈保护网；是国家级自然保护区、中华十大名山之一、国家AAAAA级旅游景区。对于韩国人来说，长白山的地位是极高的，是他们眼中的民族发祥圣地，很多韩国人来长白山并不单单是为了观光游览而主要是朝圣。居于第二位的是大成中学旧址，位于龙井市龙井一中院内，是在1921年10月8日由信仰儒教的朝鲜民族主义者姜勋等人创立，广泛宣传了马列主义，培养了大批革命者，在海内外拥有较高的声誉。第三是图们江公园，位于中朝边境图们江边，与朝鲜南阳市隔江相望，园内有汽艇、竹排、皮划艇等旅游设施，可供前来观光旅游者游玩。韩国人在此更多的是为了望一眼朝鲜山河，或与住在朝鲜的亲戚们约好，同时来到这里，隔江相见。中国朝鲜族民俗文化既有其泛民族的同质性，又有自身的特殊性；中国朝鲜族与韩国的饮食风俗发源于基本相同的本流，二者既有同质性也有各自的特殊性。对于这些文化的相似性和差异性以及中国朝鲜族生活方式的好奇心促使韩国人到延边来旅游。"一松亭"是位于龙井市西部的琵琶岩上的一棵树，因貌似一座亭子而得名。1928 年，中共龙井村支部建立以后，琵岩山成为革命者和抗日斗士的秘密活动场所，现已成为具有历史意义的旅游景点。

表 6 – 21　吸引韩国游客的旅游景点排序（多选）

景点	百分比（%）
长白山	93.2
大成中学	56.0
图们江公园	46.6
朝鲜族民俗/饮食等	44.5
一松亭	39.8
其他	6.8

6.3.3　旅游效果分析

1. 重游率统计与推荐亲友旅游分析

在重游率调查项目"您是第几次来延边"中，第一次来延边的韩国游客占 87.3%，两次及以上的占 13.7%，即重游率为 13.7%，低于全国的纯游览观光型旅游产品重游率 14%。

在意愿重游调查项目"在合适的时间还会来延边旅游吗?"中，选择"是"的游客占 81.5%，选择"否"的游客占 18.5%。说明潜在重游客源市场很大。由此可见，韩国游客对于延边旅游的满意度很高。旅游给游客提供的是一种体验，当这种体验能够满足游客的需求或超出游客的期望时，游客感到满意，增加了重游率。

在调查项目"您对亲朋好友推荐延边旅游吗?"中，选择"是"的游客占 96.2%，选择"否"的占 3.8%。说明韩国游客整体上对延边旅游的满意度非常高,他们普遍愿意将延边推荐给自己的亲友。可见延边旅游产品得到了韩国游客的普遍认可。游客满意才能为旅游目的地或旅游企业带来收益。要充分考虑韩国游客的需求并同他们建立良好的关系,这有利于延边旅游产品的销售、获得直接的利益,并为更多地销售延边旅游产品营造良好的环境。韩国游客满意度上升使得他们愿意再次到延边旅游,其良好的口碑效应促使亲友一同来延边旅游。

表 6 – 22　韩国游客重游率分析

次数	第一次	第二次	第三次	三次以上
(%)	87.3	5	2.2	5.5

2. 旅游影响因素分析

我们设置了五个韩国游客来延边旅游的客观影响因素,分别为价格、距离、时间、交通和天气,分值为 1~5 分,分值越大表明影响程度越大。

数据分析显示,五项因素的均值都大于 3,可见各因素都有较大的影响作用。距离对于韩国游客的影响程度最高。韩国国土面积狭小,从北端到最南端坐车仅需 5~6 个小时。尽管地理位置上吉林省与韩国的直线距离很近,但韩国直飞延吉的航班基本环绕大连、沈阳,再到延吉,所需时间为 3 个小时左右,且延吉至长白山坐旅游大巴需要 4 个小时,来回 8 个小时左右,为了看一个景点花费的时间非常多。居于第二位的影响因素是交通。韩国与中国距离很近,但并不接壤,这就导致韩国游客到中国可选择的交通工具是十分有限的,一般来说都是飞机。天气和气候首先会影响游客的出游心情,更重要的是对旅游活动有很大的影响。以长白山为例,长白山天气变化多端,一年仅有 1/3 的时间能有机会见到天池,天气对于能否见到长白山天池有决定性作用。此外,韩国人喜欢爬山和徒步运动,很多韩国游客会选择在参观完长白山北坡之后到西坡或南坡爬山,而天气对于户外活动的影响自然是很大的。韩国人到中国旅游线路绝大多数都是 3 天以上的行程安排,甚至很多是 4~5 天以及更长的时间,这就要求韩国游客必须有充足的闲暇时间。价格对于旅游需求的影响作用最小。首先是延边优质的旅游资源对韩国游客的吸引力很大,其次韩国经济发展水平和居民收入较高且中国物价水平相对低,因而价格的变动对韩国游客的旅游需求影响很小。

表 6 - 23　影响韩国游客的旅游因素分析

因素	影响程度（均值）
距离	3.63
交通	3.21
天气和气候	3.19
时间	3.15
价格	3.04

3. 游客对延边旅游的整体评价分析

在"您对这次延边之行的满意程度如何"一栏中，设置了非常不满意、不满意、一般、满意、非常满意 5 个选项，各分值为 1、2、3、4、5，分值越高说明游客满意度越高。该题的均值为 3.74，说明韩国游客对于延边旅游的满意度较高。满意度是一种心理状态，是游客的要求被满足后的愉悦感，是游客对旅游产品或旅游服务的事前期望与实际消费旅游产品或服务所得到实际感受的相对关系。该分值也可以理解为对延边旅游的实际感受超出了韩国游客的预期。人们在做出旅游决策时，是以满意度最高的方案为准，游客满意才能为旅游目的地或旅游企业带来收益。同时游客满意度是评价旅游目的地发展体系的重要手段，是获得有关旅游产品或服务信息的重要途径，要充分重视从各个方面提高韩国游客的满意度，加强对延边旅游产品和服务的不断改进，使其获得长远发展。

4. 游客对延边旅游的各因素评价分析

在调查对延边边境旅游各项目的评价中，选项分为非常不满意、不满意、一般、满意、非常满意 5 个选项，各分值为 1、2、3、4、5。分值越高表明满意度越高。调查数据分析，10 项目中有 8 项均值大于 3，两项小于 3，说明整体满意度较高。

韩国游客满意度最高的是导游服务。延边接待韩国游客的导游绝大多数为延边朝鲜族，语言相通使得游客与导游之间交流不存在障碍。韩国人与中国朝鲜族导游都十分注重礼仪，并且导游对韩国游客的生活习惯和各方面注意事项都十分了解，因而在旅游活动接触过程中相处会比较融洽和睦。其次是整体旅游形象。形象是主体对客体的感知印象，可见延边旅游给韩国游客的旅游形象是十分亲切、特点鲜明的。延边地区拥有长白山、大成中学、朝鲜族民俗等主要的旅游吸引物，能够满足韩国游客最核心的需求；韩国人有着对圣山朝拜、对历史纪念物缅怀的需求；延边旅游企业提供旅游产品、员工提供旅游服务等主体行为给韩国游客以良好的感受。再次是朝鲜族民俗。中国朝鲜族在中国生活的百余年时间里，既保持其固有的民族文化特色，也形成了具有中国特色的自身文化特性，包括饮食风俗、家庭生活、社会人际关系、娱乐方式等方面的相同性和差异性。最后为旅游资源。延边旅游资源丰富，北有风景优美的镜泊湖、南有气势雄伟的长白山、东有中俄朝三国交界的防川风景区，延吉市作为中国朝鲜族聚居中心还保留着许多传统朝鲜族民俗风情。

在所有项目中满意度最低的是卫生状况。韩国人特别讲究洁净，他们的环保和公共卫生意识很强，城市街面整洁干净。洗手间在韩国被称为化妆间，无论是宾馆饭店、参观的景点，还是路边的加油站或民居的洗手间，都显得很洁净。在餐饮服务方面，韩国有各色小遮蓬餐点，这些小餐点所有的制作过程，都是严格按照食品卫生标准进行的。而延边卫生状况就相对差一些，城市路边堆放垃圾、空气污染大、景区景点垃圾较多以及卫生间状况较差等问题给韩国游客造成了很差的印象。其次是交通状况。韩国交通发达，各高级饭店均有往返于机场和市内的穿梭巴士。首尔及釜山的地铁交通及全国各地的出租汽车利用均非常方便。相比之下，延边地区的交通状况就显得颇为落后了。由延吉到长白山需要约4个小时的车程，很多路都是高高的山路，蜿蜒曲折；延吉至延边州其他县市间也缺乏完善通畅的交通网；长白山景区内旅游旺季的时候，客流量过大，环保车运行繁忙，游客等待时间长。在中国通关手续方面，韩国游客希望简化通关手续，中国在对韩通关手续方面仍然有提升效率的空间。在服务态度方面，延边地区很多服务人员的受教育水平都较低，素质不高，其服务态度距离韩国人所期望的标准有较大差距。

表6-24 韩国游客对旅游项目评价分析

项目	极小值	极大值	均值
1. 导游服务	1	5	3.91
2. 整体旅游形象	1	5	3.61
3. 朝鲜族民俗	1	5	3.50
4. 旅游资源	1	5	3.44
5. 服务态度	1	5	3.26
6. 住宿情况	1	5	3.21
7. 通关手续	1	5	3.18

续表

项目	极小值	极大值	均值
8. 饮食情况	1	5	3.16
9. 交通状况	1	5	2.99
10. 卫生状况	1	5	2.66

6.3.4　韩国旅游市场开发对策及建议

1. 完善服务设施，提高接待水平

便利完善的服务设施是营造游客舒适感的关键，因此，加大对服务设施资金和技术的投入是提升游客满意度的重要步骤。第一，餐饮方面，饮食环境和菜式注意符合韩国人的传统饮食习惯。在为韩国游客提供团餐的时候注重韩国口味，提高韩国游客饮食的整体质量，同时，重视餐饮的卫生程度和服务态度。也可以征求韩国游客的意见，是否愿意不用团餐而是在价格提高的情况下选择更有品质的饮食，充分尊重游客的意愿。第二，住宿方面，以国际化标准要求延边的宾馆，做到酒店硬件达标、软件符合韩国游客的心理需求。第三，旅游交通方面，完善延边地区各县市间，尤其是游客普遍喜欢的景点所在地的道路交通网，方便游客到其他地方游览。对长白山景区控制每日的游客数量，提高游客旅游体验质量。在旅游旺季时实施游客预订接待计划，提前接受各旅行社的门票预订，在到达游客数量最大值时，景区管理处就不再接受预订。另外在景区内部协调各景点的游客数量，如天池和瀑布、温泉等景点的负责人及时向总服务台汇报旅游人数和游览状况，由总负责人协调车辆将游客先行输送到人少的景点。这样就可以缓解景区内的交通拥挤状况，保证游客旅游活动顺利进行。第四，加强卫生管理。对酒店、餐馆以及景区都明确规定各项卫生标准，设置专人检查卫生状况。大型宾馆和餐饮公司的管理者可以派遣企业人员到韩国参观学习，回来后指导本公司卫生管理细节，或邀请在酒店管理方面有经验的韩国人到企业内部进行监管。

2. 开发多样化旅游产品，丰富旅游内涵

韩国游客对于旅游产品档次的要求越来越高，期望获得高品质的旅游体验。因此，要在完善现有旅游产品以及开发新型旅游产品的过程当中注意提升产品的品质和多样性，要根据韩国各细分市场的特点和需求开发不同类型的旅游产品。第一，冬季开发冰雪旅游产品。韩国人普遍爱好运动，有提倡健康生活的社会风气，爱热闹、赶潮流的韩国人都纷纷参与，掀起了全民健身的热潮。长白山冰雪旅游可以满足韩国游客热爱运动的要求，此外，还要注意提供高品质的专业用具来保证韩国游客的运动质量。第二，开发历史文化旅游产品。延边州历史文化资源丰富，有隋唐时期的渤海国城池及古墓遗址；有保存完好的清代文物遗存——珲春的"龙虎石刻"牌，抗击侵略的古战场东、西炮台遗址；有国内大型庙宇之一，也是世界最大的尼众道场——正觉寺；有珲春大荒沟抗日根据地、龙井大成中学等数十处革命斗争遗址。可以在假期面向韩国学生提供以知识文化和爱国教育为主题的旅游产品。充分意识到韩国年轻游客是未来韩国旅游市场的主力，做好全面详细的市场调查，针对他们的具体需求和消费特点来设计有特色的旅游项目和制定有针对性的市场营销策略。第三，中医保健旅游产品。在支付能力和闲暇时间上，韩国老年人具备出游的客观条件，也普遍喜欢旅游，因此，开发针对韩国老年人市场的休闲保健旅游是未来旅游发展的重点方向之一。长白山温泉浴、针灸、按摩等都可以成为吸引他们的主要因素。

3. 改善宣传渠道，拓展影响范围

首先，充分重视政府的主导地位。延边地区的旅游管理部门可以同韩国相关旅游机构或企业合作，加大对旅游线路宣传的资金投入。鼓励和支持中韩旅游企业之间的合作，为提升旅行社外联能力创造良好的条件。运用多种方式全方位强化旅游目的地形象，充分发挥好旅游管理部门和旅游企业的网站、宣传册、咨询服务平台等的作用，政府相关负责人给予定期监管和指导，保证宣传信息的真实性并及时更新。还可以与韩国媒体合作，使其做中国相关旅游景点的介绍等。其次，旅行社的宣传是游客获取旅游信息的重要渠道。加强韩国旅行社的宣传促销能力，大力宣传能够吸引韩国游客的山水风光、民俗风情等。中韩旅游企业相互交流、加强合作，为塑造和提升中国旅游目的地形象做出共同努力。从全局出发，力求在韩国游客中营造出美好的中国旅游形象。可以举办旅游博览会、节庆活动，邀请两国旅游企事业单位负责人，广泛听取他们的意见和建议，并对其促销方法进行指导和支持。最后，充分发挥旅游服务人员的宣传作用。使旅游服务人员树立民族自豪感和责任心，对韩国游客进行服务时积极真诚地介绍延边的旅游资源，使之成为旅游目的地的形象宣传员。

4. 加强中韩政府合作，简化入境通关手续

中国政府可以参照韩国对中国游客政策上的调整做出相应努力。面向整个韩国市场开放，简化签证办理手续，缩减出入境登记卡填写项目，另外边检机关须印制韩语版在华注意事项宣传单，放置于边检现场，供入境

韩国人取阅。通过简化、改善韩国游客出入境手续，能够加强中韩两国之间人员交流和友好关系的发展，丰富韩国游客在中国观光内容，节约旅游的时间成本，进一步扩大韩国赴华旅游市场。

韩国近期改善了一系列方便游客赴韩旅游观光的签证政策。其中，对于 2013 年 1 月 30 日至 4 月 30 日前往济州岛在仁川国际机场转机的中国团体观光游客，可获得仁川国际机场的入国许可（废除条件性入国许可），允许在韩国首都圈滞留 72 个小时。而原政策为，在仁川国际机场的条件性入国许可，在需要进入济州岛的条件下，允许在首都圈滞留 24 个小时，出国时允许在首都圈滞留 12 个小时。据了解，韩国方面将会根据试运行情况，推出长期固定的外国公民专机过境免签制度。另根据中韩双方 2012 年年底最新签订的《中国公民自费团队赴韩国旅游谅解备忘录》，我国公民赴韩旅游组团人数，将由最低 5 人的限制降低为最低 3 人，即 3 人以上便可办理团队旅游签证。

5. 加强培训与监管，提升服务质量

韩国是一个十分重视服务的国家，无论是餐饮、娱乐、购物行业，还是公共机关，韩国人的服务态度都十分热情和亲切。服务人员是旅游目的地活的名片。地区仅有优美的自然风光和特色的旅游产品是不能满足游客需求的，高素质的服务人员是提升游客满意度的必要条件之一。首先，建立健全旅游服务规章管理制度。要在航空公司、酒店、餐馆、公共汽车、出租车、景区、购物店等做好旅游服务标准体系的建立，确保服务人员能够提供高质量、令人满意的服务。标准体系应当具体细化，涉及服务行动、表情及用语。对不达标的工作人员不允许其对客服务。其次，定期培训。包括岗前岗后技能和态度两方面的培训。培训的主要目的是提升服务人员的文化素质水平，使其树立正确的服务观念，端正服务态度。再次，做好检查和监督。主要依靠政府的力量对旅游企业和服务人员严格管理，强制改正不合格行为。在景区等其他场所设置专门的投诉处理平台，在规定时间内处理好客人的投诉并如期将处理结果转达给客人。最后，充分发挥各大学、中专、职高等旅游专业的培训作用。设置与服务理念和态度相关的课程，使旅游专业的人才能够在未来旅游发展中发挥模范带头作用，优化旅游服务人员队伍。

第七章

大图们江区域合作开发评析

7.1 图们江区域的地理环境

7.1.1 图们江区域的地理位置

图们江发源于中朝交界的长白山脉主峰东麓，自西南流向东北，流经中国吉林省的延边朝鲜族自治州、朝鲜的咸镜北道、俄罗斯滨海边疆区的哈桑区，最终注入日本海，全长525公里。以中俄边境的"土"字碑为界，往上属于中朝界河，往下18公里为俄朝界河。流域面积约3.3万平方公里，其中中国境内约2.3万平方公里，约占69.7%；朝鲜境内约1万平方公里，约占30%；俄罗斯境内仅约100平方公里，约占0.3%。[①]

从地缘经济的角度而言，图们江地区开发存在着内环、中环与外环三个地缘经济圈。而毗邻图们江地区的中、俄、朝三个国家是图们江地区开发的核心地缘经济圈，是图们江地区开发的主体和动力源。因此，图们江地区开发作为国际开发项目，重点开发地区为图们江流经的中、朝、俄三国交界地区。图们江下游地区（简称图们江地区）位于中国吉林省东部中、俄、朝三国接壤交界地段，由称作"图们江三角"地区的中国吉林省延边朝鲜族自治州珲春市、俄罗斯滨海边疆区哈桑区、朝鲜罗先地区构成。俄罗斯滨海边疆区哈桑区和朝鲜罗先地区是日本海沿岸地区，中国珲春市为靠近日本海的近海边疆市，可以说这个地区是东北亚地区的地理中心。[②]

---

① 金强一，张杰等．东北亚政治结构与中日韩经济合作 [M]．香港，香港亚洲出版社，2007.
② 李钟林等．大图们江地区开发 [M]．延边大学出版社，2006.

1. 中国图们江地区

作为中国的东北部门户，图们江地区处于中、俄、朝三国交汇地带，也是沿江、沿海、沿边的三江地带，东与俄罗斯滨海边疆区相邻，有对俄的珲春口岸（长岭子口岸）；南隔图们江同朝鲜咸境北道及罗先地区接壤，有对朝的圈河、沙坨子、图们、三合等口岸。在中国境内图们江地区一般指吉林省东部的延边朝鲜族自治州，面积 42700 平方公里。图们江是中国出入日本海的唯一通道和东北亚国际交往的水上捷径。其江口处在日本海西岸的中央部位和东北亚地区的地理几何中心，面向日本、朝鲜半岛东岸和俄远东沿海地区，背靠中国东北和蒙古腹地，是环日本海沿岸地区航路的核心地带。图们江通航与陆上交通线建设可为环日本海地区提供直通欧洲最便捷的大陆桥，图们江口—防川—珲春—长春—阿尔山—塔木察格布拉—乔巴山—温都尔汗—乌兰巴托几乎在一条直线上，向西经西伯利亚大铁路可直达欧洲门户鹿特丹，构成又一条国际交通枢纽。所以图们江地区的开发直接关系到中国东北特别是吉林省经济的发展。

2009 年 8 月 30 日中国国务院批复《中国图们江区域合作开发规划纲要——以长吉图为开发开放先导区》。此规划的主要范围是中国图们江区域的核心地区，即吉林省范围内的长春市、吉林市部分区域①和延边州（简称长吉图），同时辐射我国其他参与图们江区域国际合作的辽宁省、黑龙江省和内蒙古自治区等地区，并涉及我国与周边国家合作的相关内容。

2. 朝鲜图们江地区

朝鲜政府于 1991 年年底宣布将其与中俄邻近的图们江下游罗津、先锋三角地带辟为自由经济贸易区。开发地带总面积 621 平方公里，可耕地面积占其总面积的 3%（19 平方公里）。为使该区与中国接壤，打开陆路出入通道，1994 年年初朝鲜决定将最初决定开发的 621 平方公里的面积扩大为 746 平方公里。

3. 俄罗斯图们江地区

俄罗斯在 1990 年制定了"大符拉迪沃斯托克计划"和"滨海边疆区规划"，先后批准设立远东地区的赤塔、萨哈林、纳霍德卡和符拉迪沃斯托克等自由经济贸易区，向世界开放符拉迪沃斯托克、纳霍德卡、扎鲁比诺和波谢特等港口。1995 年，宣布将位于图们江下游的毗邻中国珲春的俄方哈桑区为图们江开发项目的自由贸易区。由此，中、俄、朝三国开发的图们

---

① 长春市部分区域是指长春市城区、德惠市、九台市和农安县；吉林市部分区域是指吉林市城区、蛟河市和永吉县。

江地区由原来地区上的分割状态连成了一片。

7.1.2 地理环境的优势

图们江开发地区位于中国、朝鲜、俄罗斯三个国家交界处，这里的自然风光绮丽多姿，且夏季平均气温明显低于中国其他沿海城市，是旅游者避暑的绝佳去处。图们江地区的综合地理环境得天独厚，与中国和世界其他沿海城市相比也具有一定的比较优势。其地理环境优势主要表现为以下方面。

第一，图们江地区的北部俄罗斯境内和东南部朝鲜境内在地形上属于低山丘陵地区，中南部中国和朝鲜交界的图们江下游地区是图们江流经形成的冲积平原，这样图们江地区便形成了山丘、平原、湖泊交错分布的地貌，地理景观奇特、美丽，多样复杂，开发潜力大。

第二，图们江地区沿俄罗斯、朝鲜面向日本海形成的长长的海岸线上有大面积的沙滩和优美的风光，在俄罗斯滨海边疆区也有伸向海湾内的沙堤。图们江地区拥有大小数十个湖泊，这些湖泊自然条件好，很有开发价值，其中最大的塔尔密湖的面积在40平方公里以上。这些形成了图们江地区宝贵的环境资源。

第三，由于图们江不但水量充足而且水质好，图们江地区城市用水并不紧张，同时还可以对图们江地区的水利资源进行开发利用。

第四，图们江地区不同于北欧，不但海岸上有可开辟为海港的天然港湾，而且由于纬度适中，在俄罗斯境内和朝鲜境内均有不冻港口，便于图们江地区通航。

第五，图们江地区三国交界处均属于待开发地区。俄罗斯的远东地区资源丰富。中国图们江地区也正处于开发的初始阶段。由于经济发展落后，朝鲜的图们江地区更是有待进一步开发。

第六，森林覆盖率较高，树种繁多，与同纬度内陆地区相比，气候湿润，冬暖夏凉，是有待于开发的旅游胜地。

7.1.3 基础设施建设

图们江地区基础设施的薄弱问题，一直影响着区域经济合作的进程，要加速图们江地区的开发速度，基础设施不完善的问题必须得到解决，同时联合国开发计划署也多次强调应该对图们江区域内交通和改善投资环境的基础设施项目给予优先权。图们江地区各国家、政府在基础设施建设领域需要进行的合作主要表现为交通基础设施的合作，发展铁路、公路、港口、航空运输及口岸通道建设的双边与多边合作，即加强国际交通运输通道建设。

为促进图们江地区国际合作开发，图们江地区各国都加大了基础设施建设力度，港口、公路、铁路等交通系统日益完善。

1. 中国方面

1997 年，中俄边境上开设一个新马哈林诺（俄罗斯）—珲春（中国）通行口岸，以扩大国际铁路客货运输。

1998 年，中国批准图们江地区圈河口岸由公务通道升格为国家一类口岸，同时建立了新的海关与联检大楼；开通珲春口岸—扎鲁比诺（俄）—束草（韩）海路旅游航线。同年，中国珲春—俄罗斯克拉斯基诺口岸正式通行，实现了吉林省利用俄方港口运货物，建立珲春—哈桑互市贸易的方案，保证边境通行线路畅通；中国珲春—俄罗斯斯拉夫扬卡旅客班车正式通行。

2000 年，开通了珲春—扎鲁比诺（俄）—束草（韩）的海路客货联运线路。该线路运行良好，2001 年运行 49 航次，运送出入境旅客 1.95 万人次，运送货物 179 个标箱。2000 年 8 月，延吉开通了至首尔的航线。

2001 年，中国海关总署等 8 个部委联合验收了吉林珲春出口加工区，该加工区不仅促进了图们江地区周边国家之间的区域经济发展，同时也加速了我国图们江地区开发开放的进程；同年，中国又批准开通了延吉至海参崴的航线；8 月，长春—海参崴的航线恢复运营。

2001 年 7 月末，中国图们江地区贸易区的建筑工程全部完工；中国珲春还开辟了圈河中朝互市贸易区，该贸易区已成为中国和朝鲜间最大的互市贸易区。珲春还计划开辟防川互市贸易区，开展对俄、朝的互市贸易，最终成为联系日、韩及世界其他国家和地区的国际自由贸易区。同时，俄罗斯滨海边疆区还提出增加 10 家旅行社，利用珲春口岸开展旅游贸易经营活动。

2002 年，吉林省人民政府与俄罗斯滨海边疆区政府又达成了合作建设俄克拉斯基诺口岸查验楼协议，协调俄方加快了珲春—斯拉夫扬卡（俄哈桑区首府）的公路建设，降低了珲春经俄扎鲁比诺至韩国束草陆海联运航线的过境费用，这是推动图们江地区国际合作开发的一项重要举措。

自国家实施振兴东北老工业基地计划和"长吉图"先导区建设两年来，吉林省在沿边经贸建设上取得显著成效。吉林省充分利用国家赋予的"先行先试"政策，编制实施区域一体化发展规划，使重点产业、重大项目、基础设施等进一步融合。2010 年 9 月，长春至珲春高速公路全线开通，全长 488 公里，长吉图大通道全线畅通，珲春至长春的车程缩短至 5 小时。长春和延吉机场实施扩建改造，这些项目的进行让吉林省在沿边经济发展的通道建设方面优势明显增强，形成以珲春市为节点，构建连接边境与海港、辐射东北亚区域的国际贸易大通道。① 此外，长春和吉林两市在城镇规划、招商引资、基础设施建设、信息共享等方面实现"一体化"发展，充分发挥了腹地支撑作用；珲春市对外窗口作用进一步突显。在这一背景下，为进一步推动图们江区域合作与长吉图开发开放先导区建设，在珲春边境经济合作区、珲春出口加工区和珲春中俄互市贸易区的基础上，在《中国图们江区域合作开发规划纲要——以长吉图为开发开放先导区》战略全面实施并取得显著进展之际，2012 年 4 月 13 日，经国务院同意，正式批准在吉林省珲春市设立"中国图们江区域（珲春）国际合作示范区"。② 2015 年 9 月 20 日，吉林至珲春高铁全线开通，吉珲高铁是吉林省"十二五"规划的重点项目之一。吉珲高铁正式开通，使长春至珲春通勤时间缩短至 3 小时左右，结束珲春不通旅客列车的历史。吉珲高铁全长 359 公里，全线共 9 个车站。吉珲高铁与长吉、盘营、沈丹、哈齐高铁共同形成东北地区快速运网，促进图们江区域经济社会协调发展，具有重要意义。

截至 2014 年年底，东北三省高速公路总里程达 10584 公里，其中，辽宁省 4172 公里，黑龙江省 4064 公里，吉林省 2348 公里。按照东北三省交通系统"十二五"规划，到 2015 年，东北三省高速公路总里程将达到 1.4 万公里左右，比"十一五"末翻一番。③

2. 朝鲜方面

朝鲜的罗先地区位于图们江口，与中国吉林省延边和俄罗斯滨海边疆区接壤。朝鲜政务院于 1991 年 12 月 28 日宣布这一地区为自由贸易区，该区行政上脱离咸镜北道，直属朝鲜中央领导。受朝鲜的国情影响，这一地区是图们江开发中基础设施建设较为落后的地区。

1992～1995 年，朝鲜政府为罗津 - 先锋经济贸易区制定了一系列的法律、法规和优惠政策，包括投资和金融政策、简化出入境手续、促进对外贸易等。同时，开始着手扩建港口，拓宽道路，建设国际光缆通信和旅游宾馆等，并将罗津、先锋港定为自由港，允许中转中韩客货贸易。所有这

---

① 王占武. 图们江区域国际合作进入新阶段［N］.中华工商时报，2012 年 5 月 22 日.

② 中国广播网：http://native. cnr. cn/city/201204/t20120424_509502513. shtml.

③ 朱显平. 中国东北地区开发战略及周边国家参与的可能性［J］.韩国对外经济政策研究院东北亚国家间经济合作论坛，2013.

些，使朝鲜图们江地区的投资环境大为改善，促进了外商投资的发展。1992
年至 1995 年，罗津 – 先锋经济贸易区实际利用外资额由 1.5 万美元增加到
445.3 万美元。①

　　早在 1996 年平壤边界会议上，应朝鲜要求，朝鲜民主主义人民共和国、
中华人民共和国、俄罗斯联邦的代表团就基础设施建设问题达成了一些
共识。

　　（1）朝中双方达成一致，即朝鲜先锋郡境内的元汀里（Wong-jong）口
岸和中国珲春市敬信镇内的圈河口岸将被分别指定为第三国国民过境点，
并同意通过政府级别的措施来保证。1997 年初开始正式通行。

　　（2）中朝双方同意采取措施，在星期六、星期天和公共假日开放边境
过境点，并且，当朝鲜先锋郡境内的元汀里口岸和中国敬信镇内的圈河口
岸出现紧急通关需求时（货物或人员），延长开放时间，为过境提供便利；
面临紧急情况，需要延长开放时间时，应提前一天经双方边境管理机构共
同协商同意。

　　（3）经朝鲜相关部门证实，根据现有的双边协议，中国和俄罗斯的外交
护照及公务（官方）护照的持有者可自由进入罗津 – 先锋自由经济贸易区。

　　（4）中国政府同意扩展现在对第三国国民实施的两次过境签证制度，
使无朝鲜签证者仅凭朝鲜签发的邀请函，并在及时通告中国外交部的基础
上，自由出入罗津 – 先锋自由经济贸易区。

　　（5）中国和俄罗斯同意向有关的政府机构建议向持任意已过过境签证
的第三国国民提供再次入境（往返过境），条件是通过图们市（中国）和哈
桑（俄罗斯）过境点出入罗津 – 先锋自由经济贸易区。

　　1998 年初，朝鲜元汀里口岸与中国圈河口岸公务通道开通，为扩大人
流、物流创造了便利条件。

　　几年来，朝鲜为图们江地区的对外招商引资做了很大努力，而且，朝
方邀请联合国工业发展组织和联合国开发计划署出面组织招商，并经过一
年半的筹备，举办了国际投资和贸易会议，使朝方初步改善了图们江地区
的投资环境。目前，泰国 Loxley 公司投资的通信工程于会议前夕完工；国
内国际直通电话基本开通；可容纳 300 人的饭店竣工；罗津与先锋之间的简
易柏油马路完工；海运方面，韩国的釜山至朝鲜的罗津定期集装运输航线
已于 1995 年 10 月开通，而且开通了从韩国的束草到朝鲜罗津客货两运定期
班轮。此外，朝方还相继制定了《自由经济贸易区》《外国人投资法》等二

① 吉林省商务厅：http://www.jldofcom.gov.cn/gzyj/201109/t20110920_1068170.html。

十多种法规。在该区,外商可设独资企业并可租赁土地;进出口货物和产品全部免税;所得税税率为14%,并实行免三减二的政策等。

2010年,朝鲜开始实施罗先地区的自由贸易区战略。随即,中朝两国领导人达成共识,中朝对该经济区共同开发、共同管理。同年12月20日,中国企业商地冠群投资有限公司在北京与朝鲜投资开发联合体签订了投资额为20亿美元的项目意向书,将在2~3年内在罗先地区建设必要的基础设施,经过5~10年将该地建成核心工业特区,包括火力发电站、道路、油轮专用码头、石油精炼工厂和炼铁厂等。另外,商地公司还将同朝鲜商定开发咸境北道的茂山磁铁矿等地下矿产资源,设立国际金融银行。2011年6月9日,中国与朝鲜举行罗先经济贸易区启动仪式。朝鲜国防委员会副委员长张成泽表示,罗先经济贸易区"将建成世界性的经济特区……必能引起世界各国,特别是中国企业家的注意和兴趣,一定会取得成功"。中国吉林省和朝鲜罗先特别市同时设有省一级的开发合作联合指导委员会。当时,罗先经济贸易区的首批5个开发项目已经启动:从珲春的圈河口岸到罗先的近50公里的二级公路改造项目、罗津港中国内贸货物跨境运输项目、罗先高效示范农业区项目、长春亚泰罗先100万吨水泥厂项目、中国公民罗先自驾游项目。7月29日,吉林省与罗先市共同签署了《关于中朝罗先经贸区(2011~2020年)规划框架的协议》。① 2012年10月26日中朝罗先经贸区元汀至罗津公路正式通车,新路的开通大大缩短了珲春至罗先的行车时间,极大改善了两国该区域的交通环境。②

3. 俄罗斯方面

1997年初,滨海边疆区修建了从扎鲁比诺通往边境口岸克拉斯基诺61公里铁路,与中国珲春到边境口岸长岭子16公里铁路对接,使这条自扎鲁比诺港经中国铁路网到欧洲的新路桥初见雏形。1997年12月,俄政府在滨海边疆区召开会议,旨在吸引吉林省、黑龙江省更多货物从滨海边疆区港口外运。1999年5月12日,俄罗斯马哈林诺至中国珲春国际铁路建成通车。③

俄方决定用10年时间,修建连接中方珲春与俄方符拉迪沃斯托克的一级公路,由扎鲁比诺到珲春口岸的沥青路面已铺设完毕,两国间公路已接通。1999年8月,开通了经俄罗斯波谢特港至日本秋田的定期集装箱航线。俄、中政府间签署协定,中方借用俄方波谢特港和扎鲁比诺港,开辟到日

① 朱显平. 金正恩时代的朝鲜和图们江区域的中俄朝合作 [J]. 东北亚论坛,2012,3.
② 中国公路网:http://www.chinahighway.com/news/2012/706393.php.
③ 胡亚西. 俄罗斯在图们江区域合作中的地位与政策 [J]. 国际资料信息,2008,9.

本秋田港和韩国束草港的国际航运线。2001 年 1 ~ 6 月，珲春同俄、朝的进出口货物 12 万吨，比 2000 年同期增长 9%；出入境人员 8.5 万人次，同比增长 138.2%。

　　除了与中国、朝鲜合作进行公路、铁路建设以外，俄罗斯也加大了对远东地区及图们江地区的港口城市的建设投入。

　　俄罗斯图们江附近及远东沿海地域有三大主要港口：符拉迪沃斯托克、纳霍特卡和波谢特。符拉迪沃斯托克是苏联时代和现俄罗斯海军太平洋舰队司令部的所在地，过去属于军事禁区，对外不开放。现在俄要将这里建成商船贸易港，对外开放，以加强与图们江地区周边国家以及美国、加拿大的海运贸易关系。中国的吉林省和黑龙江省缺乏出海口，现在正与俄远东地区进行协商，建议建设图们珲春至波谢特港的铁路线，同时扩建波谢特港口，使中国吉林和黑龙江两省的进出口货物通过图们江地区波谢特港口中转进出。

　　2006 年 11 月 19 日，在越南河内召开的亚太经合组织会议上，俄罗斯联邦滨海边疆区区长谢尔盖·达利金提出了发展新时期"大符拉迪沃斯托克"规划的想法，并得到了俄罗斯政府的支持，将其列为《俄罗斯远东及外贝加尔地区经济和社会发展 2013 年联邦专项规划》的子计划，成为国家东部发展战略的重要组成部分。该规划有助于推进图们江区域合作，能够起到激活俄罗斯图们江区域开发活动、完善图们江区域空间结构体系、改善俄罗斯图们江地区整体环境、提升图们江区域开发项目在国际社会的地位、促进中俄图们江区域双边合作等作用。① 同年，俄政府为大图们江区域合作共同基金注入资金 45437 美元，2007 年注入 53421 美元。2008 年 8 月，普京总理批准了支持大图们江区域开发的政府协议，并责成俄有关部门为共同基金提供资金 15.9 万美元，较前一年增加近 2 倍。俄方对图们江开发的谨慎参与为俄滨海边疆区带来了可观的收益。根据联合国开发计划署驻北京办事处负责人霍尔姆提供的数字，近年图们江区域合作项目框架内共投资 5126 亿美元，其中 50% 流入滨海边疆区。②

　　俄罗斯政府于 2008 年制定并批准了包括远东和东西伯利亚地区的俄罗斯东部开发战略。符拉迪沃斯托克的大俄罗斯岛已经确定为国际旅游岛（类似中国三亚）。符拉迪沃斯托克成为自由港，图们江区域国际合作开发

---

① 刘锋．"大符拉迪沃斯托克"规划与图们江区域合作［J］．延边大学学报（社会科学版），2010，43（5）．

② 胡亚西．俄罗斯在图们江区域合作中的地位与政策［J］．国际资料信息，2008，9．

将出现崭新的局面。①

连接俄罗斯远东地区和朝鲜港口城市的铁路改造工程签署协议，朝俄分别以30%和70%的股份成立合资公司改建罗津至哈桑的铁路以及建设罗津港集装箱码头。

2009年，中俄双方正式批准《中国东北地区同俄罗斯远东及东西伯利亚地区合作规划纲要》，这个中俄合作规划与长吉图规划相辅相成，对推动大图们江区域开发具有深远意义。②

4. 铁路通道方面

（1）中俄铁路通道建设

中俄珲春—马哈林诺国际铁路已建成，中俄珲春—卡梅绍娃亚国际铁路已与中国国内铁路联网。③ 2011年8月3日，困扰中俄两国多年的珲卡铁路恢复运行问题终于得到解决，中俄珲卡铁路畅通试运行和陆海联运航线启动仪式，分别在吉林省珲春市和俄罗斯滨海边疆区扎鲁比诺港举行。珲卡铁路恢复运行是陆海联运新航线的重要保障，它将进一步加强中、俄、日、韩之间的经济合作，促进各方的投资贸易往来、经济文化交流、旅游资源开发以及物流产业等发展。④

黑龙江省绥芬河是我国一类口岸站，与俄罗斯远东铁路接轨，是连接欧洲大西洋沿岸各国的"欧亚大陆桥"的重要组成部分和交通要塞，是黑龙江省唯一的对俄铁路口岸和陆海联运主通道，在中俄两国贸易中占有举足轻重的地位。绥芬河铁路口岸距中俄边境线5.9公里，绥芬河火车站距俄格罗捷阔沃火车站26公里，区间是准轨、宽轨混合线路（宽轨轨距为1520毫米，准轨轨距为1435毫米）。

绥芬河铁路口岸站现为一等站，业务性质为客货运输站，主要办理国际联运货物运输和国际、国内旅客运输，以及自站货物的到发、装卸等作业。绥芬河铁路口岸站设计总运能力为1000万吨/年，过客能力为100万人次/年。

2008年，经铁路口岸进出口货物840万吨，其中进口809万吨，出口31万吨。2008年，铁路口岸累计进出境人员总数为73.3万人次，出境

① 朱显平. 金正恩时代的朝鲜和图们江区域的中俄朝合作 [J]. 东北亚论坛，2012，3.
② 张苗. 图们江区域开发的新机遇 [N]. 吉林日报，2012年11月22日.
③ 郑洪莲. 图们江区域国际合作开发的历史进程及发展前景 [J]. 延边党校学报，2008，23（4）.
④ 马克. 以长吉图为先导区深化图们江区域国际合作问题探析 [J]. 西伯利亚研究，2012，39（4）.

46.3 万人次，入境 27 万人次。

从绥芬河铁路口岸运量上可以看出，目前绥芬河铁路口岸进出口运量以木材为主，随着中俄贸易的不断深入，我国对木材资源的渴求及俄森林资源禀赋优势将成为绥芬河铁路口岸进出口运量迅速增长的原动力，加之近年来铁路口岸进出口新品种的不断增长趋势，2020 年，绥芬河铁路口岸进出口运量可达到 2380 万吨，2030 年将达到 3430 万吨。

2013 年 6 月，黑龙江省省长率黑龙江省代表团访问俄罗斯，与俄罗斯犹太自治州州长温尼科夫就推动同江—下列宁斯科耶铁路界河桥项目进行会谈，在圣彼得堡签署了《黑龙江省人民政府与犹太自治州政府关于推动（中国）同江—（俄联邦）下列宁斯科耶黑龙江（阿穆尔河）铁路界河桥谅解备忘录》。①

（2）中蒙铁路通道建设

蒙古国政府把与中国、俄罗斯远东地区毗邻的东部地区划为自由经济区，计划将中国吉林省的铁路与蒙古国的铁路相连接，通过修筑从图们经长春、白城、乌兰浩特、阿尔山、蒙古的乔巴山抵达乌兰巴托的铁路，寻求进入日本海的通道，为其经济发展开辟新的途径，可利用这条新的大陆桥连接东北亚日本海地区的港口群。因此中蒙应在边境铁路通道建设方面加强合作。

目前中蒙铁路现状为：在蒙古国境内，其东部地区与外部的联系只有一条自乔巴山通往俄罗斯博尔贾的铁路，经博尔贾再到俄罗斯西伯利亚铁路干线和沿线的各个地区。到中国的铁路有经博尔贾、克拉斯诺卡面斯克，到满洲里和呼伦贝尔的铁路。但直接到吉林省内的铁路目前没有铺设。蒙古国境内自中蒙边境附近的伊尔炮 - 阿尔山到白城间有巴阿铁路，但从伊尔炮到中蒙边境仍有约 30 公里的距离没有铁路。

蒙古国正在积极促进经中国吉林至朝鲜的陆路大通道的建设。2008 年蒙古国政府已将"两山"铁路（蒙古国乔巴山至中国阿尔山—松贝尔口岸）正式纳入了蒙古国铁路发展重点规划，2009 年正式开关。蒙古国国会已将"东方大通道"项目确定为重要国策，并决定将其境内修建的 443 公里"东方大通道"采用与中国相同的铁轨，以便与中国铁路接轨。蒙古国编制的 2010 年东部地区铁路建设规划确定的"两山"铁路走向，与中方提出的一致。这些成为中蒙"东方大通道"项目得以实施的契机。②

---

① 高铁网：http://news.gaotie.cn/guoji/2013 - 06 - 24/83271.html.
② 张苗. 图们江区域开发的新机遇 [N].吉林日报，2012 年 11 月 22 日.

（3）中朝铁路通道建设

中国一直在利用朝鲜的清津港和罗津港开展对外贸易。利用清津港时走图们铁路口岸，图们铁路口岸的年通过能力可以达到 500 万吨，中国境内的铁路在技术上没有问题，问题是朝鲜铁路的运力相当弱。原因是维修不力，缺乏资金，电力供应不能得到保障等。

"十二五"时期，吉林省将加大对边境地区的交通基础设施建设，将根据国际形势，适时启动实施中朝跨境铁路项目。

（4）贯通朝韩中断铁路

1996 年在第 52 届"亚太经济社会理事会"上，提出了"在加强亚洲铁路建设中优先推进朝鲜半岛中断铁路贯通"的方案。1997 年，"亚太经济社会理事会"再次提出关于修复朝鲜半岛中断铁路的议案。目前，朝鲜半岛未连接铁路主要有 4 条，其中，"京元线"（首尔—元山）已列入首批修建的工程，朝韩双方正加紧协调，具体落实连接计划。这 4 条路线中朝鲜半岛北部东海岸连接西伯利亚铁路段的釜山—图们江段修建较为经济且容易铺设。原因是原铁路路基还保存着，韩国一侧 100 公里长路段的用地购置较为容易，连接后可使釜山—首尔—元山—清津—罗津—图们江—哈桑与西伯利亚连接起来。这样，能缩短首尔到欧洲中部地区的距离，可节省运行时间，减少运费。两国铁路连接于 2000 年 6 月 15 日签订协议，原定 2002 年完成连接，但由于朝鲜的核计划问题而推迟。2003 年 6 月 14 日，朝鲜和韩国的两条铁路终于相连，这使两国的铁路联系变成可能，而不是像以前只能通过海上线路联系。①

5. 公路通道方面

中国通往俄、朝的公路系统已经比较发达。珲春到中俄边境珲春口岸和到中朝边境圈河口岸的二级公路已经建成通车。目前，中国与俄罗斯之间的公路已经衔接，俄罗斯已经重新建设了一条从克拉斯基诺到斯拉夫扬卡、海参崴的高等级公路。中国圈河口岸对岸的元汀里口岸到罗先的二等级公路已建成。2012 年 9 月 4 日，朝中社报道中朝两国共同开发、共同管理项目之一的朝鲜罗津港至元汀里口岸的公路已经改建完成。该公路于 2011 年 6 月开始改建，全长 50 多公里，平均宽度为 9 米，最宽处为 16 米。改建后的公路会大大提高运输车辆的通过能力，给货物中转运输和旅游业带来转折性影响。朝鲜罗津港至元汀里口岸公路改造项目是中朝合作项目，向北与中国珲春市圈河口岸相接，向南与罗津港相连，是朝鲜罗先经济贸

① 人民网：http://www.people.com.cn/GB/guoji/22/82/20030614/1016277.html.

易区内的重要交通通道。①

7.2　图们江区域合作开发历程

7.2.1　图们江区域合作的发展过程

　　大图们江国际合作开发属于东北亚区域开发范畴，东北亚区域经济是大图们江区域经济的上一层级，因此，大图们江区域开发是东北亚区域一体化的一个重要阶段或者称为其子区域。

　　图们江地区因自身区位条件的优越性和重要性，其开发早已被推上了东北亚经济合作的前沿。作为中国、俄罗斯、朝鲜三国接壤之处，面对日本，临近韩国，吸引蒙古，又有日本海把这一广阔区域联系起来，便于与各地区的贸易往来及货物运输。这一地区作为东北亚各国、各地区进行经济互补、实现垂直分工与水平分工的重要结合点，培养潜力巨大，可成为东北亚区域经济合作的示范地区、贸易活动最为活跃的地区，同时它作为三条亚欧大陆桥（以海参崴为起点，途经西伯利亚大铁路；以海参崴为起点，穿行中国东北，经西伯利亚大铁路；以图们江为起点，穿行中国东北与蒙古）的东端起点，货物贸易及物流潜力特别巨大。

　　图们江地区其地域范围，如以中国的延吉、俄罗斯的海参崴和朝鲜的清津为顶点的大三角地区，其面积为 1 万多平方公里；如以中国的珲春、俄罗斯的波谢特和朝鲜的罗津为顶点的小三角地域，其面积有 1000 多平方公里。图们江地区是中国从陆路进入日本海的捷径，图们江江口至日本新潟只有 900 公里距离，也是中国东北地区通过日本海，加强日本、朝鲜半岛东海岸以及与俄罗斯远东沿海地区进行联系的便捷地区，图们江地区又是蒙古国通往日本海的紧急通道。图们江地区也是新的亚欧大陆桥东端的登陆点，图们江口地区拥有俄罗斯的海参崴、纳霍德卡、波谢特、扎鲁比诺和朝鲜的清津、罗津、先锋等深水港，未来在图们江下游将形成一些中小型河港，这样将形成一个庞大的港口群。自图们江口向西经过珲春、图们、延吉、吉林、长春、白城、阿尔山，横穿蒙古、中亚，直通欧洲，将形成新的以高速公路为主的大陆桥。图们江口岸分流的中国对外贸易的物流和未来蒙古国对外贸易的物流，以及与俄罗斯发生的外贸物流是不可预测的，而这些物流又正是日本和韩国乃至整个世界所必需的，因而图们江地区必

---

　　① 新华网：http://news.xinhuanet.com/world/2012-09/04/c_112956185.htm.

将成为世界航运和物流以及加工中心之一。作为东北亚各国各地区实现经济互补的交汇点，图们江开发和管理将创造东北亚各国进行资源整合新的模式，将成为东北亚各国逐步走向经济一体化的重要试验田，带动整个东北亚各国和地区走向快速发展。同时，图们江地区同样地处东北亚地缘政治与经济的接触带，是东北亚地区政治的晴雨表。图们江地区开发具有明显的国际性、复杂性和特殊性，东北亚地区的国际关系与经济合作动向，都会在图们江地区首先反映出来，因此图们江地区国际合作开发如果顺利发展，也必将对东北亚地区的国际关系与经济合作、东北亚区域经济一体化，产生积极而深远的影响。

地处东北亚中央与焦点部位的图们江地区，区位条件重要，发展潜力巨大，是东北亚地区的一个新的经济增长极。正因为如此，东北亚各国进行区域经济合作，其首选就是图们江地区，东北亚各国搞跨国自由经济区的示范地也将是图们江地区。

1991年，联合国开发计划署正式提出了"图们江地区开发项目"，并把它列为推动东北亚各国合作的关键项目。当年10月，UNDP在平壤召集了图们江地区开发会议，东北亚各国对合作开发项目达成了基本共识，在此前提下，图们江地区开发项目管理委员会（PMC）成立。1992年2月，UN-DP又主持召开了PMC第一次会议，中、朝、韩、蒙四国派代表参加了会议，俄罗斯和日本则作为观察员出席会议。UNDP随后还制定并公布了《图们江经济开发地区发展战略》，拟用20年时间吸引300亿美元投资，在中、俄、朝三国交界的图们江三角洲兴建"东北亚的香港、鹿特丹和新加坡"。按照UNDP国际专家于1994年做出的界定，图们江地区开发面积近7万平方公里，包括中国延边州行政区的4.27万平方公里，朝鲜靠近图们江的咸镜北道1.5万平方公里以及俄罗斯海参崴以南的1万平方公里。

图们江地区已成为举世瞩目的重要研究与实践领域，图们江地区多国合作联合开发已成为跨世纪的伟大工程。以1995年12月在纽约联合国总部，中、俄、朝三国签订的《关于建立图们江地区开发协调委员会的协定》，中、俄、朝、蒙、韩五国签订的《关于建立图们江经济开发区和东北亚地区协商委员会的协定》和《关于图们江经济开发区和东北亚地区环境准则的谅解备忘录》等三个文件为标志，图们江地区开发已经由一般性的研究和国际社会的舆论推动，进入了多国合作联合开发的新阶段。

1996年，东北亚国家关于图们江地区开发的政府间部长级会议于4月18日至19日在北京举行。此次会议的召开标志着图们江地区的开发由可行性研究阶段转入实施阶段。主要表现为，中国的珲春—图们江地区进展最为迅速，朝鲜的罗津—先锋自由贸易区的开发设计已开始启动，俄罗斯制定了大海参崴计划和滨海边疆区规划。

1997年5月14日至16日，UNDP图们江项目秘书处在海参崴召开了"联合国开发计划署图们江地区环境准则谅解备忘录、全球环境基金会议"。中、俄、朝、韩、蒙5国代表及秘书处官员和顾问等参加了会议。会议的中心议题是总结环境备忘录的实施情况及介绍全球环境基金项目的协调实施状况。

1997年8月22日，图们（中国）—罗津（朝鲜）国际旅游列车开通，每周运行一次，一列6节车厢，运旅客200～300人，周五晚由图们出发，周六晚由罗津返回。图们—罗津旅游列车的开通，必将对两地旅游的发展起到巨大的促进作用。

1998年2月4日，中国外交部接到俄方对中方1997年8月6日对俄照会的复照，同意在俄中边境开设一个新马哈林诺（俄罗斯）—珲春（中国）通行口岸。这标志着中俄珲马铁路开通又向前迈了一步。

1998年3月16日至17日，中国吉林省和俄罗斯滨海边疆区混合工作组第一次会议在珲春召开。会议就珲春—克拉斯基诺口岸正式通行旅客、完成中俄珲马铁路建设并尽快开通运营，吉林省利用俄方港口转运货物，建立珲春—哈桑互市贸易，保证边境通信线路畅通，省区友好交往等问题进行了会谈，并达成共识。会后签署了《中华人民共和国吉林省—俄罗斯联邦滨海边疆区混合工作组（1998）第一次会议纪要》。

1998年5月5日，珲春—克拉斯基诺口岸旅客通道正式实现过客，并于当天在国境线上举行了简短的过客仪式。双方商定，旅客班车线路为珲春—斯拉夫扬卡，俄方车辆当天返回、中方车辆第二天返回。仪式过后，双方互换了第一批旅游团（中方21人，俄方28人）。

1998年7月22日至24日，UNDP图们江秘书处在中国吉林省延吉市召开图们江地区开发项目旅游工作会。这次会议主要分三部分：第一部分是图们江地区的各国代表作旅游现状介绍，国际旅游组织作区域间合作模式的介绍；第二部分是讨论各方代表对图们江地区开发及区域合作的建议；第三部分是实地考察。经过两天的讨论，图们江地区旅游合作开发的思路逐渐明晰，如建立信息交流系统、进行旅游资源综合评估、绘制该区域的旅游地图、人员培训、形成区域性的旅游产品、旅游产品的营销等。

1999年4月22日，由联合国世界和平公园促进委员会发起，建立图们江地区世界和平公园的签约仪式在珲春市举行，并于当天在珲春市敬信乡举行了联合国和平公园纪念碑的揭幕仪式。来自联合国、俄罗斯、韩国、中国的代表参加了签约和揭幕仪式。

1999 年 4 月 26 日至 27 日，在珲春市举行了中俄省区混合工作组会议，并就以下事项达成协议：一是关于珲春—克拉斯基诺口岸问题；二是关于中俄珲马铁路问题；三是关于俄方港口的利用问题；四是关于经贸合作问题；五是关于保证通信线路通畅问题；六是关于旅游问题。

2000 年 6 月 26 日至 27 日，由联合国开发计划署、中国、朝鲜、俄罗斯代表参加的图们江地区开发协调委员会在北京召开。会议讨论 3 国在交通、旅游、过境政策和手续、环境保护、融资等方面存在的问题及解决方案，举行了中、朝、俄双边的会谈。

2002 年 2 月 26 日，吉林省人民政府与俄罗斯滨海边疆区政府达成了合作建设俄克拉斯基诺口岸查验楼协议，并协调俄方加快珲春—斯拉夫扬卡的公路建设，降低珲春经俄扎鲁比诺至韩国束草陆海联运航线的过境费用，促进通关效率的提高，激活口岸和旅游经济的发展等问题。这也是推动图们江地区国际合作开发的又一重要举措。

2004 年 7 月 8 日至 9 日，联合国开发计划署在中国长春组织召开了图们江区域开发项目第七次政府间协商协调会议，来自 UNDP、中国、朝鲜、蒙古、韩国、俄罗斯等的政府高级代表团参加了会议。会议经过协商，一致同意把 1995 年中、俄、朝签订的《关于建立图们江地区开发协调委员会的协定》，中、俄、朝、蒙、韩签订的《关于建立图们江经济开发区和东北亚开发协商委员会的协定》和《关于图们江经济开发区和东北亚环境准则谅解备忘录》三个法律文件的有效期顺延 10 年。会议各方还就今后共同开发这一区域的合作框架、资金筹措和对区域开发秘书处捐款等问题进行了磋商。

2005 年 5 月，联合国开发计划署召开了各国协调员会议，经五国协商，大家一致同意扩大合作范围。其中，蒙古增加了与中国接壤的两个省，俄罗斯增加了萨哈林州，中国也计划在现有以吉林省为参与主体的基础上，以循序渐进的方式，将其他相关省区纳入大图们江区域合作。鉴于 2002 年 7 月以后，内蒙古自治区人民政府已参与了图们江地区开发的相关工作，所以 2005 年将先增加内蒙古自治区正式加入"大图们江区域合作"。

2005 年 9 月，在联合国开发计划署图们江区域开发项目第八次政府间协商会议上，中、俄、朝、韩、蒙五国一致同意将 1995 年签署的项目咨询委员会协议再延长 10 年，并将"图们江区域开发"更名为"大图们江区域合作"。同时将合作区域扩大到整个大图们江，包括中国的东北三省和内蒙古、朝鲜罗先经济贸易区、蒙古的东部省份、韩国的东部沿海城市和俄罗斯滨海边疆区的部分地区。审议通过中国政府提出的方案，达成了 5 个成员国共同设立财政管理资金，合作开发建设中俄珲春—哈桑路港关工程、中俄珲春—克拉斯基诺木材加工储运批发中心等 6 个双边合作项目的共识，使图们江合作开发从多年会议研究阶段转入实质操作阶段，翻开了大图们江区域开发的新篇章。

2007 年 11 月 14 日第九届图们江开发项目政府间协调委员会会议在符拉迪沃斯托克市召开。其间还举行了与图们江开发活动相关的"东北亚国家伙伴关系论坛"和投资论坛。此次会议是在联合国开发计划署（UNDP）的支持下，中、俄、蒙、朝、韩五国共同探讨图们江流域开发问题的活动。五国相关部委的副部长率团出席了会议。专家指出，图们江流域，尤其是其下游地区，对发展东北亚地区的社会经济和保障该地区的生态安全有着重要意义。参会者表示，只有所有的项目参加国家都全力支持并共同参与图们江地区开发计划，图们江流域才能真正成为东北亚地区的门户。①

2009 年 3 月 24 日，中国、韩国、俄罗斯、蒙古国在蒙古乌兰巴托举行图们江倡议项目政府间协商委员会第十次会议，讨论图们江区域的地区合作问题。本次会议回顾了过去一年里图们江区域合作的进展，并商讨未来发展计划。中国商务部副部长易小准就图们江区域合作提出四点建议：一是加强地方交流，成立地方政府参与的发展论坛；二是尊重国情差异，寻求互惠互利；三是深化各领域合作，共同应对金融危机带来的挑战；四是建立贸易便利化委会，促进贸易便利化。蒙古国副总理米耶贡布·恩赫包勒德出席了会议，并说图们江区域各国有很大的合作潜力，此次会议将为促进图们江区域的交通、旅游、投资合作做出贡献。②

2010 年 9 月 1 日，"大图们倡议"第十一次政府间协商委员会部长级会议在吉林省长春市举行，来自中国、俄罗斯、蒙古、韩国和联合国开发计划署的代表参加了会议。会议回顾了大图们倡议战略行动计划（2006 ~ 2015 年）的实施情况，审议了有关工作，讨论了大图们各国在旅游、环境、贸易与投资、基础设施、能源建设等重点领域的合作，并围绕大图们倡议的机制建设进行了讨论。会议期间举行了"大图们倡议"部长级会议与商务咨询委员会联席会议，就进一步改善大图们地区的投资环境进行了交流。此外，会议通过了《长春宣言》。宣言回顾了上次会议以来的合作成果，积

---

① 中华人民共和国商务部：http://www.mofcom.gov.cn/aarticle/i/jyjl/m/200711/20071105228722. html.

② 新华网：http://news.xinhuanet.com/world/2009 - 03/24/content_11066452.htm.

极评价大图们倡议机制在促进地区经济发展和融合上发挥的作用，认为应在贸易便利化、交通、旅游等领域进一步开展务实合作，加强与地方政府和联合国开发计划署的合作，加强与私营部门的对话，推动大图们倡议机制的健康发展。①

2011 年旨在推动东北亚地区经济发展的第 12 届"大图们倡议（GTI）"协商会议，在韩国江原道平昌郡召开。中国商务部、韩国企划财政部、蒙古国财务部、俄罗斯联邦经济发展部的有关官员和来自中国、韩国、俄罗斯、蒙古国、日本的专家学者、工商企业代表，以及联合国、亚洲开发银行官员等 200 多人参加了本次会议。与会代表就本届"大图们倡议"会议的核心议题——"扩大东北亚物流和交通网络"，围绕东北亚大通道建设、跨国旅游以及能源合作开发等内容，进行了广泛深入的探讨，并进一步商讨了增强东北亚经济合作、推动东北亚区域发展的相关方案。②

2014 年 9 月 17 日，"大图们倡议"第十五次政府间协商委员会部长级会议在吉林省延边州首府延吉市举行，来自中国、韩国、蒙古国和俄罗斯 4 个成员国以及联合国开发计划署、联合国工发组织等国际组织代表出席。会后，各方还发表了《延边宣言》。会议批准了大图们倡议法律过渡方案，决定尽快商签相关法律文件，以在 2016 年前将大图们倡议转变为独立的政府间国际组织，同时还就未来新机制的级别、组织架构、过渡时间表等问题达成了多项共识。此外，会议还决定加快推进交通、旅游、能源等领域的务实合作，改善区域贸易投资环境，加强互联互通和基础设施建设，打造东北亚交通和经济走廊；同意成立东北亚国家商会联合会、大图们倡议研究机构网络、东北亚农业合作研究网络等新机制，以全面推进区域合作。③

7.2.2　图们江区域政府间合作项目④

在新时期，图们江区域国际合作开发项目在由各国自主开发向联合开发及多国合作方向发展的背景下，为了紧紧抓住中国实施西部大开发和东北振兴战略的契机，中国珲春市提出了中朝珲春—罗先"路港区一体化"和中俄珲春—哈桑"路港区一体化"建设项目。中朝珲春—罗先"路港区

---

①　中华人民共和国商务部：http://www.mofcom.gov.cn/aarticle/ae/ai/201009/20100907114398.html.

②　吉林日报：http://jlrbszb.chinajilin.com.cn/html/2011-10/20/content_16192.htm? div=-1.

③　大图们倡议第十五次部长级会议吉林延边举行［EB/OL］.中国新闻网，2014-9-17.

④　李钟林主编.大图们江地区开发.延边大学出版社，2006，5.

一体化"建设是指中朝两国边境地区的港口、道路、口岸进行区域性合作开发建设，其建设项目的实施，将充分利用周边国家的港口优势，借港出海，实现内贸货物和外贸货物的海上运输，开辟中国东北乃至内蒙古一条心的对外出海通道；中俄珲春—哈桑"路港区一体化"建设项目是指整合珲春和哈桑交通运输资源，使区域内的港口、道路、口岸达到最大便利化。中、俄、朝"路港区一体化"建设项目，得到了中国以及周边国家的广泛认同和支持。中国政府已将该项目纳入《促进东北老工业基地进一步扩大对外开放的实施意见》和《吉林省参与图们江区域国际合作开发建设"十一五"规划及到 2020 年设想》中。俄罗斯和朝鲜地方政府也正在寻求与有识之士开展国际合作，联合开发的共识已经形成。相信在中国政府和吉林省政府的高度重视以及周边国家地方政府的大力支持下，这两项工作将得到快速推进。

1. 中朝珲春—罗先"路港区一体化"项目

中朝"路港区一体化项目"是指将中朝两国部分区域内的港口、道路、口岸连为一体的区域性开发建设项目。在这一区域内实行便利快捷的特殊海关监管，两国商品可以免税进出口，两国人员、船只等运输工具可以自由进出，并允许第三国货物在区域内自由流动。其项目内容为：路是指由中方出资建设从珲春圈河口岸对岸的元汀里口岸至罗津港二级公路，预计投资 1.5 亿元；港是指作为对中方企业投资修路的补偿，朝方应给予中方企业罗津现有码头泊位的无偿使用权和经营权，且中方对规划开发的港口岸线拥有优先开发权（为了使罗津港真正发挥作用，预计中方再需投入 1 亿元左右进行改造，才有可能使路、港的货物通过能力相配套）；区是指作为提升路、港物流增值效益的一个现实途径，设想在罗津港附近设立"中国工业园"，面积 5～10 平方公里，由中方主导开发、招商引资，构筑路、港、区相互促进、带动、滚动发展，壮大格局。此项目，其具体实施计划分三步走：第一步，实现"货通其路"目标，设想以贸易起步，借助现有公路、铁路、港口装卸条件，通过货物运输实践，力图建立该通道制度性的操作规则；第二步，实现"货畅其流"目标，在货通其路的基础上展开路、港项目投资，在完成详细的工程可行性研究，签署必要的投资法律文件的条件下，实施该投资项目建设、施工和经营，以期使该路、港通道真正达到应有的吞吐量；第三步，在路、港项目投资步入健康发展轨道后，考虑启动工业区的规模、建设，并开展招商引资工作，从而带动整个罗津港区域的经济发展。

2. 中俄珲春—哈桑"自由路港区"的项目

中俄珲春—哈桑自由路港区项目是指在中国珲春市和俄罗斯哈桑区的一定范围内划出一个封闭式管理区域，整合交通运输资源，使区域内的港口、道路、口岸连为一体，免于通常的海关监管，两国商品可以免税进出口，中俄两国人员、船只等运输工具可以自由进出，并允许第三国人员、货物在区域内自由流动。构想中的中俄珲春—哈桑自由路港区建立于两国毗连的部分地域（本着双方区域面积对等的原则，拟建的中俄珲春—哈桑自由路港区区域总面积为 2600 平方公里，中俄双方各自划出 1300 平方公里进行共同开发建设，具体范围中方为珲春的敬信镇、珲春市区、珲春合作区、英安镇、马川子乡，俄方为克拉斯基诺、扎鲁比诺、斯拉夫扬卡、波谢特地区）之间的地缘经济体。自由路港区既不是以国家为主体组建的自由贸易区，也不是在中国一侧建立的出口加工、边境合作区和互市贸易区，它属于国际性经济特区，具有鲜明的跨国性，是两国地区间较低层次经济一体化的具体体现。其功能主要是协调双边的经济合作与利益分配，取消区域内的关税壁垒和非关税壁垒，实现政策效应的最大化，使该区域获得对国内外资金、技术、资源的可持续发展的动力。中俄珲春—哈桑自由路港区的区域建设目标为：一是共同实施和完善区域内的基础设施建设，重点对铁路、公路、口岸、港口和通信等基础设施进行建设和完善；二是共同实施和改善区域的软环境建设，包括改善通关条件，提高区内乃至两国经贸往来的方便度，双方重点在减免关税、降低运费和为双方乃至第三国人员进出境等方面提供便利条件；三是共同促进双方投资建厂和吸引外资进行项目建设，为双方和第三国人员的交往提供高效快捷的服务条件，带动该区域周围地域经济与社会的迅速发展。四是共同制定区域优惠政策，如进出口贸易政策、人员进出境政策、金融政策和投资政策等，通过双方共同制定优惠政策，使其功能不断完善，以达到互利互惠、共同受益和共同繁荣的目的。

3. 以长吉图为开发开放先导区的图们江区域合作开发规划

规划范围：本规划的主要范围是中国图们江区域的核心地区，即吉林省范围内的长春市、吉林市部分区域①和延边州（简称长吉图），同时辐射我国其他参与图们江区域国际合作的辽宁省、黑龙江省和内蒙古自治区等地区，并涉及我方与周边国家合作的相关内容。

---

① 长春市部分区域是指长春市城区、德惠市、九台市和农安县；吉林市部分区域是指吉林市城区、蛟河市和永吉县。

　　总体定位：（1）我国沿边开放开发的重要区域。以长吉图开发开放先导区建设为主体，鼓励在促进沿边地区与内陆腹地优势互补和联动发展、开拓陆海联运国际运输新通道、探索沿边地区跨境经济合作模式等方面先行先试，推动图们江区域合作开发在更高层次上纵深发展，为全国沿边开放开发提供经验和示范。

　　（2）我国面向东北亚开放的重要门户。适时推进跨境交通运输工程合作建设步伐，尽快打通东北东部铁路和公路大通道，逐步建成我国东北地区新的国际通道。

　　（3）东北亚经济技术合作的重要平台。以珲春边境经济合作区为窗口，依托长吉图产业基地，吸引域外投资者参与调整产业结构和优化产业布局，加强边境区域经济技术合作，推动建设跨境经济合作区，使长吉图区域成为东北亚地区优势互补、内外联动的有效合作载体，为构建更加开放的经贸合作区域创造条件。

　　（4）东北地区新的重要增长极。发挥区域独特、政策集成、环境容量大、资源承载力强的比较优势，做大做强特色优势产业，进一步优化区域产业分工协作，合作建设具有核心竞争力的新型工业和现代服务业、现代农业示范基地，充分发挥长吉图开发开放先导区在吉林省经济社会发展的引擎作用，提升东北地区的整体综合实力。

　　发展目标：到2012年，珲春市对外开放窗口功能显著提升，延（吉）龙（井）图（们）开放前沿功能进一步完善，长吉的腹地支撑能力进一步提高，区域整体综合实力明显提升。长吉图经济总量在现有基础上力争翻一番，产业结构进一步优化，生态环境更加优良，森林覆盖率保持在60%以上，基本公共服务体系初步建立，国际合作平台作用凸显，进出口贸易总额大幅度提高，成为我国东北地区经济发展新的亮点。

　　到2020年，中国图们江区域对外开放水平实现重大突破。特色产业体系形成明显竞争优势，科技创新能力达到国内先进水平，森林覆盖率达到68%，大中城市污水处理率达到100%，资源环境承载能力基本满足生产发展和生活富裕的要求，对内区域合作关系协调合理，对外综合运输通道全面形成并实现物流便捷畅通，城市功能完备。长吉图地区实现经济总量翻一番以上，基本公共服务体系进一步完善，建成我国东北地区重要的新型工业基地、现代农业示范基地、科技创新基地、现代物流基地和东北亚国际商务服务基地，基本形成我国东北地区经济发展的重要增长极。

　　长吉图一体化与图们江国际区域合作：国际合作是贯穿图们江区域开发的主线，是实现大图们江区域共同发展的关键。在新的历史起点上推进长吉图开发开放和图们江区域国际合作，要统筹国际国内两个大局，创新对外开放观念，明确科学发展任务和目标，制定有效政策措施，健全完善协商协调机制，着重解决重大困难和问题，实现新突破新进展，逐步形成全方位、宽领域、多层次、高水平的图们江区域开发与国际合作新格局。

（1）加快建设国际大通道通畅工程

重点实施综合交通运输基础设施合作项目，构筑贯通东北经济区的国际运输通道，提升长春龙嘉机场通关综合能力，建设国际空港物流通道。

第一，跨境基础设施合作项目建设。

积极推进珲春口岸国际商品交易中心建设，进一步完善珲春—扎鲁比诺—束草—新潟航线陆海联运。加快沿边重要口岸基础设施建设，进一步增强通关过货能力，提高口岸利用效率和经济效益。

第二，国际空港物流通道建设。

在长春龙嘉国际机场国航和南航公司两个海关监管库的基础上，完善龙嘉国际机场保税仓库及报关厅的功能，延伸国际空港物流通道功能，增加空港货物吞吐量。完善公共信息系统，以经营航空货物为特色，发挥辐射作用，建设成为东北腹地进出口空地联运中转点和配送中心、东北亚航空物流中心。强化延吉空港国际物流动能。

（2）积极推进跨境经济合作区建设

充分发挥珲春边境经济合作区在图们江地区开发开放中的作用，尽快形成集投资贸易、出口加工、国际物流等于一体的多功能经济区。积极创造条件，逐步建设跨境经济合作区。在基本建成跨境边境合作区以及图们江区域国际大通道的基础上，探讨在珲春市建立更加开放的经贸合作区域，提高边境地区的开放合作水平。

（3）加强环境领域合作

利用日、韩、俄等国在生态环境领域的先进技术，加强资源综合利用，发展循环经济，加强图们江区域生态环境综合治理，积极推进跨国自然保护区、跨国湿地等重点地区生态建设和环境保护的国际合作。

（4）加快国际产业合作园区建设

加强科技合作和产业融合，大力推进新型工业化进程。依托珲春边境经济合作区，加强与周边国家合作，重点发展高新电子、汽车零部件出口加工、纺织服装，以及能源及矿业开发加工、木制品加工、建材和机械装备制造。依托长春高新技术产业开发区，建设长春中俄国家级科技联合研究中心，重点发展光电子、激光、新型功能材料、生物技术研发及产业化、先进制造和信息技术等产业。依托吉林经济开发区，与俄罗斯开展双边合作，重点建设阻隔防爆技术产品、中重型卡车、小型飞机等合作项目。

（5）加强智力、文化和旅游等领域交流与合作

第一，优先推进智力合作。

充分发挥区域内教育资源和人才资源优势，积极开展东北亚各国专业教育和人才培训合作，鼓励具有优质教育资源的韩、日大学与吉林大学、东北师范大学、延边大学等合作办学，提高高校的教学、科研和管理水平。推进产学（培训）研合作，增强高校、研究机构与区域内大企业、大财团之间的紧密联系，鼓励和支持企业设立专项资金，委托高校及培训机构、研究机构开展重点科技攻关、专业咨询、技术推广、专门人才定向培训等，打造图们江区域人才培养高地和各层次人才和技术输出基地。

第二，加强对外文化交流。

利用中国与周边有关国家的历史文化渊源，在传承各国历史文化传统的前提下，以国家间互办文化年等活动为载体，举办工艺品和书画艺术品展销、文化旅游、歌舞表演、特色餐饮等具有各国特色和风情的、形式多样的文化交流活动。定期分别在中俄双方的吉林省长春市和滨海边疆区符拉迪沃斯托克市举办具有国际影响的文化交流活动，带动人员往来和经济技术合作。

第三，推进跨境旅游合作。

发挥东北亚各国旅游促进机构的作用，推进与周边国家开展跨国旅游合作。以区域内旅游基础设施建设、陆海空联运航线通畅、旅游市场培育、多语言旅游信息平台开发等为重点，打造图们江区域跨境旅游合作圈。

（6）创新图们江区域国际合作机制

在现有的大图们倡议合作机制基础上，定期举办东北亚经济合作论坛、图们江区域城市论坛等专业性研讨活动，搭建互信互动的信息交流和人员往来平台。适度扩大我国地方政府参与图们江区域合作开发的权限。

4. 中国图们江区域（珲春）国际合作示范区

为深入实施《全国主体功能区规划》和《中国图们江区域合作开发规划纲要——以长吉图为开发开放先导区》，进一步推动图们江区域国际合作，促进长吉图经济区协调发展，提升我国沿边开发开放水平，在吉林省珲春市设立中国图们江区域（珲春）国际合作示范区。

区域范围：珲春国际合作示范区范围约 90 平方公里，包括国际产业合作区、边境贸易合作区、中朝珲春经济合作区和中俄珲春经济合作区等功能区。

功能定位为：立足珲春市、依托长吉图、面向东北亚、服务大东北，

建设我国面向东北亚合作与开发开放的重要平台，东北亚地区重要的综合交通运输枢纽和商贸物流中心，经济繁荣、环境优美的宜居生态型新城区，发展成为我国东北地区重要的经济增长极和图们江区域合作开发桥头堡。

基础设施建设与产业发展重点：珲春国际合作示范区要统一规划、有序推进，分类指导、突出特色，进一步完善基础设施，保证人流、物流通道的畅通，大力发展对外贸易，深化国际产业合作，不断提升对外合作水平，构建与图们江区域合作开发相适应的现代产业体系。

（1）基础设施建设：针对珲春国家合作示范区的建设需要，加快建设吉林—图们—珲春铁路、珲春市区至边境口岸高等级公路，加快推进珲春—东宁铁路前期工作，实施圈河口岸、珲春口岸、珲春铁路口岸换装站等基础设施扩能改造，进一步完善道路、供水、供热、供电、通信、污水处理、垃圾处理等，全面提升珲春国际合作示范区功能；改造圈河口岸至罗津港公路，支持改扩建罗津港和扎鲁比诺港，新建圈河—元汀口岸跨境桥，畅通珲春国际合作示范区对外通道，打造交通顺畅、功能完善、辐射内外的国际化窗口。

（2）中朝经济合作：突出抓好中朝陆海联运国际运输通道建设，做好共同开发和共同管理罗先经济贸易区工作，加强产业合作，大力发展装备制造、新材料、高档纺织、绿色食品等中高端产品加工贸易产业与总部经济、物流服务等现代服务业，深入推进中朝跨境经济合作。

（3）中俄经济合作：突出抓好中俄陆海联运国际运输通道建设，充分发挥俄罗斯远东地区木制品、矿产品、海产品、港口及旅游等资源优势，大力发展高端木制品加工、金属制品加工、跨境旅游、商贸服务和口岸经济，配套发展临港物流和互市贸易，深入推进中俄跨境经济合作。

发展目标：到2015年，基本建成较为完善的基础设施体系，形成良好的体制、市场、政策和法律环境，连通内外的交通网络进一步完善，对外开放体制机制创新取得明显成效，商贸物流蓬勃发展，边境和跨境旅游进一步活跃，跨境合作模式初步建立，双边联动发展、多边联动发展深入推进，开放型经济发展格局基本形成；到2020年，建成布局合理、功能齐全、服务完善、商贸繁荣的重要经济功能区，体制机制创新取得新突破，对外开放平台基本完善，跨境合作成效显著，区域综合交通运输枢纽功能充分发挥，商贸物流和跨境旅游日益繁荣，人居环境和生态环境进一步改善，开放型经济发展格局全面形成。

7.3　大图们江区域国际合作的总体评价

7.3.1　大图们江区域国际合作的重大意义及优势分析[①]

1. 充分发挥了区位与要素禀赋优势

图们江地区具有天然的区位优势，它具有世界物流中心的潜在条件，但由于开发进程较慢，开发力度相对较小，所以没有形成物流中心。图们江地区的日本、韩国拥有丰富的资本、技术、管理资源；俄罗斯、朝鲜、蒙古和中国拥有能源、矿产、林业、旅游等丰富的自然资源和人力资源，这些要素禀赋决定了图们江区域经济圈具有巨大的发展潜力。大图们江区域经济圈的开发将整合图们江地区丰富的资源，实现资源的更合理配置，增加资源的利用效率，提高资源的产出率。要素禀赋能够保证大图们江区域进行经济合作的顺利进行，使区域产业发展实现成本的最小化或利益的最大化，由此可以实现大图们江区域生产要素自由流动和优化配置。大图们江区域这一生产要素自由流动和优化配置，对推进图们江地区经济合作，将产生向心力和凝聚力，加速该区域经济一体化发展的进程[②]。

2. 为东北亚经济一体化奠定基础

大图们江区域经济合作是东北亚区域经济一体化的一项重要内容，或者说是其众多次区域中的一个。如果能够实现图们江地区国际合作开发的实质性突破，将有助于中、日、韩自由贸易区的推进。在整个图们江地区国际合作中，大图们江区域经济合作具有基础性的地位。大图们江区域经济合作在图们江地区国际合作中最早建立了国际经济组织，其成员和观察员包括中、俄、韩、朝、蒙、日 6 个国家。大图们江区域经济合作具有较强的组织性和广泛性，经过多年的开发，又创造出了许多有利条件，这些都为大图们江区域经济合作奠定了基础[③]。大图们江区域经济合作可以在经济一体化、贸易与投资便利化、实施自由经济制度与自由路港区模式、创建国际金融区、实施交通自由化与自由口岸、跨境旅游等方面实现突破；可以在大图们江区域经济合作的基础上，进一步进行制度性硬约束的组织机构的构建和完善，创新经济合作模式，转换原来松散的模式，强化其经济一体化的

---

① 张杰.次区域经济合作研究——以大图们江次区域经济合作为中心.吉林大学博士学位论文，2009 年 5 月，92－96.

② 权哲男.关于图们江地区开发战略的研究.延边大学出版社，2006，108－143.

③ 第四届东北亚博览会"关于图们江地区开发"会议摘要，2008.

性质，重视要素在区域内的自由流通，充分发挥区域比较优势，逐步将其区域经济合作的空间范围由参与国的部分领土扩大到全部领土，进而建立中、俄、朝、韩、蒙自由贸易区，从而为东北亚区域经济一体化奠定基础。

3. 推动了中国经济增长极的形成

从地理区位角度，中国经济增长区从珠三角、长三角、环渤海地区推进，再向北便是图们江地区，如果条件成熟图们江地区将是中国经济增长的又一极。

大图们江区域合作展开以来，图们江地区的交通、口岸、通信设施、生产、生活、服务设施都得到了很大程度的改善和新建。以图们江地区珲春市为中心，相继开辟了中俄、中朝公路通道，中俄铁路通道，中韩空中通道和多条海路联运通道，形成了图们江地区以珲春为中心的陆海空立体交叉的通道网络，极大地提高了这一地区的对外开放程度，有力地促进了边境经济的发展。海陆联运通道运行良好，初步实现了借港出海的目标。为了利用俄罗斯和朝鲜日本海的诸港口，打开吉林省通往日本海周边国家及亚太国家的出海通道，加强经济和贸易往来，先后开辟了珲春—扎鲁比诺—束草—新潟陆海客货联运航线等多条海上通道。随着对图们江地区开发的深入，该地区的国际合作领域不断扩展。近年在联合国相关组织支持下，中、俄、朝三国开展了对图们江地区开发的环境影响评价工作，即进行环境保护领域的合作；开展了本区域物流预测工作，以及图们江经济区的地图制作等工作。朝鲜与俄罗斯远东铁路改造项目和俄韩经朝鲜铁路建设项目等双边基础设施衔接与合作不断达成协议和实施建设。随着上述行为的有效进行，必将为在东北地区制造新的经济增长极形成条件。

4. 有利于稳定边疆和促进东北振兴

加快图们江地区开放开发是贯彻落实我国"与邻为善，以邻为伴"周边方针的重要举措。图们江地区开发作为我国参与东北亚区域合作的重要一环，加快推进本地区的区域合作，促进该地区的稳定和发展，将为我国和平发展创造良好周边国际环境。加快图们江地区开放开发有利于促进延边少数民族地区社会经济更好更快地发展。延边朝鲜族自治州是我国朝鲜族的主要聚居区，尽管国家和吉林省赋予了延边地区很多优惠政策，但是，由于各种因素的制约，在一定程度上影响了该地区的经济发展。面对这一现实，通过加快图们江地区开放开发步伐，建立连接中国东北、蒙古和日韩乃至欧洲、北美的大通道，将延边地区潜在的区位优势充分发挥出来，从而促进延边地区社会经济更好更快地发展。加快图们江地区开放开发有利于促进东北老工业基地振兴。加强与东北亚国家的经济合作，将会加快东北老工业基地振兴的步伐。东北地区工业化和城市化水平较高，产业基础较为雄厚，教育和科技水平较高。积极参与东北亚区域经济合作，可以有效地把这些潜在优势转变为经济发展的现实优势。因此，应加快推进图们江地区开放开发，充分发挥图们江地区的地理优势和资源互补优势，促进东北老工业基地的振兴①。

5. 有助于吉林省外向型经济的发展

加快图们江地区开放开发是吉林省"走出去"战略的重要组成部分。从我国区域经济发展的格局来看，东北亚沿海地区凭借着拥有便捷国际通道的区位优势和政策优势，实现了优先发展。在东北地区，辽宁省也凭借拥有大连、营口、丹东等港口的优势，极大地促进了当地的经济发展。黑龙江省也因为对俄的区位优势，成为我国开展对俄贸易的前沿，带动了黑龙江省的经济发展。东北三省只有吉林省还没直接的对外通道，这在一定程度上是制约吉林省经济发展的一个重要因素。加快图们江地区开放开发，特别是推进中俄珲春哈桑"路港关"工程项目和中朝珲春罗先"路港区"工程项目建设，是吉林省实现"走出去"战略的重要选择②，也是重回沿海省的唯一途径。

6. 促进了次区域经济合作研究的发展③

在图们江次区域经济合作的实践过程中，关于设置互市贸易区，完善综合投资环境，为入区企业提供必要的生产和建设条件等方面的探索形成了一批理论成果，有利于指导相关区域经济开发。吉林省人民政府图们江地区开发办公室在自主开发、推动双边合作，短期行为与长期利益结合的思想指导下，委托吉林大学东北亚研究院、东北师范大学东北亚研究中心和吉林省工程咨询服务中心等单位相继开展了图们江地区国际合作开发相关重大问题的跟踪研究。包括《新世纪初图们江地区周边国家经济发展对策研究》《中俄珲春—哈桑边境经济合作区规划研究》《图（们）珲（春）长（岭子）至俄扎鲁比诺港间铁路贯通及租用改造扎鲁比诺工程可行性研究》《图们江地区周边国家政策环境比较研究》《中朝珲春—罗先边境（跨国）经济合作区规划研究》《图们江地区国际合作开发通道物流规划研究》《珲春市城市功能定位及其规划研究》等重大课题的研究。这些理论研究成果，

---

① 王胜今. 关于促进图们江地区开放开发与延边地区更好更快发展的几点建议. 加快推进图们江地区国际合作开发专家座谈会资料汇编，2008.

② 同上.

③ 吉林省人民政府图们江地区开发领导小组办公室编：东北亚区域经济合作暨图们江地区开发文献集，207－243，2006.

丰富了次区域经济合作的理论基础，将对中国参与图们江地区的国际合作开发起到有力的指导作用，有利于促进图们江地区周边国家之间的双边与多边区域经济发展。

7.3.2　大图们江区域国际合作存在的制约因素①

1. 宏大合作开发目标与有效实施措施缺失的矛盾

思考图们江区域合作愿景和各项合作计划没能实现的原因，首先应该反思有关愿景和计划是否切合实际，以及是否具有行之有效的实施措施。自联合国开发计划署决定将图们江地区开发纳入其第五期（1992～1996年）优先支持项目以来，有关各方曾多次发布图们江区域合作目标和行动方案的报告。这些目标宏伟的报告和规划根本无法真正落实。正如有的学者所评价的，图们江地区开发项目的基本方案和大多数规划研究，既没有以各国已经筹划和实施的区域规划为基础，也没有充分评估当地的实际需要、贸易潜力、制度性障碍以及融资可能性，更没有得到所有参与国的一致支持。

2005年9月，在长春召开的第八届"协商委员会"会议上通过了《GTI战略行动计划（2006～2015）》（简称"战略行动计划"），是自TRADP正式启动以来有关各方一致同意实施的最全面、细致的合作方案。但是如果按照"SMART"标准进行衡量，仍然可以发现其存在内容空泛、可行性较低等问题。"战略行动计划"发布以后，图们秘书处及GTI各优先领域合作理事会又陆续发表了一系列合作倡议或计划。然而，这些合作倡议和合作计划与"战略行动计划"相比几乎没有任何实质性改进，各项战略目标大多都仍然停留于纸面上而没有真正成为各国共同推进区域合作的行动蓝图。

2. 国际协调的复杂性与各国中央政府参与不足的矛盾

跨境经济合作的大多数事项均需有关国家中央政府达成具有法律约束力的国际协议，并承担落实相关协议的国际义务。然而，图们江区域开发合作从TRADP到GTI的各个发展阶段，各国中央政府的参与水平一直偏低，基本上没能发挥区域开发合作核心推动者的作用。

在图们江区域开发合作方案和推进机制的酝酿与准备阶段（1995年以前），UNDP一直在推进区域合作的各方面都发挥着主导作用。之后UNDP决定将实施TRADP的领导权让渡给项目涉及的有关各国，UNDP自身主要

---

① 吴昊. 图们江区域开发合作20年：愿景何以难成现实？[J].吉林大学社会科学学报，2012，52（6）.

第八章

大图们江区域旅游发展转型

8.1　旅游转型的概念及理论框架

8.1.1　旅游转型的概念

旅游转型可以认为是旅游领域发生的方向性、全局性、根本性的结构变化。如果结构没有发生变化，则不能认为发生了转型。

转型升级是旅游产业发展到一定阶段的必然趋势，也是旅游产业实现持续发展的必然选择。当旅游产业发展到一定规模和程度之后，必然要求在发展模式和发展方向上进行某种调整。这种调整通常有两种做法：一是彻底改变原有的发展方式与模式，另寻出路，另辟蹊径；二是在基本保持原有发展方式与模式的基础上，实现其结构的优化与要素的提升。前者可视为转型，后者可视为升级。虽然二者在最终的目的上是一致的，但在具体的途径和手段上还是有差别，不能将二者混淆。为此，对旅游产业转型升级的概念，我们尝试做如下界定：旅游产业的转型升级是产业转型与升级的有机结合，既包括旅游产业发展模式与发展形态的改变，也包括产业结构的优化与产业要素的提升。①

上述旅游产业转型升级的概念界定主要包括如下几层含义：

其一，旅游产业的转型升级是旅游产业发展到一定阶段的必然趋势和选择。

其二，旅游产业的转型升级，既包括产业发展模式与发展形态的改变，

---

① 谢春山，孟文，李琳琳，朱易兰. 旅游产业转型升级的理论研究 ［J］. 辽宁师范大学学报（社会科学版），2010，33（1）.

也包括产业结构的优化与产业要素的提升。

其三，旅游产业的转型升级是一个由粗放走向集约、由规模走向效益、由单一功能走向综合功能的渐进过程。

其四，旅游产业转型升级的结果可能会大大促进产业的发展，也可能使产业形态发生某些变化或形成某种新的业态。

其五，旅游产业的转型与升级相互作用、相互影响，殊途同归，最终的目的都是促进旅游产业持续健康的发展。

旅游转型的主体是旅游产业，方向是优化升级、提质增效，具体内容涉及旅游消费市场、旅游产业功能、旅游产业组织、旅游增长方式、旅游发展方式、旅游产业布局、旅游目的地、旅游产业结构与业态、旅游管理方式、旅游产业政策等方面的转型。其中，旅游产品转型问题成为业界与学界争论的焦点。①

8.1.2　旅游转型理论框架

旅游转型理论要完整解释旅游转型现象的发生、发展和完成。旅游转型的动力、过程、目标和价值，以及这些因素的相互关系、相互影响等，都应是旅游转型理论所要研究的主要问题，而且，这些问题之间还有很强的逻辑联系，共同构成一个完整的逻辑整体。旅游转型研究框架应该包括以下几个部分：②

1. 旅游转型的背景。在不同的历史发展阶段，旅游转型是可以多层次、多领域发生的，而每次转型面临的宏观环境不同，也就决定了转型的性质、动力、条件、目标、方向的不同。

2. 旅游转型的动因和动力。动因是转型的启动因素，动力是推动力量。动因和动力决定着转型的速度、广度、深度、目标、结构变动、次序等方面。

3. 旅游转型的目标和方向。按照既定目标自觉地进行社会转型，是政府主导型旅游发展模式的主要特征。政府层面和旅游企业层面设置的转型目标不同，但内涵和方向是一致的。

4. 旅游转型的内容。从微观的旅游企业层面来看，旅游转型是旅游产品、旅游经营业务、组织结构、商业模式、产权制度、竞争形态的转型。

---

① 刘少和. 旅游转型研究综述及我国旅游转型发展的探讨 [J].旅游论坛，2008，1（3）.

② 成英文，张辉. 旅游转型的概念及理论框架 [J].北京第二外国语学院学报，2013，217（5）.

从中观层面来看，旅游转型是产业运行方式、产业构成基础、产业形态的转型。从宏观层面来看，旅游转型是发展模式、发展道路、功能定位、发展目标、空间布局、管理体制的转型。

5. 旅游转型的过程。从时间维度来看，旅游转型的发生、发展、结束是一个自然历史过程。在旅游转型整个过程的每个阶段，各个方面都会呈现不同的特征。逻辑上来说，市场转型是旅游转型的起点，市场转型导致产业转型，产业转型导致管理体制转型，但由于市场转型在各个层面的进程并不统一，各地区产业转型的进程也有很大差异，因此3个层面的转型往往呈现交织的现象。

这些相互之间存在着很强内在联系的一系列问题应是旅游转型要研究的主要问题，也是最基本的问题。对这些问题的研究，构成了旅游转型研究的基本框架。

8.2　大图们江区域旅游发展转型的背景

一　居民消费水平和旅游消费的提升

城乡居民收入连年保持增长，消费结构不断升级，正在实现由生产型社会向消费型社会的过渡。2011年全国农村居民人均纯收入6977元，比上年增加1058元，增长17.9%。城镇居民人均总收入23979元，其中，人均可支配收入21810元，比上一年增加2701元，增长14.1%。按照经验，人均国民收入超过1000美元，观光旅游将大幅上升；人均国民收入超过3000美元，旅游业将实现多元化发展；人均收入超过5000美元，休闲旅游业高速发展。2011年中国城镇居民人均收入接近4000美元，中国休闲旅游业将快速发展。随着城市周边高等级公路的修建，群众私家车保有量的提高，更多的城镇居民利用短期休假成为城郊休闲旅游者。

旅游消费成为中国公民消费的一项重要内容。中国公民旅游的崛起，打破了以入境旅游为主的格局，国内旅游上升为主流。2011年发布的《中国旅游业"十二五"发展规划纲要》提出，全面发展国内旅游、积极发展入境旅游、有序发展出境旅游，推动旅游业特色化发展和旅游产品多样化发展，全面推动生态旅游，深度开发文化旅游，大力发展红色旅游。

二　我国区域化经济中心形成

目前，我国已形成带动地区经济的中心，如珠三角、长三角、京津冀、东北工业带等，这些区域经济中心的形成，在一定程度上改变了旅游业的空间格局，传统上区域之间的长距离旅游比重有所下降，而发生在同一经济区域内的短距离旅游增多。随着 2013 年 7 月宁杭甬高铁的开通，长三角地区高铁网络基本形成，"一小时经济圈"也随之形成。长三角地区的游客中，80% 的游客来自地区内。

三 图们江区域交通条件的改善

我国铁路建设达到世界先进水平，高铁建设超过世界先进水平，私家车数量突破 7000 万辆，自驾车旅游成为旅游市场一个重要的组成部分。[①]交通条件的改善和信息技术的发展以及散客旅游的崛起，打破了以传统团队旅游为主的格局，逐渐形成旅行距离短途化、旅游团队小型化、旅游方式自助化。图们江地区的交通条件也有了很大的改善，2012 年长春至珲春的高速公路全线通车，途经吉林、蛟河、敦化、延吉等城市，2015 年 9 月末开通了长春至珲春的高铁。这些交通条件的改善会大大促进地区旅游业的发展，原来的旅游产业的发展模式不能满足大量散客的需求，必须及时调整图们江区域旅游发展方式。

四 信息技术的发展

随着现代信息技术尤其是互联网技术的发展，一批基于互联网的旅游服务供应商，如携程、去哪儿网等类型的旅游企业开始崛起，打破了传统旅行社、饭店、景区作为旅游企业主体的格局。旅游者的出游行为正随着经济的迅速发展逐渐发生着变化，相较于传统的旅游供应商，运用互联网的旅游供应商能够更好地为旅游者提供多方面的需求。总之，在旅游产业发展历程中，互联网在促进旅游服务发展方面发挥了极为重要的作用，也必将会对未来旅游业的发展产生重大影响。

五 图们江区域合作开发提升为国家战略

国务院常务会议为进一步推进图们江区域国际合作开发、落实国家全面振兴东北老工业基地的战略部署、打造吉林省的区域经济发展引擎，于 2009 年 10 月 23 日正式批复了《中国图们江区域合作开发规划纲要——以长吉图为开发开放先导区》，把长吉图为开发开放先导区的中国图们江区域合作开发上升为国家战略。这一规划是东北亚各国中第一个在中央政府层面通过的区域规划。规划涵盖长春、吉林和延边等重点地区，是专门为促进该区域的跨国贸易和经济合作而设立的。规划纲要提出推进跨境旅游合作，发挥东北亚各国旅游促进机构的作用和推进与周边国家开展跨国旅游合作。以区域内旅游基础设施建设、陆海空联运航线通畅、旅游市场培

---

① 成英文，张辉. 旅游转型的概念及理论框架［J］.北京第二外国语学院学报，2013，217（5）.

育、多语言旅游信息平台开发等为重点，打造图们江区域跨境旅游合作圈。

六 UNDP 积极推进图们江区域多国合作

在图们江区域合作开发的 20 多年里，UNDP 一直在推进中国、俄罗斯、朝鲜、蒙古、韩国等国开展多方面的合作。联合国开发计划署已成立了交通、能源、旅游、投资 4 个专门委员会，从 2010 年起推出了一系列计划用以推动这一区域的合作。2005 年，联合国开发计划署宣布将逐步由主导方过渡到支持伙伴，各方一致同意建立共同基金，将"图们江地区开发项目"更名为"大图们倡议"区域合作，合作区域扩大到整个东北亚地区，包括中国的东北三省和内蒙古，朝鲜罗津经济贸易区，蒙古的东方省、肯特省和苏赫巴托尔省等东部省份，韩国的釜山、束草、蔚山和浦项等东部沿海省市和俄罗斯滨海边疆区的部分地区。2009 年，"大图们倡议"开始由成员国主导，建立轮值主导国和轮值主席机制，中国当选为首轮值主席国，联合国开发计划署作为支持伙伴，继续负责"大图们倡议"合作的协调组织工作。作为东北亚地区政府间的合作项目，"大图们倡议"（GTI）由中国、韩国、蒙古和俄罗斯四个成员国组成，近年来 GTI 为促进该地区的经济合作及和平、稳定发挥了积极的作用。GTI 的重点合作领域是 3T + 2E，即交通（Transport），贸易便利化（Trade Facilitation）和旅游（Tourism）以及环境（Environment）和能源（Energy），相应地建立了交通合作委员会、贸易便利化委员会、旅游合作委员会、环境委员会、能源合作委员会，并在上述领域实施了交通走廊和跨境便利化研究、贸易与投资培训和能力建设、多目的地旅游项目、东北亚旅游中心、能源领域能力建设培训和图们江流域水资源保护可行性研究等多个优先项目。

8.3 大图们江区域旅游发展转型的优势及机遇

8.3.1 图们江区域旅游资源丰富，互补性强，极具合作开发价值

在旅游资源上具有四大优势，即地理气候优势、生态景观优势、边境区位优势和地域文化优势。

1. 中国大图们江区域（东北三省）旅游资源特色

中方的特点是民族风情多样，边关历史厚重，山脉、森林风光秀丽。主要表现在以下几个方面。

第一，森林生态旅游资源丰富：黑龙江省的主要森林生态资源有大小

兴安岭、张广才岭、完达山脉等林区；湿地类型多、面积大，主要湿地有三江平原湿地、松嫩平原湿地、迎春湿地和扎龙湿地等；江河湖泊网络分布，境内有黑龙江、松花江、乌苏里江、嫩江、牡丹江、兴凯湖、镜泊湖、五大连池、连环湖、扎龙湖、莲花湖等，极具开发价值。吉林省的主要森林生态资源有长白山自然保护区、净月潭国家森林公园、白石山国家森林公园、红石国家森林公园、泉阳泉国家森林公园等，遍布全省的森林公园如今已成为森林旅游项目中的"热点"；水系风景资源主要包括中朝界河鸭绿江和图们江、第二松花江、嫩江等；湖泊风景资源主要包括松花江"三湖"、长春净月潭、查干湖、月亮泡等；火山地貌风景资源主要有长白山天池、三角龙湾等典型地貌为主的风景资源；湿地草原风景资源最具代表性的是向海、莫莫格等重要湿地。辽宁省的主要森林生态资源有白石砬子国家级自然保护区、老秃顶子自然保护区、医巫闾山自然保护区、仙人洞自然保护区、努鲁儿虎山、海棠山等；主要的山水风光有千山、凤凰山、棋盘山、冰峪、鸭绿江、清河、五女山、天华山等，世界上最长的可乘船游览的充水溶洞——本溪水洞。

第二，冬季冰雪旅游资源得天独厚：东北区域凭借良好的自然条件，形成了独具特色的冰雪旅游资源，是我国冰雪旅游的代表性区域。整个区域冰雪旅游资源丰富，既可观赏，又可游玩，再与冰雪文化、冰雪艺术、冰雪民俗等结合，可开发形成类型多样的旅游产品。目前已开发的冰雪旅游产品系列有：观光类冰雪旅游产品、体育休闲类冰雪旅游产品、节庆类冰雪旅游产品、赛事类冰雪旅游产品、民俗游乐类冰雪旅游产品等。东北区域共有滑雪场130家左右（见表8-1），其中黑龙江的亚布力滑雪场和吉林的北大湖滑雪场、长白山万达滑雪场是国内标准高山滑雪场；冰灯、冰雕、雪雕等主要分布在哈尔滨、牡丹江、齐齐哈尔以及长春、吉林、沈阳、鞍山等大中城市；各城市均有天然冰场和人工冰场，供旅游者进行冰上体育健身活动；众多的冰雪节庆活动将冰雪与文化、民俗、健身相结合，已经成为东北区域的冰雪旅游品牌（见表8-2）。

表 8 - 1　我国东北区域滑雪旅游设施情况

地区	滑雪旅游主要设施
黑龙江省	约 100 家滑雪场，有 S 级质量等级的滑雪场 27 家
吉林省	近 20 家滑雪场，其中国家级滑雪培训基地 1 家
辽宁省	约 10 家滑雪场，大型滑雪场 3 家

表 8 – 2　我国东北区域主要冰雪节庆活动

地区	主要冰雪节庆活动
黑龙江省	中国黑龙江国际滑雪节、中国哈尔滨国际冰雪节、哈尔滨太阳岛雪博会、中国佳木斯国际泼雪节、中国齐齐哈尔关东文化旅游节、黑龙江中国雪乡旅游节等
吉林省	中国长春冰雪旅游节暨净月潭国际滑雪节、吉林国际雾凇冰雪节、长白山冰雪旅游节、中国吉林查干湖冰雪捕鱼旅游节、通化冰雪旅游节、图们江冰雪节、海兰江冰雪节等
辽宁省	中国沈阳国际冰雪节、鞍山冰雪温泉旅游节

資料来源：根据黑龙江省旅游局网站、吉林省旅游局网站、辽宁省旅游信息网节庆活动相关信息整理。

第三，民族民俗旅游资源独具特色：东北地区民族文化风情浓郁。东北地区为满族世居之地，还有赫哲、鄂伦春、达斡尔等北方少数民族，构成具有民族特色的旅游资源。主要的民俗文化旅游资源有满族文化、朝鲜族文化、蒙古族文化、关东文化、红色文化等。利用这些民族民俗文化资源开发的主要民俗文化节庆活动有辽宁省抚顺的满族风情国际旅游节、吉林省延边的朝鲜族民俗文化旅游节、松原查干湖蒙古族民俗旅游节、四平叶赫满族民俗节、黑龙江省哈尔滨民间民俗艺术博览会、牡丹江镜泊湖之夏旅游文化节、齐齐哈尔关东文化旅游节、同江赫哲族旅游节等。

第四，历史文化旅游资源特征明显：东北地区西汉时所建立的夫余国、高句丽国、唐时所建的渤海国在东北这片黑土地上演绎过一幕幕威武雄壮的历史剧；闻名一时的高句丽王朝长达 400 余年，把集安作为政治、经济、文化的中心，留下了大量珍贵的高句丽历史文物，集安因此被国务院定位国家历史文化名城，集安高句丽遗址已被列为世界文化遗产。中国最后一个封建王朝——清朝，发迹于东北，苟延残喘于东北，留下了大量的名胜古迹。辽宁是清王朝的龙兴之地，沈阳是大清帝国的陪都。以辽宁地区为中心举办满族服饰展、满族美食节及民俗风情游、清代宫廷礼仪表演，开辟了清前史迹线、清代旅游一条街等。东北地区主要历史遗迹遗址有黑龙江省的索菲亚教堂、张学良故居、日俄监狱，吉林省的伪满皇宫、集安高句丽遗址，辽宁省的沈阳故宫等。

表8-3　东北三省特色旅游资源情况

省区	特色旅游资源	性质	季节性
黑龙江	镜泊湖、扎龙自然保护区、五大连池、亚布力、东北虎林园、欧洲建筑风情、兴凯湖、林海雪原、北极光、冰雪大世界等	自然旅游资源为主	旺季：11月~第二年3月；5~9月
吉林	长白山、集安高句丽遗址、伪满洲皇宫、净月潭、防川风景区、查干湖冬捕、向海湿地、吉林雾凇等	自然与人文旅游资源并重	旺季：5~9月；11月~第二年2月淡季：3~4月
辽宁	沈阳故宫、大连海滨、千山、清盛京三陵、本溪水洞、沈阳陨石山、近代战争史迹、葫芦岛九门口长城等	人文与自然旅游资源并重	旺季：5~9月淡季：10~4月

2. 俄罗斯图们江区域旅游资源特色

特点：欧洲风韵浓、军旅历史久，以海洋、森林为特色的自然风光丰富。

俄罗斯的图们江区域主要包括滨海边疆区、哈巴罗夫斯克边疆区南部、阿穆尔州、犹太自治州。它拥有浓郁的西方民俗文化、绚丽的自然风光、庞大的生态资源系统、独特的地域景色和别具一格的建筑风格。主要的旅游资源大体上分为5类。第一类是季节疗养区，主要指滨海边疆区南部海滨浴场，阿穆尔州、哈巴罗夫斯克边疆区及滨海边疆区的河流和湖泊附近的夏季疗养度假区。第二类是渔猎采集旅游区，主要旅游活动包括到森林狩猎、采集野果和蘑菇及钓鱼等。俄罗斯是一个有着狩猎传统的国家，狩猎被视作一种文化和生活方式。在俄罗斯的每个城市，不论大小，都会有装备齐全、枪支种类丰富的猎具店。[1] 本地区狩猎资源极为丰富，森林覆盖率高，动植物种类繁多，而且畜牧业分布比较均匀，具有发展狩猎旅游项目的基础条件。最近几年，滨海边疆区的狩猎旅游得到一定程度的发展。目前，在滨海边疆区、哈巴罗夫斯克边疆区等地均建有狩猎场，并开通了赴滨海边疆区原始森林狩猎区、布拉戈维申斯克—乌里尔原始森林狩猎区与布列契狩猎基地和哈巴罗夫斯克狩猎区等多条国内外旅游线路。滨海边疆区也是远东具有发展狩猎旅游项目的地区之一，有39种毛皮食肉动物（貂、松鼠、黄鼬、狐狸、北美水貂、水獭、马鹿、野猪等）可猎取[2]。第三类是冬季旅游区，主要旅游项目是滑雪、滑冰、滑雪橇。第四类是康复

① 原汁原味的俄罗斯狩猎 [EB/OL]. (2010-10-22) http://taigaexlorers.com/index.php?Option = com content & view = article&ed =134&Itemid =127.
② 周洪涛. 俄罗斯远东狩猎旅游资源开发潜力初探 [J]. 西伯利亚研究, 2012, 39 (3).

疗养区，滨海边疆区在矿泉和泥浴用泥产地的数量上名列前茅，利用现有的疗养院、堪察加的矿泉、滨海边疆区的矿泉开展矿泉浴、泥浴等康复疗养活动。第五类是旅游观光区。[①] 主要旅游区有 3S（大海、阳光、沙滩）旅游资源，兴凯湖、锡霍特自然保护区、海参崴、哈巴罗夫斯克市等城市旅游资源。海参崴是俄罗斯西伯利亚和远东地区仅次于新西伯利亚的第二大城市，是俄罗斯滨海边疆区的首府，也是本区政治、经济、文化中心。这里自然、人文条件得天独厚，旅游资源丰富多彩，富有特色。主要的旅游资源有风光旖旎的滨海滩岛、独放异彩的军事旅游资源和迷人的俄罗斯风情。

滨海边疆区还有独具特色的民族历史与文化资源。俄罗斯非常重视对文物和历史建筑的保护。滨海边疆区主要的民族历史与文化旅游资源有传统的教堂建筑、东正教教堂等。滨海边疆区的阿林中心 2001 年被列入世界文化遗产。[②] 俄罗斯传统的教堂建筑具有斯拉夫式教堂艺术风格，是拜占庭式教堂艺术与罗马教堂艺术、古罗斯神庙建筑艺术相结合的产物。在俄罗斯，几乎每个城镇甚至偏远山村都建有各具特色的教堂，许多地方还有以教堂和修道院为主的建筑物，成为俄罗斯特有的一道亮丽风景线。

3. 朝鲜旅游资源特色

本研究中，大图们江区域包括整个朝鲜。朝鲜旅游资源的特点：政治性纪念物比较多，国家风情神秘，半岛文化悠久，自然风光以海滨为特色。

朝鲜的特色旅游资源主要有三类[③]：

第一，政治性纪念物比较多。作为政治性纪念物，主要包括革命纪念碑、纪念馆与革命和领袖相关的设施、场所等。这是朝鲜旅游吸引游客的主要景点。这些景观数量最多，也是旅游者基本的活动场所。首都平壤市有数量众多的纪念碑、纪念馆、纪念塔、博物馆以及各种对外开放的社会场所，这些场所位置优越，环境良好，干净整洁，空间宽阔，维护精心，给游人留下很好的印象。这类纪念物遍及朝鲜全国各地，也是当地主要游览景点。代表性的纪念物景点有万寿台大纪念碑、主体思想塔、万景台革命史迹地、朝鲜革命博物馆、祖国解放战争胜利纪念馆、朝鲜中央历史博物馆等。

---

① 孙晓谦. 浅析俄罗斯东部地区的旅游资源 [J].俄罗斯中亚东欧市场，2005，5.

② 孙晓谦. 俄罗斯旅游市场开发现状及发展趋势 [J].西伯利亚研究，2012，39（3）.

③ 张广瑞主编. 东北亚与东南亚地区旅游发展历程与政策沿革 [M].中国水利水电出版社，2010，312.

第二，自然景观独具特色。朝鲜气候条件良好，作为半岛雨量充沛，植被覆盖面积大，又由于现代工业不发达，使得那里的自然环境得到了很好的保护，有着秀丽多姿的自然风光。代表的自然景观有白头山、金刚山、七宝山、妙香山、九月山等。

第三，特殊的边境奇观。朝鲜处于一个半岛，直接接壤的国家少，只有中国和俄罗斯，多与其他国家隔水相望，但是，由于出现了一个三八线，使这个国家的边界地区有了独特的旅游吸引力。朝鲜半岛以三八线南北分割，在一条看不见的三八线上构筑了一条宽宽的隔离区，被称作"世界上最后一个冷战战场"。由于战争的原因，使朝鲜的开城和本无人知晓的板门店扬名世界。那附近有隔离、对峙的场景，有记录战争、和平的纪念物，还有着因为隔离而制造的无人区，和由此产生的非常异常的自然状态。如今韩国方面已经把该地域开辟为旅游景点，每天参观者络绎不绝。这又使得朝鲜一方变得更具有吸引力，也成为入境旅游者必到之处。

在朝鲜的东北角，一条蜿蜒的图们江，成为连接中国、朝鲜和俄罗斯的界河。图们江地区的开放一直受到联合国开发计划署的关注，早在 20 世纪 90 年代就专门制定了图们江地区的旅游发展总体规划。这一地区有着开展生态旅游、观光旅游和特殊兴趣旅游的优越条件。

第四，城市旅游资源丰富多彩。朝鲜首都平壤是朝鲜旅游的首选目的地，拥有丰富的人文、自然、节庆旅游资源。平壤的主要景点有万景台、千里马铜像、凯旋门、金日成广场、友谊塔、世界上最深的地铁、大同江、阿里郎演出等。朝鲜东北部的罗先市是朝鲜的经济特区，拥有丰富的海洋旅游资源，利用地域优势开发独具特色的旅游产品，主要的旅游产品有罗先自驾游、罗先—金刚山豪华邮轮游、七宝山豪华列车游等。

4. 韩国旅游资源特色

本研究中，大图们江区域包括整个韩国。韩国的旅游资源特点如下：

第一，挖掘传统文化遗产，如韩国饮食、服饰、瓷器、歌剧和节庆等与旅游结合起来，开发成韩国独特的旅游品牌。传统文化不仅丰富了韩国旅游资源，同时在旅游中也得到广泛的弘扬与传播。韩国节庆活动众多，据韩国官方网站的收录，主要节庆活动就近 200 项，主要分为：庆典、祭礼、传统节日和现代大型活动等。这些节庆活动既有文化节、民乐庆典、首尔鼓节、传统酒和米糕节等弘扬传统文化的，也有如水原排骨节、全州拌饭节等推介韩国饮食特色的，同时还有时装节、摇滚舞节、演唱会、艺术节、电影节、跆拳道节等彰显现代流行文化的。

第二，韩国文化与旅游融合而开发的文化旅游资源独具特色。"韩流"是韩国文化与旅游融合发展的产物，也是韩国旅游业转型发展的新型模式。韩国电影、电视是传播"韩流"的最有力的载体。韩国旅游开创了一个新的营销模式：依靠上游产业链条中的电影、电视产品在全球形成的吸引力，根据影视情节包装推广韩国各个地区的景点。传播"韩流"的代表性的电视剧有《冬季恋歌》《大长今》等，结合这些电视剧、电影开发出独具特色的文化旅游景区，如"大长今村"（MBC 文化乐园）、"外岛"（爱情岛）、"韩流坞"等。

第三，韩国是三面环海的国家，拥有多样的滨海旅游资源。东海海岸线较为单一，拥有干净的水域和宽广的白沙滩，这里还是观日出的名处。韩国大部分海水浴场分布在东海岸，主要的海水浴场有江原道的束草海水浴场、镜浦台海水浴场、洛山海水浴场、庆尚北道的九龙浦海水浴场、忠清南道的大川海水浴场、武昌浦海水浴场、济州岛的中文海水浴场、釜山的海云台海水浴场等。

第四，自然旅游资源丰富。主要的自然旅游资源有雪岳山、汉拿山、五台山、智异山、内藏山等。利用这些名山，开发多种多样的旅游产品，如观枫红产品、森林生态游、登山游、观日游等。

8.3.2 图们江区域周边国家及地区重视双边或多边旅游合作

1. 中朝旅游合作

2009 年，经国家旅游局等相关部门组成的联合工作组考察评估，丹东市和延边州正式批准开展边境旅游异地办证试点业务。[①] 丹东市和延边州开展边境旅游异地办证业务后，游客赴朝将更加便捷。外地游客凭身份证和照片，就能用较短的时间在丹东市和延吉市办理去朝鲜旅游的手续。

2009 年 10 月 4 日至 6 日，温家宝总理访问朝鲜，在两国总理的见证下，双方签署了《关于中国旅游团队赴朝鲜民主主义人民共和国旅游实施方案的谅解备忘录》，备忘录签署后，双方积极推动各项准备工作，共同商定于 2010 年 4 月 12 日正式启动首发团。中国旅游团队赴朝鲜首发团的启程，标志着中国公民组团赴朝鲜民主主义人民共和国旅游业务正式启动。中国公民组团赴朝鲜旅游业务的正式实施，使两国旅游交流与合作进入新的历史时期，这必将进一步加深中朝两国人民的传统友谊，扩大双方旅游

---

① 边境旅游异地办证：公安部出入境管理部门为非边境地区人员异地签发"中华人民共和国出入境通行证"，从而使国内非边境地区人员能够持证参加边境旅游。

交流与合作的领域和影响。① 朝鲜正式成为中国公民的旅游目的地国家。

2010 年朝鲜修订的《罗先经济贸易地区法》中规定,"直接进入罗先经济贸易区的外国人实行免签证制度"。

2010 年开始,吉林省加大旅游业的发展,扩大中朝俄旅游规模,特别是对朝旅游迎来重要发展期。吉林省为了加大长吉图为开发开放先导区的图们江区域合作开发力度,近几年加大推进地区旅游业及跨国旅游合作,而且将旅游产业确定为重点合作开发项目。最近几年,图们江区域开发的特色旅游产品有延吉至罗先自驾游,中朝俄珲春、罗先、海参崴环线游,图们至七宝山的专列游,延吉至平壤的包机游等。吉林省将在中俄朝三国交界处——图们江下游——建立边境旅游示范区。

2012 年 8 月 14 日,在北京召开中国和朝鲜共同开发和共同管理罗先经济贸易区和黄金坪、威化岛经济区联合指导委员会,宣布成立管理委员会。中朝两大经济区合作已进入实质性开发阶段,朝方还为此专门修订了《罗先经贸区法》,制定《黄金坪、威化岛经济区法》。两大经济区都把旅游业确定为重点发展的产业。

2. 中韩旅游合作

中国和韩国多年来一直是东北亚出境旅游的主要客源国和主要目的地国。韩国从 2005 年开始成为中国的第一大入境旅游客源地国家,中国也成为韩国的第二大客源国。两国政府非常重视旅游合作。

韩国为了扩大中国公民的赴韩旅游,采取了一系列措施:在北京、上海等地建立韩国国家旅游组织办事处,中国各主要城市与韩国地方城市建立姊妹关系,建立面向中国终端消费者的中文旅游网站,目前,双方已建立 91 对友好城市。

2000 年开始,中国把韩国确定为中国公民出国旅游目的地国家,推动了两国旅游合作。2005 年 10 月,韩国对中国游客实施简化入境手续,取消原有的邀请确认书等措施,以方便中国游客赴韩国旅游。

中国也努力开发韩国旅游市场,加大对韩国的宣传。如 2005 年 11 月胡锦涛主席访问韩国时,与时任韩国总统卢武铉商定 2007 年中韩建交 15 周年为中韩交流年;2006 年 7 月,在中国国家旅游局局长邵琪伟访问韩国期间,签署了《中韩旅游合作谅解备忘录》;北京举办了"北京韩国旅游周""韩中交流会"等活动;青岛市举办了"青岛韩国旅游周"等活动;自 2004 年沈阳每年举办中韩旅游大会;2005 年,在浙江嘉兴召开了中韩旅游合作大

---

① 中国旅游团队赴朝鲜首发团今日启程 [N].国家旅游局网,2010.

会，双方推介了旅游产品；2008 年 4 月，吉林省与韩国忠清北道签署了旅游合作协议；2010 年 7 月，韩国发表了《中国游客签证制度改善方案》，扩大中国游客多次往返签证适用范围，从 3 年延长到 5 年，申领程序也大为简化。

3. 中俄旅游合作

中俄互为重要客源国和旅游目的地国。据中方统计，俄罗斯来华游客数量占中国接待外国游客数量的 10% 左右。从 1997 年至今，俄罗斯一直是中国第三大客源市场；与此同时，据俄方统计，中国是俄罗斯第二大客源国。中俄两国都是旅游大国，旅游资源丰富，旅游市场互补性强，旅游交流合作有着良好的传统和扎实的基础。近年来，随着两国全面战略协作伙伴关系的不断发展，两国在旅游领域的交流与合作日益深化，旅游互访人数不断增长，旅游安全、旅游教育等合作机制不断完善，地方旅游合作蓬勃发展。两国旅游部门交流密切，除通过中俄人文合作委员会旅游分委会的平台定期会晤外，还建立了中俄旅游教育论坛、中俄旅游安全工作小组会议、中俄地区旅游合作交流会议等机制和平台，开展广泛而深入的交流。

自 2005 年 8 月实行中国游客赴俄罗斯部分地区免签后，两国间的旅游合作范围迅速由边境地区扩大到俄罗斯全境。目前，俄罗斯与我国的旅游合作已遍及东北、华北、中南、西南、西北和港澳台等旅游区。与远东地区山水相连的黑龙江省已与俄罗斯的十几座城市、几十家旅行社建立了合作关系，形成了沿边多方位、多层次的旅游市场格局。2010 年中俄蒙三国的 20 个城市共同组建了"茶路之旅"旅游联盟，正在携手打造"茶路之旅"国际旅游线路。2011 年 4 月，图们江区域中俄朝三国免签证的环形跨国旅游项目已正式运营，一个潜力无限的跨国旅游区正在形成。俄旅游署专家认为，中国的人口是俄罗斯的十多倍，而现在俄罗斯来中国旅游的人数却是中国赴俄罗斯的两倍还多。因此，中国赴俄的旅游市场仍有巨大发展空间。2012 年是中俄两国继互办"国家年"和"语言年"之后的"旅游年"，也是中国国家旅游局确定的以"欢乐健康游"为主题的旅游年。在中国"俄罗斯旅游年"的大背景下，区域旅游合作将成为带动东北地区与俄远东地区经贸合作的重要力量，同时也不能忽略与俄罗斯西部的旅游合作。只有拓展对俄旅游合作范围，才能扩大旅游规模，提高旅游收入，推动旅游业快速发展。[①]

2013 年 3 月 21 日，在中国国务院副总理汪洋和俄罗斯副总理戈洛杰茨

---

① 孙晓谦. 俄罗斯旅游市场开发现状及发展趋势 [J]. 西伯利亚研究，2012，39（3）.

的共同见证下，中国国家旅游局局长邵琪伟与俄罗斯联邦旅游署署长拉季科夫在俄罗斯联邦政府大楼签署了《关于落实俄罗斯"中国旅游年"框架内活动的执行计划》。中俄拟在俄罗斯"中国旅游年"框架内举办的活动已达 382 项，其中中方活动 235 项，俄方活动 147 项。中方主要活动包括邀请百名俄旅行商、百名俄媒体记者赴华考察，"你好，中国"百期旅游宣传节目以及莫斯科—北京中俄记者自驾游等活动。根据双方签署的执行计划，中俄将继续密切合作，共同办好 2013 年各项活动。

2013 年 3 月 22 日，中国国家主席习近平、俄罗斯总统普京莅临莫斯科克里姆林宫大礼堂并致辞，隆重开启了俄罗斯"中国旅游年"的序幕。这是中俄两国及两国人民友好交往的盛事，对于增进两国人民友谊及促进旅游业发展具有里程碑意义。首先，有利于深化中俄全面战略协作伙伴关系；其次，有利于提升元首旅游外交的影响力；再次，有利于扩大以旅游为载体的文化传播；最后，有利于开创入境旅游宣传新局面。

中俄两国互办"旅游年"标志着中俄两国旅游合作达到了前所未有的水平。在两国领导的高度重视及各界的积极支持、主动参与下，2012 年中国"俄罗斯旅游年"各项活动顺利举办，有效宣传了两国的旅游资源，加深了两国游客对对方国家的了解，取得了明显成效。据中方统计，2012 年中国首站赴俄人数 86.91 万人次，同比增长 7.35%；俄旅华人数达到 242.62 万人次，同比减少 4.3%。2013 年，中国赴俄旅游人数为 91.53 万人次，同比增长 5.3%；俄旅华人数为 218.63 万人次，同比减少 9.9%。①

为协调实施中俄地区发展战略和中国《东北地区振兴规划》与俄罗斯《远东及外贝加尔地区 2013 年前经济社会发展联邦专项规划》，中国和俄罗斯合作制定了《中华人民共和国东北地区与俄罗斯远东及东西伯利亚地区合作规划纲要（2009～2018 年）》。在规划纲要中，中俄旅游合作成为重要的合作领域。

8.3.3 图们江区域周边国家积极推进合作开发

现阶段，大图们江地区正在进入新一轮加快开发的启动阶段。国际国内环境与 20 世纪 90 年代初相比，尽管问题犹存、困难不少，但域内的基础条件和服务环境实现较大改变，为该地区实现大发展提供了可能。

1. 中国积极主动推进图们江区域合作开发

2009 年 11 月，国务院正式批复《中国图们江区域合作开发规划纲

---

① 中国国家旅游局网：www.cnta.com.

要——以长吉图为开发开放先导区》（简称规划纲要），标志着长吉图开发开放先导区建设已上升为国家战略，长吉图开发开放先导区成为迄今唯一一个国家批准实施的沿边开发开放区域。

加快图们江区域合作开发，是新时期我国提升沿边开放水平、促进边疆繁荣稳定的重大举措。按照国务院的批复，吉林省长春市、吉林市部分区域和延边州（简称长吉图）是中国图们江区域的核心地区。

《规划纲要》特色比较突出。首先，它是突出开放合作的发展规划，旨在通过加强国际、国内合作，加快重点区域的发展，推进图们江开发进程；其次，它是承前启后的规划，图们江开发一直是国家战略，国家分别于1992年和1999年进行了开发规划，现在这个规划已是第三次规划，从规划范围看，是一个不断递进的过程，1992年是珲春市、1999年是延边州，本次规划是长吉图，随着形势的变化和发展的需要，中国参与图们江开发的重点区域范围还将有所变化；再次，它是强调重点区域带动的规划，这个规划最显著的特点就是有个副标题"以长吉图为开发开放先导区"，设立这个副标题就是要强调长吉图的先导作用，通过长吉图先导区的率先发展，带动图们江整体的开发开放迈上新台阶；最后，它是促进共同发展的规划，在国际金融危机的影响下，国际和国内都需要整合力量，共同应对。这个规划同辽宁沿海经济区规划相互衔接，同时也很好地呼应了俄罗斯的远东地区发展规划，必将有力地推进东北振兴、图们江开发和东北亚国际合作进程。

《规划纲要》具有以下几个方面的重要意义。

第一，有效解决图们江区域开发开放自身面临的主要问题。边境地区经济体量不大，人口集聚度不高，产业竞争力不强，不能够有效支撑国际性区域合作开发。本规划是要在延边州的基础上，将吉林省的长春市和吉林市整体纳入图们江国际合作开发范围，共同打造长吉图开发开放先导区，增强中国参与图们江区域国际合作开发的整体实力，促进图们江开发取得新进展和新突破。

第二，促进东北老工业基地全面振兴，有力推进区域协调发展。2009年，国务院出台了《关于进一步实施东北地区等老工业基地振兴战略的若干意见》，对东北地区振兴做出了新一轮的战略部署。推进长吉图开发开放，促进我国与东北亚国家资源互补合作，挖掘对外开放合作的潜力，形成具有发展活力的新的增长区域，必将极大提高这一区域的整体经济实力，促进东北老工业基地全面振兴，进一步推动东、中、西联动发展，在全国形成的协调互动发展的良好局面中发挥重要作用。

第三，为全国广大沿边地区扩大开放提供经验。改革开放以来，沿海地区取得了很大的成功，但是沿边地区开放进程相对缓慢、开放程度相对较低。按照国家提出的提升沿边开放要求，需要选择一些基础条件较好的地区率先突破，为其他沿边地区提供经验。长吉图区域沿边近海，长春和吉林两大城市是吉林省的经济核心区，延边州在图们江国际合作方面奠定了良好基础也积累了丰富的经验，所以长吉图区域加快开放能够为我国提升沿边开放提供新的经验。

2. 俄罗斯积极应对大图们江区域合作[①]

俄罗斯很重视符拉迪沃斯托克及周边地区的发展。1993 年，符拉迪沃斯托克市人民委员会组织俄罗斯科学院远东所等多家科研机构的专家学者制定了符合本国利益的"大符拉迪沃斯托克"规划——《滨海边疆区南部发展构想》，但时值苏联解体后的社会转轨时期，动荡的政治氛围和不断恶化的经济环境使该规划最终停留在纸面上。经济全球化和区域经济一体化的发展使俄罗斯逐渐认识到开发西伯利亚及远东地区的重要性，以及开展与东北亚国家合作的迫切性，2006 年 11 月 19 日，在越南河内召开的亚太经合组织会议上，俄罗斯联邦滨海边疆区区长谢尔盖·达利金提出了发展新时期"大符拉迪沃斯托克"规划的想法，并得到了俄罗斯政府的支持，将其列为《俄罗斯远东及外贝加尔地区经济和社会发展 2013 年联邦专项规划》的子计划，成为国家东部发展战略的重要组成部分。此后，由于亚太地区形势变化和全球经济危机对俄罗斯东部开发计划产生的较大影响，俄罗斯政府又于 2010 年 1 月 20 日正式批准了《俄罗斯远东及外贝加尔地区 2025 年以前社会经济发展战略》。这一系列国家战略规划意在发挥东部地区临近亚太的地缘优势和丰富的资源优势，巩固俄罗斯在该区域的政治和经济影响力，加强与周边国家的全方位合作，争取早日融入东北亚区域一体化进程。

3. 朝鲜试图通过大图们江区域开发加大改革开放

20 世纪 90 年代以来，朝鲜的经济社会发展和改革开放步伐不断加快。朝鲜通过积极调整经济政策，不断扩大地方经济自主权；调整物价和工资结构，缩小配给制；扩大企业自主权，强化企业管理；扩大同西方国家的贸易；调整农村经济管理制度，实现地方工业和农业的相互促进与发展。通过发展信息技术产业，提高经济管理的现代化水平；建立开发区和经济特区（目前，朝鲜拥有罗先、开城和金刚山三个开发区和一个新义州特

---

① 刘锋."大符拉迪沃斯托克"规划与图们江区域合作.延边大学学报（社会科学版），2010，43（5）.

区)，进一步实现了朝鲜经济社会和改革开放的加快发展。随着朝鲜经济的发展和经济环境的缓和，中朝"路港区"工程建设项目正在推进，为图们江区域经济合作找到了新的切入点。这些都为加快大图们江区域的国际合作，特别是促进双边经济合作提供了很好的前景。① 在实施图们江地区合作开发战略中，中国珲春—朝鲜罗先"路港区"工程建设项目已正式启动。在2005年9月第一届东北亚投资贸易博览会和图们江区域开发项目第八次政府间协商协调会议期间，朝鲜也表示2006年开始动工建设的中国图们到朝鲜清津港的铁路也将采取这种方式，并会优先考虑中国投资方以及提供更优惠的政策。目前，中国拥有朝鲜罗津港待建4、5、6号码头50年的经营使用权，连接中国圈河口岸至朝鲜罗津港公路50年的使用权，并在罗津港附近占地5~10平方公里建设工业园和保税区，中国已获得朝鲜罗先特区铁路、机场、火电厂、码头的建设权和使用权。中国投资建设的朝鲜元汀里至罗津港的二级公路2012年10月已开始通车，公路全长50.3公里，公路北与珲春市圈河口岸相接，南与罗津港相连，是朝鲜罗先经济贸易区内的重要交通通道。2012年8月，在北京召开了中国和朝鲜共同开发和管理罗先经济贸易区和黄金坪、威化岛经济区联合指导委员会第三次会议，并签署了成立和运营管理委员会的协议、经济技术合作协定，以及农业合作、对罗先地区输电、旅游合作等相关协议。这些都表明，图们江区域合作开发至关重要的因素——朝鲜的政策环境在近年来有了明显改观，图们江区域合作开发已出现新的发展机遇。

4. 韩国借大图们江区域经济合作推进朝鲜半岛经济体的建立

中韩两国政府已经确定了到2015年双边贸易额达到3000亿美元的发展目标，同时制定了《中韩经贸合作中长期发展规划》，提出了中韩经贸合作的重要课题、重点合作领域及政策建议。② 韩国认为，东北老工业基地振兴和图们江区域合作开发规划，对朝鲜半岛经济共同体的建立有不可忽视的影响。拟与中国在以下领域展开合作：第一，东北亚交通运输网络建设。仁川—南浦—丹东—大连的海上运输及新义州—丹东—沈阳的陆路运输，可把韩国、朝鲜经济和中国东北经济连在一起；仁川—上海海上运输，可把半岛南北经济和华中经济圈连在一起；修复京义线、东海线铁路（TKR），可把TCR和TSR铁路连接起来，建成韩国、朝鲜—中国东北地区

---

① 李玉潭. 东北亚区域经济合作的影响因素分析，加快推进图们江地区国际合作开发专家座谈会资料汇编，2007.

② 中韩经贸合作中长期发展规划.

—俄罗斯远东地区的物流运输网，并促进上述地区通信网络的建设和基础设施的扩充。第二，边境地区的经济合作开发。以中国东北三省为中心建立交流基地，通过与朝鲜交流基地的连接，对朝鲜经济的发展及半岛经济共同体的建立将产生积极作用。从珲春经罗先港，把货物运到日本的新港，比经大连到新潟的运输缩短 1/10 的陆路距离、1/2 的海上距离，从日本装转的货物经罗津港发往欧洲，比经大西洋路线缩短 1/2 的运输距离和 1/3 的时间。第三，边境地区旅游业的合作：20 世纪 90 年代初韩中建交后，中韩之间旅游人数呈迅速增加趋势。中朝之间从 20 世纪 80 年代末开始，由辽宁丹东和吉林集安、延边的旅游机构与朝鲜的旅游机构合作组织旅游团。今后，中国和朝、韩旅游合作可发展为中国—朝鲜—韩国的旅游线路，从而进一步扩大三国间的人员交往，促进朝鲜对外开放。[1]

8.3.4　各类旅行社之间的区域合作推动了东北边疆地区的跨国游[2]

由于俄罗斯、朝鲜都已经成为我国的旅游目的地国家，东北的边境旅游业务从特许经营带来的优势日趋弱化，但自 2009 年以来，一部分口岸（如丹东、延边、绥芬河等口岸）由于恢复了异地办证的出境管理政策，其带来的便利性仍促使内地游客通过口岸地区的旅行社组团成行。国内外旅行社之间、边境和内地旅行社之间在组团、旅游线路衔接、联合促销等方面的合作日渐增多，推动了边境旅游业和跨国旅游业的联动式发展。

从口岸地区旅行社收入来源看，东北边境地区的跨境旅游是出境游为主、入境游为辅的态势。今后的发展方向是要把东北边境口岸地区的入境旅游业做大做强，通过构建跨国旅游合作区等模式，实现边境旅游服务业的产业集聚，促进国内游和国际游的全面发展。

8.3.5　东北亚区域旅游组织及论坛为区域旅游合作提供科学平台

1. 东北亚国际旅游论坛

2004 年，中日韩三国学者启动了东北亚国际旅游论坛，从 2004 年到 2012 年分别在我国大连、韩国大邱、日本新潟、韩国束草、俄罗斯的哈巴罗夫斯克等地召开了七届论坛，中日韩学者成为东北亚区域旅游研究队伍的主要成员。韩国学者 Park Suk-Jin 提出，为了使东北亚旅游地带得以形成，需要搭建海陆空交通网络，以连接北京、首尔、东京等著名旅游目的

---

① 朴键一、朴光姬. 中韩关系与东北亚经济共同题. 北京：中国社会科学出版社，2006.
② 王继庆. 论东北亚跨国旅游业发展与合作 [J]. 学术交流，2011，213 (12).

地，并提出兴建文化旅游的主题公园。与此类似，日本学者关山信之提出
东北亚广域观光交流圈的概念，① 认为开发具有东北亚人共通文化和历史渊
源的民族观光具有可行性，并预测连接渤海国遗址和图们江开发区的周边
观光将成为跨境旅游的热点地区。

2. UNDP"大图们江倡议"下的东北亚旅游论坛

2012 年 9 月 8 日，第一届"大图们江倡议"东北亚旅游论坛在中国吉
林省延边州珲春市举行。本次论坛由吉林省旅游局、"大图们江倡议"秘书
处主办。共有来自韩国、朝鲜、俄罗斯、蒙古、德国、西班牙、加拿大等
国家的 200 多位代表参会。会上，中国国家旅游局、亚太旅游协会、韩国旅
游发展局、俄罗斯边疆区国际合作与旅游委员会、蒙古自然环境旅游部、
德国国际合作机构等有关负责人就加强东北亚旅游发展、东北亚区域跨国
旅游产品促进与推广、推进无障碍旅游合作、东北亚旅游合作前景与潜力
等共同关注的话题进行探讨。②

论坛上提出，促进东北亚各国之间旅游交通便利的重点是开发旅游航
线，通航城市的地方政府要给予航线开发政策补贴，通过政府制定的政策
来实现旅游航空的快速发展，用航线把东北亚各国的旅游产品联系起来，
吉林省将继续以长春、延吉为重要节点，积极拓展乌兰巴托、海参崴、伊
尔库茨克等周边旅游城市的航线开发。各国要致力于开发旅游包机、包线、
直航，使东北亚国际旅游通道更加便捷，促进游客量的增长。

尽快启动东北亚陆海联运环海邮轮旅游项目。联运五国要联手推广产
品，特别是面向欧美市场。吸引和引导多国企业参与运营。各国能够共同
推动环海邮轮项目，可以采取共同参与的方式，如通过股本结构来组织和
启动环海联运，引导企业投资开发环海邮轮旅游项目，同时就环海游可抵
达的口岸城市实行更便捷的签证政策，并给予口岸开发、内地延伸、商品
免税、国际结算（银联系统）、邮轮进港等政策优惠和服务。放宽赴俄、赴
朝边境旅游的准入政策。一方面要放宽对中国公民赴俄朝边境旅游的免签
条件，另一方面要积极探索和推进第三国游客赴俄、朝边境旅游免签的相
关政策，全面提高通关的便利性。

3. 东北亚博览会成为东北亚各国企业合作发展的平台

中国吉林·东北亚博览会已成功举办八届，对促进东北亚区域合作、

① 关山信之.东北亚广域观光交流圈构想沿革［C］.黑龙江省社会科学院东北亚研究所.首
届东北亚区域合作发展国际论坛文集（下），2008.
② 王法权.首届"大图们江倡议"东北亚旅游论坛举行［N］.中国吉林网，2012.

加速东北老工业基地振兴、扩大吉林省对外开放起到积极的推动作用。中国东北亚博览会是经国务院批准，由商务部、国家发改委和吉林省人民政府共同主办的国家级大型国际性区域综合博览会，是中国政府为推动中国与东北亚国家经贸往来和区域合作而采取的一项积极行动，旨在构建中国与东北亚国家互利共赢、交流合作、竞争开放的长期合作平台。

举办东北亚博览会是中国政府为推动与东北亚国家在经贸、投资、文化、科教、旅游等领域的交流与合作而采取的一项重要举措。这是一个由东北亚区域国家共同参与并面向全球开放的国际性综合博览会，必将为东北亚区域的"和平、和睦、合作"和"共识、共享、共赢"发挥积极独特的作用。

8.3.6　区域间已经具有良好的合作基础

图们江区域开发20多年来，区域经济国际合作相对成功的领域是旅游，国际贸易和跨境投资相对薄弱。从政府层面看，各级政府都把旅游作为优先发展的产业。中方出台《东北地区旅游业发展规划》，俄罗斯政府制定出台的《远东及后贝加尔振兴规划》；2009年9月中俄两国政府签署了《中国东北地区与俄罗斯远东及东西伯利亚地区合作规划纲要》。朝鲜已经编制完成罗先地区旅游规划，中朝两国签订的共同开发和管理罗先经济区的协定把旅游作为优先和重点发展的产业。①

图们江区域敏感系数高，各国都在考虑不涉及主权和敏感问题的合作项目。《图们江规划纲要》提出建设跨境经济合作区，突破口应该是旅游业。因为，唯独旅游业不涉及主权，不触及邻国能源、工业、政治等方面，符合合作各国的边境安全政策，容易达成合作共识。

8.4　大图们江区域旅游发展转型的障碍因素

一　区域内边境口岸出入境手续烦琐，通关时间过长

朝鲜和俄罗斯边境口岸出入境手续烦琐，验放速度太慢。如除了延边珲春圈河口岸外，其他口岸（龙井三合口岸、和龙崇善口岸等）出入境时，仔细检查游客的所有行李，甚至检查携带的内衣、图书等。按照朝鲜方面规定，禁止携带具有通信功能的电脑（无上网卡可以带入）、手机、短波收音机等电子产品入境，望远镜、专业高倍镜头（150mm以上）也不可以携

---

① 夏友照.关于建立中俄朝跨境旅游合作区的战略思考［J］.社会科学战线，2011.

带入境，相关物品可寄存在平壤机场。如入境后出现违反规定的情况，违规物极有可能被没收。① 特别是，回国入境时，随意检查相机的照片，不符合条件的照片无故删除，在对游客的查验上采取逐人登记，开包检查，甚至出现搜身检查的现象，导致游客在口岸滞留时间过长。俄罗斯口岸设施落后和不完善影响了口岸功能的发挥，而且口岸不畅通，如斯拉夫扬卡至珲春口岸的道路中，经军队、海关、边防等 5 次检查，路上耽误的时间多达 8 个小时，严重影响中国游客的旅游体验。口岸不通畅的问题没有从根本上解决，口岸通道规模小，查验手续繁杂，工作效率不高，严重制约和影响对俄朝的边境旅游。

二　区域内国家政治不稳定，影响跨国边境旅游

图们江地区周边国家在社会制度、意识形态、民族、宗教信仰、经济体制和技术水平等方面存在着很大差异，朝鲜又是政治敏感区，俄罗斯的市场经济体制很不完善，诸多不稳定因素仍然困扰着图们江地区的开发。朝鲜政治不稳定、朝核问题所引起的周边及其他一些国家间的分歧，导致对朝边境旅游关闭边境口岸或中断旅游的现象时有发生，严重影响对朝的边境旅游。俄罗斯一些极端分子对华人进行的暴力行为和排华意识也影响中国游客对俄的旅游兴趣。

三　区域内各国的软、硬件设施差距较大，影响旅游接待能力

图们江区域各国存在着旅游基础设施不健全、各国差距较大、接待能力差、旅游服务缺乏标准化、旅游从业人员素质低等因素，直接影响着区域的旅游整体形象，降低了旅游吸引力。如朝鲜的住宿设施条件差、交通不便等；在旅游旺季，延边缺少住宿设施、价格昂贵、交通堵塞等；延边各口岸之间基本建成一级公路，而朝鲜口岸至目的地间仍停留在三级公路水平，极大地影响了旅游的舒适程度。

四　图们江区域内缺乏协调机构，阻碍合作发展

严格意义上的区域旅游合作应具备两个条件：一是具有正式的官方的国际区域旅游组织；二是具有官方签署的正式的区域旅游合作文件。而图们江区域旅游合作，既缺少三国共同组成的官方区域旅游合作组织，也没有三国官方共同签署的正式的区域旅游合作文件。每年，尽管以东北亚博览会或者联合国"大图们江倡议"为平台召开多国旅游合作论坛，但论坛规模较小，专门研究旅游的学者、专家较少，参会人员大都是政府的相关人员，论坛基本都以政府、企业间的交流、合作为主。

---

① 郑成宏．朝鲜开放旅游之后［N］．世界博览，2010．

五　图们江区域整体旅游宣传不到位

图们江区域各国各自宣传本国的旅游资源及旅游产品。吉林省重点宣传长白山、黑龙江省重点宣传冰雪旅游、辽宁省重点宣传滨海旅游和民俗旅游；俄罗斯的滨海边疆区和哈巴罗夫斯克边疆区也大力宣传滨海旅游、生态休闲旅游、西方文化等旅游产品；朝鲜重点宣传金刚山、七宝山、平壤、名人遗迹等旅游产品；韩国重点宣传"韩流"、购物、美容等产品。

图们江区域各国还没有联合促销各国旅游资源，也没有统一的旅游产品来参加国际旅游博览会。因此，图们江区域在远程市场上几乎没有吸引力。总之，图们江区域整体对外宣传促销效果差，客源市场培育不成熟，旅游产品缺乏整合，旅游基础设施建设相对落后，管理水平和服务水平比较低，市场竞争力不强。

六　合作主体旅游业发展不平衡

大图们江区域旅游合作参与主体间的差异性，要远大于"大湄公河""泛珠三角""长三角"和"环渤海区域"。从地域上看，大图们江区域旅游合作所涉及的国家及地区包括中国（东北地区）、朝鲜、俄罗斯（远东地区）、韩国。这些国家或地区的旅游经济发展水平参差不齐。

1. 中国东北地区旅游经济发展势头强劲

近些年来，东北地区旅游业得到了迅速发展，东北三省均把旅游业确定为新的经济增长点和支柱产业。2010 年，国家旅游局和国家发展改革委共同发布《东北地区旅游业发展规划》，本规划明确了东北地区旅游业发展的总体思路、战略定位以及政策措施，加强东北地区区域合作，发挥整体优势，创新体制机制，共同培育市场，为振兴东北地区的旅游业全面发展、把旅游业做大做强提出了很多好的建议。

2. 俄罗斯远东地区旅游业发展相对落后于俄罗斯的欧洲地区

俄罗斯远东旅游区包括滨海边疆区、哈巴罗夫斯克边疆区、阿穆尔州等地区，这些地区可利用的旅游资源和可开发的旅游项目很多，但是，这一地区旅游资源的开发利用率不高、旅游规划起步较晚、旅游基础设施建设的速度较慢，所以旅游业的整体发展相对滞后于俄罗斯的欧洲地区。目前，俄东部地区许多地方的旅游业尚处在规划和开发阶段，旅游业发展的主要目标是建立有竞争力的、高效率的旅游综合体。因此，旅游产业规划、旅游基础设施和旅游交通的建设是东部一些地区旅游业发展的重点。例如，滨海边疆区政府投资 260 亿卢布对包括俄罗斯岛在内的大型旅游项目进行综合开发、阿穆尔州 2007～2012 年投资 2800 万卢布用于现代标准的旅游基础设施建设等。① 总的来说，阻碍俄远东地区旅游业发展的因素有很多，资金紧张、交通不便、价格昂贵、旅游基础设施建设不足和旅游资源散乱而没有形成规模都是远东地区旅游业发展中的薄弱环节。

3. 朝鲜旅游业以入境游为主，季节性强，旅游基础设施落后

朝鲜的旅游业以入境旅游为主，主要的入境游客为中国游客，占 80%以上，主要集中于 6~9 月。近年来，朝鲜旅游饭店、交通等硬件设施虽有一定的改善，但服务水平离中国游客的要求还有些差距。朝鲜一年四季分明，在一年当中只有 3~4 个月的旅游旺季，其他月份因接待设施、供暖不足等原因无法接待旅游者，导致旅游旺季高峰时服务设施及服务管理在某种程度上满足不了游客的需要。此外，朝鲜的旅游产品基本都是观光型产品，几乎没有休闲度假旅游产品，因此存在游客逗留时间短、消费少、重游率低等问题。

4. 韩国旅游业发达，旅游接待设施、交通设施完善

图们江区域各国及地区中，旅游业最发达的国家是韩国，虽然拥有的旅游资源不是很丰富，但利用独特的民俗文化与旅游融合开发特有的文化旅游产品，吸引东北亚各国的游客，旅游业已成为韩国经济的新的增长点和增加外汇收入的主要途径。旅游交通特别方便，首尔、仁川、釜山等国际机场与世界的很多国家连接在一起，釜山港和仁川港也是亚洲著名的港口，半岛内四通发达的高速公路网、高铁网等可非常方便地抵达各个旅游目的地。

七　合作主体政治利益差异化

由于特殊的地理位置和二战后冷战思维导致的制约格局，大图们江区域经济合作参与主体间的政治差异性远超过大湄公河以及中亚等次区域合作组织。在该区域，国际关系和地缘政治对图们江区域经济开发的影响要大于其他经济属性，政治制度、经济体制、意识形态、文化差异等元素交叉渗透、互相掣肘，共同构筑了独特的利益结构。②

1. 大图们江区域政治利益取向基本趋势

由于受冷战时期世界两极格局的影响，虽然世界和平与发展已经成为主流，但冷战的后遗症在这一地区依然可见，东亚地区国家之间的政治关系还处于一种很低级的状态，而与东南亚地区松散联盟的国家关系相比，

① 孙晓谦. 俄罗斯东部地区旅游业与中俄旅游合作 [J].西伯利亚研究，2008，35（2）.
② 张杰. 次区域经济合作研究——以大图们江次区域经济合作为中心. 吉林大学博士学位论文，2009.

东北亚地区国家之间的关系更是落后一个层次。尽管对话机制畅通，但朝鲜半岛南北分裂与对峙的紧张局面依然没有根本性的改观。① 经济一体化和区域化这两个既对立又统一的概念影响着世界经济的发展，也影响着东北亚大图们江区域经济的发展，为了发展，政治对话和经济合作是图们江周边各国必须做出的战略选择。当前形势下，图们江区域的政治关系表现出了一些自身的特点和趋势。

2. 认同秩序短期内很难成为图们江区域各国的一致性选择

冷战结束以后，东北亚地区以两大阵营为主的对抗性稳定已经消失，而所谓霸权稳定也不存在，未来东北亚的国际政治秩序可能有多种前景，如碎片化秩序、均势秩序、多边主义秩序和认同秩序等，但绝不会是威权主义秩序或霸权稳定秩序，霸权稳定理论在东北亚地区国际关系的重建中既不适用也注定没有市场。这是因为，一是在东北亚地区并不存在霸权国家，日本并不是一个全面的超级大国，中国仍然是一个发展中国家。另一方面，世界的多极化趋势在东北亚国际政治关系中表现得更加明显，体现出国际事务的主导权正在由集中走向分散。因此，集体认同秩序很可能是未来东北亚地区国际政治关系和经贸合作关系的一种发展方向和特点。而21世纪初的东北亚政治正在出现的巨大变化，包括现代化、市场经济、民主政治、公民社会及个人尊严的认同与追求等，这些都为培育东北亚地区国家间的集体认同感提供了良好的机遇。② 但目前，图们江区域合作主体间达成一种政治认同是非常困难的。

3. 互信与共赢成为该地区各国的共同选择还需时日

由于各种历史问题与现实问题交织在一起，东北亚地区的信任缺失状况在全球都具有代表性。当今世界的热点和难点在东北亚地区都有突出的表现。朝鲜核问题的久拖不决，六方会谈的时断时续，朝鲜半岛南北的长期分裂与对峙，日本与中韩关系的长期恶化，朝鲜与美日关系的长期僵化问题，等等，这一切都与国家间缺乏相互信任有关；现在有关各方已经越来越清楚地认识到了这一点。在全球化和区域化时代，共同利益和相互依存仍然是谋求合作、促进互信的主要依据。过去东北亚国家在强调国家利益时，往往忽视了国家间利益的重合点和价值的共享性（共同的安全利益

---

① 张玉山. 东北亚国际政治形势与东北亚国际经贸合作的关系，加快推进图们江地区国际合作开发专家论坛会，资料汇编，吉林省图们江开发领导小组，2007.

② 张玉山. 东北亚国际政治形势与东北亚国际经贸合作的关系，加快推进图们江地区国际合作开发专家论坛会，资料汇编，吉林省图们江开发领导小组，2007.

和对经济发展的需求）。新安全观认为国际安全的基础是共同的安全利益和政治上的相互信任以及经济上的相互发展。安全利益是东北亚国家的共同利益所在。尽管东北亚地区有日美和韩美同盟，但日韩两国并没有就此而解除困扰，因为安全不能依靠军备竞赛和军事同盟，而应该依靠相互信任和共同安全利益。同样，经贸合作也是如此。虽然在国家间关系处于正常化状态时，政治上的矛盾和分歧不会遏制经济合作，但当国家间关系处于僵化状态时，国家在政治上的信任缺失就会导致经济合作陷入低谷。因此，无论是实现东北亚各国共同的安全利益，还是推动经济互惠合作，相互之间的信任都是基础和前提。①

从长期看，尽管现实经济利益高于历史是一个基本判断，但现阶段东北亚各国在图们江区域开发问题上所反映出来互信缺失、共赢乏力的局面，短期内很难发生根本性的改变。

八　区域机制缺失与要素掣肘

从次区域经济合作的实践经验来看，在次区域经济发展中，机制建设与要素供给等因素起到了至关重要的作用。对于大图们江次区域经济合作而言，现阶段该地区呈现出机制缺失和要素掣肘等困境。②

1. 增长极机制缺失

在大图们江区域核心经济圈内，中、朝、俄城市规模大体相同，没有类似于珠三角的港澳、长三角的上海、环渤海的津京这样的大城市，这些大城市能够成为增长极并起到辐射效应，从而自然而然形成一个以增长极为核心的圆形或扇形的经济带。但图们江区域没有这样规模的增长极，如果在一国新建增长极，不仅违背市场经济的规律，而且会因为增长极在某一国家而影响整个地区的开发进程，根据博弈理论，其结果只能是在中、朝、俄三国中将各自确定的中心城市的地理核心新建城市作为增长极。但这样会耗掉大量的财力、物力、人力，不符合区域空间布局合理化的要求。然而，没有增长极就谈不上辐射效应，更谈不上规模经济，也就失去了正的外部性。进而，市场功能也将被削弱，所有的经济行为都要由参与主体的行政领导者开会研究决定，以"市长行为"代替"市场行为"，这是不合理的，是实践证明不符合区域经济发展规律的行为。没有核心城市，就会

① 徐文吉.从朝鲜半岛形势反观图们江区域合作开发战略之选择，加快推进图们江地区国际合作开发专家论坛会议资料汇编，吉林省图们江开发领导小组，2007.
② 张杰.次区域经济合作研究——以大图们江次区域经济合作为中心.吉林大学博士学位论文，2009，102－121.

增加空间成本，自然对外界投资者的吸引就会变小，人少了，资金少了，开发无从谈起。人是市场经济的主体，这里具体指企业，包括国外企业、国内企业、国有企业、民营企业、个人企业，这些主体给市场经济带来了活力，给地方经济的发展带来了希望和生机，但他们是理性的，是以利益最大化为出发点的，没有利益他们就不会有行为；没有市场，没有市场主导，他们就不会进入，那么如果还要发展，就只能靠政府去投资。增长极缺失是图们江至今难以突破的主要障碍。

2. 市场机制作用弱化

在图们江次区域经济合作的过程中，市场主导经济的作用无法发挥。在整个图们江次区域经济开发过程中，市场经济的印记不深，自始至终是在计划指导下进行的。即政府制定经济计划，划定经济区范围让投资者过来投资、开发，有问题"找市长"，而不去"找市场"，遇到困难就向中央要政策，遇到难点就要报上一级政府部门审批，这一特点与中国经济发展的实际不符。可以说图们江开发是伴随着中国改革开放进行的，但没有与中国改革开放同步。即便是国家当初把改革开放的窗口定在珲春，可能情况也不会很好。第一，不能够实现像港澳一样的核心辐射功能；第二，没有市场潜力和民营经济的传统，没有形成市场经济主导的特点，人们的思想里没有去创业、去搞民营经济的想法；第三，周边政局不稳，投资者预期前景不乐观。不仅是中国，俄罗斯、朝鲜也一样。俄罗斯市场经济不完善，朝鲜是完全计划经济国家，这导致图们江地区开发，市场经济意识弱，市场主导作用始终无法发挥。即使是由"图们江"到"大图们江"也是具有计划的痕迹，而不是像珠三角那样，由于市场经济的发展，需要腹地的支撑，而从"珠三角"转变为"泛珠三角"，这种转变是市场这只"无形的手"发挥作用的结果。图们江地区市场经济不成熟，是否就意味着图们江区域经济不能发挥其作用呢？当然不会，因为历史是向前发展的，在和平与发展的主题下，由于大图们江地区拥有的天然要素和区位优势，以及外部环境的改善，当朝鲜的改革开放步入正轨后，那么图们江区域经济合作将发生实质性变化。但目前的市场经济发展态势已成为图们江区域经济发展的障碍之一。

3. 让利机制实现困难

"让一步海阔天空"，说得很简单，道理也都清楚，但在图们江区域经济合作中确实很难做到。因为参与方都以理性人角色参与图们江区域经济合作开发，核心目的就是利益最大化，在这种情况下舍弃自己开发的利益，那么开发也就失去了价值，各参与方都这么想。但是，对于处于开发初期的图们江区域经济圈，一定要把长远利益与短期利益结合，懂得"舍得"。如果中、朝、俄都非常在意图们江地区开发初期的利益，那么相关合作很难进行。如果有一方愿意暂时承受一些损失，那么进展会很快；如果参与方特别是中、朝、俄任何一方，能够因为长期利益而在合作方面放弃一些短期利益，那结果是将加快图们江区域经济合作的进展，将取得共赢的结果。现阶段，合作各方的"利益让渡"① 将是加快推进大图们江区域经济合作的重要策略。

环境保护问题一直伴随着图们江的开发。俄罗斯的哈桑区及其邻近的海域建有俄罗斯著名的森林、陆地动物、海洋动物自然保护区。建立中国珲春—俄罗斯哈桑跨国自由工业区，毋庸讳言，会带来一定的环境污染和生态破坏。因此俄罗斯方面认为图们江开发会影响环境和生态，因而主张有限的、不破坏生态的经济开发。中国方面认为，图们江地区开发会对环境和生态造成一定程度的负面影响，但只要加强环境保护和生态保护，可以将影响减少到最低限度，因而主张在保护环境的前提下进行可持续的开发。因此，环境保护问题是建立中俄珲哈跨境自由工业区的主要制约因素之一。

4. 合作机制软约束

最主要的就是，没有在真正意义上形成地方政府的合作协调机构，由于各种利益问题及各方面的差距，能够协调图们江开发过程中各参与方利益的地方政府主导的机制没有形成。各国推进机制中缺少中央政府及其首脑的主导。从大图们江区域经济合作多年来的情况看，参与主体缺少中央政府及其首脑的主导，是制约图们江区域经济合作开发的重要因素。一是区域经济合作现仅停留在各国地方政府间的合作，而非各国中央政府主导的合作。图们江区域经济合作，近20年来仅仅停留在参与国省级地方政府间的接触谈判，但许多涉及国家政策层面的问题只有中央政府才能下决策，其深度与广度受到了严重的制约。二是仅限于各成员国副部长层面的协商协调，中央政府首脑根本没有介入。因各成员国中央政府首脑没有介入，缺乏权威性和决策性，导致各成员国对图们江区域经济合作不够重视，影响了图们江区域经济合作的进程。松散型、软约束、非制度化的开发模式使图们江区域经济合作迟缓。② 在中、俄、朝各国图们江区域开发的初始阶

---

① 张杰. 大图们江次区域合作的困境与选择，载延边大学东北亚国际政治研究所主编：朝鲜半岛问题研究论丛（三），2007.

② 戴念龄. 亚太地区经济合作问题研究. 北京：人民出版社，2002.

段，朝、俄政府选择了"以我为主，各自开发"模式，在此背景下，中国政府被迫实施了单边开发与双边开发相结合的模式。在联合国 UNDP 协调下，五国经过几年的努力才于 1995 年 12 月达成"两个协议和一个备忘录"，从而由"以我为主，各自开发"阶段转向"各自开发为主，国际协调为辅"阶段。各自开发会造成资源的浪费，标准的不一致不利于图们江地区合作开发。例如各国法律制度体系缺乏统一性。由于历史与现实原因，图们江地区国家间在口岸通关、商检等方面缺乏统一的、可以衔接的法律制度体系，部分国家贸易投资便利化进程缓慢。中俄两国存在"跨越国境与关境"的制约问题。主要表现在三个方面：第一，中、俄是两个主权国家，有自己一整套的边防、海关、检验检疫等对外政策，不能将自己的政策强加给对方。第二，中俄图们江区域的交通运输资源没有整合及配置好，处于分割状态，各自为政，无法实现一体化。第三，大图们江区域经济合作参与主体的管理体制及政策、市场、法律环境尚未完善，缺乏健全的投资贸易保障机制。①

5. 区域资金供给缺乏

市场经济起不到主导作用，没有形成经济增长极，那么便没有企业，资金也就无从谈起，所以政府投资变成了资金的唯一来源，但政府是非营利单位，它的投资仅限于基础设施，属于非回报或回报率很低的投资行为，不可能维持长久。所以在图们江区域经济合作开发过程中出现了困境，政府停止投资，开发进程便会受阻，当资金耗尽时就会通过各种途径向上一级政府取得投资资金。据原吉林省开发办主任丁士晟 1992 年 9 月的估算，整个图们江地区发展需要大量资金，初步估算 30 多年大约需要投资 1716 亿美元，仅基础设施建设（考虑到回收后再投资）估计需要 370 亿美元。② 这样巨大的开发资金是中、俄、朝三国政府财力短期无法承受和筹措的。俄、朝图们江区域的地方政府财政紧张，无力向该区域投资开发，外国的资金也极少进入俄朝图们江区域。中国图们江区域境况虽比俄、朝方面稍好一些，但地方政府的财力也严重不足。由于军事等因素的影响，中国政府对于该地区的投资也很慎重，无法支持大规模的基础设施建设，外国资本也没有在中方图们江区域进行基础设施投资。世界银行、亚洲开发银行等国际金融组织更没有对图们江区域开发进行投资。因严重缺乏开发资金，图们江区域的基础设施建设相当滞后，极大地影响了国际合作开发的进程。

---

① 戴念龄. 亚太地区经济合作问题研究. 北京：人民出版社，2002.
② 吉林省人民政府开发区管理办公室、开发区领导小组办公室编. 吉林对外开放与图们江开发.

6. 区域内基础设施不够完备，发展潜力有待挖掘

交通运输合作严重滞后是制约图们江区域经济合作的一个瓶颈。[①] 首先，中、俄、朝图们江区域的交通运输资源没有整合，配置也不完备，港口、道路等交通基础设施建设严重滞后，国际合作开发的运输载体构建不配套、不完备。其次，中、俄、朝三国制定的图们江地区口岸通关等法律制度不统一、不符合国际惯例，自由度、开放度很小。没有实施自由口岸制度，严重地制约了图们江区域运输通道的畅通，极大地影响了贸易、投资、旅游等活动的自由化和便利化。对外通道建设缓慢。实施中、俄"路港关"，中、朝"路港区"两个工程项目，是打开对外通道的关键。目前，影响对俄"路港关"项目的主要障碍是珲卡铁路通而不畅，中俄双方都存在问题，但主要原因仍在俄方。影响对朝"路港区"一体化的主要障碍，一是圈河—元汀里口岸公路桥年久失修，存在安全隐患；二是 2012 年虽开通了元汀里至罗先的二级公路，但公路窄、弯道多，直接影响大型货车的正常行驶。

俄罗斯远东地区曾经是苏联的军工生产基地，长期的封闭隔绝使当地基础设施的发达程度远远落后于俄罗斯其他地区。苏联解体后，经济状况又使俄罗斯无力改善远东地区的基础设施，使远东地区的基础设施更加落后，设备老化、技术过时等问题更加严重，它严重制约着俄罗斯远东地区与中国东北地区的经贸合作发展。相对而言，朝鲜在本国东北地区的基础设施比较发达，已经形成了沿图们江的茂山—会宁—南阳—罗津—清津的环形铁路网，其中包括电气化铁路 237 公里，并且聚集了三个重要港口，即清津港、罗津港和先锋港。自 1991 年以来，朝鲜大力开发罗津—先锋地区，旨在建设成为朝鲜的自由经济贸易区。与两国地区相比，中国长吉图先导区在大多方面要好上很多，但是远远不能胜任未来图们江经济区中心枢纽地带的区域使命。长吉图开发开放先导区的建设、东北地区的进一步扩大对外开放和参与东北亚经济合作必将产生大量的交通运输需求，要求建立起高效的一体化交通体系。[②] 可喜的是，大图们江经济区的基础设施建设已经取得了三国的有力配合并实现了整体规划。陆续形成了《吉林省图们江地区开发"十一五"计划》和《中华人民共和国东北地区与俄罗斯联邦远东及东西伯利亚地区合作规划纲要》等国内和国际文件，以推进图们江区域的基础设施建设。

---

① 吉林省人民政府开发区管理办公室、开发区领导小组办公室编.吉林对外开放与图们江开发.
② 吕超，张万里.中朝经济关系的现状与前景 [J].东北亚论坛，2009，(4)：84-86.

7. 经贸合作基础薄弱

图们江区域经济圈经贸合作基础薄弱。由于朝、蒙与日、韩之间的经济发展水平差距悬殊，中、俄与日、韩之间经济发展水平也有很大差距。本来这种状况体现了经济上的互补性，但由于差距过大，导致各国在对区域经济合作利益取向上有很大的差距，致使各国基础设施条件也有较大差异。虽然10多年的自主开发的实践给俄、朝以较深的启示，但在经济利益的取向上依然将产生矛盾和纷争。这一切必将影响大图们江区域经济合作的长远发展。大图们江地区跨国边境经济合作区建设缓慢。①现在已经形成的中俄互市贸易区距边境太远，双方边民都感到不便，影响了入市交易率；由于互市贸易区设在中方一侧，俄方不予承认，因而对俄边民没有任何优惠政策。中朝的互市贸易区也处于开开停停的状态。此外，无论是中俄还是中朝的互市贸易，品种单一，仅限于延边州和吉林省的部分产品，没有把国内充足的商品资源充分利用起来。对俄方，也只考虑边境地区合作，没有往腹地延伸。为此，我们提出了压边境线设立中俄、中朝边境合作区的想法。现在看问题主要在三个方面：一是选址没有最后确定；二是我们原来设想的面积太大，难以启动；三是还需要双方中央政府的批准。

九 各国经济发展阶段和水平差距悬殊，敏感性产业问题异常突出

东北亚地区是当今世界经济发展阶段、发展水平多样性最显著的地区之一，该地区既有经济高度发达的国家，也有经济状况极为困难的发展中国家；既有经济体制相对成熟的市场经济国家，也有正处于经济体制改革和探索之中的经济转轨国家。在这样一个地区进行多方面的制度协调并最终确立各国都能接受的区域合作体系，必将面临前所未有的困难。不仅如此，由于各国发展阶段和发展水平相差悬殊、资源禀赋差异较大，致使建立自由贸易区需要解决的敏感产业问题也异常困难。因此，地区各国达成一个共同的市场开放协议极为困难。②

十 图们江区域内一体化水平低，协作能力尚待提高③

大图们江区域经济开发涉及中、俄、日、朝、韩和蒙古国东北亚区域六国。作为一项国际合作开发项目，合作各方利益的一致性和政策的连续性非常重要。自1992年联合国开发计划署倡导五国共同启动了图们江区域

① 吉林省人民政府开发区管理办公室、开发区领导小组办公室编.吉林对外开放与图们江开发，498.
② 王胜今.东北亚区域经济合作的发展趋向展望.吉林大学社会科学学报，2007，(47) 4.
③ 李靖宇，修士伟.以长吉图为开发开放先导区的图们江区域合作开发论证 [J].延边大学学报（社会科学版），2010，43 (4).

合作开发项目以来，图们江经济区的发展就在各国的利益斡旋中艰难前行。图们江区域的开发价值为世界公认，对于中国，它有利于在东北地区培养具有区域意义的增长极；对于俄罗斯，可以促进远东地区经济发展；对于蒙古国，是通过中国实现水路运输的理想出海通道；对于朝鲜，是实现对外交流往来的试验门户；而对于东北亚的韩国和日本，可以增强两国在东北亚的影响力、巩固两国的区域利益。虽然东北亚各国对图们江的开发形成了普遍的共识，但是由于各方在具体内容上很难达成一致，所以图们江经济区的发展进程一直处于缓慢的状态。当今世界的经济发展趋势的启示表明：任何地区的发展必须强化区域经济合作，形成完备的产业体系及各城市的主体功能。例如，长三角、珠三角、京津冀地区已经在加快区域的整合步伐。在中国图们江区域，长吉图开发开放先导区的整体规划已经形成，长吉一体化加快推进，延龙图一体化发展开始启动。而在国际合作层面，中国必须同东北亚各国深入交流、保持密切联系，甚至成立有一定权力的跨国经济组织，以适应东北亚区域经济合作不断升温、经贸合作日趋增强的有利形势，加快推动图们江区域国际合作开发。

8.5　大图们江区域旅游发展转型的路径

8.5.1　建立东北旅游一体化机制

1. 东北区域旅游合作基础

按照《中国旅游地理》（第二版）对中国旅游地理的区划，黑龙江、吉林、辽宁三省可划为一个旅游区。此区域的总面积为80.21万平方公里，全区人口近1亿，其中少数民族占10.7%。[①] 因位于中纬偏高的纬度地带，以冷湿为基本气候特征所形成的浑然一体又各具特色的自然景观特征构成东北区域旅游合作的地脉；黑土文化的相近性与多民族文化的融合性形成东北区域旅游合作的文脉；历史的悠久性和传承性构成东三省区域旅游合作的史脉。[②]

2000年，由哈尔滨、长春、沈阳、大连、鞍山五城市组成的东北"4+1"旅游联合体正式成立，拉开了东北区域旅游合作的帷幕。[③] 2007年，东

① 林婉如. 中国旅游地理 [M].大连：东北财经大学出版社，2008：36-41.
② 安群. 东北区域旅游合作协调机制研究——从博弈论中"囚徒困境"引发的思考 [J].辽宁工业大学学报（社会科学版），2011，13（3）.
③ 洪兵兵. 东北区域旅游联合体成立 [N].中国旅游报，2000-10-04（A02）.

北 7 个主要城市签订《关于加强旅游战略合作的框架协议书》；2009 年，大连、通化、绥芬河等 13 个东部城市与长白山和镜泊湖两个著名风景区结成旅游合作联盟；2010 年 4 月，东北 "4 + 1" 旅游联合体年会上还首次确定了跨省市的 "东北精品游线路"。① 2010 年，国家旅游局、国家发改委共同编制了《东北地区旅游业发展规划》，促进东北地区旅游业和经济社会全面协调可持续发展。

2. 东北旅游一体化协调机制

实现东北区域旅游一体化，需要通过东三省确定统一的旅游合作发展目标，进行区域旅游统一规划，加强规划实施体系建设而实现的目标协调、通过建立东三省组织协调机构而实现的机构协调，以及通过政府宏观调控、市场中观推进、民间自组织机构的微观合作统一起来而实现的，行动协调三个方面共同作用形成一个综合的协调机制，才可能更好地促进东北区域旅游的全面高效合作。②

（1）政府协调机制

松散型联合政府——各省市多层次联席会制度。松散型联合政府，即分别由各省市主要行政首长定期联席会议制度、各区域政府秘书长协调制度、政府与旅游相关的各部门协调制度，以及各主要城市旅游局长联席会议制度、局长办公室主任协调制度、旅游行业各部门衔接落实制度等多层次的政府旅游协调机构。这个协调机构之所以是松散型的，是由于这个协调机构不是常设的，而是定期或不定期针对某一阶段、某个问题由各合作方采用轮流召集的方式进行，目的也是为了从政府层面协调各方利益，在不太损害各方利益的基础上实现共同利益。

（2）市场调节机制——技术性、功能性协调

公平机制——建立健全统一的市场规则。公平机制，即建立健全统一的市场规则，在一个统一的市场规则下，市场中所有的参与成员都必须对制定的规则加以严格遵守，形成一个民主并可能自由竞争的氛围。

诚信机制——整顿市场秩序，营造相互信任的市场氛围。市场的诚信机制，来自相互合作的主体间的信任，有了相互合作主体间的信任，就会由小及大逐渐建立起整个区域诚信的氛围。

---

① 佚名. 国内旅游：东三省共打 "白山黑水" 牌合力推进跨省旅游 [EB/OL]（2010 - 11 - 26）[2011 - 03 - 11].中国黑龙江信息网.
② 安群. 东北区域旅游合作协调机制研究——从博弈论中 "囚徒困境" 引发的思考 [J].辽宁工业大学学报（社会科学版），2011, 13（3）.

互动机制——资源的优化配置与功能的相互补充完善。区域旅游合作的过程中，参与合作的旅游主体既可以通过品牌和特色令自己有别于其他主体而在竞争中生存，同时也可以在相互合作与互动中降低各自成本，通过旅游基本行业的资源和要素自由合理配置（旅行社、酒店业、景区景点等），通过旅游产业的各支持系统要素（交通业、城市建设业、水电业等）密切协作、良好对接并高度融合，从而实现资源的优化配置与功能的相互补充与完善。

激励机制——合作最优化与自身利益的最大化。激励机制，是使参与合作的利益主体能够为合作所要实现的目标付出更多的努力。一个好的激励机制需要综合考虑各方因素，既要考虑每个利益主体的个体利益，也要考虑将各主体利益达成的个体利益，同时还要考虑将各主体利益达成的总目标，在总体目标和个体利益都尽量满足的前提下，才可能实现合作最优化和自身利益最大化的目标。

（3）自组织协调机制——操作性协调

行业的自组织协调机构——行业协会。行业协会应具有以下五个方面的作用：第一，协调旅游企业的竞争与合作，实现规模经济；第二，服务功能：提供技术、信息、人才、资金等；第三，制定行业制度，开展标准化建设，规范经营行为；第四，推进专业化分工协作，形成产业集群经济及合理布局；第五，是行业、社会、政府沟通的桥梁和纽带。

8.5.2　构建大图们江区域旅游共同体，推动大图们江区域旅游一体化

建议建立大图们江区域旅游共同体，实现大图们江区域内免签证旅游，为大图们江旅游区域一体化提供制度保证。只有如此，才能逐步实现大图们江区域旅游一体化。

1. 互利共赢

大图们江区域旅游一体化必须坚持互利共赢、协调发展的原则。适时地推进大图们江区域旅游一体化，不仅要考虑到我国旅游业的发展，还应充分考虑到大图们江区域各国的政治、社会和经济利益。只有互利共赢、协调发展，才能调动各国携手发展旅游业的积极性。

能否整体提高图们江区域的旅游业发展水平，关系到图们江区域旅游一体化的目的能否实现，也是衡量其是否成功的标准。图们江区域各国都应该在合作中发挥自己的独特作用，找到最适合自己的位置，避免合作区内出现不良竞争。损害合作中各方的利益。合作各方应充分发挥自身的比

较优势和合作的积极性、主动性、创造性，加强各方面的优势互补与集成。坚持合作的公平、开放，打破地区封锁，加强沟通交流，促进市场开放，实现共同发展。

互利原则是合作的出发点和归宿。合作的各方政府、旅游产品企业的关系是平等的，不存在谁领导谁的问题。要使合作各方都有所收益，提高旅游效益，各国在合作过程中不论其自然资源、资金和旅游发展水平如何，都应平等地享有合作章程中的权利和履行其应有的义务，才能促进合作可持续发展。应将社会生态理论运用到合作中，实事求是地为各方在合作中定位，既合作，又适度竞争。合作各方政府、企业应积极主动改善合作环境、深化合作内容、落实合作措施、提高合作效益和水平，协调发展、可持续发展，实现互利共赢。

2. 开放合作

图们江区域旅游一体化是在新的世界经济一体化大格局逐渐形成的大背景下进行的，服从各自面向全球和国际旅游市场的战略，不具有封闭性和排他性，应当遵循开放性原则。除了图们江区域国家外，美国甚至欧洲的国家都可以平等地参与合作。中国应加强同俄罗斯、朝鲜、韩国、蒙古、日本的旅游合作，将图们江区域旅游合作在图们江区域合作开发的大框架下进行。对于图们江区域各国来说，发展旅游业和开展旅游合作都是为了促进本国经济社会发展。但是这些目标不能通过恶性竞争来实现，而应该靠良性竞争或竞争下的合作来达到。因为国家间的共同利益只有通过合作才能实现。[①] 图们江区域旅游合作只有建立在确保合作各方利益的基础上，才具有长久性和稳定性。图们江区域各国充分理解其他国家对旅游发展的关注，在坚持平等、互利合作理念的基础上，增加相互沟通和协调，寻求切实可行的、符合各方国家利益的最佳合作模式和途径。任何一方如果忽视其他国家对各自旅游业发展的关注，都将使合作步入死胡同。

3. 市场引导

图们江区域旅游共同体，是一种政府行为，必须通过各国政府的协调沟通，消除各种阻碍图们江区域交流与合作的消极因素。图们江区域各国需要共同签署正式的旅游共同体合作文件，建立旅游合作新机制。并在该组织的协调监督下，定期组织各国领导人、企业和专家学者会晤或举办区域旅游高峰论坛等。

---

① 吴昊，闫涛.长吉图先导区：探索沿边地区开发开放的新模式 [J].东北亚论坛，2010，(2).

图们江区域各国政府需建立新的协调机制，主动协调沟通，消除图们江区域旅游合作的各种不利因素，强化完善市场机制和功能。[①] 采取官民结合、技贸结合、合资合作、多元投资等方式，不断拓宽图们江区域旅游合作的领域和范围。避免传统思想的束缚，遵循市场经济客观规律，全方位参与国际市场竞争，使图们江区域旅游合作的主要动力从各级政府部门向市场转化。利用市场化手段推进图们江区域旅游合作的健康可持续发展。

4. 循序渐进

在图们江区域旅游一体化的建设中，我方可以主动倡导，与图们江区域各国协商，但不能代替其他国家。战略上突出我们的利益诉求，战术上注重策略方法。稳扎稳打，逐步推进，防止一哄而上、急于求成。从条件相对较为成熟、前期准备工作较为充分和各国中央与地方达成共识的旅游项目入手，充分发挥重大项目和投资的联动作用，争取实现规模递增效应。引导相关省区部门和企业关注图们江区域旅游合作，通过旅游项目合作增强与图们江区域各国相关部门和企业的关联度，在更高的层次上加强图们江区域旅游合作，采取分步行动，循序渐进，最终实现图们江区域旅游一体化的目标。

在各方面因素的影响下，特别是有些国家目前物力、财力方面还不雄厚，地方经济发展水平还不高的情况下，图们江区域旅游合作起始阶段不可能采取区域整体统一开发的方式，一蹴而就，对合作的点、线、片面面俱到，这样反而会适得其反。应首先选择条件、基础较好的旅游产品，实行择优发展战略。随着合作的逐步成熟，合作的范围、规模越来越大，最终扩展到整个东北地区，达到多领域、多层次、全方位的合作，整体竞争实力才能提高。总之，集中资金重点开发，按照先近后远、先易后难的发展顺序，集小为大，稳步发展，合理投资，不断增强图们江区域旅游合作。

5. 创新机制

图们江区域旅游合作必须适应世界经济一体化和区域化的新形势，创新观念，以创新理论指导实践。在实践中，努力建立适应新形势发展要求的图们江区域旅游合作的新机制，不断开创旅游发展的新局面。充分利用现有合作机制，积极搭建新的合作平台。在总结成功经验的基础上，积极探讨图们江区域旅游合作的新思维、新模式和新机制。将图们江区域旅游合作纳入健康有序的轨道，加强对媒体、单位和公民涉及图们江区域旅游合作的教育，妥善处理各类涉外敏感问题，避免干扰或损害图们江区域旅

① 张玉山，谭红梅. 新形势下中国图们江区域开发的机遇与挑战 [J]. 东北亚论坛，2010，(3).

游合作的顺利发展。

此外，图们江区域各国还应建立起跨国性的区域旅游合作信息平台，这个平台由政府搭建，并由企业和政府来共同维护。一方面向旅游者提供决策的依据，另一方面为企业寻找合作的商机，通过信息资源的共享实现区域旅游经济合作健康持续的发展。通过充分的市场调查，从市场需求出发，决定合作内容和方式，同时也要发挥图们江区域特色优势的效果，扬长避短，从而引导市场。

设立图们江区域旅游发展基金，从资金层面支撑图们江区域旅游一体化。此外，图们江区域各国还应制定统一的区域旅游合作法规和政策，从各方面保证图们江区域旅游经济合作的健康发展。

在旅游宣传推广、旅游标准制定、旅游产品打造、旅游线路设定、旅游人才培养、旅游服务质量提升和旅游者安全保障等方面，图们江区域各国应展开全面务实的合作。

8.5.3 成立跨国旅游公司，推进图们江区域旅游管理一体化

旅游公司是旅游业大发展的主体。成立跨国旅游公司，有利于整合国际旅游资源，推出跨国旅游项目，打造新的有国际竞争力的旅游产品、实现图们江区域旅游管理一体化。因此，各国有实力的旅游企业应把握这一合作的契机，打破区域内旅游障碍，成立跨国旅游公司、合作公司、合资公司等，这对于长远发展是比较有利的。因为这不仅有利于统一区域旅游标准，打造区域特色旅游产品，还因为他们因此可以兼顾各方利益，形成利益共同体，以旅游经济一体化带动整个图们江区域的经济繁荣。合作各方虽然在政治观点、经济利益等方面存在着差异，这既涉及各国的法律、社会、文化、风俗等方面的不同，也与各自在执法过程中的严谨程度有关，合作起来会有一些难度。但我们可以按照跨国公司的模式来解决、处理这些分歧。

8.5.4 制定统一的旅游服务标准，促进区域旅游标准一体化①

图们江区域各国的经济发展水平不同，再加上历史、文化等多方面原因，各国在旅游经营管理的标准方面存在较大差距。这不仅制约了消费者对于旅游产品的选择，也影响了旅游品牌形象的树立。无论是对旅游者还是对旅游经营者来说，标准都显得越来越重要。因此，图们江区域各国有必要参照国际标准对一些旅游的基础性标准进行统一。这些标准包括涉外

---

① 宋魁．东北亚区域旅游合作的新态势与新构想［J］.东北亚论坛，2011，93（1）.

旅游饭店的星级标准、导游服务规范、旅游购物管理、旅游投诉处理程序及旅游产品的定价原则等，并且对于违反标准的行为制定统一的惩罚机制。此外还应研究和推进图们江区域的统一的旅游标志，使其标准化。

8.5.5　打造图们江区域国际品牌旅游目的地①

1. 统一旅游目的地：增强旅游竞争力

边境旅游不同于一般意义上的国际旅游，因其地理位置的特殊性，边境地区完全可以整合双方的旅游资源，打造统一的旅游目的地，树立整体的旅游形象，从而增强旅游吸引力和竞争力。为此，边境地区应转变观念，通过边境旅游目的地的打造，既要吸引边境国家的旅游者，还要吸引大量的欧美等第三国家旅游者，从而进一步扩大客源市场。此外，边境旅游目的地还可以增加旅游者在当地的停留时间，提高旅游者的消费水平，从而实现真正推动当地的经济、社会全面发展的目标。

2. 互为旅游客源地：促进可持续发展

一个旅游目的地，除了需要大量的外部市场需求来扩大其市场之外，市场需求最根本依靠的是内需，这是实现旅游目的地可持续发展的根本保证。为此，边境地区除了统一对外进行联合营销外，其内部的各国之间应相互开放市场、互送客源，把内部市场做大做强。

3. 跨国旅游线路：提升旅游吸引力

边境旅游不能局限于简单地把游客输送过去或接待对方的游客，而是双方开展全方位合作，全面规划和整合边境地区的旅游资源，在旅游景点线路组合上加强合作，共同推出包含双方景点的精品线路，这样才能在国际市场上立足，提升其旅游吸引力。图们江区域各国可以打造多条两国或多国一条龙式的旅游线路，这样做可以整合资源，使区域地缘优势充分地发挥出来。通过中俄、中朝俄、中蒙、中日韩等各方的联合线路设计，可打造界江游、自然风光游、文化游等。

4. 联合旅游促销：扩大旅游影响力

边境旅游目的地在旅游促销上应加强合作，不仅局限于彼此向对方推介自己的旅游资源和产品，更重要的是双方要整合力量，形成合力，共同向目标客源市场进行宣传推介，扩大这一地区在世界上的影响力。为此，应构建"区域联动、资源联动、资源共享、优势互补"的联合旅游促销体

---

① 石美玉．联合营销：经济全球化背景下边境旅游发展的必然选择［J］．旅游学刊，2009，24 (7)．

系，制定统一的促销计划，组成联合旅游促销团，统一开展促销活动。

5. 国际合作平台：实现边境旅游国家双赢

边境旅游作为国际旅游的重要组成部分，其发展必须以国家之间的紧密合作为重要基础和保障。因此，需要建立紧密型的区域合作国际平台和合作机制，全面推动区域内产品开发、宣传促销、互送客源，共同促进双方旅游市场的发展与繁荣。目前，我国湄公河地区有国家联盟，在旅游合作方面有着比较完善的合作机构和机制。而图们江区域因政治、社会等原因，还没有建立起真正意义上的国际合作平台，不利于区域边境旅游的进一步发展。

8.5.6　创新理念，联合规划，共同培育图们江区域旅游整体形象

在图们江区域内各地区编制当地旅游发展总体规划的基础上，需要区域整体旅游规划的出台，以此做出总体、系统的布局设计。要用"大旅游、大发展"的思想指导区域旅游规划，建立区域旅游联合规划机制和协调机制，利用产品供应链将各地旅游资源整合起来，提出各地旅游发展的重点和特色，开发出多层次、全方位的旅游产品，实现产品互补，防止重复建设造成资源要素的浪费，并利用产业价值链和产品供应链将目的地充分整合起来，共同开发，共同销售，打造区域旅游的"航空母舰"，培育并充分展现"绚丽多彩的旅游金三角"形象。

8.5.7　图们江区域旅游合作信息共享

区域旅游合作主体的行为决策是否有利于双方合作的展开，同样依赖于区域之间信息的对称性。实现信息一体化是图们江区域开展国际旅游合作、形成旅游区域共同市场的重要基础。为了使区域间的资源配置达到最优，各区域之间经济政策和相关措施要尽可能公开，使任何一个地区增加区域旅游合作的可预测性，最大限度地减少由于相互信息封锁而导致的合作风险。[1]

因此，可以通过信息共享机制的建立，定期、规范、无保留、详尽地将本区域各国地方政府的经济政策信息和相关措施发布出来，接受会员单位查询、了解。图们江区域应依托先进的信息技术，构建一个内部通畅的统一旅游信息网络平台，既能促进区内互动，又能通过现代传媒"捆绑式"向外发布区内旅游信息，有效地推动区内各方面旅游事业的发展，使图们江区域旅游业融入世界旅游市场。

---

① 张晨. 长三角区域旅游合作现状分析与对策研究 [J]. 经济问题探索，2007，11.

8.5.8　图们江区域应调整旅游市场结构，积极开拓欧美旅游市场

图们江区域旅游活动主体多为区域内中韩俄游客，且国际游客流动极为不均衡，以中俄旅游互动最为突出。在过去时间里区域内中俄两国旅游互访最为频繁，中俄 2011 年互访游客超 330 万人次，并处于不断上升的趋势。据中国国家旅游局驻莫斯科办事处预计，中俄互访游客人数到 2015 年将达到 500 万人。在中朝旅游合作方面，只有单方面的旅游流动。据统计数据显示，朝鲜每年接待的海外旅游者中，约 90% 以上是中国游客，朝鲜每年接待的中国游客人数在 1 万至 3 万人之间，欧洲游客不超过 1000 人，日本游客不超过 500 人。[①] 目前，中国是俄罗斯第二大客源国，俄罗斯是中国第三大客源国，中国是朝鲜第一大客源国。整体而言，区域旅游对外开放水平较低且发展不平衡。

事实上，欧美旅游市场是极为重要的。它们多为发达国家，国民经济收入和文化素质都较高且生态环境意识较强，特色旅游产品对其有强烈的吸引力。可以说欧美客源市场潜力大、发展前景广阔。吸引欧美游客到图们江区域旅游，签证制度是一个不容忽视的因素，因此有必要在区域内实行签证互认制度，即图们江区域内对区外游客实行中、朝、俄三国签证相互认可，在特定旅游区域内游客可以自由进行旅游活动，真正实现“一国签证三国游”。其次，面向欧美旅游市场加强宣传力度。借助多种宣传手段，重点推出目标市场感兴趣的特色旅游产品。可以实行多国联合促销，共同推出展示区域各国特色的综合性旅游产品，以形成独特鲜明的旅游目的地形象。最后，改善旅游目的地整体环境，包括基础设施的硬环境和从业人员素质以及地区文明程度的软环境。具体可包括按照国际标准打造旅游景区，修建酒店、度假村，配备专门的旅游巴士以及培养高素质旅游从业人员和提升国民素质等。

8.5.9　图们江区域应建立以政府为主导，构建企业参与、行业自律的机制

根据图们江区域旅游合作所处的阶段，今后一段时间内，应建立以政府为主导，构建企业参与、行业自律的协作机制。目前，图们江区域旅游合作尚处于初期，市场主体尚未发育成熟，为降低制度的风险和交易成本，

---

① 中国网：http://news.china.com.cn/rollnews/2010 - 03/02/content_821200.htm.

各国地方政府必须发挥主导作用，对旅游一体化进行多方面的积极干预，甚至代替市场决策，直接配置资源。当然，政府发挥主导作用不是替企业去参与市场竞争，而应着眼于加强政府间的合作与对话，通过政府合作组织推动旅游开发一体化、交通建设一体化、市场开发一体化、信息服务和人才培养一体化。① 需要说明的是，图们江区域旅游一体化作为一项跨国界、跨区域、跨行业和跨部门的协作，涉及问题多、难度大，政府间的合作平台不应停留在旅游行政管理部门主持的发展论坛这一层面，而应提升到各国地方政府高层直接对话上，纳入图们江区域经济一体化的大框架下去考虑。因为如以旅游交通为代表的公共产品的供给、公共安全的保障等问题远非各地旅游管理部门所能驾驭和控制的，所以政府在区域旅游一体化进程中发挥着不可替代的作用，但绝非唯一主体。区域旅游一体化不是由政府单一行为所确定的，而是多种合力共同作用的结果，其中旅游企业和行业组织就是两支重要力量。

在区域旅游一体化的进程中，必须发挥以酒店、旅行社、景区为代表的旅游企业一体化建构的热情。鼓励、支持旅游企业通过横向联合或纵向兼并，进行跨国界、跨区域的系列化、集团化扩张，从而在更大空间范围内形成有机的产业链，获取一体化收益。行业组织在区域旅游一体化进程中的作用，主要体现在以下几个方面：推动各地法规的统一融合，加强行业自律，协调利益关系以维护行业利益和竞争秩序，促进信息交流和信息共享，开展专业培训和咨询服务。

8.5.10 以图们江区域旅游一体化为突破口，带动图们江区域经济一体化

当前世界经济无论从地缘上说，还是从运行机制上来说，其各个组成部分已日益形成一个相互依赖、相互依存并难以分割的有机体，其整合过程还在加强发展之中。在世界经济一体化趋势加强的同时，区域化也逐渐成为国际经济关系中另一引人注目的焦点。如果说一体化是由生产要素越出国界而自然形成的现象，那么区域化则是除上述因素外，区域内各国战略调整和政府推动的结果。经济区域化是世界一体化进程中生产力发展的优化组合过程，又是这一进程中生产的国际关系及其调整的现实体现。这一新格局同传统的自然国家经济相比，有利于发挥规模经济效益，有利于

---

① 邹统钎. 区域旅游合作模式与机制研究［M］.南开大学出版社，2010，44.

实现经济互补，有利于改善资源配置，有利于发展各地区国家之间的经济联系和协作。

图们江区域的经济合作及经济区域化的过程就是世界经济全球化、区域一体化大趋势在东北亚地区的具体体现。实现图们江区域旅游一体化不仅符合各国的意愿，还因为差异点较少，比较容易突破。因此，我们认为在当前形势下，以图们江区域旅游一体化为突破口，带动图们江区域经济一体化的路径是可行的。

图们江区域主要以珲春、罗先、斯拉夫扬卡三个地区为极核中心，以延吉、清津、符拉迪沃斯托克为大核心地区，以高速公路、航空、高铁为轴线辐射周边地区。核心区域内优先建设无障碍旅游区，资源互补、市场共享。要想图们江旅游一体化顺利进行，就必须从机制建设入手，大力进行机制创新，这需要区域各国政府与地方政府的相互协作，针对目前图们江区域旅游一体化机制现状，机制创新依然任重道远。

第九章

大图们江区域旅游合作模式

9.1 大图们江区域旅游合作的传统模式及其演化

大图们江区域旅游合作的传统模式基本都是在图们江区域各国经济合作的大框架下逐步建立起来的，因此首先要对图们江区域各种传统合作模式做出分析，然后再分析旅游合作模式。大图们江区域经济合作发展过程中，特别是在国际协定签署前，相关学者一直在对开发模式做探讨，在此把这些模式称为传统模式，归纳起来有以下几种①。

1. "跨国自由经济区"模式

这一模式是在 1991 年 7 月 10 日第二届东北亚经济发展国际学术会上，由丁士晟提出的，后被 UNDP 接受。② 主要内容是：在中、俄、朝三国的图们江入海口区域范围内，各拿出一部分土地，并和日、韩、蒙共同建设跨国自由经济区。土地有限期出租，中、俄、朝在本国领土行使主权，由中、俄、朝、韩、蒙、日六国的投资者管理。该模式的优点：一是可以充分发挥图们江"金三角"的地缘优势。二是 UNDP 把图们江区域开发作为首选项目符合联合国开发计划署的工作宗旨和规划意图，具有示范作用。三是有利于发挥中、俄、朝三国资源互补性优势。四是有利于克服各种制约因素。五是有利于整个东北亚国家参与合作开发。不利之处：项目实施需要较长时间的准备和交涉，中、俄、朝三国缺乏进行国际管理的经验，区分主权和经济问题存在难度。应用这一模式，最近一些学者提出在图们江下

---

① 张杰. 次区域经济合作研究——以大图们江次区域经济合作为中心 [D].吉林大学东北亚研究院，2009.

② 丁士晟. 图们江地区开发 [M].长春：吉林人民出版社，1993，95 – 96.

游建立跨国旅游合作区，合作区分为核心区和拓展区，核心区为中国珲春市敬信镇防川村、朝鲜罗先特别区豆满江市和俄罗斯哈桑区哈桑村。拓展区包括中国延边州珲春市、朝鲜罗先特别市和俄罗斯滨海边疆区斯拉夫扬卡市三个城市，形成三角形跨境旅游合作区。

2. "图们江成长三角"模式

这是次区域经济合作经典的组织形式。"成长三角"模式是 20 世纪 80 年代末 90 年代初，在东南亚地区出现的一种新的国际经济合作模式。主要内容是，各国在地域毗邻的一个较大区域内，一般为三角区域，建立经济开发区，发挥各自的优势，通过生产要素的互补性和优化组合，达到互惠互利，从而带动三角区的经济发展。"图们江成长三角"是需要中俄、中朝、俄朝之间全方位的合作，三国都要划出一部分土地，共同形成跨国的自由经济区。① 其模式与"跨国自由经济区"模式本质上是一致的，同是地方经济的一体化模式，优点也大体与"跨国自由经济区"模式的优点相同。因这一模式没有被俄、朝方面接受而没有付诸实施。当时 UNDP 的图们江地区开发项目提出"小三角"和"大三角"，"小三角"为图们江经济带，即连接中国珲春、朝鲜罗先、俄罗斯扎鲁比诺和波谢特，面积约为 1000 平方公里；"大三角"为图们江经济开发区，即连接中国延吉、俄罗斯符拉迪沃斯托克、朝鲜清津，面积约为 1 万平方公里。大三角区域的延吉、符拉迪沃斯托克、罗先、清津等城市一直作为跨国旅游的集散中心。各国围绕这些城市及周边的旅游景区，开发多元化的跨国旅游产品，如长白山—延吉—符拉迪沃斯托克游、长白山—延吉—罗先或清津—七宝山游、珲春—符拉迪沃斯托克—罗先三国环线游等。

3. "松散型"模式

这是 20 世纪 90 年代初朝鲜提出的开发模式，认为中、俄、朝三国在图们江地区开发上，各自建立开发区，各自开发，自成体系，各自管理，不需要进行合作和协调。这种封闭式的开发模式与"跨国自由贸易区"模式的优点是根本对立的。在这一模式的驱动下，各国相继成立经济合作区、互市贸易区等。中国政府在珲春建立边境经济合作区，是目前全国唯一边境经济合作区、出口加工区和中俄互市贸易区"三区"一体的国家级开发区，经多年发展，又逐渐形成了以日本工业园、韩国工业园、俄罗斯工业园和吉港工业园"四园"为载体吸引外资的模式。这些贸易区或园区都成了各国商务旅游或购物旅游的重要平台。目前，滨海边疆区政府提出了建

① 李绍庚. 东北亚经济开发战略研究（二）[M]. 长春：吉林人民出版社，1993，95-96.

设符拉迪沃斯托克自由港的设想，俄罗斯符拉迪沃斯托克的大俄罗斯岛已经确定为国际旅游岛。朝鲜也把罗先确定为特区，物流、农业、旅游产业确定为该地区的三大支柱产业。

4. "半松散型"模式

该模式的主要内容是：中、俄、朝三国在图们江下游区域各自建立自由经济区，并由中、俄、朝三国成立一个协调机构，对这一地区的发展、建设、合作进行协调。在各自由经济区之间将采取双边、三边、多边合作。优点：一是不牵涉三国主权问题；二是三国政府可以直接控制各自的自由经济区。缺点：一是虽然"以各自开发为主，国际协调为辅"，但实际上很难协调；二是对吸引投资产生困难，特别是俄、朝两国。最近，朝鲜罗先特别市内建立共同开发共同管理的中朝罗先经济贸易区，总面积为 470 平方公里，其中近期开发的核心区面积为 30 平方公里。主要的合作项目包括港口、农业、建材园区、跨境桥、输电、旅游 6 个领域。

5. "股份公司"模式

这是 1992 年 7 月由 UNDP 项目经理威廉先生提出的。主要内容是：成立图们江股份公司，将中、俄、朝图们江"小三角"区域以 70 年左右的期限租给图们江股份公司。在图们江股份公司下成立图们江地区管理总公司，负责对所有投资项目的管理。图们江股份公司是一个决策和领导机构，相当于董事会。日常管理事务则由图们江地区管理总公司执行。"股份公司"能够淡化国家政治主权的作用，突出经济方式和企业行为进行国际合作开发，容易吸引投资者。但是这种模式受三国中央政府和地方政府经济体制的制约，生产要素难以自由流动和组合，各种经济活动难以自由开展。1999 年 6 月，在第四次"协商委员会"会议上，图们秘书处还曾提出了建立"东北亚（图们江）投资公司"的建议。该建议设想，"东北亚（图们江）投资公司"的目标是改善东北亚及图们江地区的投资环境和投资机会，通过技术性服务和信贷担保等手段消除私人资金进入基础设施领域的障碍。[①]

6. "联合国托管"模式

这一模式主要内容是：在联合国的主持下，中、俄、朝、韩、蒙、日签订国际协定，把图们江"小三角"地区建成 50～100 年不变的图们江跨国自由贸易区。参与国际合作开发的相关国家共同制定的"图们江自由贸易区基本法"，全权委托联合国进行管理；联合国建立由秘书长直接领导的

---

① UNDP Tumen Secretariat. Northeast Asia/Tumen investment corporation（NEATIC），http://www.tumenprogramme.org/news.php? id = 164，2011 - 12 - 20.

地区发展特别委员会，聘请专家组成"图们江专家管理委员会"，对该地区进行统一规划、领导和管理。建立首脑委员会，成员为6国首脑和联合国秘书长及其下属的地区发展特别委员会总干事长，负责协调自由贸易区内各国间的关系，制定特别优惠政策、吸引外资和技术、发行可自由兑换的自由贸易区货币、采取特别提款权汇率，由联合国维和部队执行治安和防务任务。① 1992年2月联合国成立图们江地区开发项目管理委员会，最近"图们江地区开发项目"调整为"大图们倡议"（GTI）。按照"两个协定"的规定，图们江区域合作的组织架构主要由"协商委员会""协调委员会""国家小组""图们秘书处""部门工作组"构成。"图们秘书处"是"协商委员会"和"协调委员会"共同下设的管理实体部门，其职责是为各国国家小组制定和实施有关政策提供帮助，并与"部门工作组"紧密合作制定图们江项目年度计划。图们秘书处下设了交通理事会、旅游理事会、能源理事会、环境理事会、商业资讯委员会等部门性磋商机构，以推动各优先领域多边合作。② 该模式的出发点是避免各国因利益争端而引起的纠纷和矛盾，维护公正，保证国际合作开发顺利进行。但对把领土和主权看得高于一切的俄罗斯和朝鲜来讲，这种模式无论如何也不能接受。

在国际协定签署前，中、俄、朝三国政府在各自的图们江地区实施了自主开发松散型的开发模式，引发了自由开发热潮。但是，这种热潮没有持续多久，就因自主开发松散型模式的缺陷等因素逐渐呈现而使图们江地区国际合作开发转向低潮。

7. 市场互换模式

以客源市场互换开发为主要方式和目的的合作模式属于初级合作模式，有均等型和主次型两种类型。③ 均等型指合作双方在城市规模和旅游市场规模上比较接近，市场交换开发给各自带来的利益大体均衡，如延边与俄罗斯海参崴的旅游合作就属于这一类型，延边赴俄的主要旅游产品为延边—海参崴3~4日游，主要的市场为东北三省，旅游类型以观光型为主；俄罗斯访问延边的主要旅游产品是长白山、延吉、珲春4~5日游，主要市场为滨海边疆区，旅游类型为购物、疗养、度假为主。辽宁省对朝开发旅游产品是沈阳—平壤双飞游、丹东—平壤豪华列车游等，主要市场为东北及华

---

① 高莉，迟连翔．图们江自由贸易区的建立及税制建设的思考，涉外税务，1994（2）.

② 吴昊，马琳．图们江区域合作开发20年：愿景何以难成现实？［J］.吉林大学社会科学学报，2012，52（6）.

③ 马波．旅游业的转型与区域旅游合作——兼论中、日、韩旅游合作的推进［J］.旅游学刊，2007，22（5）.

北，旅游类型也是以观光型为主，总的来说，对朝旅游产品基本都是观光型产品，逗留时间短，花费少，重游率低。黑龙江省主要针对俄罗斯开发各种各样的产品，如哈尔滨—海参崴、哈巴罗夫斯克双飞游、牡丹江—绥芬河—俄罗斯海参崴汽车游或火车游、佳木斯—同江—俄比罗比詹游、佳木斯—抚远—俄哈巴罗夫斯克游、黑河—俄布拉戈维申斯克游等，基本都是观光型产品，虽然俄罗斯远东地区拥有丰富的森林生态资源以及滨海度假、疗养等资源，但针对中国游客并没有开发相关的休闲度假旅游产品。目前，赴俄罗斯的主要客源为东北地区。俄罗斯访问黑龙江的主要旅游产品是购物、休闲、疗养等产品，主要的客源也是俄罗斯远东地区的居民。

主次型指合作双方在城市规模和旅游市场规模上存在着明显的差异，但由于地理上毗邻、市场交换合作成本低、容易操作，较小城市获利直接且明显，较大城市可以此为基础，主导并推动更高形式的合作。2005 年 9 月在 UNDP 倡议下，中、韩、朝、俄、蒙五国同意将"图们江区域开发"更名为"大图们江区域合作"，将合作区域扩大到整个大图们江。借此，2005 年之前，图们江区域的旅游合作模式是主次型模式，如延边地区成为赴朝旅游的主要市场，而来延边的朝鲜游客几乎没有。随后，尽管大图们江区域内有哈尔滨、长春、沈阳、海参崴、平壤、首尔等大城市，但相隔甚远，因而从 2006 年至今都没能形成市场互换模式。

市场互换模式的前提是合作双方在旅游资源和产品上存在显著差异，实现起来比较容易，主要的途径是行业组织推动和企业跟进。黑龙江省、吉林省与俄罗斯远东地区的旅游合作模式就是市场互换模式。

8. 市场—产品共享模式

市场—产品共享模式是两个或多个地区推出联合线路、共同开发市场的合作模式，有相邻型和蛙跳型两种类型。① 大图们江区域基本都是相邻型合作模式，如黑龙江省与俄阿穆尔州、哈巴罗夫斯克边疆区、滨海边疆区的合作，吉林省与俄滨海边疆区、朝鲜罗先及清津等城市的合作，辽宁省与朝鲜新义州、平壤等城市的合作等；蛙跳型指地域上不接壤的城市之间的市场联合促销，如延边—朝鲜平壤包机游、延边—韩国济州岛包机游等。市场—产品共享模式以游客效益最大化为合作目标，要求合作地区之间的旅游产品有明显的互补性。政府联动，达成合作框架，进而推动和引导产品开发的分工、整合，是这种模式得以实现的关键。

---

① 马波. 旅游业的转型与区域旅游合作——兼论中、日、韩旅游合作的推进 [J]. 旅游学刊，2007，22 (5).

9. 双核联动模式

该类型为双核心，以城市—城市或资源—资源空间关系为特征，不管是城市还是资源，双核在区域中的地位和等级相当，形成市场共轭或资源互补，或两者兼而有之的合作关系。① 如大沈阳旅游圈——2004 年 3 月签订合作协议，除沈阳外，还包括鞍山、抚顺、本溪、丹东、营口、阜新、辽阳、铁岭 8 个城市；在该旅游圈完成内部整合后，可南连大连旅游圈，构成以沈阳和大连为核心的双核联动模式，两城市在旅游资源、旅游业发展水平和经济联系等方面的高相关和互补性可大大提高辽宁省旅游业的整体竞争力和发展水平。还有长春—吉林、长白山—延龙图、延龙图—符拉迪沃斯托克、延龙图—罗先等双核旅游圈，哈尔滨—牡丹江—符拉迪沃斯托克旅游圈等。

9.2　大图们江区域旅游合作的机制

9.2.1　中、朝、俄地方政府各自推进机制

由于国家利益的推动，以及对国际投资基金的渴望，在图们江区域国际合作之初，中国、朝鲜和俄罗斯都建立了自己的图们江开发机制，在各自国家所属的图们江地区内开发，各自建立开发区，自成体系，各自管理，分别按照自己的意愿对图们江地区进行单边开发。然而在开发过程中由于各自体系不同，各自推动机制的目标也不同，即使各自具备条件，也会造成资源的浪费。特别是俄罗斯由于经济发展的重心不在该地区，所以图们江开发机制推进力度不大。而朝鲜，即使有部分剩余资金，也根本轮不到图们江地区，因为比开发图们江地区更需要资金的地方有很多，何况朝鲜的资金本来就十分紧张。只有中国，无论是地方政府还是中央政府都进行了大量的投入，并取得了显著成果。在次区域旅游合作过程中，次区域所在地方政府的推动作用十分重要，这一点不同于区域经济合作。但就大图们江地区而言，这种作用并没有得到充分的发挥。

9.2.2　图们江区域合作主体间协调机制

"次区域经济圈"形成的重要标志是商品与生产要素的跨界流动，因此

---

① 杨荣斌，郑建瑜，程金龙. 区域旅游合作结构模式研究［J］. 地理与地理信息科学，2005，21（5）.

在具备了资源互补性和空间开放性的条件下，"次区域经济圈"能否成为现实主要取决于周边各参与主体是否允许商品与生产要素在"经济圈"内跨界流动及其自由流动的程度。但在图们江区域，三国达成一致的管理委员会实际上还没有形成，这样就无法真正实现生产要素的自由流动。而最为积极主动推进共同管理机制形成的是中国，因为相对于俄罗斯、朝鲜，中国更需要在图们江地区获得入海通道。但由于诸多原因，大图们江区域统一的协调机制没有在真正意义上发挥作用。中朝俄三国共同建立能够发挥作用的机制目前是一个难点。

9.2.3 国际组织的支持与协调机制

由于"次区域经济圈"的形成最初是各参与体之间利益妥协的结果，当取得区域共同成果之后，再进一步发展到关系参与主体之间的利益分配问题，加之许多"次区域经济圈"是由发展程度不同的国家或地区组成，一些国家和地区存在资金短缺问题，而在"次区域经济圈"形成之初恰恰需要投入巨额资金用以进行大规模基础设施建设，因而国际组织介入可以起到组织、资助、协调和推动作用。图们江区域经济合作过程中，UNDP 始终在推进并起到了积极的作用，但随着图们江区域经济合作的深入，需要更多、更有力量支持图们江区域开发的国际组织介入。1995 年 11 月，中、俄、朝、韩、蒙五国在联合国总部纽约正式签署了三个关于图们江地区开发合作框架性文件，即《关于建立图们江地区开发协调委员会的协定》《关于建立图们江经济开发区及东北亚开发协商委员会的协定》和《图们江经济开发区及东北亚环境准则谅解备忘录》，并且根据上述文件正式建立了《协商委员会》（Consultative Commission）和"协调委员会"（Co-ordination Committee），TRADP 开始进入实质性运作阶段。此后 10 年，"协商委员会"和"协调委员会"会议先后发布了一系列声明和合作计划，但这些声明和合作计划都具有明显的原则性特征，仍然没有就各领域的合作做出具体安排。2009 年朝鲜正式退出大图们秘书处（GTI）合作机制，使得"协调委员会"已经无法在 GTI 框架下运作。

9.2.4 市场经济调节机制

泛珠三角和长三角区域经济圈由于具有市场经济的传统和习惯，所以是以市场引导区域经济进行开发的，即市场调节资源流向经济圈。由于市场的调节使人力、财力、物力流向增长极，这样企业成为市场的主体，保证了开发资金的供给。大图们江区域的发展则与上述情况相反。大图们江区域是政府或国际组织先主导发展的，政府事先制定规划和机制、划定发展区域和范围，随后进行基础设施建设、主导招商引资。当政府的政策宣传产生一定效应时，很多参与主体——国内外企业和个人——纷纷投资建厂，随着参与主体的不断增加，市场机制的作用越来越凸显，市场开始调节供给和需求以及不断加强的竞争，逐渐产生区域聚集效应，进而形成次区域经济圈。但并没有出现设想的繁荣，经济发展的实际是任何人的设想无法替代的，市场调节更是计划所不能取代的。图们江区域合作方大都处在较低级的市场经济体制下，有些是计划经济。如大图们江区域经济合作的参与者朝鲜实施的就是典型的计划经济；俄罗斯也属于一种不完善的市场经济，政策的连贯性不强；中国东北地区市场经济观念不强，图们江开发基本是在计划指导下进行的，几乎所有的事宜都由政府安排，企业的主导地位或者参与度较低。这样，市场机制的调节在大图们江区域经济合作过程中难以发挥作用；仅靠政府投资，数额有限且力量不足，从而阻碍次区域经济合作。

表 9 - 1 大图们江区域经济合作机制情况

	政府推进机制		经济圈内部协调推进机制		国际组织协调机制		市场经济调节机制	
	是否具备	运行状态	是否具备	运行状态	具备情况	运行状态	具备情况	运行状态
中国	建立	良好	没有真正建立	不好	UNDP	一般	初步具备	一般
朝鲜	建立	不好	没有真正建立	不好	UNDP	一般	不具备	无
俄罗斯	建立	不好	没有真正建立	不好	UNDP	一般	初步具备	较差
图们江区域	建立	一般	没有真正建立	不好	UNDP	一般	局部具备	差

资料来源：张杰.次区域经济合作研究——以大图们江次区域经济合作为中心 [D].吉林大学东北亚研究院，2009，136.

9.2.5 各国政府协商机制已经形成

2009 年 10 月中俄人文合作委员会第十次会议在大连市召开。中国国务委员刘延东与俄罗斯联邦政府副总理茹科夫共同主持了会议，签署了《2009 ~ 2010 年旅游合作计划实施纪要》。中俄双方领导人对两国在旅游领域的合作给予了高度评价，双方表示在当前金融危机的形势下，为确保中俄旅游交往和合作的稳步发展，两国将进一步加强在旅游宣传推广、旅游人才培养、旅游服务质量提升和旅游者安全保障等方面的务实合作。① 俄罗斯中国旅游年开幕式于 2013 年 3 月 22 日在莫斯科克里姆林宫大礼堂隆重举行，中国国家主席习近平和俄罗斯总统普京共同出席并致辞。中俄双方拟在俄罗斯"中国旅游年"框架内举办 382 项活动，其中，中方活动 235 项，俄方活动 147 项。2012 年为中国的"俄罗斯旅游年"，2013 年为俄罗斯的"中国旅游年"。得益于中俄互办"旅游年"活动，中俄旅游市场有了很大的发展。

2009 年 10 月，中国时任总理温家宝访问朝鲜，签署了《关于中国旅游团队赴朝鲜民主主义人民共和国旅游实施方案的谅解备忘录》，备忘录的签署使两国旅游交流与合作进入新的历史时期，标志着朝鲜正式成为中国的旅游目的地国家。

2012 年 8 月，中国和朝鲜的相关部门在北京召开会议，成立管理委员会，共同开发和管理罗先经济贸易区和黄金坪、威化岛，朝方还为此专门修订了《罗先经贸区法》和《黄金坪、威化岛经济区法》。两大经济区都把旅游业确定为重点发展的产业。

为了积极落实中韩两国领导人关于"2010 中国访问年"的共识，积极宣传推广上海世博会，根据中韩两国旅游部长会晤达成的共识，中国国家旅游局与韩国文化体育观光部于 2010 年 3 月 30 日在韩国首尔举行了中韩旅游交流与合作事务级协商会议。出席此次会议的中方代表团由中国国家旅游局、中国驻韩大使馆、中国旅游协会、中国旅游研究院以及上海、安徽、河南、甘肃等省、市旅游局和企业代表、中国驻韩国公司代表组成；韩方代表团由韩国文化体育观光部、韩国旅游发展局、韩国观光协会中央会、韩国一般旅行业协会、韩国访问年委员会、韩国文化观光研究院等政府及业界代表组成。中韩双方代表就"2010 中国访问年"和"2012 韩国访问年"交流与合作、提高中韩游客便利化、组团社制度的改善、建立"中韩青少年交流指导委员会"、"培养并交换中韩旅游人才项目"、增进中韩旅游交流与合作等方案交换了意见，并达成诸多共识，为中韩双方更高层面的协商打下了良好的基础。②

---

① 中俄签署 2009～2010 年旅游合作计划实施纪要［EB/OL］. http://www. drcnet. com. cn/DRC-Net. Common. Wet/DocViewSummary. aspx？docId = 2051356&leafld = 2，2009 - 10 - 12.

② 中韩旅游交流与合作事务级协商会议在首尔举行［EB/OL］. 中华人民共和国国家旅游局网：http://www. cnta. gov. cn/html/2010 - 4/2010 - 4 - 1 - 9 - 47 - 91199. html.

2010 年 8 月 22 日中日韩三国在中国杭州举行了第五届旅游部长会议，发表的联合声明中提到，三国将继续强化旅游交流合作机制，创新旅游服务样式，促使旅游企业向游客提供更高水平的服务。东北亚三国中国、日本、韩国的旅游部长商定，将共同努力，深化交流合作，进一步简化游客的出入境手续，从而扩大三国旅游市场的规模。此外，三国旅游部门在推广本地区旅游市场方面也将积极开展合作，借助于三国所举办的各种重大国际会展活动的机会，积极进行客源互送，携手推动东亚旅游目的地市场的发展，并共同应对环境问题。中日韩三国旅游部长商定加强三国的旅游交流合作，这不但有利于促进三国旅游产业的发展，还能进一步推动民间往来、增进相互理解，并共同为亚洲及全世界旅游产业的发展做出贡献。①

2011 年 5 月 29 日，中日韩旅游部长会议在韩国平昌举行。三国旅游部长就"对于旅游紧急危机情况的发生共同建立应对体系""为扩大中日韩旅游交流规模，树立并推进 2020 旅游展望""促进签署中日韩诚信旅游倡议书""为扩大中日韩旅游交流，开发共同项目"等议题进行了深入探讨。在达成诸多共识的基础上，三方签署并发布了《第六届中日韩旅游部长会议联合声明》。②

中日韩旅游部长会议是中日韩三国之间定期举行的高层次的政府间旅游合作会议，也是中日韩三国旅游业界互相交流、共谋发展、共商合作的高层次会议。自第一届在日本福冈举行以来，目前已连续举行了六届，形成了三国旅游部长会议机制并按照顺序每年依次由中日韩三国的城市承办，其中第二届在我国山东省青岛市开幕，辽宁省大连市闭幕；第三届在韩国釜山市开幕，在清州市闭幕；第四届在日本名古屋市开幕，在高山市闭幕；第五届在浙江省杭州市开幕，在湖州市闭幕；第六届在韩国平昌开幕，在春川闭幕。中日韩旅游部长会议是世界上最成功的旅游合作机制之一，在增进人民了解、扩大部门合作、加强业界交流、互通市场信息、培养旅游人才、保障游客利益以及推动持续发展等方面做出了积极的、卓有成效的贡献，同时也是举办东北亚展示风采、打造品牌，扩大国际知名度，促进旅游业发展的极好机遇。

2015 年 4 月 12 日，第七届中日韩旅游部长会议在日本东京举行，各国

①　韩中日三国将强化旅游交流合作机制［EB/OL］.http://rki. kbs. co. kr/chinese/news/news_issue_detail. htm? No = 19587，2010 – 08 – 24.

②　第六届中日韩旅游部长会议在韩国江原道举行［EB/OL］.国家旅游局信息中心，2011 – 05 – 29.

旅游部长签署发表了《第七届中日韩旅游部长会议联合声明》。2011年5月举办第六届会议以来，时隔四年后，举办旅游部长会议，本次会议达成了几项共识，如提升人员往来便利化，迎接中日韩旅游交流新时代；开展联合推广、推进"游历东方"活动；三国强化监管，提升旅游交流品质等。

9.3　大图们江区域旅游合作的关联效应

一　区位聚集效应

图们江区域具备区位聚集效应的条件。区位聚集效应主要受自然条件和自然资源、原料产地、燃料产地、劳动力供应与流动、市场规模和空间成本等因素影响。大图们江区域具有要素禀赋，在空间上能够产生聚集效应。随着经济的发展，土地和劳动力的价格将不断上涨，因此导致一些低附加值的产业向土地和劳动力相对充裕、价格相对较低的区位转移，进而使区域之间的经济联系更加密切，并使比较优势发生变化。图们江区域随着经济的发展将成为企业转移产业的首选地。目前大图们江区域还处在政府主导聚集阶段，由于其市场经济的调节作用无法发挥，所以产生的聚集效应应是政策性聚集效应，而非企业聚集效应。

二　核心城市的扩散效应

这是图们江区域经济圈缺乏的。由于前面所分析的各种原因，图们江区域到目前为止还没有较大的核心城市，因此不具备核心城市的扩散效应。"次区域经济圈"要使经济互补性得以实现，必须通过核心城市的扩散效应实现。扩散效应可以使区域内及周边地区进行物质、能量、人员交流。扩散作用在次区域经济发展的过程中表现得十分明显，如在扩散效应的作用下，珠三角区域发展成为泛珠三角区域。但要在图们江区域实现这种核心城市的扩散效应还需要一定的发展时间。今后一段时间内，图们江区域内重点建设中国吉林省的延龙图城市群、俄罗斯的符拉迪沃斯托克—纳霍德卡城市群、朝鲜的罗先—清津城市群等核心城市群，逐渐形成以3个城市群为核心的中朝俄旅游带。

三　区域发展的外部效应

区域经济在发展过程中具有外部效应。外部效应可以促使区域经济活动就近扩张，使区域内各参与体市场竞争受到影响，并强化区域内依存关系。外部性不仅会使相邻区域之间存在竞争关系，而且还会使区域内主体存在相互依存关系，特别是投资于基础设施建设或公共部分所产生的，正的外部效应使区域内主体之间彼此开展分工与协作，既能提高经济效益，又能在分工与协作中寻找新的发展机会。这在大图们江区域经济合作过程中已有体现。如珲春对于罗先、波谢特、扎鲁比诺等港口，以及这些港口对于珲春乃至中国东北东部的依赖关系，促成了图们江区域的形成与发展。还有以三个城市群（延龙图、罗先—清津、符拉迪沃斯托克—纳霍德卡）为核心的图们江区域旅游圈直接或间接影响了周边国家或省份，如长春—吉林已经起着长吉图开发开放先导区的腹地作用；黑龙江省的牡丹江市与延边合作开发了跨省旅游产品，吉林省的长白山—敦化和黑龙江省的牡丹江—绥芬河—延边的旅游线路；韩国也积极参与图们江区域的合作开发，利用图们江区域港口开发长白山邮轮游、多国环日本海（东海）游等；朝鲜利用图们江区域开发贯穿朝鲜东海岸的旅游线路，延吉—珲春—朝鲜罗先—金刚山豪华邮轮游、延吉—图们—清津—七宝山豪华列车游等。

四　区域内资源互补效应

可以说资源互补是大图们江区域旅游合作的基础和出发点。一般来说，区域主体之间的资源互补性主要有两类：一种是旅游资源的互补性，次区域合作区的形成都是得益于区域内部各组成部分之间，或与相关国家之间较强的旅游资源的互补性，这在图们江区域合作过程中体现得较为明显。例如，中国的图们江区域主要有长白山、牡丹江、朝鲜族民俗等生态休闲资源和民俗资源，俄罗斯的图们江区域主要有滨海休闲度假旅游资源、西方文化、狩猎等旅游资源，朝鲜的图们江区域主要有滨海度假旅游资源、朝鲜特有民俗风情等旅游资源。另一种是产业的互补性，即指区域之间因产业的差异而可能形成的产品和服务的供求关系。产业的互补性既存在于经济发展差异较大的区域之间，也存在于经济发展水平相近的区域之间。这在大图们江区域合作过程中表现得并不明显，是需要进一步加强的方面。图们江区域内整体的接待设施不完善，其中中方的接待条件较好；俄方虽有一些住宿设施，但档次不高，设施老化严重，服务质量差；朝方接待设施最差，旺季时无法满足游客的需求，如旺季时，朝鲜罗先市每天游客约1000 名，但宾馆总接待量只有400 人左右。

表 9 - 2　图们江区域旅游合作内部引发的效应情况

	区位聚集效应	核心城市扩散效应	区域发展外部效应	资源互补效应	次区域经济圈的效应
是否具备	具备	不具备	基本具备	完全具备	基本具备
发挥程度	一般	无	一般	较好	一般

续表

	区位聚集效应	核心城市扩散效应	区域发展外部效应	资源互补效应	次区域经济圈的效应
总体评价	具备	不具备	基本具备	具备	具备

资料来源：张杰. 次区域经济合作研究——以大图们江次区域经济合作为中心 [D].吉林大学东北亚研究院，2009.

通过分析可以看出，现阶段大图们江区域虽然具备或基本具备了上述四种效应功能的条件，但要达到成熟的程度，尚需时日。关联效应能否充分发挥，是大图们江区域经济合作成功与否的重要因素。

五　对建立图们江区域自由贸易区的示范效应

建立图们江区域自由贸易区（FTA）已经是一个讨论多年但仍然悬而未决的问题。由于各方利益的不均等，使得本地区经济一体化进程缓慢。当我们在货物贸易方面进展不畅时，是否可以寻找另外的切入点。国际旅游是服务贸易的重要组成部分，是开展国际合作障碍相对较小的领域之一。① 如果该领域合作进展顺利并最终形成一体化发展模式，必将对图们江区域FTA 的早日建立起到推波助澜的示范效应。

六　缓解国家间贸易摩擦和改善国家关系的润滑效应

国际旅游对一国增加外汇收入和平衡国际收支起着重要作用，同时也是国家间缓解贸易摩擦的"润滑剂"。早在 20 世纪 80 年代，日本经济由于几十年的高速发展，积累了大量的外汇储备，国际贸易顺差很大，加剧了与美国等国的经济摩擦，日本在国际上的形象也受到了影响。为此，日本政府做出了"出国倍增"计划，鼓励公民出国旅游，尤其是去与日本贸易逆差大的国家，这一行动收到了很好的效果。② 当前是大图们江区域主要国家贸易摩擦的高发期，因此通过签订旅游合作协定，互相开发为旅游目的地，允许旅游投资的自由化，本身既是区域旅游合作的形式，也是一种经济外交手段。通过区域旅游合作的开展，实现旅游客流的区域内流动，甚至旅游资本的自由流动，可以平衡区域内各国间的国际收支。出于政治、国家安全等方面的考虑，图们江地区主要国家旅游资本市场尚未完全开放，这是未来推进旅游合作中各国政府需要考虑解决的主要问题。

七　旅游资源优化配置效应

区域旅游合作有利于实现图们江区域旅游资源整合、功能互补、丰富

---

① 梁春媚. 东北亚区域旅游合作基本模式与效应 [J].东北财经大学学报，2009，66 (6).
② 梁春媚. 东北亚区域旅游合作基本模式与效应 [J].东北财经大学学报，2009，66 (6).

游客体验，具有"资源优势叠加和旅游活动再创"的双重效应。另一方面，合作各方通过共享资源设施，在旅游交通、饭店等设施建设、景区建设、旅游产品开发等方面实施一体化开发，实现"规模经济"来减少浪费，降低单位成本；通过信息共享，获得学习效应，提高效率；通过联合营销，共享品牌形象、销售队伍、销售渠道以及旅游市场来降低广告费用、销售成本和交易成本。此外，图们江区域各国通过开展旅游合作的过程，可以促进旅游业相关行业和政府机构间为优化资源配置而进行的沟通和交流，进而促进相关机制的建成。

八　旅游流创造和转移效应

由于合作产生的旅游资源的优化配置效应，使得旅游的时间成本、交通成本、政策成本、生产成本大大降低，同时还丰富了区域旅游产品的结构形态，提高了区域旅游产品质量，树立了区域旅游品牌。[①] 旅游成本的降低和旅游品牌的树立将引发区域旅游流的两大效应：旅游流的区内创造效应和区外转移效应。[②] 图们江区域各国已经互为目的地和客源国。中国成为韩国的第二大客源国，韩国成为中国的第一大客源国，俄罗斯成为中国的第二大客源国，中国成为朝鲜的第一大客源国。因此我们有理由预测，如果区域内旅游成本降低，图们江区域内旅游流将进一步增加。

通过图们江区域各国的旅游联合及旅游企业间的合作，有利于提高旅游产品质量和旅游品牌的吸引力。如果在此基础上，图们江区域各国能够连接为一个旅游目的地并树立起统一的区域旅游形象，则能够吸引国际旅游流转向该区域，从而产生区外旅游流转移效应，国家、地方和企业都能够从中受益。

九　由经济部门向其他方面的外溢效应

在市场经济条件下，任何行为均源于利益驱动。多数经济组织之所以能够建立，其最初目的都是成员国为了实现共同的经济目标，通过合作实现"双赢"乃至"多赢"。在合作过程中，成员国之间共同培养一种合作意识，并逐步将这种观念外溢到政治、社会、文化等各个方面。到目前为止，大图们江区域还没有发掘出解决地区问题的有效途径，在经济发展和社会进步方面没有明显的区域合作机制，其根源就是各国之间缺乏信任，这里既有历史的原因也有现实的原因，尤其是中日之间不稳定的政治关系、俄日之间领土问题以及朝鲜半岛问题直接影响到本地区局势的稳定。旅游首先使

① 梁春媚. 东北亚区域旅游合作基本模式与效应 [J]. 东北财经大学学报, 2009, 66 (6).
② 李柏文. 国际区域一体化理论与实践分析 [D]. 云南大学研究生论文集, 2003.

各国人民之间通过交往更加亲近，增强了解，从而形成一种"认同感"和来自民间的"自下而上"的推动力。各国政府和企业一方面由于经济利益的驱使开展旅游合作；另一方面又能通过交流和了解加深信任，从而为其他部门的合作创造条件，并推动国家间关系的改善。"通向国际共同体的道路就是建立一个相互交往的网络，国家间相互作用越多，对相互作用的感知会促进相互信任，进而形成新的相互间关系。"① 而旅游领域在创造交往方面优势显而易见。此外，同处"儒家文化圈"的东北亚各国可以通过旅游合作增强对本国及他国文化传统的认识，提高保护本地区文化旅游资源的自觉性，增强东北亚的文化认同感和凝聚力，形成"图们江旅游文化圈"。

十　带动相关行业的发展

旅游业的发展一方面有利于目的地中很多其他经济部门或行业的配合和支持，同时也可带动和促进很多其他经济部门或行业的发展。其根本原因在于，旅游者的消费需求要求旅游业必须提供足够的设施、设备和消耗物资，旅游业也因而成为许多其他行业产品的消费市场，从而刺激和促进这些行业生产规模的扩大发展。②

此外，图们江区域旅游业的发展还可以扩大外界对旅游目的地的了解，有助于当地的招商引资工作，从而也可以促进其他行业的发展。

十一　有助于增进图们江区域各国间的相互了解

国际旅游活动的开展客观上具有人民外交的作用。由于旅游时不同国家、不同民族、不同信仰以及不同生活方式的人们之间直接交往，而不是以文字媒体或者以个别人为代表而进行的信息传递和间接沟通，因而更有助于增进不同国家人民之间的相互了解，增进国家间的和平友好关系。在这个意义上，国际旅游活动的开展在缓和国际关系以及促进在国际事务中实现人类和平共处方面起着非常重要的作用。③ 图们江区域一些国家之间的关系比较紧张、互信度低且政治、经济、社会、边界等方面矛盾比较多，一些领域很难协调，如朝韩关系、中日岛屿争端、日本与韩国和俄罗斯的领土问题等，因此，通过发展跨国旅游业能够缓和一些敏感领域的关系，促进各国其他领域的合作。

十二　有助于促进民族文化的保护和发展

民族文化是一个国家或地区重要的旅游资源。随着旅游业的发展和接

---

① 刘颖. 论一体化进程研究中的"奈模型"[J]. 新疆社科论坛，2005，(3).
② 李天元. 旅游学 [M]. 高等教育出版社，2011.10.
③ 李天元. 旅游业 [M]. 高等教育出版社，2011.10.

待外来旅游者的需要，当地一些原先几乎被人们遗忘了的传统习俗和文化活动重新得到开发和恢复；传统的手工艺品因市场需求的扩大而重新得到发展；传统的音乐、舞蹈、戏剧等重新受到重视和发掘；长期缺少关注的历史建筑重新得到维护和管理；等等。所有这些原先几乎被遗忘和抛弃的文化遗产不仅随着旅游的开展而获得了新生，而且成为其他旅游接待国或地区所没有的独特文化资源。它们不仅受到外来旅游者的欢迎，而且使当地人民对自己的文化增添了新的自豪感。如图们江区域可以挖掘渤海、高句丽遗址遗迹；宣传朝鲜族、满族、蒙古族、俄罗斯族各种民族的传统文化，开发民族文化旅游产品等。

9.4 大图们江区域旅游合作模式的选择

9.4.1 建立图们江区域跨境旅游合作区（国际生态公园）

1. 跨境旅游合作区发展模式

（1）中俄朝跨境旅游合作区空间结构

20 世纪 90 年代吉林省部分对朝陆路口岸推出的跨国边境游线路，因组团规模小、交通条件差和签证制度不稳定等方面的限制而使旅游业务衰落了。图们江区域合作开发规划出台后，吉林边境口岸的经济开放前沿和窗口作用日益被重视，其边境旅游业务进入恢复发展的新阶段。规划中的中俄朝跨境旅游区以图们江下游自然生态景观和多国民俗文化为资源支撑，区域范围包括核心区和拓展区两大部分。核心区为中国珲春市敬信镇防川村、俄罗斯哈桑区哈桑村和朝鲜罗先特别市豆满江市。拓展区包括中国延边州珲春市、俄罗斯滨海边疆区斯拉夫扬卡市、朝鲜罗先特别市三个城市为节点，形成三角形跨境旅游合作区。规划在此区域集中各国优惠政策，高标准地建设旅游基础设施，开展民俗表演、生态休闲活动、体育竞技等多种活动项目和"国际旅游节"等节庆活动。而这一发展规划的战略定位是把跨国旅游区建设成国际观光休闲度假区、国际生态文明示范区、国际旅游文化交流平台和我国边境地区跨国旅游区改革创新的试验区。未来发展目标是，以跨境旅游合作区为中心，辐射整个东北亚。以区域内旅游基础设施完善、陆海空联运航线畅通、旅游市场活跃、多语种旅游信息平台为优势，形成东北亚地区多国多区域跨国旅游合作圈。

（2）中俄朝跨境旅游合作区主体层面

在跨国界区域旅游合作中政府的作用尤其重要，是第一主体；其次是企业、非政府组织。从图们江区域的实际来看，首先要发挥政府的主导作用。加强政府间磋商，推进建立合作机制，加强工作联动，及时解决合作中遇到的问题。注意发挥非政府组织、民间组织在旅游合作中的作用。切实发挥企业主体作用。鼓励企业"走出去、请进来"，引导企业通过战略联盟、连锁经营等多种方式加强合作，培育一批具有竞争力的大型旅游企业集团。

（3）中俄朝跨境旅游合作区开发层面

中俄朝跨境旅游区建设应该坚持"统筹规划、基础先行、协调开发、优势互补"的原则，统一编制总体发展规划和行动计划。其中应包括如下内容：一是区域旅游规划一体化。应共同编制跨国或跨地区的旅游规划，既有利于发挥各自的旅游资源优势，又有利于开发各自的特色旅游产品，避免重复建设；二是区域旅游要素配置一体化。要自觉运用市场机制，加快推动区域内旅游要素的优化整合，包括统筹区域内旅游资源、进行精品线路组合等，充分发挥整体优势，增加地区旅游吸引力；三是区域旅游服务设施一体化。包括建立畅通的旅游交通系统、相容的现代结算系统、通用的信息服务系统等；四是区域旅游服务标准一体化，即严格按照国际旅游行业标准，设立统一的服务规则和监督机制，提高整体服务质量和水平；五是区域旅游市场机制一体化。应制定相应的市场规范，在区域内形成安全、诚信并且充满活力的市场运行机制，共同营造健康的旅游一体化运行环境。①

2. 跨境旅游合作区的发展路径

（1）做好国际旅游合作区的区域性规划。围绕跨境旅游合作区的筹划与构建，组织双边或多边研讨，确定整体布局及相关规划细节，共同推进旅游合作区的构建步伐。将跨境旅游合作区的基础设施和重点旅游项目建设纳入图们江区域合作开发规划中。充分考虑图们江区域各国旅游业发展需要，编制和调整核心旅游区总体规划、拓展区旅游总体规划、土地利用规划、海洋功能区规划等，科学规划和布局景区景点。

（2）突出品牌效应的旅游营销，塑造"国际观光休闲度假区、生态文明体验区和中西方文化的融合区"整体旅游形象。中俄朝联合开展旅游营销，应共同制定旅游市场推广方案，以图们江区域旅游产业为整体品牌，共同参与国内外旅游博览会或展览会等，在世界范围内不断扩大旅游合作区的影响力。精心设计特色旅游线路，优化客流的时间、空间配置，逐步形成区域特色明显、一程多景的旅游产品。

（3）跨境旅游合作区还需要毗邻国家的合作，创新区域国际合作机制，

① 夏友照. 关于建立中俄朝跨境旅游合作区的战略思考［J］.社会科学战线，2011，11.

利用中日韩旅游部长定期会晤机制，加入朝方和俄方旅游官员代表，共同筹划"绿色通关"环境，搭建信息交流平台。同时，建立图们江区域各国地区旅游部门之间定期交流、考察的机制，进一步完善合作和交流的各项措施，以互惠互利为原则，合作开发产品，逐步实现信息共享、资源共享目标。共建重大旅游事项磋商机制、旅游应急事故反应和投诉机制，协调处理重大旅游事件和旅游投诉，规范旅游市场秩序。加快完善区域内旅游基础设施建设，实现交通、旅游线路对接，实现区域内通关无障碍。毗邻各国要取消排他性的行政法规、制度和政策，鼓励支持各类企业跨行业、跨地区、跨所有制兼并重组，引导企业通过连锁经营等多种方式加强合作，培育一批具有竞争力的国际旅游企业集团。建立创新旅游人才教育培训和交流机制，加强旅游从业人员的交流与培训，提高人员素质，加强旅游人才资源与信息共享，推进旅游人才资源互动。设立图们江区域旅游合作国际论坛。请图们江秘书处发起，中、俄、朝作为主要成员国，邀请韩、日参加，确定为正式常规论坛，设立由本区域内政府承认并提供财政支持的常设秘书处。对拟议开展的项目进行具体讨论、筹划和实施。在论坛开展的项目进行具体讨论，由学者、官员和业界专业人士组成，其职责是评估相关的政策和行动建议。

（4）联合开发、组织旅游相关活动。一是联合开发图们江国际旅游网。图们江国际旅游网应以电子为手段、以商务为核心、以旅游为内容、以拉动图们江区域旅游合作为目的，具备旅游发布、查询、结算配送等功能的电子商务网站。二是联合开发培育精品旅游产品和线路。当前，要加紧完善中国珲春—俄罗斯哈桑、海参崴—朝鲜豆满江、罗先旅游线路，建议借鉴欧洲部分国家实行《申根协议》的做法，在两方或三方间，或是在部分经济体之间开始实行单一签证，方便区域内外的旅游者进出。三是联合举办旅游节活动。定期举办一些区域性体育赛事、文化节庆活动，可以考虑在一个固定的地点或在各国轮流举行。四是开展联合促销活动。共同策划一些联合旅游促销活动，打出同样标志，采用同样的主题和相同的口号，将更有利于提高域外旅游者尤其是远途旅游者的兴趣。五是联合鼓励投资，加快完善区域内旅游基础设施建设。①

3. 跨境旅游合作区的负面影响

中国政府所提出的跨境旅游合作区范围为图们江下游中朝俄接壤的地区，这个地区的生态资源比较丰富，在近几十年的保护下，已成为生物多样性明显的自然宝库。同时该地区是生物、植被、鱼类等生态资源比较脆

---

① 夏友照. 关于建立中俄朝跨境旅游合作区的战略思考［J］. 社会科学战线，2011，11.

弱的地区,一旦开发,必破坏生态资源,一定程度上破坏的生态资源很难恢复,如中国珲春境内的敬信湿地已经无法恢复到原来的模样。所以不少生态学专家、地理学专家极力反对跨境旅游合作的建设,笔者也持同样的观点。

9.4.2　空间极核辐射模式

空间极核辐射模式战略目标的实现需要经历一个复杂的过程,该模式下的区域旅游合作总体上是以"点"带"线",以"线"带"面"的逐步推进过程[①],但在整个极核辐射体系中,点辐射、线辐射和面辐射没有既定的顺序,且三者也可能同时存在,这主要是地图上的任何点与线在实际中都是一个城市或地区,其本身便具有面辐射的特征。[②] 大图们江区域是以中国东北、俄罗斯远东南部、朝鲜半岛为中心的国际性区域,地理空间范围较广。针对其地理空间特征,区域旅游合作应以边境旅游为基础,以三国交界的旅游中心城市为核心,各地区旅游中心城市为节点,地方旅游城市为支撑的空间极核辐射模式,分层次开展区域旅游合作。该模显所示(附录6),中国吉林省珲春市、朝鲜罗先市和俄罗斯斯拉夫扬卡市位于三国交界处,共同构成了区域旅游合作的空间辐射极核,而各地的旅游中心城市将成为带动各级区域旅游发展的重要节点。空间极核辐射模式能够有效地促进和指导区域旅游合作,使图们江区域范围内的旅游业从"各据一方"到"连线成片",从整体上促进区域旅游的快速发展,但是,该模式在培育过程中需要注意控制好"点""线""面"的协调发展,从而保证空间极核辐射合作模式的最终实现。

9.4.3　政府与企业互助模式

区域旅游合作的主体由两个层面构成,即政府和旅游企业[③]。图们江区域各国政治制度与经济体制不同,社会经济环境复杂,决定了区域旅游合作之初必须由政府推动并主导(即政府主导,企业参与)。随着合作的不断加深和区域旅游市场的日趋成熟,旅游企业将在市场规律的指导下成为区

---

① 张河清,王蕾蕾. 辐射理论在区域旅游合作中的应用 [J]. 广州大学学报(社会科学版),2010,9 (12),36 - 40.
② 陈雪婷,陈才,徐淑梅. 国际区域旅游合作模式研究——以中国东北与俄、蒙毗邻地区为例 [J]. 世界地理研究,2012,21 (3).
③ 旅游企业包括旅行社、饭店、旅游交通企业、旅游景区、旅游购物店、娱乐场所等直接旅游企业。

域旅游合作的主体。

1. 政府主导和企业参与型合作模式

政府主导企业参与的区域旅游合作模式（见图 9 - 1）是政府充分发挥其社会经济管理职能，引导旅游目的地的发展方向，主导区域间的旅游合作内容，利用国家资源直接参与区域内跨国旅游产品开发，制定相关政策吸引私人资本，地方政府之间通过政策合作为区域旅游发展提供保障措施，并通过政府营销的方式促进区域范围内市场规则的完善和市场主体的培育。[①] 这种模式是图们江区域旅游合作之初的较佳模式，也是当下正在应用并且最适宜的模式，它明确了政府的主导地位和旅游企业、媒体等的辅助角色，更充分发挥了各利益相关者的作用，相互分工、相互配合，共同促进旅游目的地的发展。

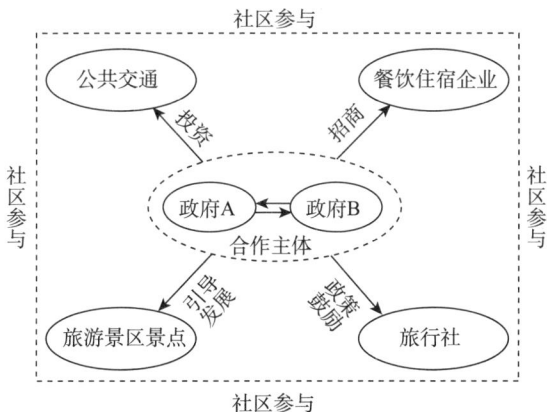

图 9 - 1　政府主导和企业参与型合作模式

2. 企业主导和政府服务型模式

企业主导政府服务模式（见图 9 - 2）是区域旅游合作发展到一定阶段的合作模式，当区域范围内旅游产业形成一定规模，旅游市场相对完善，旅游企业也具备了独自市场行为能力时，区域旅游合作将逐渐转变为由企业主导。这种合作本质上是旅游业的区域合作，是旅游企业在市场利益驱动下通过多种方式进行投资、经营、销售、管理等方面的合作。[②] 在图们江区域旅游市场高度发达，市场秩序稳定，旅游企业需要自由发展空间时，

① 秦学. 特殊区域旅游合作与发展的经验与启示——以粤港澳区域为例 [J].经济地理，2010，30（4），697 - 703.
② 孔庆庆. 区域旅游一体化合作模式下无障碍旅游区的构建——以珠江三角洲区域旅游合作为例 [D].浙江大学硕士学位论文，2005，12：38 - 40.

该模式将成为区域旅游合作的主要模式。作为区域旅游合作的第一主体，旅游企业将在市场中充分发挥企业的活力和动力，通过契约等方式缔结稳定的区域旅游合作组织，并按照市场规则通过收购、兼并等方式组建区域内的跨国旅游企业集团。政府之间则协调制定统一的区域旅游经济发展规划，设立相关的协调机构，在引导旅游市场的同时维护市场秩序，为行业发展服务，为企业的各种活动服务，通过间接的方式影响企业行为。[①]

总的来说，政府与企业互助模式下的政府主导企业参与阶段，政府在合作中的沟通与协调作用很强，能够有力地促进各项协议的达成与议程的推进，但是较强的政策性会使旅游合作具体实践层面的可操作性较差。在企业主导政府服务阶段，旅游业各要素受市场规律指导，在毗邻区域间自由流动，交易成本相对较低，易于形成密切的区域合作关系，但是主体的众多与分散经营也加大了政府相关部门的监管难度。

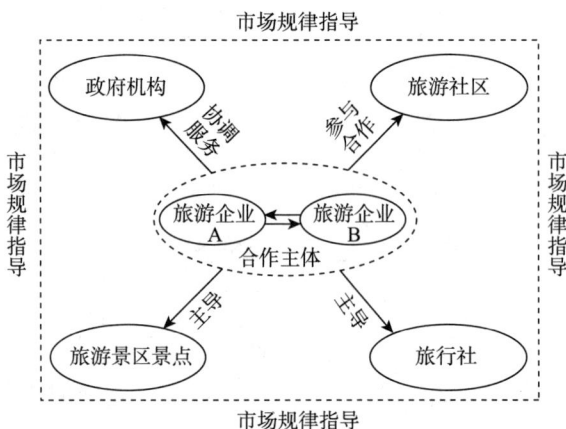

图 9 - 2　企业主导和政府服务型模式

9.4.4　区域 "无障碍"[②] 旅游模式

区域旅游合作关系形成的前提是旅游资源的优势互补，推动这一合作关系不断发展的动力是合作主体在合作过程中实现的利益共赢。区域旅游合作本质是旅游经济要素在各区域之间能够自由流动与组合，在打破行政

---

① 陈雪婷，陈才，徐淑梅. 国际区域旅游合作模式研究——以中国东北与俄、蒙毗邻地区为例 [J]. 世界地理研究，2012，21（3）.

② "无障碍" 是旅游区域合作发展阶段的一个跃升，旨在通过实施区域旅游的旅游资源共享、市场共享、基础服务设施共享、品牌和信息共享，推动旅游企业经营无障碍、交通无障碍、服务无障碍和投诉无障碍。

区划限制后，"无障碍旅游"将是区域间的主要旅游合作模式，该模式的主要内容如下。

1. 政府的组织协调功能

政府要为区域旅游业的发展提供具有科学性、超前性和可操作性的依据与蓝图，指导各地区调整并配合区域旅游总体发展格局，使区域的"无障碍旅游"合作得到相关法律的保障和政策支持。成立图们江区域各国中央政府及地方政府都参与的国际旅游管理机构，监督区域旅游总体规划的实施，协调成员国在区域范围内的各项旅游事务，统一进行宣传与促销，设立研究机构并制定统一的服务标准。

2. 旅游资源整合

区域旅游合作首先要以一体化的思想对区内旅游资源进行整合，而区域旅游资源整合是旅游产品互补性开发的基础，各地旅游产品的互补性又构成了自身的比较优势。例如，俄远东南部主推自然生态探险游和俄罗斯民俗文化，朝鲜以海滨旅游资源、朝鲜民俗文化和红色旅游资源为特色，东北三省则凭借较好的资源组合和完善的接待设施开展各类生态休闲度假游。各地依托自身优势进行合作，在减少区内竞争的同时还能提高区域整体竞争力。国际性区域"无障碍旅游"需要以各地的重点景区（中国的长白山、镜泊湖，朝鲜的七宝山、海水浴场，俄罗斯的海水浴场、森林生态休闲景区）为依托，以跨国精品线路为纽带，由点到线、由线到面，在区域范围内打造若干知名的国际旅游产品。例如，"延吉—海参崴—平壤—延吉"中俄朝航空游、"长白山或延吉—海参崴—牡丹江"航空游、"长白山—延吉—俄符拉迪沃斯托克或纳霍特卡—乌苏里斯克—中国牡丹江"环线游、"长白山—延吉—朝鲜清津—七宝山—俄符拉迪沃斯托克"豪华邮轮游等。

3. 区域旅游企业无障碍经营

传统的旅游经营模式主要是"旅游者—组团社—地接社—目的地"，而区域"无障碍旅游"是区域内部互相开放旅游市场，旅行社可以突破地域限制不再需要地接社中介而直接对旅游者销售旅游产品，或向目的地旅游企业直接采购产品，销售方式由间接向直接转变，减少旅游经营环节。① 地域限制的打破使旅游企业的市场竞争更加激烈，有实力的旅游企业将有机会通过参股或并购等形式跨国投资或设立分支机构。但是，由于图们江区域各国旅游企业发展水平参差不齐，在放开市场之初各地政府需要对一些

---

① 孔庆庆. 区域旅游一体化合作模式下无障碍旅游区的构建——以珠江三角洲区域旅游合作为例 [D].浙江大学硕士学位论文，2005，12：38－40.

地方性弱小企业进行政策性保护或扶持，并且各国还应在国家层次建立统一的旅游投诉、融资机制，制定统一的区域旅游合作政策法规，从多方面保证旅游企业在区域内的无障碍经营。首先，图们江区域各国在各国范围内通过参股或并购或重组等模式，建立以吃、住、行、游、购、娱为一体的大型旅游企业；其次，这些各国的大型旅游企业在对方国家的主要城市设立分支机构或代理点；最后，图们江区域旅游合作发展到一定程度后，在市场推动下，逐渐成立大型跨国旅游企业。

4. 区域联合宣传营销开拓市场

旅游产品的宣传和营销对旅游产业的发展至关重要。面对庞大的世界旅游市场，图们江区域应参考国际成功案例，在政府的支持下联合开展区域旅游产品的宣传活动，共同开展跨国旅游线路营销。由于旅游者对旅游目的地的选择越来越趋向于其整体形象和信息，因此图们江区域应以统一的国际旅游形象参与国际旅游展销活动。区域内部还可以专门策划确定共同的宣传促销主题口号，共同编印有中俄朝三种语言的相关旅游宣传资料，延续并拓展旅游节庆活动，开展区域性旅游促销活动，实现市场联动，使得合作区域不仅有利于打造品牌，更利于降低旅游产品的宣传促销与市场开拓成本。

"无障碍旅游"合作模式侧重于旅游合作的具体内容，实际操作性较强，对区域旅游合作的具体实践有很好的指导作用，但是该模式对区域制度环境和市场秩序的要求也很高，不仅需要图们江区域各国共同制定并维护行之有效的市场制度与规则，更需要一个开放且竞争有序的现代区域市场体系。①

9.4.5 旅游业要素协同模式

1. 要素协同模式

该模式是指通过一种或多种旅游产业要素的区际流动，实现区域内旅游业协同发展的合作模式，有技术（管理）协同型、资本协同型、劳动力协同型、信息协同型等多种基本类型。② 在市场经济推进过程中，常常是产品市场先发育，因为产品市场的形成比较容易。但是，只有产业要素市场

---

① 陈雪婷，陈才，徐淑梅. 国际区域旅游合作模式研究——以中国东北与俄、蒙毗邻地区为例 [J]. 世界地理研究，2012，21（3）.
② 马波. 旅游业的转型与区域旅游合作——兼论中、日、韩旅游合作的推进 [J]. 旅游学刊，2007，22（5）.

形成，市场经济的效力才能全面释放。该模式是较高级的形态，也要求至少有一方的旅游业发育到较高的水准，其实现条件是旅游产业要素能够自由流动，为此需要弱化地区壁垒，强化企业力量，开放产权市场。必须指出，虽然当前图们江区域各国旅游合作的呼声很高，各国地方政府间的合作宣言发布了不少，但是旅游产业要素自由流动的政策环境并没有真正形成，合作行为只能停留在表层。

2. 一体化发展模式

该模式也可以称为全要素协同模式，是要素协同模式全面发展的产物，指将多个行政区视为一个旅游经济区，依据市场规则实现旅游产业资源最优配置的模式。[①] 这种合作模式的推动力量主要来自市场，只有在旅游业具有较高发育水平和良好市场环境的条件下才能逐步实现，其主要内容包括两个方面：一是依据旅游流的分布与变化配置旅游产业要素；二是依据比较优势理论配置以旅游业为中心的纵向产业链条。首先，图们江区域各国建立地方旅游一体化，如中国建立长吉图旅游一体化、东北边境城市旅游一体化等，朝鲜建立罗先—清津旅游一体化，俄罗斯建立符拉迪沃斯托克—纳霍德卡旅游一体化等；其次，在此基础上，各国一体化发展到一定程度后，把范围扩大到更大的区域，如中国的东北旅游一体化，朝鲜的罗先—清津—金刚山旅游一体化，俄罗斯的远东旅游一体化，韩国的东海岸旅游一体化等；最后，在市场推动下，图们江区域逐步形成跨国旅游一体化，包括旅游产品一体化、旅游产业一体化等。

9.4.6 图们江区域旅游合作结构的空间演化模式

从地理学区域发展的角度，对图们江区域旅游合作进行研究和总结，典型的区域旅游合作结构模式有以下几种。

一 "点—轴"渐进扩散模式

"点—轴"渐进扩散理论，1984 年由我国经济地理工作者陆大道研究员提出。[②] 陆大道对"点—轴"空间结构系统进行了分析，并认为该模式是在大量的区域发展经验基础上总结的，是普遍规律。[③] 旅游业作为现代区域经济发展的一种重要产业，也基本遵循区域发展的"点—轴"渐进扩散规律。

---

① 马波. 旅游业的转型与区域旅游合作——兼论中、日、韩旅游合作的推进 [J]. 旅游学刊，2007，22（5）.

② 陆玉麟. 论点轴系统理论的科学内涵 [J]. 地理科学，2002，22（2）：136-143.

③ 陆大道. 区域发展及其空间结构 [M]. 北京：科学出版社，1995：137-186.

（一）区域旅游重点旅游发展轴和重点旅游发展节点的选择

旅游区域内各个旅游节点是成等级系统的，同理，连接旅游节点的旅游发展轴也是可分为若干个等级的。不同等级的旅游发展轴线对周边的区域具有不同强度的旅游吸引力和凝聚力，在区域旅游规划中运用旅游点轴开发模式，分析和确定"旅游节点"和"旅游发展轴"的位置和等级是非常重要的。[①]

1. 重点旅游发展轴的选择

区域内适合作为旅游发展轴的地带比较有限。一般来说，可以作为旅游发展轴的地带要重点开发。在各条旅游发展轴线上要确定若干旅游节点作为重要旅游节点，并且要明确各个重点旅游发展节点的旅游地位、性质、功能与发展方向等。要确定旅游节点和旅游发展轴线的等级体系，形成不同等级的旅游"点—轴"系统。一般应优先开发重点旅游发展轴线及沿线地带内若干高等级、区域好的旅游节点。随着重点发展轴线与重点旅游节点的旅游发展水平的提高，旅游开发重心将逐步转移到级别较低的旅游发展轴与旅游节点，并使旅游发展轴逐步向乡村旅游区延伸，促进次级旅游发展轴线上的旅游发展，最终形成由不同旅游等级的旅游发展轴及其旅游节点组成的具有一定层次结构的旅游"点—轴"系统，从而带动区域旅游整体发展。重点旅游发展轴线的选择，通常需要考虑的因素如下。

（1）最好由旅游中心城市、国家级的风景名胜区、国家5A级旅游区、全国重点文物保护单位或其他具有重要旅游开发价值的旅游资源等等级较高的旅游节点组成。区域旅游发展轴线不是旅游交通线，而是旅游发展轴线。它是旅游资源、旅游市场等旅游吸引物聚集体集中分布的地带或走廊。一般来说，重点旅游发展轴依托重点区域旅游交通线路或重要水运线路，串联重点旅游城市或旅游节点形成。重点旅游发展轴上的重点旅游节点应有较强的旅游吸引力、集聚力和辐射力，是旅游资源优先开发、旅游设施优先布局、旅游者目的地优先选择的旅游要素集聚地带和旅游发展程度较高的地带。

（2）有旅游交通运输干线（如高速公路、铁路等）与重要的水运线路（如长江、东海、京杭大运河等）为依托。陆大道、陆玉麟等提出了水轴理论，认为由沿海、沿江构成的区域T形结构都属于水轴，并对水轴理论的提出依据进行了系统分析。陆大道对发展轴的结构与类型进行了系统分析，

---

① 卞显红，章家清."点—轴"渐进扩散理论及其在长江三角洲区域旅游空间结构研究中的应用 [J].江南大学学报（人文社会科学版），2007，6（2）.

认为发展轴可分为沿海岸型、大河沿岸型、沿陆上交通干线型和复合型。①
旅游交通运输干线往往连接旅游中心城市和重点旅游节点，对促进旅游发
展具有重要意义。沿海地带、沿大江河地带往往是中心旅游城市与旅游资
源密集分布地带。铁路、高速公路等旅游交通干线型旅游发展轴不同于沿
海岸型、大河沿岸型旅游发展轴，它的线路是人为选择的结果。铁路等旅
游交通运输干线主要通过旅游中心城市、重点旅游景区（点）等。铁路等
旅游交通线路是区域旅游空间结构的基本骨架，旅游设施布局、旅游资源
开发的注意力往往也集中在这些便利的旅游交通沿线地带。再者，旅游资
源的开发离不开宏观社会经济背景，尤其离不开区域旅游基础设施，旅游
交通轴线上的旅游资源自然得以优先开发。

（3）旅游发展水平较高，或旅游资源丰度与等级较高的地带也往往会
发展成为重点旅游发展轴。以上主要就旅游交通干线、水运干线作为重要
旅游发展轴影响旅游节点的布局进行论述，相反，某区域重要旅游资源的
开发，比如重大考古发现、重点旅游景区（点）的开发等也会对旅游发展
轴的形成产生一定影响。旅游发展水平较高的地带，随着旅游业的实力增
强，旅游交通等基础设施逐步得以完善，旅游业发展也促进了当地产业链
的形成与旅游城市化的出现。

（4）中国延吉市—珲春市—俄罗斯斯拉夫扬卡市—朝鲜罗先特别市为
轴线的区域为图们江区域的核心旅游区。中国的长白山—敦化—镜泊湖—
牡丹江—绥芬河—俄罗斯的乌苏里斯克—符拉迪沃斯托克—纳霍德卡—朝
鲜的清津—七宝山—中国延吉等著名的旅游景区和旅游城市连接在一起的
区域为图们江区域的拓展旅游区。中国的东北三省及内蒙古东部、俄罗斯
的远东地区、朝鲜、韩国是图们江区域的辐射区。

中国图们江区域的重点旅游发展轴线：长白山—延吉—图们—珲春、
长春—吉林—敦化—延龙图、长春—长白山、哈尔滨—牡丹江—镜泊湖、哈
尔滨—佳木斯—同江或抚远、哈尔滨—黑河、哈尔滨—大庆—齐齐哈尔、沈
阳—丹东、沈阳—营口—大连、丹东—大连、哈尔滨—长春—沈阳—大连等。

朝鲜图们江区域的重点旅游发展轴线：罗先特别市—清津市—七宝山、
罗先特别市—金刚山、新义州—妙香山—平壤、平壤—开城—板门店、平
壤—南浦、平壤—元山—金刚山等。

俄罗斯图们江区域的重点旅游发展轴线：符拉迪沃斯托克—纳霍德卡、符
拉迪沃斯托克—乌苏里斯克、哈巴罗夫斯克—比罗比詹—布拉戈维申斯克等。

---

① 陆大道．区域发展及其空间结构［M］.北京：科学出版社，1995：137－186.

韩国图们江区域的重点旅游发展轴线：首尔—仁川、首尔—大田—大邱—庆州—釜山、束草—江陵—东海等。

2. 重点旅游发展节点的选择

旅游发展轴上的各个旅游节点是旅游发展轴带区域的各级旅游中心节点，它们是旅游发展轴线集聚作用和扩散作用的核心。同一旅游发展轴线上的旅游节点有层次与等级之分。重点旅游发展节点的选择通常从以下几个方面考虑。

（1）旅游节点旅游发展条件及其在区域旅游发展中的地位。根据各个旅游中心节点的区位、旅游资源质量与等级、旅游发展条件、社会经济条件等分析其在区域旅游空间系统中的主要旅游职能、旅游发展方向及其在区内外的旅游地位与作用，明确各中心旅游节点的旅游吸引范围和辐射范围。重点旅游发展节点应是旅游地位重要、对旅游发展轴的形成和发展作用大、旅游吸引范围广的旅游节点。

（2）旅游节点的旅游发展规模。从旅游节点的旅游资源质量与等级、主要旅游景区（点）的等级与规模、旅游城镇的等级与规模、旅游发展水平（旅游收入、旅游人次、旅游发展增长速度等方面衡量）、旅游接待设施的数量与等级等方面，分析各个旅游节点的旅游发展趋势，明确旅游发展轴线上各个旅游节点的发展规模。在区域旅游发达的地区，通常采用网络式旅游开发模式。旅游城市作为区域社会、经济、文化、教育与管理中心、旅游管理与集散中心，城市旅游发展规模较大，吸引范围较广，旅游辐射力强。如果该旅游城市同时拥有国家级或世界级级别的旅游资源，或大型主题公园，那通常可以选择这类旅游城市作为旅游发展的重点节点。旅游城市郊区或边缘地带，如果拥有大型国家级风景名胜区、全国重点文物保护单位、国家森林公园、国家自然保护区或为世界自然与文化遗产地，那也可以作为区域重点旅游发展节点。在旅游发展水平比较落后的地区，需要培育新的旅游增长极，往往会选择一些规模相对较大的旅游城镇，或重点旅游景区（点）作为旅游发展节点，通过它们的开发，带动旅游边缘区域的旅游发展。

（3）旅游节点空间分布的现状。旅游点—轴开发模式的实施，是从高级旅游发展轴线向次级旅游发展轴线，即从高等级旅游城市向次级旅游城镇逐步展开的过程，因此，确定重点旅游发展节点时，可根据旅游节点空间分布的现状，在与旅游中心城市适宜的距离上，选择有较好旅游发展条件的旅游节点作为重点旅游发展节点，使其成为次级旅游发展中心。另外，根据旅游节点的空间分布现状，也可以充分运用旅游中心地理论选择重点旅游发展节点。高等级的旅游中心城市需对次级旅游中心城镇进行扩散和旅游合作。同时，围绕次级旅游中心节点，选择三级乃至四级旅游中心城镇。

（4）图们江区域重点旅游发展节点：

核心区：中国的延吉市、珲春市，朝鲜的罗先市，俄罗斯的斯拉夫扬卡市；

拓展区：中国的长白山、牡丹江、镜泊湖、绥芬河，朝鲜的清津、七宝山，俄罗斯的符拉迪沃斯托克、纳霍德卡、乌苏里斯克；

辐射区：中国的哈尔滨、长春、沈阳、大连，朝鲜的平壤、金刚山、妙香山、新义州、开城，俄罗斯的哈巴罗夫斯克市、锡霍特山脉自然保护区、共青城市、比罗比詹市、布拉戈维申斯克市，韩国的首尔、束草、江陵、釜山、济州岛等。

（二）图们江区域旅游空间结构的旅游"点—轴系统"分析

把图们江区域旅游空间结构中的旅游"点—轴系统"的轴线分为一级、二级、三级旅游发展轴线，点分为一级、二级、三级节点。在旅游发展轴线划分中，既考虑了区域旅游发展轴的实际影响范围，又兼顾了行政区边界。图们江区域旅游发展轴线及其直接吸引范围如下（见表9–1，附录7）。

表9–1 图们江区域旅游发展轴线及其直接吸引范围

等级	轴线	直接吸引范围
一级	哈长沈大旅游发展轴线	哈尔滨、长春、吉林、沈阳、大连5市铁路与高速公路区域
	长延珲符罗旅游发展轴线	长春、吉林、蛟河、敦化、延吉、珲春、斯拉夫扬卡、符拉迪沃斯托克、罗先9市高速公路区域
	长长旅游发展轴线	长春、长白山等高速公路区域
	长龙延图旅游发展轴线	长白山、龙井、延吉、图们4市高等级公路区域
	哈牡绥符旅游发展轴线	哈尔滨、牡丹江、绥芬河、乌苏里斯克、符拉迪沃斯托克5市高速公路区域
	沈通长旅游发展轴线	沈阳、通化、长白山等铁路与高速公路区域
	沈丹新平旅游发展轴线	沈阳、丹东、新义州、平壤4市铁路与高速公路区域
	平元金旅游发展轴线	朝鲜平壤、元山、金刚山等高速公路区域
	平南沙开旅游发展轴线	朝鲜平壤、南浦、沙里院、开城4市高速公路区域
	首大釜旅游发展轴线	韩国首尔、大邱、庆州、釜山4市铁路与高速公路区域
	首大全光旅游发展轴线	韩国首尔、大田、全州、光州4市高速公路区域

等级	轴线	直接吸引范围
二级	长松白旅游发展轴线	长春、松原、白城 3 市铁路与高速公路区域
	延清七旅游发展轴线	延吉、清津、七宝山等公路区域
	图清七旅游发展轴线	图们、清津、七宝山等铁路区域
	长敦牡旅游发展轴线	长白山、敦化、牡丹江等高速公路区域
	哈大齐旅游发展轴线	哈尔滨、大庆、齐齐哈尔等铁路与高速公路区域
	哈黑布旅游发展轴线	哈尔滨、黑河、布拉戈维申斯克 3 市铁路与高速公路区域
	哈佳抚哈旅游发展轴线	哈尔滨、佳木斯、抚远、哈巴罗夫斯克市等一级公路区域
	沈锦葫旅游发展轴线	沈阳、锦州、葫芦岛等铁路与高速公路区域
	丹大旅游发展轴线	丹东、大连等高速公路区域
	罗金旅游发展轴线	朝鲜罗先、金刚山等沿海区域
	首春江旅游发展轴线	首尔、春川、江陵 3 市高速公路区域
	束江东旅游发展轴线	束草、江陵、东海 3 市沿海区
	符乌哈比布旅游发展轴线	符拉迪沃斯托克、乌苏里斯克、哈巴罗夫斯克、比罗比詹、布拉戈维申斯克 5 市铁路与公路区域
三级	长安延旅游发展轴线	长白山、安图、延吉 3 市公路区域
	延汪牡旅游发展轴线	延吉、汪清、牡丹江 3 市公路区域
	珲东绥旅游发展轴线	珲春、东宁、绥芬河 3 市公路区域
	长图珲旅游发展轴线	长白山、图们、珲春等沿图们江公路区域
	丹通旅游发展轴线	丹东、通化等高速公路区域
	沿鸭绿江旅游发展轴线	长白、临江、集安、丹东等沿鸭绿江公路区域
	牡鸡佳旅游发展轴线	牡丹江、鸡西、佳木斯等铁路与高速公路区域
	哈伊嘉旅游发展轴线	哈尔滨、伊春、嘉荫等铁路与高速公路区域
	长清罗旅游发展轴线	朝鲜长白山东坡、清津、罗先等公路区域
	哈阿共旅游发展轴线	哈巴罗夫斯克、阿穆尔斯克、共青城等沿江区域

1. 一级旅游发展轴线

（1）哈长沈大旅游发展轴线及其主要旅游节点分布。哈长沈大旅游发展轴线以哈大高速公路、哈大高铁等旅游交通轴线为依托形成，是连接哈尔滨、长春、沈阳、大连等重要旅游节点的大图们江区域一级旅游发展轴线。

（2）长延符罗旅游发展轴线及其主要旅游节点分布。长延符罗旅游发展轴线以长珲高速、长珲高铁、珲春至俄罗斯符拉迪沃斯托克市的公路及铁路、珲春至朝鲜罗先特别市的公路等旅游交通轴线为依托形成，是连接长春、吉林、蛟河、敦化、延吉、珲春，俄罗斯斯拉夫扬卡、符拉迪沃斯托克、纳霍德卡，朝鲜的罗先特区等重要旅游节点的图们江区域跨三国一级旅游发展轴线。

（3）长长旅游发展轴线及其主要旅游节点分布。长长旅游发展轴线以长春至松江河的高速公路、长春至长白山的航空路线等旅游交通轴线为依托形成，是连接长春、吉林、抚松、松江河、长白山等旅游节点的大图们江区域一级旅游发展轴线。

（4）长龙延图旅游发展轴线及其主要旅游节点分布。长龙延图旅游发展轴线以长白山至延吉的一级公路、长白山至延吉航空路线、龙井至长白山的铁路、延吉至图们的高速公路等旅游交通轴线为依托形成，是连接长白山、龙井、延吉、图们等重要旅游节点的图们江区域一级旅游发展轴线。

（5）哈牡绥符旅游发展轴线及其主要旅游节点分布。哈牡绥符旅游发展轴线以哈绥高速公路和铁路、绥芬河至俄罗斯乌苏里斯克、符拉迪沃斯托克的跨国公路及铁路、哈尔滨至符拉迪沃斯托克的航空路线等旅游交通轴线为依托形成，是连接哈尔滨、牡丹江、镜泊湖、绥芬河、俄罗斯的乌苏里斯克、符拉迪沃斯托克等重要跨国旅游节点的图们江区域一级旅游发展轴线。

（6）沈通长旅游发展轴线及其主要旅游节点分布。沈通长旅游发展轴线以沈阳至通化的高速公路和铁路、通化至松江河的公路及铁路、沈阳至长白山的航空路线等旅游交通轴线为依托形成，是连接沈阳、通化、白山、抚松、松江河、长白山等重要旅游节点的图们江区域一级旅游发展轴线。

（7）沈丹新平旅游发展轴线及其主要旅游节点分布。沈丹新平旅游发展轴线以沈丹高速、丹东至朝鲜平壤的国际铁路及公路、沈阳至平壤的航空线路等旅游交通轴线为依托形成，是连接沈阳、丹东、朝鲜新义州、妙香山、平壤等重要跨国旅游节点的大图们江区域一级旅游发展轴线。

（8）平元金旅游发展轴线及其主要旅游节点分布。平元金旅游发展轴线以平元高速、元山至金刚山的公路及海运等旅游交通轴线为依托形成，是连接平壤、元山、金刚山等重要旅游节点的大图们江区域朝鲜境内一级旅游发展轴线。

（9）平南沙开旅游发展轴线及其主要旅游节点分布。平南沙开旅游发展轴线以平壤至南浦高速、平壤至开城高速等旅游交通轴线为依托形成，是连接平壤、南浦、沙里院、开城等重要旅游节点的大图们江区域朝鲜境内一级旅游发展轴线。

（10）首大釜旅游发展轴线及其主要旅游节点分布。首大釜旅游发展轴线以首尔至釜山高速、高铁及航空路线等旅游交通轴线为依托形成，是连接首尔、大邱、庆州、釜山等重要旅游节点的大图们江区域韩国境内一级旅游发展轴线。

（11）首大全光旅游发展轴线及其主要旅游节点分布。首大全光旅游发展轴线以首尔至光州高铁及高速等旅游交通轴线为依托形成，是连接首尔、大田、全州、光州等重要旅游节点的大图们江区域韩国境内一级旅游发展轴线。

2. 二级旅游发展轴线

（1）长松白旅游展轴线及其主要旅游节点分布。长松白旅游展轴线以长春至白城的高速及铁路等旅游交通轴线为依托形成，是连接长春、松原、白城等旅游节点的大图们江区域二级旅游发展轴线。

（2）延清七旅游发展轴线及其主要旅游节点分布。延清七旅游发展轴线以延吉至清津的跨国公路、清津至七宝山的公路等旅游交通轴线为依托形成，是连接中国延吉、朝鲜的清津和七宝山等旅游节点的大图们江区域跨国二级旅游发展轴线。

（3）图清七旅游发展轴线及其主要旅游节点分布。图清七旅游发展轴线以图们至清津的铁路等旅游交通轴线为依托形成，是连接中国图们、朝鲜的清津、七宝山等旅游节点的大图们江区域跨国二级旅游发展轴线。

（4）长敦牡旅游发展轴线及其主要旅游节点分布。长敦牡旅游发展轴线以长白山至牡丹江的高速等旅游交通轴线为依托形成，是连接长白山、敦化、牡丹江、镜泊湖等旅游节点的大图们江区域二级旅游发展轴线。

（5）哈大齐旅游发展轴线及其主要旅游节点分布。哈大齐旅游发展轴线以哈尔滨至齐齐哈尔的高速及铁路等旅游交通轴线为依托形成，是连接哈尔滨、大庆、齐齐哈尔等旅游节点的大图们江区域二级旅游发展轴线。

（6）哈黑布旅游发展轴线及其主要旅游节点分布。哈黑布旅游发展轴线以哈尔滨至黑河的国道及铁路、黑河至俄罗斯布拉戈维申斯克的铁路及邮轮等旅游交通轴线为依托形成，是连接哈尔滨、五大连池、黑河、俄罗斯的布拉戈维申斯克等重要跨国旅游节点的大图们江区域跨国二级旅游发展轴线。

（7）哈佳抚哈旅游发展轴线及其主要旅游节点分布。哈佳抚哈旅游发展轴线以哈尔滨至佳木斯的高速公路、佳木斯至抚远的一级公路等旅游交通轴线为依托形成，是连接哈尔滨、佳木斯、富锦、抚远、哈巴罗夫斯克等旅游节点的大图们江区域跨国二级旅游发展轴线。

（8）沈锦葫旅游发展轴线及其主要旅游节点分布。沈锦葫旅游发展轴线以沈阳至葫芦岛的高速及铁路等旅游交通轴线为依托形成，是连接沈阳、锦州、葫芦岛等旅游节点的大图们江区域二级旅游发展轴线。

（9）丹大旅游发展轴线及其主要旅游节点分布。丹大旅游发展轴线以丹东至大连的沿海高速等旅游交通轴线为依托形成，是连接丹东、东港、庄河、大连等旅游节点的大图们江区域二级旅游发展轴线。

（10）罗金旅游发展轴线及其主要旅游节点分布。罗金旅游发展轴线以朝鲜罗先至金刚山的邮轮、公路、航空等旅游交通轴线为依托形成，是连接罗先、清津、咸兴、元山、金刚山等旅游节点的大图们江区域朝鲜境内二级旅游发展轴线。

（11）首春江旅游发展轴线及其主要旅游节点分布。首春江旅游发展轴线以韩国首尔至春川的高速及高铁、春川至原州的高速、原州至江陵的高速等旅游交通轴线为依托形成，是连接首尔、春川、原州、江陵等旅游节点的大图们江区域韩国境内二级旅游发展轴线。

（12）束江东旅游发展轴线及其主要旅游节点分布。束江东旅游发展轴线以韩国束草至东海的沿海公路等旅游交通轴线为依托形成，是连接束草、雪岳山国立公园、江陵、东海等旅游节点的大图们江区域韩国境内二级旅游发展轴线。

（13）符乌哈比布旅游发展轴线及其主要旅游节点分布。符乌哈比布旅游发展轴线以俄罗斯符拉迪沃斯托克至布拉戈维申斯克的铁路、航空等旅游交通轴线为依托形成，是连接符拉迪沃斯托克、乌苏里斯克、哈巴罗夫斯克、比罗比詹、布拉戈维申斯克等旅游节点的大图们江区域俄罗斯境内二级旅游发展轴线。

3. 三级旅游发展轴线

（1）长安延旅游发展轴线及其主要旅游节点分布。长安延旅游发展轴线以长白山至安图、延吉的二级公路为依托形成，是连接长白山、松江、安图、延吉等旅游节点的图们江区域延边州内三级旅游发展轴线。

（2）延汪牡旅游发展轴线及其主要旅游节点分布。延汪牡旅游发展轴线以延吉至汪清、牡丹江的公路为依托形成，是连接延吉、汪清、牡丹江、镜泊湖等旅游节点的图们江区域跨省三级旅游发展轴线。

（3）珲东绥旅游发展轴线及其主要旅游节点分布。珲东绥旅游发展轴线以珲春至绥芬河的二级公路为依托形成，是连接珲春、东宁、绥芬河等旅游节点的图们江区域跨省边境三级旅游发展轴线。

（4）长图珲旅游发展轴线及其主要旅游节点分布。长图珲旅游发展轴线以长白山至图们、珲春的沿图们江公路为依托形成，是连接长白山、崇善、三合、图们、珲春等旅游节点的图们江区域延边州内三级旅游发展轴线。

（5）丹通旅游发展轴线及其主要旅游节点分布。丹通旅游发展轴线以丹东至通化高速为依托形成，是连接丹东、宽甸、恒仁、通化等旅游节点的图们江区域跨省三级旅游发展轴线。

（6）沿鸭绿江旅游发展轴线及其主要旅游节点分布。沿鸭绿江旅游发展轴线以长白至丹东的沿鸭绿江公路为依托形成，是连接长白、临江、集安、丹东等沿江旅游节点的图们江区域跨省三级旅游发展轴线。

（7）牡鸡佳旅游发展轴线及其主要旅游节点分布。牡鸡佳旅游发展轴线以牡丹江至佳木斯的高速及铁路、鸡西至虎林的公路及铁路等旅游轴线为依托形成，是连接牡丹江、鸡西、虎林、兴凯湖、佳木斯等旅游节点的大图们江区域三级旅游发展轴线。

（8）哈伊嘉旅游发展轴线及其主要旅游节点分布。哈伊嘉旅游发展轴线以哈尔滨至嘉荫的高速及铁路、哈尔滨至伊春航空路线等旅游发展轴线为依托形成，连接哈尔滨、绥化、伊春、嘉荫等旅游节点的图们江区域三级旅游发展轴线。

（9）长清罗旅游发展轴线及其主要旅游节点分布。长清罗旅游发展轴线以朝鲜的长白山东坡至罗先的公路及铁路为依托形成，是连接长白山、清津、罗先等旅游节点的图们江区域朝鲜境内三级旅游发展轴线。

（10）哈阿共旅游发展轴线及其主要旅游节点分布。哈阿共旅游发展轴线以哈巴罗夫斯克至共青城的铁路、公路及阿穆尔河等旅游交通轴线为依托形成，是连接俄罗斯的哈巴罗夫斯克、阿穆尔州、共青城等旅游节点的大图们江区域俄罗斯境内三级旅游发展轴线。

二 单核辐射模式

区域旅游资源、市场分布不均衡，单项优势突出，以城市（市场）—区域资源或资源—市场空间关系为特征，以出游人数多、承载力大的单个大城市或某个具有大尺度吸引向性的旅游景区为核心，以旅游经济联系（包括旅游交通）为纽带形成的区域旅游合作模式。① 该模式在区域旅游合作开始阶段较为普遍，如图们江区域核心旅游区内的中国延吉、朝鲜的罗先特别市等城市已经基本发挥单核辐射功能，已开通延吉至罗先的国际客

---

① 杨荣斌，郑建瑜，程金龙. 区域旅游合作结构模式研究 [J]. 地理与地理信息科学，2005，21（5）.

运班车，延吉成为该地区的旅游集散中心，罗先也是朝鲜的经济特区，在资金、政策、交通、资源、旅游等领域开始发挥的区域核心区的功能，但相比之下，俄罗斯的斯拉夫扬卡没有发挥地域优势，仅仅停留在交通枢纽中心的功能上。

图们江区域拓展旅游区内已形成多种核心辐射区，如以长白山为中心的辐射区，2006 年成立长白山管委会，对长白山实行统一管理、统一规划，逐渐形成吉林省的旅游品牌，甚至发展成大图们江区域的核心旅游区；以牡丹江为中心的辐射区，周围有镜泊湖、渤海遗址等主要旅游资源；以俄罗斯的符拉迪沃斯托克为中心的滨海辐射区，周围有俄罗斯岛旅游区、纳霍德卡、阿尔乔姆等主要旅游资源和旅游城市；以朝鲜清津为中心的辐射区，周围有七宝山、镜城温泉、海水浴场等主要旅游资源。

大图们江区域旅游区内已形成多种核心辐射区，如长春—吉林旅游圈、大哈尔滨旅游圈、大沈阳旅游圈、大连旅游圈，朝鲜的平壤旅游圈、元山—金刚山旅游圈，韩国的首尔旅游圈、釜山旅游圈、济州岛旅游圈，俄罗斯的哈巴罗夫斯克旅游圈、布拉戈维申斯克旅游圈等（见图 9 - 3）。

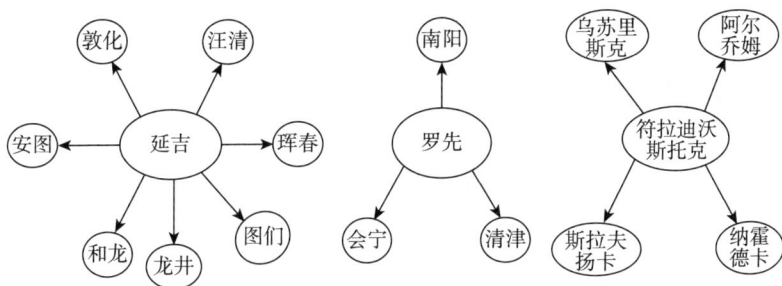

图 9 - 3　图们江区域单核辐射模式

三　双核辐射模式

该类型为双核心，以城市—城市或资源—资源空间关系为特征，无论是城市还是资源，双核在区域中的地位和等级相当，形成市场共轭或资源互补或两者兼而有之的合作关系。

图们江核心旅游区内已基本形成吉林省延吉市与朝鲜的罗先特别市为核心的双核联动模式，逐渐形成延吉市与俄罗斯的符拉迪沃斯托克市为核心的双核联动模式，近 2～3 年内，可能形成以上三个城市为核心的三核联动模式。

图们江拓展旅游区内的双核联动的城市及资源：长白山—延吉、长白山—牡丹江、牡丹江—延吉、延吉—朝鲜的清津等。

大图们江区域内的双核联动的城市及资源较多，有哈尔滨—长春、长春—沈阳、长春—吉林、沈阳—大连、沈阳—丹东、哈尔滨—牡丹江、哈尔滨—大庆—齐齐哈尔，朝鲜的平壤—金刚山、平壤—南浦、平壤—开城、平壤—新义州，韩国的首尔—仁川、首尔—釜山、首尔—江陵，俄罗斯的符拉迪沃斯托克—纳霍德卡等（见图9－4）。

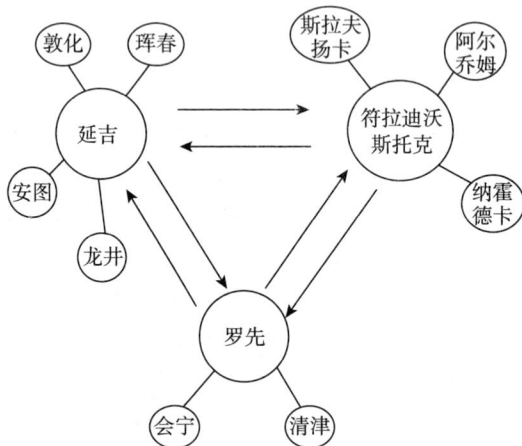

图9－4　图们江区域双核辐射模式

四　核心边缘模式

该类型形成于区域旅游合作水平比较高的时期，是单核辐射模式与双核联动模式的后续发展阶段，呈现多级圈层结构，不同圈层的旅游功能有差异，旅游业发展水平呈现由核心向边缘的减降次序，而区域整体水平高，竞争力强。[①] 如图们江区域旅游合作：延吉—符拉迪沃斯托克—罗先为核心的中俄朝图们江三角洲区域旅游合作已进入协同发展的制度创新阶段，中俄朝之间双向、互动的旅游产业运作开始初步形成。为进一步拓展合作区域的空间腹地，提升区域竞争力，大图们江区域旅游合作已经启动，空间结构以图们江三角洲为其核心协作圈，通过协议加入合作的其他地区，如中国的长白山、镜泊湖，俄罗斯的纳霍德卡、阿尔乔姆、俄罗斯岛，朝鲜的清津、七宝山等，成为大图们江区域跨省跨国界的拓展旅游圈。在图们江区域核心旅游圈和拓展旅游圈的联动协作下，逐渐辐射中国的东北3省，整个朝鲜半岛，俄罗斯的滨海边疆区、哈巴罗夫斯克边疆区、阿穆尔州等地区，形成大图们江旅游圈（见图9－5）。

---

① 杨荣斌，郑建瑜，程金龙. 区域旅游合作结构模式研究［J］.地理与地理信息科学，2005，21（5）.

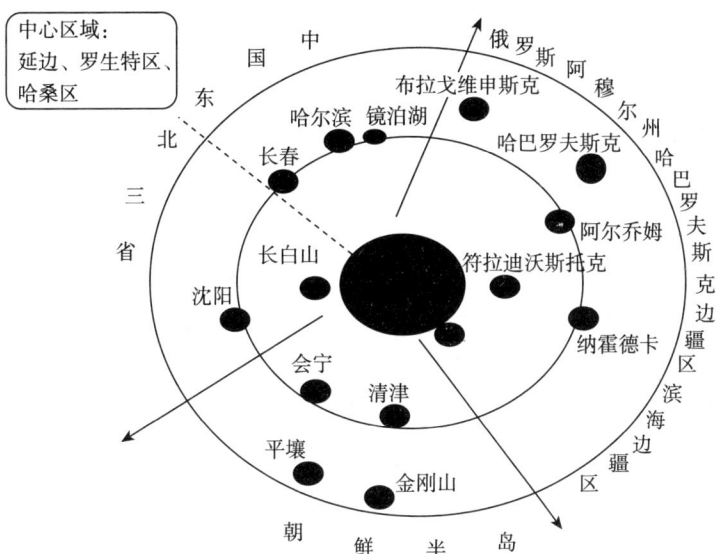

图9-5　图们江区域核心边缘模式

五　网络型模式

该模式是区域旅游合作的理想形态，区域经济发达，旅游业一开始就受到区域经济活力的强有力支撑。区域基础设施完备，旅游资源丰富，旅游市场发达，城市间往往互为市场，互为资源，并且度假、商务、节事等专业层次旅游活动所占比重较大。合作区内城市规模、经济发展水平、消费能力以及旅游业都比较发达，而且区域内部发展相对平衡；区域旅游资源丰富且等级较高。区域内交通联系十分便利，高速公路、铁路、航空、水运等立体交叉已成网络。①

首先，3~5年内，在图们江核心旅游区内建立网络型模式，区域内建成跨国高速公路、铁路，如长春至珲春高速延伸至俄罗斯的符拉迪沃斯托克和朝鲜的罗先特别市，实施免签旅游，开发多种多样的休闲、度假、生态旅游产品，成为东北亚区域无障碍核心旅游区。

其次，5~10年内，在图们江拓展旅游区内建立网络型模式，建成长白山至牡丹江的高速，连接哈尔滨至绥芬河的高速，建成长白山至延吉的高速，连接长春至珲春的高速，开通长白山至符拉迪沃斯托克市的定期航空路线、长白山至朝鲜罗先特别市的航空定期路线，建成绥芬河至符拉迪沃

---

① 杨荣斌，郑建瑜，程金龙．区域旅游合作结构模式研究［J］．地理与地理信息科学，2005，21（5）．

斯托克的高速,形成以资源、城市、滨海、民俗文化为一体的跨国休闲度假旅游区。

9.4.7 区域旅游合作结构模式的时空演化趋势

从时空结合的维度看,区域旅游合作结构模式处于动态变化中,包括其内在结构与外部形态的演化。[①]

1. 层次结构演化:由单一合作类型向高度整合的系统发展

单一合作类型一般表现在合作模式形成的初级阶段,如信息的交换、联合培训旅游人才、合作营销、合作开发旅游项目等。随着合作关系的发展,区域旅游合作结构模式逐渐趋向紧密型整合阶段,如建立跨区域的旅游联合体,联合开展旅游市场的集中整治,建立无障碍旅游区,共同编写旅游手册、实行旅游网站联网,共同包装旅游产品,开展甲市租车、乙市归还的汽车租赁业务等合作方式,逐步实现合作区域旅游一体化。

区域旅游产业的集团化也是区域旅游合作结构模式整合的主要表现形式,大型旅游企业的规模扩张和地域拓展将提高旅游产业的集中度,并优化结构。近几年内,图们江区域各国应成立大型旅游企业,中方和朝方在政府推动下,成立以吃、住、行、游、购、娱为一体的纵向一体化大型旅游企业,俄罗斯在混合推动下,成立大型旅游企业,其次,各国在对方国家建立分社或合资企业,扩大规模和市场,最后,各国之间合作机制基本完善后,以股份合作或合并或重组等方式组建跨国旅游企业,实行统一规划、统一市场、统一促销等一体化模式,逐渐扩大规模。

2. 产业结构演化:跨行业合作日渐成形

旅游业部门内部合作的机会存在于旅游活动产业链中,自主合作在日益完善的市场化环境中不断加强。旅游行业的综合性特点将促进合作区域旅游跨行业合作,模式的产业结构得到不断调整和创新,如体育旅游、会展旅游、旅游超市、购物旅游、工业旅游、农业旅游、分时度假、旅游电子商务等都是旅游跨行业合作的新业态。[②]

3. 融资结构演化:渠道多元化、资源市场化

旅游业基本形成社会资金、外资、国家财政资金投入的融资结构,但

---

① 杨荣斌,郑建瑜,程金龙.区域旅游合作结构模式研究 [J].地理与地理信息科学,2005,21 (5).

② 刘住,杨荣斌.旅游业合作发展和"伙伴关系"培育的对策思考 [N].中国旅游报,2004 – 07 – 07.

较多地依靠财政性资金和社会资金市场，而较少利用资本市场。区域旅游合作要解决合作资金的来源问题，形成合理的融资结构，大力发展旅游资本市场是必然趋势。在利用外资上，合作区域可建立委托招商中介机构，变政府主导型的招商引资为市场主导型，由专业化的中介组织运作相应的商业化事务，重点吸收国际金融资金和国家间的贷款；在利用合作区域的资金方面，应建立合作区域旅游产业发展基金，具体由政府的拨改贷、旅游发展税、民间海外基金以及利用资本市场发行股票和债券等组成，可有效地将分散的资金集中起来。同时，建立适应市场经济特点的引资引导机制，促进合作区域间和旅游产业结构间的平衡。

4. 空间扩散演化：区域旅游合作的必然趋势

受区域旅游合作机制的影响，合作区域在追求整体利益最大化的过程中，旅游系统各要素不断进行整合和创新，旅游经济不断壮大，旅游市场不断成熟，空间的积聚和扩散效应将推动周围的区域加入合作关系，实现合作模式的更新，在新的区域空间上开展更高层次的合作。在区域旅游合作的5种模式中，点—轴发展模式、单核辐射模式、双核联动模式都是初级的，核心边缘模式和网络型模式则比较成熟，特别是核心边缘模式与单核辐射模式、双核联动模式有明显的发展序列关系。不论是哪一种区域合作，都具有向周围辐射的功能。在中俄朝地方政府的推动下，图们江区域核心旅游区建立无障碍旅游合作区，然后再扩大到拓展区，在拓展区开发休闲度假旅游、生态旅游、民俗文化旅游、跨国跨省自驾游线路等特色精品旅游产品，提高图们江区域旅游形象和品牌价值，实现图们江区域跨国旅游一体化，最后扩散到整个大图们江区域。

5. 空间转移演化：不相邻区域合作与相邻区域合作并存

区域旅游合作大多是依照相邻行政区进行，随着区域间经济联系的加强和旅游业的发展，不相邻地域之间的旅游合作也将加强，因为它们之间同样存在优势互补和利益共赢。图们江区域旅游合作首先从中俄朝相邻区域内实现旅游一体化，再扩大到韩国东海岸的地区，朝鲜平壤、南浦、开城等地区，日本西海岸地区以及俄罗斯的哈巴罗夫斯克边疆区、阿穆尔州等不相邻的地区，逐渐形成大图们江旅游圈。

区域旅游合作结构模式的形成与演化存在必然规律，它是合作机制和发育环境相互作用的结果，认清环境条件和提升合作机制是目前区域旅游合作关系管理的关键问题。关于合作机制的研究，尤其是与合作关系健康发展紧密相关的合作成效评估和利益整合机制，应成为区域旅游合作机制研究的核心内容，合作博弈、新经济理论将是重要的理论支撑。

参考文献

1. 安虎森等．新区域经济学［M］.大连：东北财经大学出版社，2008.

2. 樊莹．国际区域一体化的经济效应［M］.北京：中国经济出版社，2005.

3. 保继刚．旅游地理学［M］.北京：高等教育出版社，1999.

4. 邹统钎．旅游景区开发规划与管理［M］.北京：中国旅游出版社，2006.

5. 吴必虎．区域旅游规划原理［M］.北京：中国旅游出版社，2001.

6. 崔哲浩．延边旅游经济研究［M］.延边大学出版社，2011.

7. 李天元．旅游学（第三版）［M］.高等教育出版社，2011.

8. 田欣．中国边境旅游必备［M］.北京：中国旅游出版社，2003.

9. 张广瑞主编．东北亚与东南亚地区旅游发展历程与政策沿革［M］.中国水利水电出版社，2010，312.

10. 戴念龄．亚太地区经济合作问题研究［M］.北京：人民出版社，2002.

11. 金强一、张杰等．东北亚政治结构与中日韩经济合作［M］.香港：香港亚洲出版社，2007.

12. 李钟林等．大图们江地区开发［M］.延边大学出版社，2006.

13. 徐汎．中国旅游市场概论［M］.北京：中国旅游出版社，2004.

14. 林婉如．中国旅游地理［M］.大连：东北财经大学出版社，2008，36－41.

15. 邹统钎．区域旅游合作模式与机制研究［M］.南开大学出版社，2010，44.

16. 丁士晟．图们江地区开发［M］.长春：吉林人民出版社，1993，95－96.

17. 李绍庚．东北亚经济开发战略研究（二）［M］.长春：吉林人民出版社，1993，95－96.

18. 陆大道．区域发展及其空间结构［M］.北京：科学出版社，1995，137－186.

19. 权哲男．关于图们江地区开发战略的研究［M］.延边大学出版社，

2006，108 - 143.

20. 朴键一、朴光姬. 中韩关系与东北亚经济共同体 ［M］.北京：中国社会科学出版社，2006.

21. 中华人民共和国国家旅游局，中国旅游年鉴，2011.

22. 关山信之. 东北亚广域观光交流圈构想沿革 ［C］.黑龙江省社会科学院东北亚研究所. 首届东北亚区域合作发展国际论坛文集（下），2008.

23. 薛莹. 对区域旅游合作研究中几个基本问题的认识 ［J］.桂林旅游高等专科学校学报，2001，（2）：26 - 29.

24. 汪宇明. 核心 - 边缘理论在区域旅游规划中的运用 ［J］.经济地理，2002，22（3）：372 - 375.

25. 肖光明. 度假旅游及其产品的区域适应性调整——以广东肇庆市为例 ［J］.人文地理，2004，6.

26. 梁艺桦等. 区域旅游合作演化与动因的系统学分析——兼论"西安咸阳旅游合作"［J］.地理与地理信息科学，2004，（3）：105 - 108.

27. 汪德根等. 基于点 - 轴理论的旅游地系统空间结构演变研究——以呼伦贝尔 - 阿尔山旅游系统为例 ［J］.经济地理，2005，25（6）：904 - 909.

28. 阎友兵，李辉恒. 关于旅游圈的理论探讨 ［J］.湘潭大学社会科学学报，1999，（6）.

29. 汪宇明. 围城效应与区域互动 ［J］.人文地理，2005，（1）：177 - 183.

30. 张凌云. 旅游地空间竞争的交叉弹性分析 ［J］.地理学与国土研究，1989，5（1）.

31. 保继刚，彭华. 名山旅游地的空间竞争研究——以皖南三大名山为例 ［J］.人文地理，1994，9（2）.

32. 涂人猛. 区域旅游理论研究 ［J］.社会科学家，1994，（5）：83 - 88.

33. 秦学. 旅游业区域合作的一般模式与原理探讨 ［J］.商业经济文萃，2004，（5）：98 - 102.

34. 黄金火，吴必虎. 区域旅游系统空间结构的模式与优化——以西安地区为例 ［J］.地理科学进展，2005，24（1）：116 - 126.

35. 杨荣斌，郑建瑜. 区域旅游合作的结构模式研究 ［J］.地理与地理信息科学，2005，（5）：95 - 98.

36. 王雷亭，王学峰，潘华丽等. 国内外区域旅游合作研究进展综述 ［J］.泰山学院学报，2003，25（5）：92 - 96.

37. 冯学钢. 欧盟一体化及其对中国"长三角"地区旅游业联动发展的气势 ［J］.世界经济研究，2004（4）：83 - 86.

38. 孙洁，冯学钢．欧盟旅游业一体化发展的框架与策略［J］.北京第二外国语学院学报，2004，(3)：53-57.

39. 刘小龙，刘杰豪，李庆雷．大湄公河次区域旅游合作的进展、困难与前景［J］.当代亚太，2007，(6).

40. 潘顺安，刘继生．大湄公河次区域旅游合作开发研究［J］.旅游科学，2005，19 (4).

41. 戴学军，丁登山，林辰．长江三角洲与珠江三角洲城市旅游比较研究［J］.世界地理研究，2002，11 (2).

42. 薛莹．20世纪80年代以来我国区域旅游合作研究综述［J］.人文地理，2003，18 (1).

43. 刘书安，黄耀丽，李凡，李飞．大珠三角区域旅游合作的演化探讨［J］.桂林旅游高等专科学校学报，2008，19 (2).

44. 张广瑞．区域旅游合作：东南亚给东北亚的启示［J］.当代韩国，2005，4.

45. 孙晓谦．俄罗斯旅游市场开发现状及发展趋势［J］.西伯利亚研究，2012，39 (3).

46. 孙晓谦．浅析俄罗斯东部地区的旅游资源［J］.俄罗斯中亚东欧市场，2005，(5).

47. 孙晓谦．俄罗斯东部地区旅游业与中俄旅游合作［J］.西伯利亚研究，2008，35 (2).

48. 周洪涛．俄罗斯远东狩猎旅游资源开发潜力初探［J］.西伯利亚研究，2012，39 (3).

49. 王鸿雁．俄罗斯旅游发展历史、现状及未来展望［J］.学术交流，2008，(12).

50. 张梅．浅论俄罗斯东正教文化与俄东部地区的旅游资源［J］.西伯利亚研究，2008，35 (2).

51. 李锐．漫谈海参崴旅游资源［J］.地理教育，2005，(6).

52. 张殿发，杨晓平，童亿勤．长江三角洲旅游经济一体化浅析［J］.地理科学进展，2006，25 (2)：70-76.

53. 李英花，崔哲浩．图们江区域边境旅游合作的现状与展望［J］.延边大学学报（社会科学版），2011，44 (3).

54. 温艳玲，张倩玉．延边地区中俄朝边境旅游现状与发展战略之思考［J］.东疆学刊，2012，26 (3).

55. 石丹．旅游客源市场结构演化的SSM分析——以吉林省入境旅游客源市场为例［J］.干旱区资源与环境，2010，24 (11).

56. 周亚臣, 房英杰. 黑龙江省滑雪旅游发展的 SWOT 分析与对策 [J]. 冰雪运动, 2010, 32 (3): 76 - 80.

57. 郑来发, 唐宝盛. 黑龙江省冰雪体育旅游资源的深度开发 [J]. 冰雪运动, 2010, 32 (3): 81 - 85.

58. 王晶, 吴冬颖. 再造黑龙江省冰雪旅游发展新优势——中国北方地区冰雪旅游发展比较 [J]. 冰雪运动, 2010, 32 (5).

59. 孟月明. 辽宁省历史文化旅游业整体经营状况分析 [J]. 经营管理者, 2009, 12.

60. 王晓宇. "十二五"背景下辽宁"五点一线"沿海区域海岛旅游发展探析 [J]. 特区经济, 2011, 12.

61. 刘志友. 辽宁发展生态旅游的对策分析 [J]. 边疆经济与文化, 2008, (10).

62. 郑辽吉. 朝鲜与中韩旅游合作研究 [J]. 理论界, 2007 (7).

63. 罗永峰. 神秘面纱下的朝鲜 [J]. 旅游文化论坛, 2011, 1.

64. 冯健超. 朝鲜旅游对外开放新政策背景下中国赴朝自驾游客源分析研究 [J]. 大观周刊, 2012 (45).

65. 孙晓谦. 俄罗斯滨海边疆区旅游业发展前景广阔 [J]. 西伯利亚研究, 2007, 34 (3).

66. 孙晓谦. 在黑龙江两岸共建中俄名牌旅游景区可行性分析 [J]. 西伯利亚研究, 2006, 33 (5).

67. 崔哲浩, 曹爽. 中国和韩国入境旅游发展比较研究 [J]. 旅游论坛, 2009, 2 (5).

68. 朴英姬, 宣善文. 中韩旅游合作发展现状及前景分析 [J]. 当代韩国, 2008 年冬季号.

69. 仲寒. 韩国旅游业发展的成功经验 [J]. 当代韩国, 2006 年秋季号.

70. 朱显平. 中国东北地区开发战略及周边国家参与的可能性 [J]. 韩国对外经济政策研究院东北亚国家间经济合作论坛, 2013.

71. 朱显平. 金正恩时代的朝鲜和图们江区域的中俄朝合作 [J]. 东北亚论坛, 2012, (3).

72. 胡亚西. 俄罗斯在图们江区域合作中的地位与政策 [J]. 国际资料信息, 2008, (9).

73. 刘锋. "大符拉迪沃斯托克"规划与图们江区域合作 [J]. 延边大学学报 (社会科学版), 2010, 43 (5).

74. 郑洪莲. 图们江区域国际合作开发的历史进程及发展前景 [J]. 延边党

校学报，2008，23（4）.

75. 马克. 以长吉图为先导区深化图们江区域国际合作问题探析［J］. 西伯利亚研究，2012，39（4）.

76. 吴昊. 图们江区域开发合作 20 年：愿景何以难成现实？［J］. 吉林大学社会科学学报，2012，52（6）.

77. 郑成宏. 朝鲜开放旅游之后［J］. 世界博览. 2010，（10）.

78. 郑辽吉. 丹东市赴朝边境旅游发展研究［J］. 世界地理研究，2002，11（3）.

79. 满海峰. 辽宁省"北黄海经济带"开放开发与中朝边境旅游经济发展［J］. 东北亚论坛，2010，19（3）.

80. 宋魁，陈秋杰. 中俄旅游合作的回顾与展望［J］. 西伯利亚研究，2001（10）：11－16.

81. 于国政. 黑龙江省边境贸易探析［J］. 人文地理，2002（2）：47－50.

82. 孙晓谦. 黑龙江省对俄东部地区旅游合作的新契机与新构想［J］. 西伯利亚研究，2012，39（6）：9－13.

83. 孙美玉，崔哲浩. 图们江区域边境旅游客源结构与游客行为研究［J］. 延边大学学报（社会科学版），2013，46（3）.

84. 邓鹏，门冬. 黑龙江省对俄边境旅游的现状、问题及对策［J］. 西伯利亚研究，2002（2）：22－26.

85. 江林，李祉辉. 中国公民赴韩国旅游市场分析［J］. 旅游学刊，2005，20（2）.

86. 张广瑞. 中国边境旅游发展的战略与政策选择［J］. 财贸经济，1997（3）：55－58.

87. 李志刚，寇小萱. 中国和印度入境旅游发展比较［J］. 旅游学刊，2008，23（10）.

88. 谢春山，孟文，李琳琳，朱易兰. 旅游产业转型升级的理论研究［J］. 辽宁师范大学学报（社会科学版），2010，33（1）.

89. 刘少和. 旅游转型研究综述及我国旅游转型发展的探讨［J］. 旅游论坛，2008，1（3）.

90. 成英文，张辉. 旅游转型的概念及理论框架［J］. 北京第二外国语学院学报，2013，（5）.

91. 王继庆. 论东北亚跨国旅游业发展与合作［J］. 学术交流，2011，（12）.

92. 夏友照. 关于建立中俄朝跨境旅游合作区的战略思考［J］. 社会科学战线，2011，（11）.

93. 吕超，张万里. 中朝经济关系的现状与前景 [J]. 东北亚论坛，2009，(4)：84 - 86.

94. 李靖宇，修士伟. 以长吉图为开发开放先导区的图们江区域合作开发论证 [J]. 延边大学学报（社会科学版），2010，43 (4).

95. 安群. 东北区域旅游合作协调机制研究——从博弈论中"囚徒困境"引发的思考 [J]. 辽宁工业大学学报（社会科学版），2011，13 (3).

96. 吴昊，闫涛. 长吉图先导区：探索沿边地区开发开放的新模式 [J]. 东北亚论坛，2010，(2).

97. 宋魁. 东北亚区域旅游合作的新态势与新构想 [J]. 东北亚论坛，2011，93 (1).

98. 石美玉. 联合营销：经济全球化背景下边境旅游发展的必然选择 [J]. 旅游学刊，2009，24 (7).

99. 张晨. 长三角区域旅游合作现状分析与对策研究 [J]. 经济问题探索，2007，(11).

100. 马波. 旅游业的转型与区域旅游合作——兼论中、日、韩旅游合作的推进 [J]. 旅游学刊，2007，22 (5).

101. 梁春媚. 东北亚区域旅游合作基本模式与效应 [J]. 东北财经大学学报，2009，66 (6).

102. 刘颖. 论一体化进程研究中的"奈模型" [J]. 新疆社科论坛，2005，(3).

103. 张河清，王蕾蕾. 辐射理论在区域旅游合作中的应用 [J]. 广州大学学报（社会科学版），2010，9 (12)，36 - 40.

104. 陈雪婷，陈才，徐淑梅. 国际区域旅游合作模式研究——以中国东北与俄、蒙毗邻地区为例 [J]. 世界地理研究，2012，21 (3).

105. 秦学. 特殊区域旅游合作与发展的经验与启示——以粤港澳区域为例 [J]. 经济地理，2010，30 (4)，697 - 703.

106. 张玉山，谭红梅. 新形势下中国图们江区域开发的机遇与挑战 [J]. 东北亚论坛，2010，19 (3)：11 - 12.

107. 陆玉麟. 论点轴系统理论的科学内涵 [J]. 地理科学，2002，22 (2)：136 - 143.

108. 卞显红，章家清. "点—轴"渐进扩散理论及其在长江三角洲区域旅游空间结构研究中的应用 [J]. 江南大学学报（人文社会科学版），2007，6 (2).

109. 黄柳菱，何明智. 让传统文化永葆青春的秘密——韩国旅游品牌对花山文化产业振兴的启示 [J].广西民族师范学院学报，2010，27（1）.

110. 王晶.新形势下发展黑龙江省与俄罗斯旅游合作路径探讨 [J].西伯利亚研究，2012，39（3）：12－15.

111. 金镇坤.中韩旅游宏观管理体制比较研究 [J].北京：中国社会科学院研究生院，2004：42.

112. 孙晓谦.哈巴罗夫斯克边疆区的旅游业正在迅速崛起 [J].西伯利亚研究，2007，34（4）.

113. 高莉，迟连翔.图们江自由贸易区的建立及税制建设的思考 [J]，涉外税务，1994，（2）.

114. 王胜今.东北亚区域经济合作的发展趋向展望 [J].吉林大学社会科学学报，2007，47（4）.

115. 薛莹.区域旅游合作现状调查与对策研究 [D].浙江大学硕士学位论文，2002.

116. 何小东.中国区域旅游合作研究——以中部地区为例 [D].华东师范大学博士学位论文，2008.

117. 丛小丽.吉林省民俗旅游开发研究 [D].东北师范大学硕士学位论文，2006.

118. 王博.吉林省旅游业竞争力研究 [D].吉林大学硕士学位论文，2008.

119. 张卓.吉林省旅游形象的特色传播研究 [D].吉林大学硕士学位论文，2011.

120. 姜晓娜.黑龙江省边境旅游发展探析 [D].河南大学硕士学位论文，2010.

121. 李庆江.黑龙江省旅游发展战略与对策研究 [D].东北农业大学硕士学位论文，2002.

122. 李明.中俄边境旅游发展研究——以黑龙江省为例 [D].上海师范大学硕士学位论文，2006.

123. 张杰.次区域经济合作研究——以大图们江次区域经济合作为中心 [D].吉林大学博士学位论文，2009.

123. 孔庆庆.区域旅游一体化合作模式下无障碍旅游区的构建——以珠江三角洲区域旅游合作为例 [D].浙江大学硕士学位论文，2005.

125. 李柏文.国际区域旅游一体化理论与实践探析——以澜沧江－湄公河次区域为例 [D].云南大学硕士学位论文，2003.

126. 米拉.公共事业单位员工激励问题研究——基于俄罗斯和中国的比较分析 [D].天津大学硕士学位论文，2011.

127. 伍鹏.湘鄂渝黔边区区域旅游合作开发战略 [D].西南大学硕士学位

论文，2002.

128. 2012 年韩国观光动向分析，韩国文化旅游研究院，2013 - 2.

129. 韩流现象与文化产业战略报告. 韩国经济研究院，2004.

130. 第四届东北亚博览会"关于图们江地区开发"会议摘要，2008.

131. 王胜今. 关于促进图们江地区开放开发与延边地区更好更快发展的几点建议. 加快推进图们江地区国际合作开发专家座谈会资料汇编，2008.

132. 吉林省人民政府图们江地区开发领导小组办公室编，东北亚区域经济合作暨图们江地区开发文献集，207 - 243，2006 - 6.

133. 国家旅游局，中国旅游业统计公报（2010、2011）.

134. 2011 年中国旅游业统计公报，国家旅游局，2012 - 10.

135. 李玉潭. 东北亚区域经济合作的影响因素分析，加快推进图们江地区国际合作开发专家座谈会资料汇编，2007.

136. 张玉山. 东北亚国际政治形势与东北亚国际经贸合作的关系，加快推进图们江地区国际合作开发专家论坛会，资料汇编，吉林省图们江开发领导小组，2007.

137. 吉林省人民政府开发区管理办公室、开发区领导小组办公室编. 吉林对外开放与图们江开发.

138. 张杰. 大图们江次区域合作的困境与选择，延边大学东北亚国际政治研究所主编. 朝鲜半岛问题研究论丛（三），2007 - 12.

139. 徐文吉. 从朝鲜半岛形势反观图们江区域合作开发战略之选择，加快推进图们江地区国际合作开发专家论坛会资料汇编，吉林省图们江开发领导小组，2007.

140. 戴斌. 中俄旅游投资的成长空间与路径选择——在中俄旅游论坛第二次会议上的主题演讲. 2012 - 11 - 19.

141. 高飞. 2012 长三角旅游合作联席会议在无锡召开［N］，无锡日报，2012 - 11 - 10.

142. 邓曦涛. 冰雪旅游从观光向体验过渡［N］. 中国消费者报，2007 - 02 - 09.

143. 陈守君，赵利. 亚冬会助推吉林冰雪旅游［N］. 中国旅游报，2006 - 12 - 27（1）.

144. 朝鲜宣布将从 4 月开始向游客开放金刚山旅游［N］. 新华网，2012 - 04 - 01.

145. 中国旅游团队赴朝鲜首发团今日启程［N］. 中国国家旅游局，2010 - 04 - 12.

146. 王占武. 图们江区域国际合作进入新阶段［N］. 中华工商时报，2012 -

5 - 22.

147. 张茁. 图们江区域开发的新机遇 [N].吉林日报, 2012 - 11 - 22.

148. 朝中发布两经济区会议成果, 罗先港建制造基地 [N]. 环球时报, 2012 - 08 - 16.

149. 中朝旅游合作浅谈会召开 [N].国家旅游局网站, 2012 - 10 - 15.

150. 2013 美丽中国·山岳之旅在韩国拉开帷幕 [N].国家旅游局信息中心, 2013 - 04 - 28.

151. 中国旅游团队赴朝鲜首发团今日启程 [N].国家旅游局网, 2010 - 04 - 12.

152. 王法权. 首届"大图们江倡议"东北亚旅游论坛举行 [N].中国吉林网, 2012 - 09 - 09.

153. 洪兵兵. 东北区域旅游联合体成立 [N].中国旅游报, 2000 - 10 - 04 (A02).

154. 刘住, 杨荣斌. 旅游业合作发展和"伙伴关系"培育的对策思考 [N].中国旅游报, 2004 - 07 - 07.

155. Mccann J. Design guidelines for social problem-solving intervertions [J]. *Journal of Applied Behavioral Science*, 1983, 19 (6): 177 - 189.

156. Alberto Sessa. The Science of systems for tourism development [J]. *Annals of tourism research*, 1988, 115 (3): 219 - 235.

157. Tazim B. , Jamal, Donald Getz. Coollaboration theory and community tourism planning [J]. *Annals of tourism research*, 1995, 22 (1): 186 - 204.

158. Steven Selin, Kim Beason. Interorganizatioal relations in tourism [J]. *Annals of tourism research*, 1991, 118 (3): 639 - 652.

159. James Elliott. *Tourism*: *Politics and public sector management* [M]. New York: New York University Press, 1997: 45 - 86.

160. Marc R. Freedman. *The Elusive Promise of Management Cooperation in the Performing Arts*: *Studies in mission and constraint* [M]. Oxford University Press, 1986: 43 - 114.

161. Bill Bramwell, Angela Sharman. *Cooaboration in local tourism policymaking* [J]. Annals of Tourism Research, 2001, 26 (2): 392 - 415.

162. Richard Teare, Lesley Munnre, Malcolm Munro Faure, etc. Modelling team-structures: a grounded approach international [J]. *Journal of Service Industry Management*, 1999, 10 (4): 380 - 392.

163. Kari Aanonsen. National cooperation and strategic alliances, The Tourism business in Norway enters the net [J]. *Informational communication technologies in tourism*, 1997, 23 (5): 101 - 109.

164. Arreola Daniel D, Madsen Kenneth. Variability of Tourist Attraction on an International Boundary: Sonora, Mexico Border Towns. *Visions in Leisure & Business*: Winter, 1999 (17) 4: 19 – 32.

165. 中国旅游团队赴朝鲜首发团今日启程 [EB/OL]. 国家旅游局网, 2010 – 4 – 12.

166. 朝鲜旅游产业的情况与赴朝旅游开发意见 [EB/OL]. 中国营销网: http://www.aatrip.com/xinwen.dongtai.inter/36171.html, 2010 – 03 – 11.

167. 中朝将新建鸭绿江大桥由中方承担逾亿美元费用 [EB/OL]. 搜狐新闻: http://www.dnkb.com.cn/archive/info/20091010/151757150.html, 2009 – 10 – 10.

168. 中俄朝韩日五国欲共推海上跨国游 [EB/OL]. 中国新闻网: http://news.ifeng.com/world/200911/1105_16_1422067.shtml, 2009 – 11 – 05.

169. 〔韩〕宋银淑. 韩国放宽对中国游客签证限制的意义及展望 [EB/OL]. http://rki.kbs.co.kr/Chinese/news/news_focus.htm, 2010 – 08 – 06.

170. 国内旅游: 东三省共打 "白山黑水" 牌合力推进跨省旅游 [EB/OL]. 新华网: http://news.xinhuanet.com/society/2010 – 10/08/c_12638587_2.htm, 2010 – 10 – 08.

171. 中俄签署 2009 ~ 2010 年旅游合作计划实施纪要 [EB/OL]. 中国新闻网: http://www.chinanews.com/cj/cj-gncj/news/2009/10 – 10/1903441.shtml, 2010 – 10 – 10

172. 中韩旅游交流与合作事务级协商会议在首尔举行 [EB/OL]. 中华人民共和国国家旅游局网: http://www.cnta.gov.cn/html/2010 – 4/2010 – 4 – 1 – 9 – 47 – 91199.html.

173. 韩中日三国将强化旅游交流合作机制 [EB/OL]. http://rki.kbs.co.kr/chinese/news/news_issue_detail.htm? No = 19587, 2010 – 08 – 24.

174. 第六届中日韩旅游部长会议在韩国江原道举行 [EB/OL]. 国家旅游局信息中心: http://www.cnta.gov.cn/html/2011 – 5/2011 – 5 – 29 – 11 – 45 – 45672.html, 2011 – 05 – 29.

175. 我国将新开通赴朝鲜内地旅游专列 3 天 4 夜 1900 元. 新浪新闻中心: http://news.sina.com.cn/c/2012 – 04 – 16/112024279257.shtml, 2012 – 4 – 16.

176. 欣欣旅游网: http://abroad.cncn.com/north_korea/traffic

177. 商业资讯: http://cn.made-in-china.com/info/article – 4664624.html

178. 中国新闻网 http://www.chinanews.com/cj/2010/11 – 28/2685828.shtml.

179. 东煤交易：http://www.nacec.com.cn/knowleage/gsk/zggk/gj/700961.shtml.

180. 俄罗斯新闻网：http://rusnews.cn/eguoxinwen/eluosi_shehui/20080115/42015697.html.

181. 网易新闻：http://news.163.com/12/0531/07/82QLCU8100014AED.html.
http://news.163.com/12/1130/14/8HIKL8N000014JB6.html.
http://news.163.com/11/0721/04/79F7LVRS00014AED.html.
http://news.163.com/12/0828/13/8A0GJFOJ00014AEE.html.

182. 黑龙江省人民政府网：http://www.hlj.gov.cn/zxxx/system/2012/03/01/010305818.shtml.

133. 中华人民共和国驻哈巴罗夫斯克总领事馆经济商务室：http://khaba-rovsk.mofcom.gov.cn/aarticle/wtojiben/wtojieshao/200805/20080505534323.html.

184. ASIADATA：http://db.asiadata.ru/zh/taxonomy/term/21/all? page=2.
http://www.asiadata.ru/.

185. 中国社会科学网：http://www.cssn.cn/news/154261.htm.

186. 新文化网：http://news.xwh.cn/news/system/2010/11/20/010151803.shtml.

187. 俄罗斯旅游中文网：http://www.russia-online.cn/Traffic/airdetail_35_1.shtml.

188. 中国旅游报：http://www.ctnews.com.cn/zglyb/html/2012-09/07/content_62015.htm? div=-1.

189. 旅游频道：http://tour.86516.com/a/youxing/huwai/2012/0514/36728.html.

190. 黑龙江检验检疫局漠河办事处网：http://mh.hljciq.gov.cn/zsyd/110580.shtml.

191. 俄罗斯联邦驻华大使馆：http://www.russia.org.cn/chn/2878/31293679.html.

192. 游多多旅行网：http://www.yododo.com/area/2-05-05.

193. 凤凰网：http://app.travel.ifeng.com/city_intro_759.

194. 新华网：http://news.xinhuanet.com/video/2011-03/03/c_121146190.htm.
http://www.hlj.xinhuanet.com/news/2011-12/20/c_131317220.htm.
http://news.xinhuanet.com/world/2012-09/13/c_123711993.htm.

195. 俄罗斯联邦驻华大使馆网：http://www.russia.org.cn/chn/2878/31293679.html.

http://www.russia.org.cn/chn/2878/31293682.

196. 国家发改委东北振兴司网：http://dbzxs.ndrc.gov.cn/els/zfzx/dflmzt/t20100514_346885.htm.

197. 黑龙江出入境检验检疫局漠河办事处：http://mh.hljciq.gov.cn/zsyd/110581.shtml.

198. 中华人民共和国驻哈巴罗夫斯克总领馆：http://www.fmprc.gov.cn/ce/cgkhb/chn/lqgk/t116425.htm.

199. 黑河天马国际旅行社：http://www.lvyou114.com/line/450/450608.html.

200. 黑河市人民政府门户网：http://www.heihe.gov.cn/html/2013 - 07/9 - 44 - 17 - 60689.html.

http://www.heihe.gov.cn/html/2008 - 09/10 - 53 - 9827.html.

http://www.hlj.gov.cn/zwdt/system/2012/02/24/010303018.shtml.

201. 北方网：http://news.enorth.com.cn/system/2013/05/20/010976036.shtml.

202. 黑龙江黑河商务之窗：http://heihe.mofcom.gov.cn/aarticle/youhuizc/200702/20070204377566.html.

203. 东北网：http://heilongjiang.dbw.cn/system/2012/06/15/053973494.shtml.

204. 韩国文化观光研究院观光知识情报系统：www.tour.go.kr/main.asp.

205. 韩国文化体育观光部网站：www.mcst.go.kr/main.jsp.

206. 韩国韩流公园：www.e-hallyu.com.

207. 中国经济网：http://intl.ce.cn/specials/zxgjzh/201112/23/t20111223_22945101.shtml.

208. 全景网：http://www.p5w.net/news/gjcj/200605/t310385.htm.

209. 中商情报网：http://www.askci.com/news/201209/28/174214_54.shtml.

210. 观察者网：http://www.guancha.cn/Education/2012_10_06_101769.shtml.

211. 广东省人民政府外事办公室：http://www.gdfao.gd.gov.cn/Item.aspx?id = 7634.

212. 中国广播网：http://native.cnr.cn/city/201204/t20120424_509502513.shtml.

213. 吉林省商务厅：http://www.jldofcom.gov.cn/gzyj/201109/t20110920_1068170.html.

214. 中国公路网：http://www.chinahighway.com/news/2012/706393.php.

215. 高铁网：http://news.gaotie.cn/guoji/2013 - 06 - 24/83271.html.

216. 人民网：http://www.people.com.cn/GB/guoji/22/82/20030614/1016277.html.

217. 中华人民共和国商务部：http://www.mofcom.gov.cn/.

218. 吉林日报：http://jlrbszb.chinajilin.com.cn/html/2011 – 10/20/content_16192.htm？div = – 1.

219. 中国国家旅游局网：www.cnta.com.

220. 中国经济网：http://travel.ce.cn/jjzg/201205/31/t20120531_23368380.shtml.

221. 财经频道：http://www.chinadaily.com.cn/hqcj/2011 – 08/25/content_13192280.htm.

222. 黑河新闻网：http://heihe.dbw.cn/system/2011/01/24/052951770.shtml.

223. 中国新闻网：http://www.chinanews.com/df/2013/02 – 19/4577892.shtml.
http://www.chinanews.com/gj/2013/01 – 23/4514080.shtml.

224. 韩国观光知识情报系统：www.tour.go.kr/main.asp.

225. 中国国家旅游局网：www.cnta.com.

226. 中国网：http://news.china.com.cn/rollnews/2010 – 03/02/content_821200.htm.

227. 北京青年旅行社网：http://www.tours010.com/gonglue/chaoxian_4315.html.

228. 大图们倡议第十五次部长级会议吉林延边举行 [EB/OL].中国新闻网，2014 – 9 – 17.

229. 斯实.长三角旅游合作会议在沪召开 [N].安徽日报，2014 – 07 – 26.

附　录

附录1

大图们江区域图

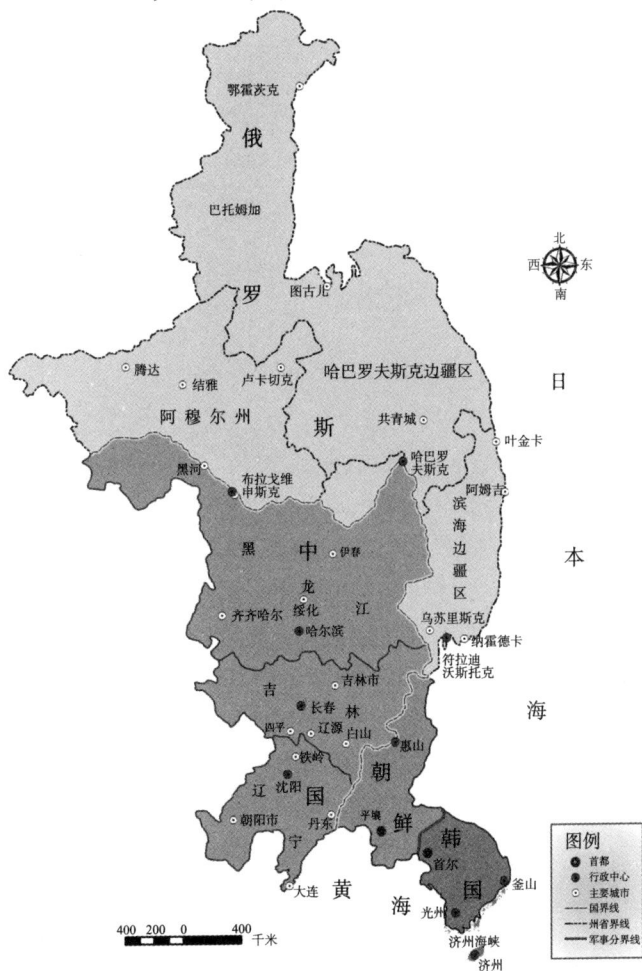

附录 2

东北三省旅游资源分布图

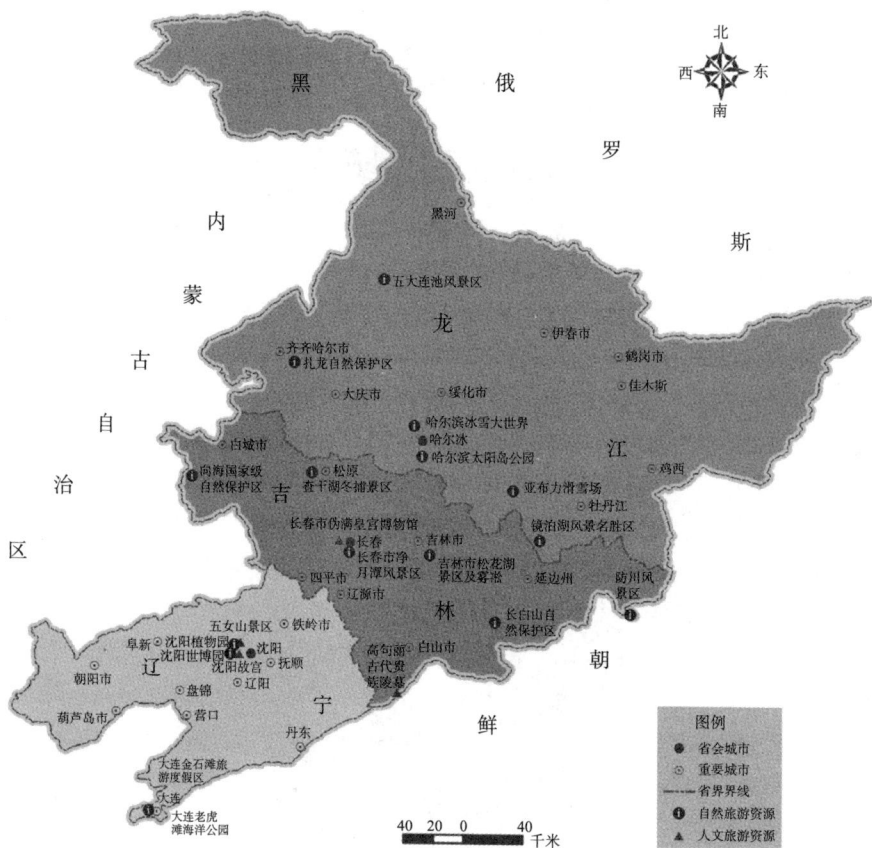

黑

俄

罗

斯

内

蒙

古

自

治

区

龙

江

朝

鲜

辽

宁

吉

林

黑河

五大连池风景区

齐齐哈尔市

扎龙自然保护区

伊春市

鹤岗市

佳木斯

大庆市

缓化市

哈尔滨冰雪大世界

哈尔冰

哈尔滨太阳岛公园

鸡西

白城市

向海国家级
自然保护区

松原市

查干湖冬捕景区

亚布力滑雪场

牡丹江

镜泊湖风景名胜区

长春市伪满皇宫博物馆

长春市

长春市净
月潭风景区

吉林市

延边州

防川风
景区

四平市

辽源市

吉林市松花湖
景区及雾凇

长白山自
然保护区

五女山景区

铁岭市

高句丽
古代卦
陵墓

白山市

阜新

沈阳植物园

沈阳世博园

沈阳

沈阳故宫

抚顺

朝阳市

盘锦

辽阳

葫芦岛市

营口

丹东

大连金石滩旅
游度假区

大连

大连老虎
滩海洋公园

北
西 东
南

图例

● 省会城市
◎ 重要城市
----- 省界界线
❶ 自然旅游资源
▲ 人文旅游资源

40 20 0   40
千米

附录 3

朝鲜旅游资源分布图

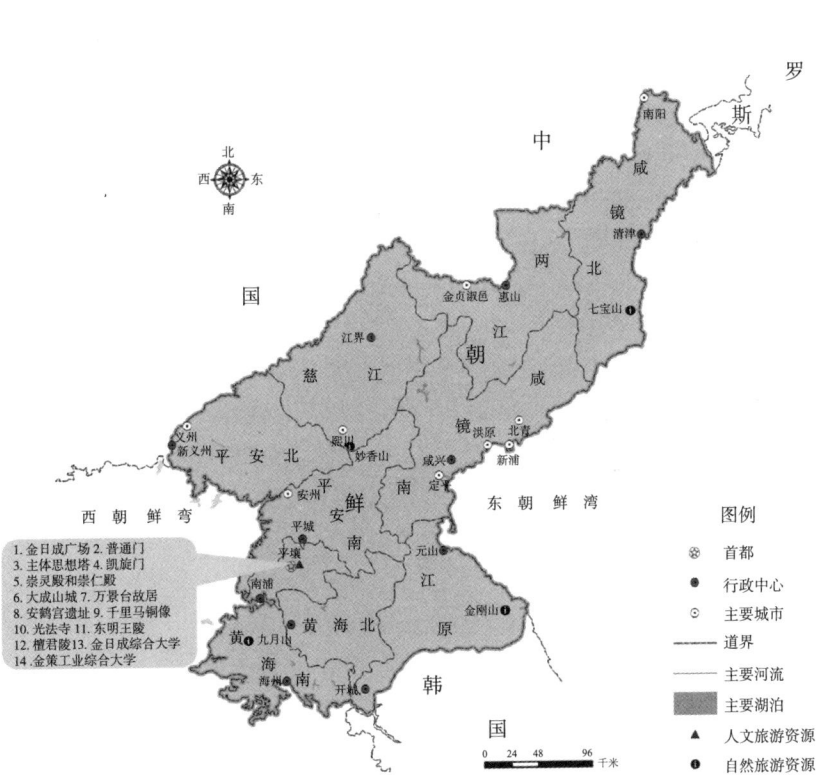

俄
罗
斯

中

国

北

西 东

南

南阳

咸
镜
北

清津

金贞淑邑 惠山

七宝山

江界

慈 江

江

朝

咸
镜
南

妙香山

义州
新义州 平 安 北

安州 平 安 南

洪原 北青

新浦

咸兴
定平

东 朝 鲜 湾

西 朝 鲜 弯

平城
平壤

南浦

黄 海 北

九月山

黄
海
南

海州 开城

元山

江
原

金刚山

韩

国

1. 金日成广场 2. 普通门
3. 主体思想塔 4. 凯旋门
5. 崇灵殿和崇仁殿
6. 大成山城 7. 万景台故居
8. 安鹤宫遗址 9. 千里马铜像
10. 光法寺 11. 东明王陵
12. 檀君陵 13. 金日成综合大学
14. 金策工业综合大学

图例

⊗ 首都
● 行政中心
⊙ 主要城市
—— 道界
—— 主要河流
▨ 主要湖泊
▲ 人文旅游资源
❶ 自然旅游资源

0 24 48 96 千米

附录4

韩国旅游资源分布图

朝

鲜

京

畿

黄

海

忠 清 南

忠 清 北

全 罗 北 国

全 罗 南

江 原

韩

庆

尚

北

庆 尚 南

日 本 海

板门店

雪岳山国立公园

洛山寺

春川　昭阳湖

五台山国立公园

镜浦台

江陵

月尾岛文化街
松岛旅游区

仁川

首尔

水原

水原华城

原州

雄岳山国立公园

小白山国立公园

月岳山国立公园

景福宫　昌德宫　昌庆宫
德寿宫　国立中央博物馆
乐天世界　钟路　明洞

泰安海岸
国立公园

清州

俗离山国立公园

鸡龙山
国立公园

大田

周王山国立公园

浦项

伽倻山
国立公园

德裕山国立公园

大邱

海印寺

庆州国立公园

边山半岛国立公园

蔚山

光州

昌源

釜山

釜谷温泉

海云台

闲丽海上国立公园

多岛海海上国立公园

北
西　　东
南

济 州 海 峡

济州特别自治道

济州

汉拿山国立公园

0　18.5　37　　　74
千米

图例
* 首都
● 行政中心
⊙ 主要城市
── 道界市界
── 主要河流
■ 主要湖泊
▲ 人文旅游资源
● 自然旅游资源

附录 5

俄罗斯远东地区旅游资源分布图

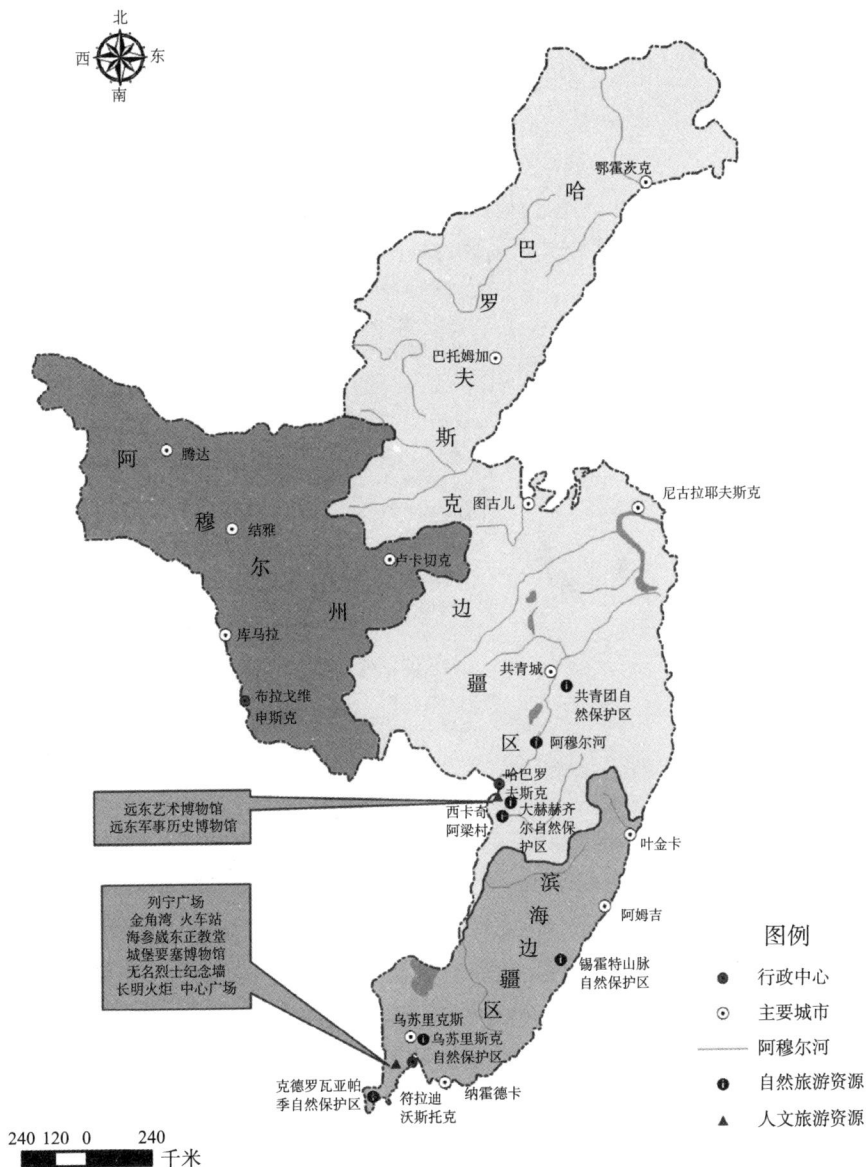

北
西 东
南

鄂霍茨克

哈
巴
罗
夫
斯
克
边
疆
区

巴托姆加

阿
穆
尔
州

腾达

结雅

卢卡切克

库马拉

布拉戈维
申斯克

图古儿

尼古拉耶夫斯克

共青城

共青团自
然保护区

阿穆尔河

哈巴罗
夫斯克

大赫赫齐
尔自然保
护区

叶金卡

远东艺术博物馆
远东军事历史博物馆

西卡奇
阿梁村

滨
海
边
疆
区

阿姆吉

锡霍特山脉
自然保护区

列宁广场
金角湾 火车站
海参崴东正教堂
城堡要塞博物馆
无名烈士纪念墙
长明火炬 中心广场

乌苏里克斯

乌苏里斯克
自然保护区

纳霍德卡

克德罗瓦亚帕
季自然保护区

符拉迪
沃斯托克

240 120 0   240
╠══╤══╪════╣ 千米

图例

● 行政中心

⊙ 主要城市

—— 阿穆尔河

ⓘ 自然旅游资源

▲ 人文旅游资源

附录6

大图们江区域空间极核辐射图

图例

★ 图们江区域核心旅游区

○ 图们江区域辐射旅游区

⟹ 空间辐射轴带

● 首都或行政中心

◎ 主要城市

附录7

大图们江区域旅游发展轴线总体分布图

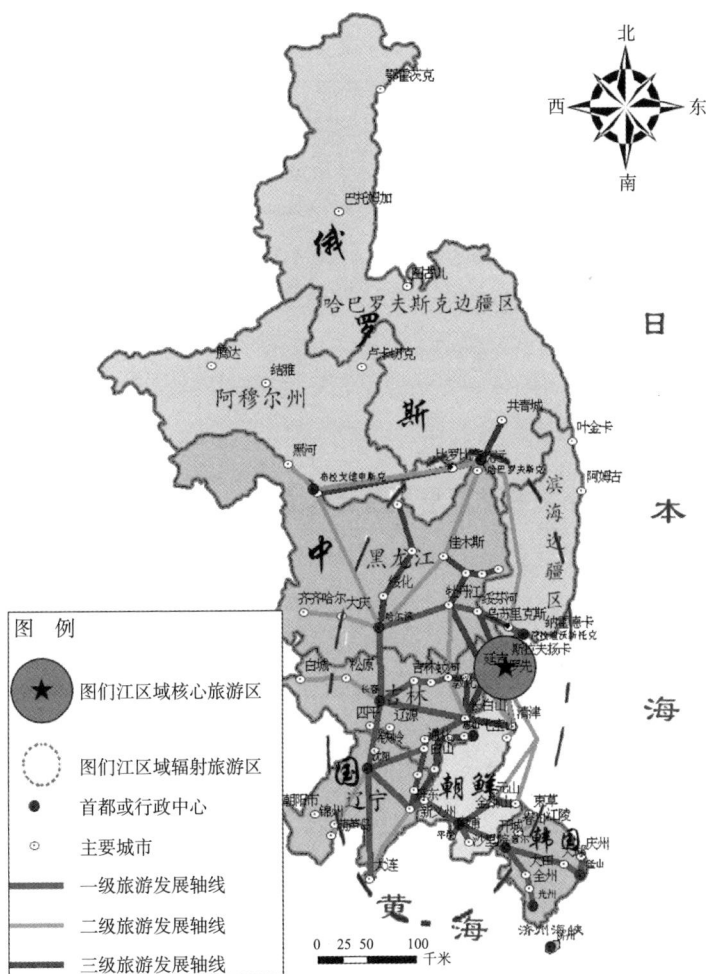

图书在版编目（CIP）数据

大图们江区域旅游发展转型与旅游合作模式研究/崔哲浩著.
—北京：社会科学文献出版社，2016.5
ISBN 978 - 7 - 5097 - 8255 - 2

Ⅰ.①大…　Ⅱ.①崔…　Ⅲ.①旅游业发展－研究－吉林省
Ⅳ.①F592.734

中国版本图书馆 CIP 数据核字（2015）第 261689 号

大图们江区域旅游发展转型与旅游合作模式研究

著　　者／崔哲浩

出 版 人／谢寿光
项目统筹／冯立君　董风云
责任编辑／冯立君　柏　桐

出　　版／社会科学文献出版社·甲骨文工作室（010）59366551
　　　　　地址：北京市北三环中路甲 29 号院华龙大厦　邮编：100029
　　　　　网址：www.ssap.com.cn
发　　行／市场营销中心（010）59367081　59367018
印　　装／三河市东方印刷有限公司

规　　格／开　本：787mm×1092mm　1/16
　　　　　印　张：24.5　字　数：424 千字
版　　次／2016 年 5 月第 1 版　2016 年 5 月第 1 次印刷
书　　号／ISBN 978 - 7 - 5097 - 8255 - 2
定　　价／89.00 元